掛谷誠著作集　第1巻

人と自然の生態学

makoto KAKEYA

京都大学学術出版会

掛谷誠さん。タンザニア・ルクワ湖畔のフィールドにて。
（2005 年）

口絵 1
トカラ列島・平島の稲の脱穀作業。七月中・下旬に稲を刈り取り、足踏み脱穀機（中央）と唐箕（左）を使って稲こぎがおこなわれる。（P. 13、1968 年）

口絵 2
トカラ列島・悪石島のトビウオ漁。トビウオ漁は、六、七月に近親の男性二～三人が夜八時前後から夜中の二時頃までヘッドランプを点滅させながら五〇メートル程度の流し刺し網を用いておこなう漁である。朝の五時前から家族総出で浜にくりだし、鱗とり、腹さき、わた出し、洗浄、浜の小屋への運搬、塩づけ、たる詰め、それに前日たる詰めしたトビウオをとり出し水洗いして天日乾燥するという作業を毎日繰り返す。（p. 14、1968 年）

口絵 3

戦後のトカラ列島では、テレビが普及したこともあって、各家でビールを飲むようになっていった。男たちが寄り合って焼酎をくみかわすことも少なくなるなか、悪石島では祭り日を定め酒や食事をもちよって酒宴をひらいていた。(p. 32、1968 年)

口絵 4

1975 年晩秋の福井県南条郡今庄町瀬戸（現在の南条郡南越前町瀬戸）聚落の風景。戦後 30 年が経って農村の生活も大きく様変わりしていった。自家用車が増え、茅葺き屋根は徐々に瓦葺きに置き換わり、炭焼き用の雑木林のなかにスギが植えられていった。(p. 54)

口絵 5

昨夜、村の男たちが銃で仕留めた獲物を子どもたちが朝早く集落に持ち帰ってきた。家畜を飼わない山住みのトングウェにとって、野生動物は貴重な食料であった。(p. 184、1993 年)

口絵 6

土器や水かめなどはすべて手製だ。粘土をよくついたあと形を整え、柔らかい表面に模様を施す。乾燥させた土器を薪で覆って火をつけると、数時間で黒い光沢もった土器が焼き上がる。(p. 201、1980 年)

口絵 7
アブラヤシの果実から搾った油マウェッセは、トングウェにとって唯一の植物性の食用油である。(p. 216、1980 年)

口絵 8
堀り棒を使ってトウモロコシの種子を播くイルンビ村のムワミ(首長)・ルカンダミラ。鍬で播いた種子をイノシシに食べられてしまったので、堀り棒でもっと深く播き直している。
(p. 251、1971 年)

口絵 9

湖畔に暮らすトングウェはキャッサバを主食としている。キャッサバの芋には有毒な青酸が含まれているため、数日間水にさらして毒を抜かなければならない。あたりには鼻をつく発酵臭がさまよう。(p. 233、1980 年)

口絵 10

湖岸地域の人びとの副食は、大部分が湖の魚だ。前の晩に仕掛けておいた刺し網を引き上げると、タンガニイカ湖でもっともおいしい魚クーヘがかかっていた。(p. 255、1971 年)

口絵 11

チテメネへの火入れ(p. 390、1988 年)

口絵 12

雨季のはじめに大発生するイモムシはベンバの好物だ。内臓を絞り出し、乾燥して保存する。乾燥したイモムシを服や自転車と交換することもある。(p. 432、1992 年)

凡例

一　本著作集は掛谷誠の主要な著作、論文を選び、テーマ別に編成して全三巻としたものである。各巻の収録著作やその配列、巻や区分けのタイトルは編集委員会の責任で決定した。

二　収録著作の底本については初出一覧を参照されたい。

三　収録にあたっては底本の再現を原則としたが、以下のような訂正・整理を加えた。

　1　明らかな誤字や書き間違いと思われるものは適宜修正をおこなった。

　2　底本に散見される表記の不統一についてはできるだけ揃え、旧字体や旧仮名遣い等は新字体・新仮名遣いに改めた。

　3　図や表、注などについては重複するものを除いて底本通りとしたが、写真はスペースの不足や資料の入手困難などの理由により収録しなかったものもある。

　4　現在の表記とは異なる動植物の名称については、編集委員会の判断で表記を変更した箇所もある。

四　著作の表現の中には、今日の通念として使用されない言葉が含まれているが、当時の社会状況や通念を反映して許容されていたと考えられるため、そのまま収録することとした。

五　巻末に固有名詞索引と動・植物索引、民族名索引、および事項索引を収録する。

目次

第Ⅱ部――トングウェの暮らしと自然

第Ⅲ部――ベンバの伝統生活と変化

第Ⅳ部――生態人類学とアフリカ農耕民研究

第Ⅰ部——日本の離島と山村に生きる

トカラ列島のサワラ延縄漁（1968 年）

第1章　小離島住民の生活の比較研究
——トカラ列島、平島・悪石島

この研究は、トカラ列島の島々のうち、主要生業を異にする二島を選び、その生活全体を小離島への適応という観点から把握したいという主題のもとになされたものである。本稿においては、とくに生業活動を中心とした島民の日々の営みと、変化しつつある社会生活との関係、および、小さな生活集団のコミュニケーション、インテグレーションのあり方等の比較研究に主眼をおいており、島の現在の生活の機能的な分析に焦点をあわせている。

近年、所与の環境における人間の生活の適応構造を探る視点として、環境に対する人間の営みの直接観察と、その量的把握を方法論的な特色とする生態人類学的なアプローチが注目されつつある。調査に際しては、このような視点を意識しつつも、調査地自体のもつ性格のゆえに、社会・文化的側面への傾斜が強くなったことは認めなければならない。また、島の生活のトータルな理解という点からいえば、このような現状を中心とした分析とともに、通時的な分析も重要なものであろうが、これは今後の課題としたい。

　調査は、一九六八年七月から一九七〇年四月にかけて、延べ六ヵ月間にわたり現地に住みこんでおこなった。対象とした二島は、ともに一〇〇人程度の人口しか持たぬ島々であり、全島民と顔みしりになり、生活をともにすることを通じて観察や聞きこみをおこなうという方法をとった。

1　トカラ列島概況

　トカラ列島は、鹿児島市の南二〇四キロメートルから、奄美大島の北九〇キロメートルまでの、約一二〇キロメートルの間に連らなる八つの人の住む小離島群からなっており、今日行政的には十島村として一村をなしているが、それは明治以降いくたびかの変遷を経ており、戦前は、十島村には、竹島、硫黄島、黒島の三島もふくまれていた。戦後は昭和二七年まで米軍占領下にあり、本土復帰後、竹島、硫黄島、黒島は三島村として分離し、口之島、中之島、臥蛇島、平島、諏訪之瀬島、悪石島、小宝島、宝島の島々からなる十島村として発足している（図1－1）。

　交通機関は、月四回の予定で、鹿児島、名瀬間と各島経由で運航される村営船第2十島丸（二五三トン）が唯一のものであり、沖がかりの十島丸と、島の間をつなぐハシケが象徴するように、孤立性のきわめて高い島々である。

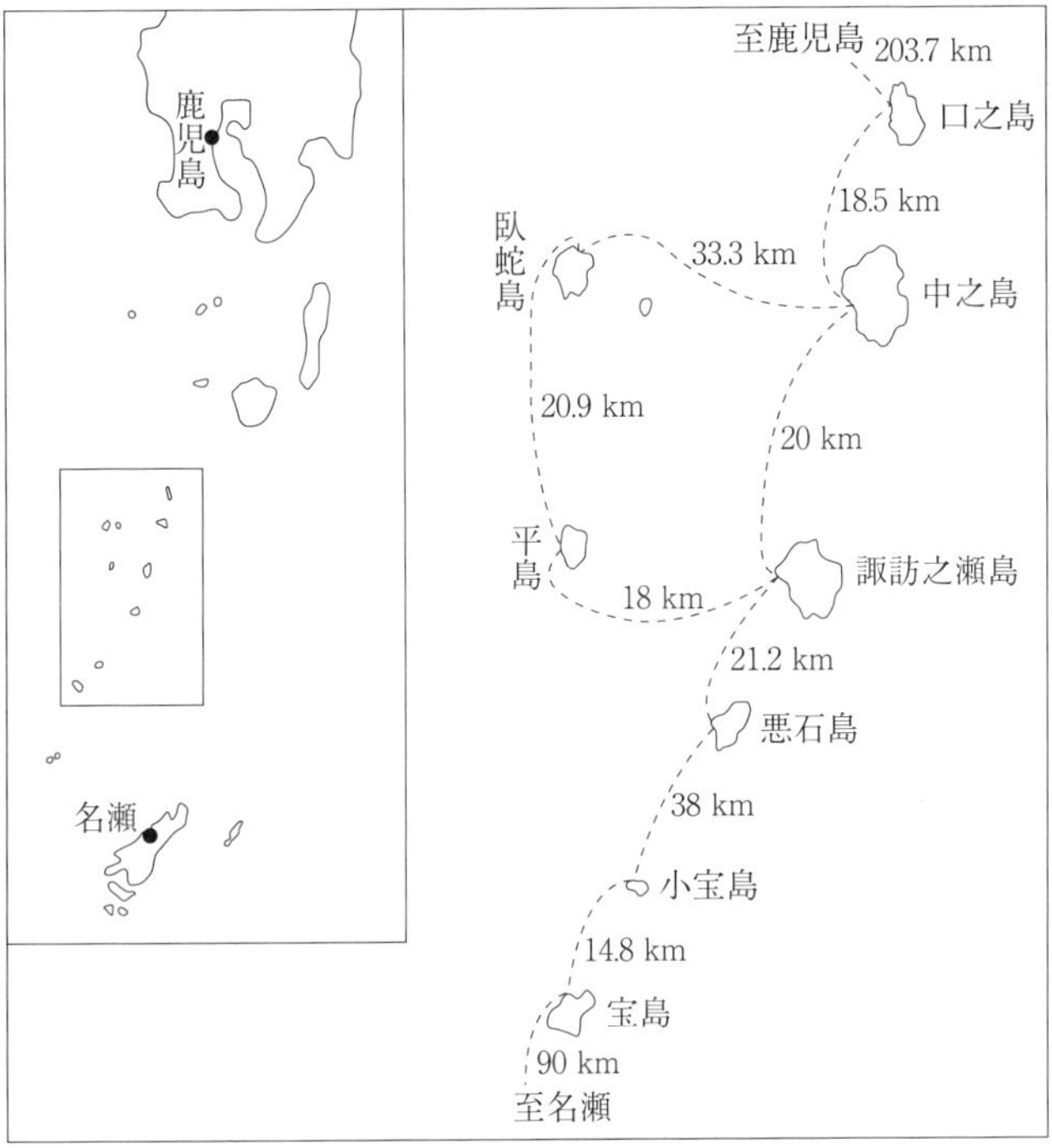

図 1-1　トカラ列島概念図

自然環境

トカラ列島の自然環境については、「トカラの島々」（朝日新聞社　一九五四）や「鹿児島の自然」（鹿児島県理科教育協会　一九六四）などの報告によってそのおおよそを知ることができるが、ここに簡略にまとめておくことにしたい。

トカラ列島は、霧島火山帯に属する小火山列島であり、諏訪之瀬島には活火山がある。海岸部には珊瑚礁が発達し、西南部の小宝島、宝島には裾礁が発達している。小宝、宝の二島は緩傾斜の島であるが、他の島々は海岸部から急峻な断崖になっており、良港の確保が困難であり、その孤立性を高める要因の一つとなっている。

表1-1　気象　自昭和41年1月　至昭和41年12月（中之島中学校測定）

月別	温度（℃）			天候日数			雨量（mm）			風力（m）		
	平均	最高	最低	晴	曇	雨	平均	最高	最低	平均	最大	最小
1	12.1	15.5	8.0	14	17	0	4.0	50.0	0.4	2	5	0
2	12.6	14.9	10.0	11	16	1	1.9	13.7	0.2	1	14	0
3	13.1	16.7	9.2	16	13	2	2.8	52.0	0.1	2	3	1
4	17.9	20.5	15.2	10	15	5	12.7	66.0	0.1	2	4	0
5	22.2	24.0	17.5	16	9	6	15.2	168.0	0.2	1	4	0
6	24.3	26.0	21.4	10	10	10	33.9	180.2	0.2	1	3	0
7	29.0	30.9	26.5	22	8	1	0.7	18.0	0.2	1	3	0
8	27.7	30.8	25.6	19	9	3	6.2	136.2	0.8	2	27	0
9	25.9	28.0	20.5	11	15	4	16.0	239.0	0.8	2	6	0
10	23.2	25.3	17.2	18	12	1	5.7	55.6	1.7	1	1	0
11	20.5	23.2	13.3	13	15	2	6.7	59.0	0.7	2	23	0
12	13.8	17.7	6.8	10	15	6	5.4	26.3	0.4	2	4	0
	20.2	22.8	15.9	14	13	3	9.3	88.7	0.5	2	8	0

昭和43年度「村勢要覧」より

昭和四二年の中之島中学校での気象測定記録から温量指数を算定すると一八二・三となり、また年較差は一六・九℃と低く、亜熱帯性気候区に属し、海洋性気候の特徴を示していることがわかる（表1-1）。冬には北西の季節風が強く、夏から秋にかけてこの地帯は台風の常襲地帯にあたり、海が荒れ、十島丸の運航が中止、延期されることが多い。また台風は、作物に被害を与え、島民の生活に大きな影響を及ぼしてきた。

この地域は古くから生物地理学上、旧北区と東洋区の境界地域としてその生物相が注目されてきた。このことは、これらの島嶼がちょうど渡瀬線と三宅線との間に位置していることからしても明らかであろう。しかしヒトの生活環境としてのトカラ列島は、比較的単純な生物相からなっており、植生は、サカキ、タブノキを含むシイ・マテバシイ群落を中心とした常緑広葉の照葉樹林を基調としつつ、比較的新らしい火山列島であることや、海洋性気候の影響があいまって、低山地には、シャリンバイ、ハマヒサカキ、トベラ等の硬葉低木林が発達しており、またカンザンチク林の発達が著しい。村落の近辺や、神山として保護された地域には、アコウ、ガジュマル、ビロウ、タブ等の亜熱帯性樹木が認められる。島の森林は、このような基本的構成を示すが、焼畑耕作や用材のための樹木伐採の影響もあって、カンザンチクの林地への侵入が著しいことが特徴的である。照葉樹林帯という基盤の上で、二次林的性格をもつカンザンチク林が優占していることが、島の植生の特色であるといえよう。

黒潮の中に位置するトカラ列島は、オキサワラ、マグロ（シビ）、カツオ等の大型魚類や、ハマトビウオ、ダツ、それにクロダイ、イシダイ、ブダイ、メジナ、メバル等の瀬魚、イセエビ、コブシメ、ウミガメ、それにカイジンソウ等の海産資源にめぐまれている。

生活環境

表1-2　島の面積及び人口

区分 島名	面積（km^2）	人口（人）
口之島	13.30	413
中之島	27.54	534
臥蛇島	4.50	34
平島	1.99	140
諏訪之瀬島	22.32	54
悪石島	7.03	150
小宝島	1.16	47
宝島	5.94	291

昭和44年度「村勢要覧」より

各島の面積と人口（教員人口を含む）を「昭和四四年度村勢要覧」から概観してみるとつぎのようになる（表1-2）。面積最大の島は、中之島で二七・五四平方キロメートル、最小の島は、小宝島で一・一六平方キロメートルとなっている。人口は、中之島の五三四人が最大であり、臥蛇島の三四人が最小であるが、人口数からみて、トカラ列島の島々は三つのタイプにわけられる。一つは、人口六〇人までの島で、それは臥蛇、諏訪之瀬、小宝の各島であり、第二は、一〇〇人から一五〇人までの島で平島、悪石島が含まれる。第三は、二五〇人以上の島で、口之島、中之島、宝島がそれに含まれる。

トカラ列島の生業は、農業を主体とした半農半漁である。(1) 農業は、水田を有する島が、口之島、中之島、平島、宝島、それにほんのわずかではあるが小宝島であり、その他の島は、まったく水田をもたない。この水田は、大部分が天水田であるために干害を受けやすく、台風被害を受けることも多く、灌漑田に比して著しく安定性を欠いている。畑作は甘藷が中心で、また中之島・宝島には黒糖工場があり甘蔗の栽培が奨励されているが、全島には行きわたっていない。甘藷、甘蔗の他は、陸稲、小麦、里芋、馬鈴薯、蔬菜類等が作られている。農家一戸あたりの平均耕作面積は一三・五アールと小さい。

村の振興政策の影響もあって、近年肉牛の生産を中心とした畜産が行なわれはじめている。漁業は、豊富な漁場にめぐまれながら、漁法が旧式であること、漁港にめぐまれぬこと、漁獲物の輸送の不便さ等のために、干物にして出荷するトビウオと、カツオ節として出荷するカツオ以外は、自給の域を出ていない。

昭和四〇年以降、県単事業として導入された大島紬織りが、村民の経済に大きく寄与しつつある。雑貨小売店は、口之島・中之島・宝島・悪石島の各島にあるが、他島では漁協を通じて、十島丸の航海ごとに物品を購入している。

電気は、中之島では水力発電により、二四時間供給されているが、他の島々は、火力発電で、夜間四時間程度の時間給である。医療施設は、中之島に診療所がある以外は、各島に一人の看護婦が駐在しているのみである。電話は、中之島に交換局があり、全島に通じている。各島には小・中学校があり、複式授業がおこなわれている。

歴史と民俗

トカラ列島は、いわゆる〝道の島〟として、琉球文化圏と日本文化圏の移行地帯と考えられ、民俗学・文化史学の一つの宝庫とされてきた。平島、悪石島については詳細民俗誌（下野敏見「吐咖喇列島民俗誌―平島・悪石島篇―」一九六六）があり、薩南諸島の総合研究の一環として、地理学的・言語学的研究とともに比較民俗学的な立場からのトカラ列島の研究（平山輝男編「薩南諸島の総合的研究」一九六九）等々を含む多くの民俗学的報告がある。また、明治期のトカラ列島の状態を示すものとしては、「七島問答」（白野夏雲　一八八四）、「島嶼見聞録」（赤堀廉蔵　一八八五）、「拾島状況録」（笹森儀助　一八九五）等のすぐれた報告がある。これらの古記録と現状との比較は、多大の興味を感じさせる領域ではあるが、本稿の性格上、歴史と民俗に関しては、これらの諸著作を列挙するにとどめておきたい。

平島と悪石島

このようなトカラ列島の島々のうち、本研究においては、平島と悪石島を主対象とした。平島は、北緯二九度四〇分、東経一二九度三二分、悪石島は、北緯二九度二七分、東経一二九度四二分に位置し、ともにトカラ列島の中のほぼ中央部に位置している。

平島は、面積一・九九平方キロメートル、南北に長く、北部から南部に山稜が走っており、最高点は御岳と呼ばれる標高二四五メートルの山である。海岸線は切りたった断崖を形成しているが、西、東、南の三ヵ所にわずかな砂浜があり、港となっており、それぞれ、マエノハマ、ヒガシ、ハエノハマと呼ばれている。風向きによってそのうちの適当な港に十島丸が来るが、常時通船が置いてあるのはマエノハマである。島の東側をウラ、西側をオモテと呼んでおり、部落はオモテ台地にある。マエノハマから部落までは約二〇分、歩いて一・五キロメートルほどの急峻な坂道を登らなければならない。運搬具はテゴと呼ばれる背負いカゴのみで、重い荷を背負っての上り下りはかなりの重労働である。調査時（一九六九年九月現在）の島民の戸数と人口は、二六戸、一一〇人であった。

悪石島は、面積七・〇三平方キロメートル、北部から南部にかけて山稜があり、最高点は御岳と呼ばれ、標高五八四メートルである。海岸線は切りたった断崖になっており、港は西と東にあって、それぞれ、ハマ、ヒガシと呼ばれている。部落はハマ部落とムラ部落に分かれており、ハマからムラ部落までは二キロメートル、徒歩約二〇分の坂道を登らなければならない。島に一台ある耕運機が重い荷物を運ぶのに使われ、また最近ではオートバイが入っているが、テゴが主要な運搬具であることには変りはない。ムラ部落は島の南西部にあり、神山として保護されたガジュマル、アコウ、タブ等の林が防風林の役目をはたし、それらの木々の間に家が散在している。調査時（一九六九年九月現在）の島民戸数は二六戸で、そのうち七戸がハマ部落、一九戸がムラ部落で、島民の人口は一二三人であった。

2　人口変動の分析にもとづく平島と悪石島の位置づけ

明治以降の諏訪之瀬、小宝を除く六島の人口変動を検討してみたい（図1−2[2]）。現在の人口と、人口変動の型を指標にしてみると、現在二五〇人以上の人口を有する口之島・中之島・宝島の三島の変化が著しく、明治以降、激しい変転を経験してきたことがうかがわれる。これは主に奄美大島からの移住と、とくに口之島・中之島の両島は、アメリカ占領時に密航貿易の中心であったこと、また本土復帰後の出稼ぎ等がその主要原因となっている。この三島は、現在の十島村の中心となっている島々である。

中之島では、これらの三島以外の島々を、〝沖島〟という少し侮蔑の響きをもった言葉で呼んでいるが、そのうち現在六〇人以下の人口しかもたぬ臥蛇・諏訪ノ瀬・小宝の島々は、とくに戦後の人口の減少が目立っている。

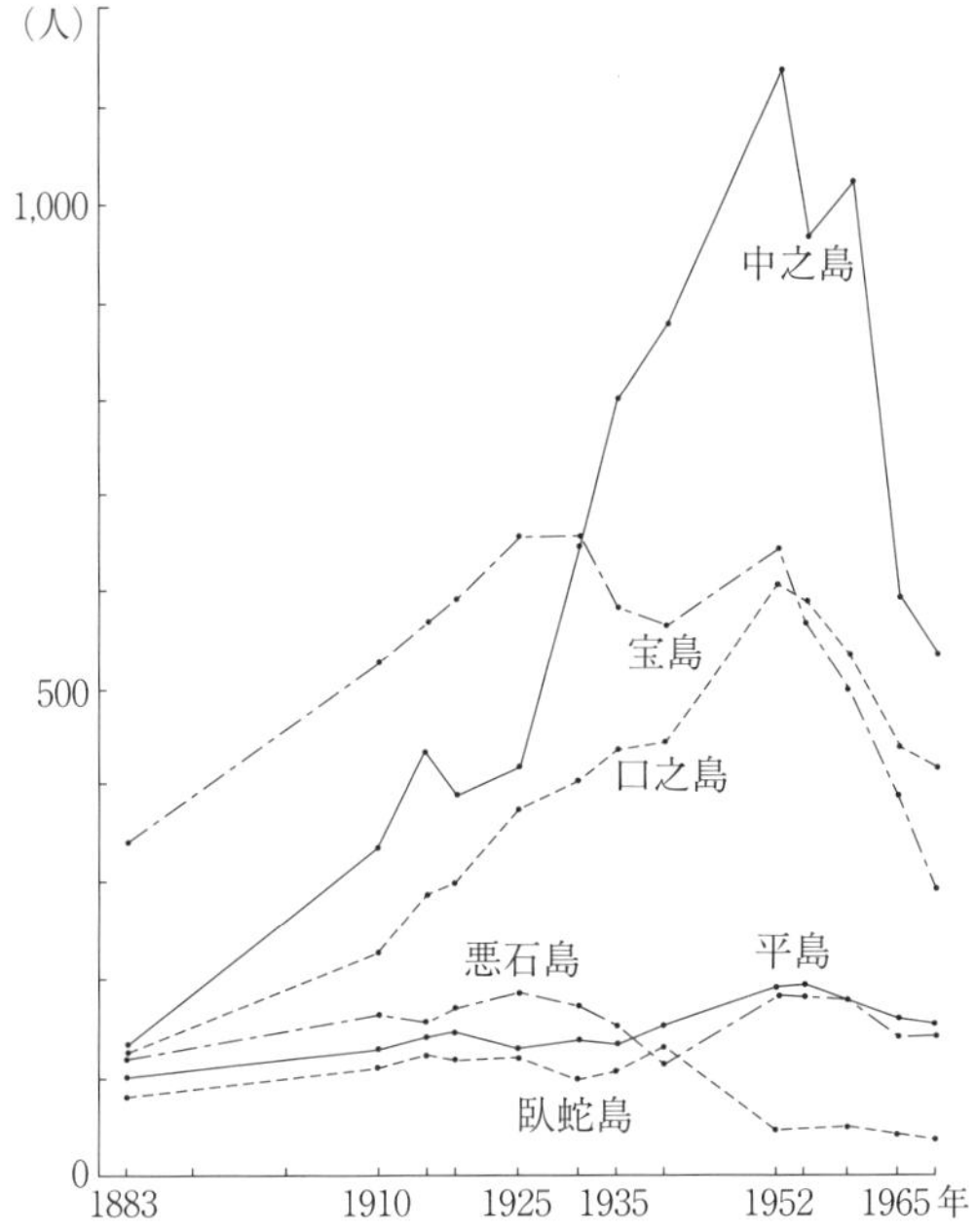

図 1−2　Population Dynamics トカラ列島

多面的な考察を要することは言うまでもないが、一九七〇年七月に完了した臥蛇島[3]の集団離島に示されるように、これらの島々は、離島における生活存続の危機に直面しているといってよいであろう。

　一方、本研究の対象となった平島・悪石島は、変動がさほど激しくなく、今日まで一〇〇人から二〇〇人の間の比較的安定した人口を保持してきており、それぞれの環境において適正なサイズの人口を維持してきたように思われる。この両島は口之島・中之島・宝島の三島ほど外側からの影響が強くなく、また人口がある限界以下に減少することによる内側からの崩壊の危機も少なく、トカラ列島の中では、比較的安定した島として位置づけることができるのである。

3　生業活動

平島は古くから天水と比較的豊富な湧水にたよった水田稲作を営んでおり、他方悪石島は湧水にめぐまれず、農業は畑作のみで、この点きわだって対照をみせる。以下、両島の生業の内容を検討してみたい。

生業内容[4]

A　農　業

平島の水田稲作――平島の一戸あたりの平均耕作面積は四三アールであるが、そのうち田は二七アール、畑は一六アールとなっている。農作業は、冬の間に牛に犂・まぐわをひかせて田の耕起・砕土を、三月には田踏み・畦ぬりを行ない、四月初旬から田植えを始め、それの以後二回程度草取りをし、七月中・下旬に刈取り、足踏み脱穀機と唐箕を使って稲こぎがおこなわれる（口絵1）。精米は共有の電動精米機が用いられるが、臼の使用もみられる。ごく最近になって金肥を使いはじめたが、以前は無肥料栽培に近く、今日でも一〇アールあたりの収量は二二〇キログラムと低い（表1-3）。労働は基本的には家族労働であるが、作業過程の中でとくに草取り、稲こぎ等は〝イイシゴト〟（交換労働）としておこなわれ、その他の労働も随時相互扶助の形態がとられる。

表1-3　主要農作物の一戸当たり平均耕作面積と収量

区分 ＼ 島名		平島	悪石島
一戸当たり平均耕作面積と収量		43.0	32.6
水　稲	作付面積（ha）	5.54	──
	収量（kg）	12,150	──
	10 a 当たり（kg）	220	──
陸　稲	作付面積（ha）	──	1.31
	収量（kg）	──	915
	10 a 当たり（kg）	──	70
小　麦	作付面積（ha）	1.80	2.03
	収量（kg）	2,228	1,503
	10 a 当たり（kg）	124	74
里　芋	作付面積（ha）	1.0	──
	収量（kg）	4,000	──
	10 a 当たり（kg）	400	──
甘　藷	作付面積（ha）	2.44	4.58
	収量（kg）	16,400	46,900
	10 a 当たり（kg）	672	1,024
馬鈴薯	作付面積（ha）	0.50	0.19
	収量（kg）	3,750	1,140
	10 a 当たり（kg）	750	600
野　菜	作付面積（ha）	1.18	1.03
	収量（kg）	5,790	3,575
	10 a 当たり（kg）	491	347

昭和44年度「村勢要覧」より

畑作――主要作物は、甘藷、馬鈴薯、里芋、小麦等である（表1－3）。悪石島では陸稲が栽培されているが、ほとんどは粳米であり、主食用としてはとるにたりない。蔬菜類としては、ニンジン、カボチャ、ラッキョウ、ウリ、スイカ、大根、白菜等が栽培されている。両島とも近年に至るまで焼畑耕作がおこなわれており、主食も甘藷・アワが中心で、酒も甘藷による自家製焼酎であったが、米食が常食化し、内地焼酎を現金購入するなど食生活に大きな変化があり、畑作の主要作物である甘藷は家畜の飼料用に変ってきている。

B　漁　業

悪石島のトビウオ漁を除いては、自家消費のための漁撈で、カツオ、マグロ（シビ）、サワラ漁と、瀬魚の底釣りが中心である（第Ⅰ部扉写真）。

悪石島のトビウオ漁業――六・七月に集中した季節漁業である。親子・兄弟・義兄弟等の近親者二人もしくは三人で組み、一艘の丸木舟に乗りこみ、夜八時前後から夜中二時頃まで、ヘッドランプを点滅しながら、五〇メートル程度の流し刺網を用いておこなう漁業である。夜中の二時頃に漁撈作業を切りあげた男達は、数時間睡眠をとったあと、朝の五時前から家族総出で浜にくりだす。鱗とり、腹さき、わた出し、洗浄、浜の小屋への運搬、塩づけ、たるづめ、それに前日たるづめしたトビウオをとり出し、水洗いして天日乾燥するという行程を、午前一〇時頃までにおえ、その後少し仮眠をとる（口絵2）。午後は網修理その他の雑用に時間を費し、夜の漁撈に備える。

島中の人々が、漁業の成果や、諸々の話題をにぎやかに語り合いながら作業に精をだす午前中の浜の光景は、活気に満ちている。このようにしてできあがったトビウオの干物は、俵づめにして十島丸に積みこまれ、この島の人たちの重要な現金収入源となるのである。漁獲物の分配は、舟に乗りこんだ人達で等分され、舟主には心もちだけの謝礼がなされる。網・塩・俵等の経費もかなりかかるが、大体一人あたり年間一〇万～一五万円位の収入となる。

サワラのオヅキ漁業——秋から冬にかけて、大型のサワラを対象とする。三トン程度の動力船（通船を除けば、平島に一艘、悪石島に二艘ある。）あるいは、丸木舟を用いておこなわれる。少し沖合いに出て、舟首に立ち、餌木と呼ばれる擬似餌を手であやつり、それに向かって浮上してくるサワラにオヅキと呼ばれる大型の銛を手でうちこみ、ゆっくりとたぐりよせて鈎で引きあげ、包丁で切りさいてオヅキを抜き、次の漁にかかる。舟には二人～四人が乗りこんで出漁する。大漁時には、朝七時頃から夕方五時頃までの間にサワラを一二～一三頭となることもある。

カツオ・シビ・サワラの延縄漁業——夏から初秋にかけて大漁となることが多いが、年間を通じておこなわれる。主として動力船でおこない、ホロマギイと呼ばれる延縄漁法を用いる。これは舟に一人ないし二人でのりこんで出漁するもので、水揚げしたカツオ・シビは節にして出荷することもある。

底釣り——主として秋によくおこなわれる漁業である。動力船もしくは丸木舟で、カツオ・シビ等の切身を餌としてとる一本釣漁業である。一人ないし二人で出漁してゆく。カツオ・シビ・サワラなどの沖合の漁業が不漁のときに、底釣りに切りかえられることが多い。クロダイ、イシダイ、メジナ、メバル等の瀬魚をとるが、一日の漁で三〇匹を越すことも稀ではない。カツオ・シビ、サワラとともに島内販売されることもあるが、瀬魚は出漁者の家族およびその分け前にあずかる近い親族で消費されることが多い。

以上が船を使っての漁業である。動力船は前述したように、通船を除いては、悪石島は二艘、平島は一艘である。

平島の一艘は四人の共同所有であり、出漁時も四人がともに出ることが多い。悪石島では個人所有であり、そのうち一人は漁業専業化の傾向をもつものであり、一人で出漁することが多いが、随時希望する者を同行することもある。そのほか、部落作業の時に、一部の者が通船を使って出漁し、部落作業に出た者全部にその漁獲物が均等に分配されることがある。骨の部分まで見事に等分配するさまは、島の生活の内面を暗示するようで興味深い。

すもぐり――四メートル程度の長さの竹ざおにゴムのはじきをとりつけた銛を手にして水にもぐり、タイ、メバル等をとる漁法である。これは夏から初秋にかけてよくおこなわれるが、冬期にコブシメを対象としておこなわれることがある。単独で出掛けることもあるが、通常二人ぐらいで連れだって出ることの方が多い。

竿釣り――アマメ（フナムシ）を餌としておこなわれる陸釣りである。夜釣りと昼釣りがあり、前者は秋から初冬にかけておこなわれることが多い。娯楽を兼ねた副食調達のための漁である。

イセエビつき――岩穴にいるイセエビを小型の銛か、素手でひきずり出してとる。大潮の干潮時に磯に行く〝イザリ〟（潮干狩り）でとられることが多く、娯楽の要素が強い。

カイジンソウ採集――回虫駆除剤の原料に用いられるカイジンソウを、海岸近くの岩礁部でもぐって採集し、乾燥して出荷する。

C　山仕事

笠やうちわの材料として用いられるビロー葉、生け花の材料とされるタニワタリ、食用に供されるツワ（ツワブキ）、土壁の補強材にされるカンザンチクなどの山林資源を採集し出荷する。自家の燃料に用いるためたきぎ集めもおこなう。

D 畜　産

肉牛の生産で、各戸あたり一～六頭の牛を所有しており、島全体では平島六三頭、悪石島五四頭（一九六九年一〇月現在）を飼育している。畜産組合があり、一部は共同放牧場で管理しており、残りを各戸で世話をしている。また種牛をまわりもちで世話をする。

E 工事人夫

離島振興事業や県単事業としておこなわれる島内での公共建造物の工事、護岸工事、林道・農道工事などに人夫としてでる。昭和四五年現在で、一日あたり男一一〇〇円、女八五〇円の収入がある。

F 紬織り

大島紬織りの技術を身につけた婦人が従事して、家計の安定に大きな役割をはたしている。悪石島には六台の織機のある〝コウバ〟と呼ばれる共同作業場があるが、その他は各家で従事する。

以上のような多種多様な生業活動の種類があるが、伝統的には〝男は漁、女は農業〟とされていた。ところが、この伝統的な生業内容が、今日では〝男は畜産、女は紬〟という合い言葉で表されるようなものに変ってきている。なかでも漁業の衰微が著しく、以前は盛んに丸木舟で出漁していたが、今日では動力船を有する者が比較的よく出漁する程度で、丸木舟を用いる伝統的な漁業はすっかり衰退している。四方を海で囲まれた島であるから、漁業に依存した生活、というイメージはすでに失われようとしている。

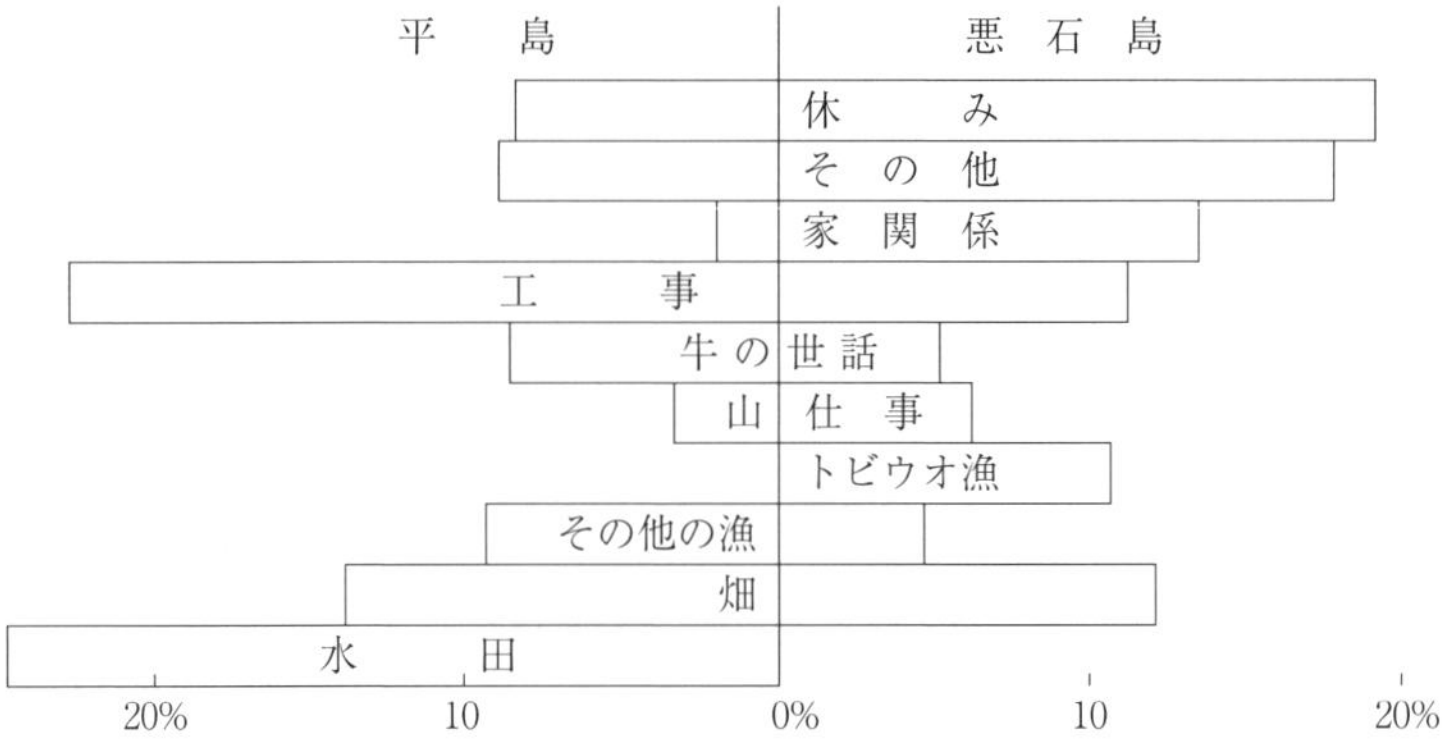

図 1-3　年平均生業活動内容

生業活動の量的分析

以上、島における生業活動の種類とその内容について述べてきたが、実際におこなわれている生業活動は、その重要度や労働配分の面において相互に比重が異っており、また、両島の間でもかなりの相異を示している。いま、生活の基盤を形成する生業活動を、所与の環境に対する島民の現時点における評価をあらわすものとすれば、その分析はこの島の生活の人類生態学的なアプローチに重要な手掛りを与えるものと考えられる。そこで、この島の生業活動を分析比較するため、一年間の島民の生業活動を量的に把握することを試みた。

これは一九六九年二月から同年一二月まで、学童に毎日の父親の仕事の内容を、所定のカレンダーに、指示した記号で記入してもらった資料をもとにしている。一日の父親の仕事のうち、重要なものの記載を依頼したが、例えば午前と午後に違った仕事に従事した場合には、その双方を記入するように指定した。回収率は各月でばらつきがあり、四人から九人の幅で資料を入手しえたので、その平均値をとり分析を進めた（図1-3、図1-4）。

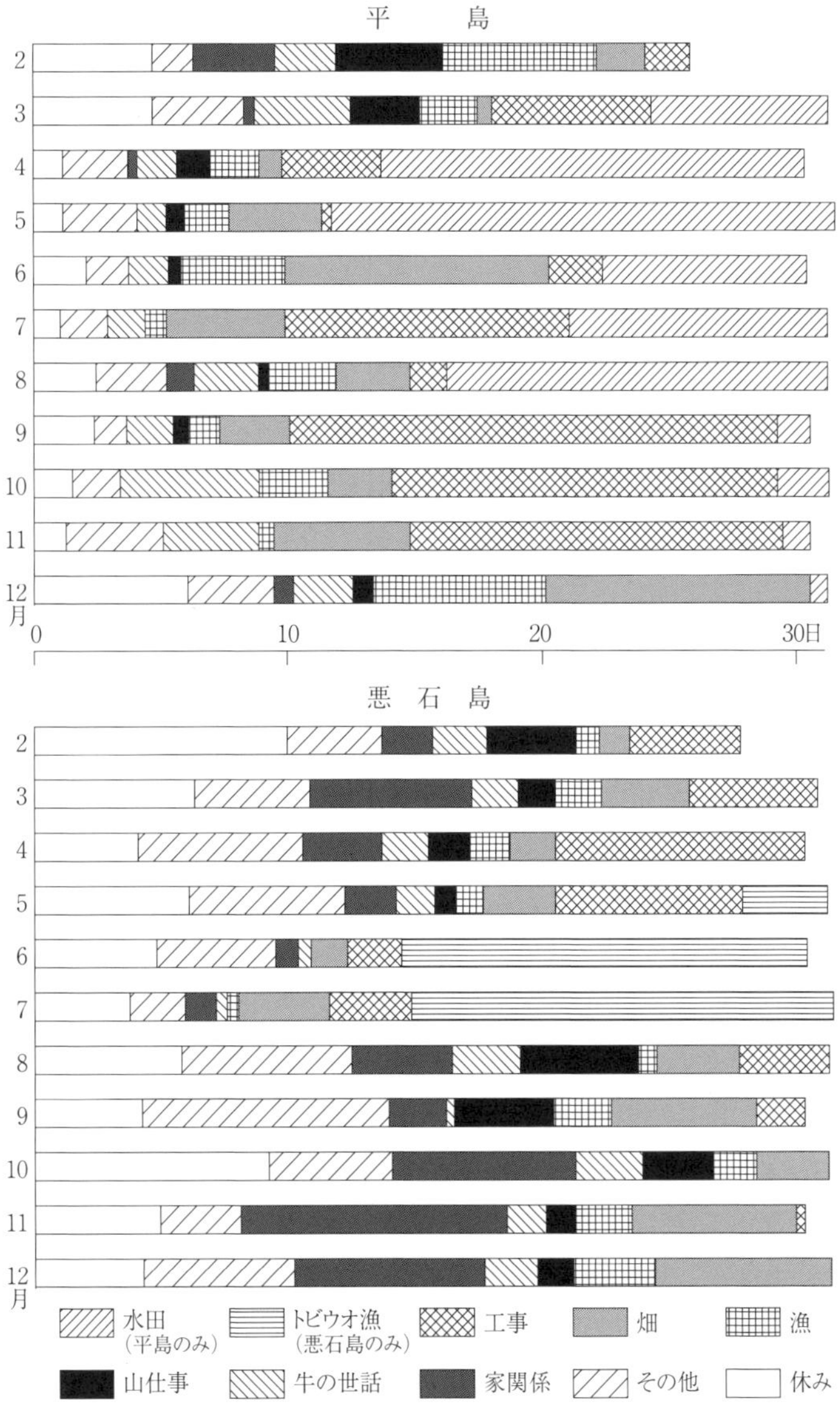

図 1-4　各月別生業活動内容

仕事の内容のうち、水田、畑、漁、山仕事、牛の世話、工事は、すでに述べた生業内容にそれぞれ対応する。〝家関係〟の内容は、家屋の普請や家内仕事等が含まれる。〝その他〟には、所用で島を離れた場合や、通船作業、部落作業等が含まれる。悪石島のトビウオ漁は、一般の漁業とは区別した。各生業内容は、それぞれの生業活動に関係したすべてを含んでいる（例えば、トビウオ漁の場合は、漁そのものから干物にするまでの作業、網修理のすべてを含んでいる）。

年平均生業活動内容をみると、平島においては、水田関係の占める割合が圧倒的に大きいことが目立つ。悪石島では、各生業活動の占める割合が比較的分散している点が大きな特徴といえる。悪石島で家関係とした仕事が、平島に比して高い割合を占めるが、これは現在悪石島は、便所や風呂等の家屋改築ブームにあることのあらわれである。また両島とも工事の占める割合が比較的高い点が目立つ。この工事は、政治的配慮に左右されるものであり、長期にわたる安定性には欠けているが、当座の現金収入源としては確実であり、両島とも現金収入をこの工事に強く依存している傾向は、現代の離島の様態を示すものとして注目される。〝休み〟には純粋な休息、病気のための休みのほかに、神事・祭事のための休みが含まれており、平島に比して悪石島で休みの多い事はとくに注意しておかなければならない。

各月別生業活動内容をみると、上述の傾向のほかに、平島の水田労働が長期にわたる仕事であること、悪石島では分散する生業内容のうちで六・七月に集中したトビウオ漁が目立っている。工事は、平島では農閑期に、悪石島ではトビウオ漁期以外の時期に集中しているが、これは行政的配慮が加えられていることをあらわしている。この表には含めていないが、平島では九月以降の農閑期に、中之島の工事人夫として出稼ぎに出た者がいたことをつけ加えておきたい(5)。

以上のように、平島は水田関係の仕事が中心であり、それが占める割合も大きいが、悪石島はそれぞれの生業の占める割合が分散しており、年間を通じて多様な生業に従事している。悪石島のトビウオ漁は、経済的意義と、ある時期に島民がこぞって従事する仕事であるという仕事の形態において、平島の水田関係の仕事に対比しうるが、水田稲作が数ヵ月にわたる作業である点や、生活全体の中での重要性を考えると、その質を異にしているといわねばならない。

毎日の仕事の、島内での各個人間のバラツキは、データが大量にないために統計的処理にはたえないが、一般的傾向としては悪石島の方が高いバラツキを示しているといえる。悪石島における休みの各ピークは年中行事に対応しており、神事・祭事のための休みが多く、そのような共通の神事・祭事のために島民がともに休息している点は注目される。平島では見られない傾向性として、悪石島では、大工二名、ウミガメとりとその剥製を業とする者二名、漁業を専業的におこなう者一名というように、専業化のきざしを示しはじめていることも指摘しておかなければならない。

4　生活水準（物質生活の比較）

両島における生活の近代化の傾向性を探るため、操作的に一〇の指標をとり比較検討してみたい（表1-4）。伝統的には、両島とも、家屋は竹障子（タケソウジ）と呼ばれる竹を割って編んだ壁で囲まれ、屋根はカンザンチクの葉で葺くのが普通であった。竹障子が板壁に、屋根が笹の葉葺きからルーフィング（合成材にコールター

表 1-4　物質財比較

	戸数（戸）	人口（人）	田（a）	畑（a）	屋根（戸）カワラブキ	屋根（戸）ルーフィング	屋根（戸）カヤブキ	プロパン（戸）	石油コンロ（戸）	テレビ（戸）	牛（頭）	豚（頭）	山羊（頭）	紬織り（戸）	店屋（戸）
悪石島	26	123	—	746	5 (19.2%)	16 (61.5%)	5 (19.2%)	19 (73.1%)	13 (50%)	10 (38.5%)	54	9	11	17 (65.4%)	3
平島	26	109	705	416	1 (3.8%)	17 (65.4%)	8 (30.8%)	14 (53.8%)	23 (88.5%)	3 (11.5%)	63	19	21	9 (34.6%)	0

1969 年 10 月現在

ルを塗った屋根材）に、さらに瓦葺きにというのが一般的な変化である。

燃料源としては、たき木が唯一のものであったが、石油コンロ、ついでプロパンガスが普及してきて、現在ではこの三つを併用するところが多いが、プロパンガスに頼る割合が増大しつつあるといえる。

テレビが入ってきたのは、昭和四〇年以降の現象であるが、娯楽の少ない島においてテレビが果たした役割は大きく、島民の関心も高い。

家畜は、牛、豚、山羊、ニワトリ等があるが、売買の対象となるのは、牛、豚、山羊であり、とくに牛は村の振興政策ということもあって、比較的重要な位置を占めつつある。しかし各戸の飼育頭数は一～六頭と少なく、ほとんど放し飼いに近い状態で、手入れも行きとどかず、また牛の値の上がり下がりも激しく、安定性には欠けている。

紬織りは、現金収入源の乏しいこれらの島では、かなり確実な現金収入源となるものであり、技術と従事時間数に比例して、月一万～二万円程度の収入となる。

店屋は、悪石島には食料雑貨を売る店が二軒、酒・煙草を売る店が一軒ある。平島は漁協支部を通じて注文買いによって購入する。酒は、内地焼酎を購入して飲むが、悪石島では最近ビールの消費が多くなったことをつけ加えておきたい。

以上の指標内容を比較してみると、悪石島の生活の近代化が進んでいるといえよう。紬織りの従事戸数をみても、悪石島では一七戸（六五パーセント）に対し、平島ではわずか九戸（三五パーセント）にすぎない。このように悪石島では多くの戸数の婦人が従事しており、紬織りに依存する度合いを増しつつある。一方、そのために、手を荒らしてはいけないなどという理由もあって、畑作業を敬遠してゆく傾向を強めている。平島では、数ヵ月にわたる水田関係の労働から手が抜けず、婦人の従事する紬織りも悪石島ほどの安定性と持続性をもちえない。

一ヵ月の必要経費は、五人家族で、米代を除けば大体一〜一・五万円程度であるが、悪石島は米代として月八〇〇〇円程度余分に支出しなければならず、また店屋から副食を求めることが多く、出費が増大する傾向にあり、商品経済の浸透とそれへの依存度の増大が悪石島の方で相対的に大きいことが指摘できる。

各島には、役場駐在員と村会議員が公職者として毎月一定の収入を得ており、他の島民と少し異なった位置を占めるが、島内における階層分化の傾向性はほとんどないといってよい。

5　社会生活

島内の兄弟姉妹、姻戚関係をたどると、ほとんど全戸がつながり、強い血縁関係を基盤とした社会である点では両島とも共通している。両島の全戸数の姓の分布を分析してみるとつぎのようになる。平島では二六戸のうち、日高一九戸（七三・一パーセント）、松下二戸（七・七パーセント）、中島二戸（七・七パーセント）、その他が三戸である。悪石島では二六戸のうち、有川一四戸（五三・八パーセント）、宮永三戸（一一・五パーセント）、肥後二

表1-5　夫・妻別出身地

平島（22組）夫＼妻	島内	島外	悪石島（28組）夫＼妻	島内	島外
島内	20	2	島内	15	10
島外	0	0	島外	3	0

戸（七・七パーセント）、その他六戸となっている。このように、同姓の家が多く、島民相互は、平島では屋敷名[6]で呼ぶこともあるが、互いの名前で呼びあっている。目下の者は呼び捨てで、目上の者には、男の場合は〝オジ〟、〝ジイ〟、女の場合には〝オバ〟、〝バア〟などの敬称をつけて呼び、彼らの精神生活が厳格な年齢感覚を内包していることをうかがうことができる。

現在の両島の全夫婦の出身地を、島内・島外別に分けて比較すると（表1-5）、両島とも島内出身者同志の婚姻の比率が高いが、悪石島は平島に比して、より広い範囲で通婚しており、とくに夫が島外出身者である夫婦が三例もあることは注目に価する。このような血縁共同体ともいうべき島の社会は、外部社会に対しては島として強いまとまりを示す。

人口流出

両島の内部構造を把握するため、まず、人口構成・家族構成を分析してみたい。年齢別人口構成をみると（図1-5）、両島に共通してみられる特徴は、男女とも一五才〜三〇才までの人口がごく少数しかいないという点であり、平島により明瞭にあらわれている。一五才で中学校を卒業した若者はほとんど例外なしに島外に出る。昭和四三年度の両島の中学校卒業生の進路をみると、平島六名のうち、定時制高校三、理容学校一、県内就職二となっている。悪石島では、四名のうち、看護学校一、県内就職二、在島一であり、在島の一名も大島航路の船員

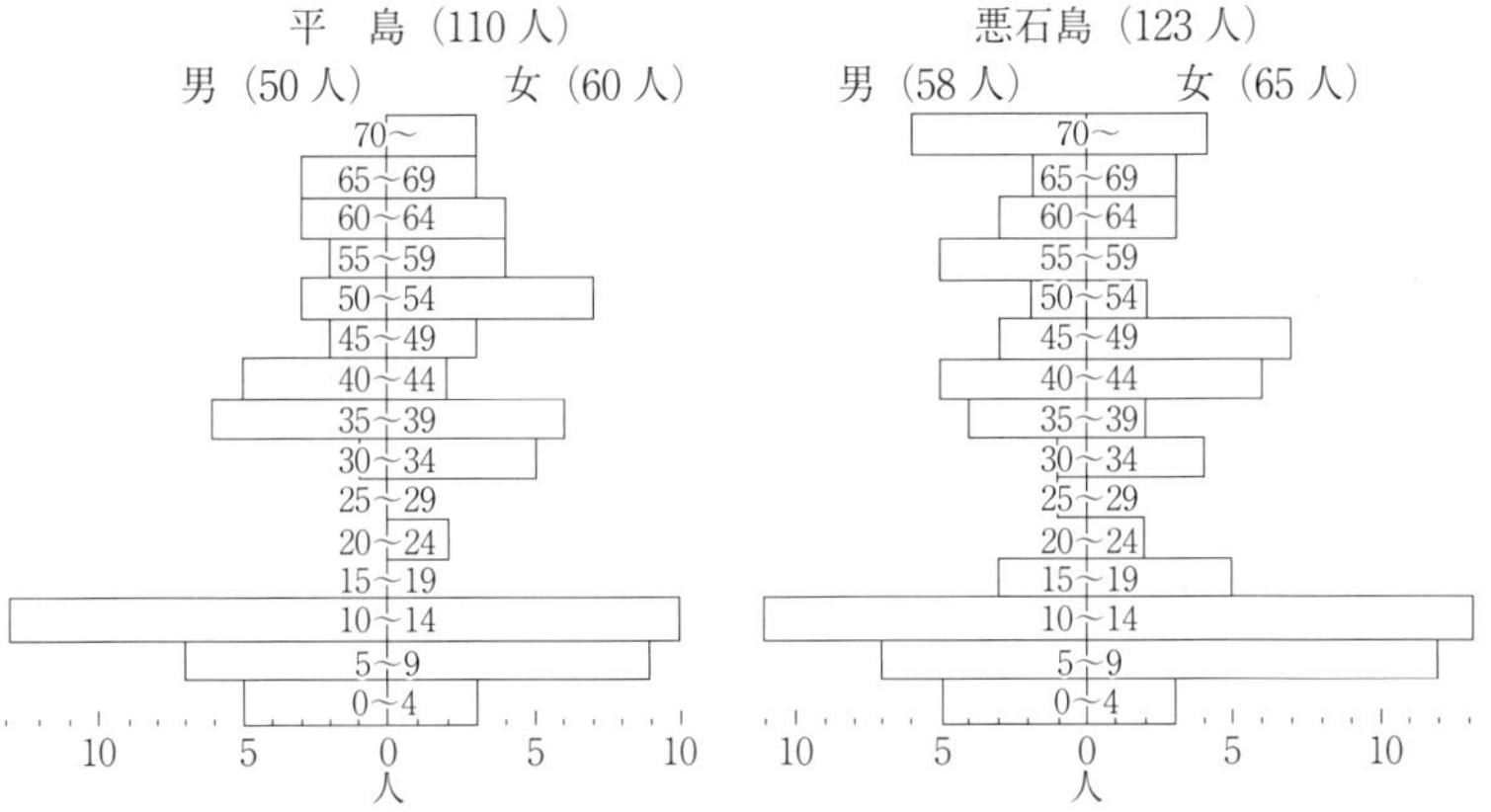

図1-5　年齢別人口構成表

としていったん就職した後に帰島したものである。悪石島では、一五才～二四才までの若者が少数ではあるが在島している。これらの若者も定着人口とはいえず、早晩島を出るものと考えられる。しかしながら、平島に比して少数とはいえ若い男女が在島している点は悪石島の特徴といえる。その理由には、一つには、島に大島紬織りが定着し、若い未婚の女性が島で働けるということがあり、鹿児島に出て技術を身につけたうえで島に帰り紬織りに従事するという例が見られる。現金経済が浸透しはじめ、現時点では生活水準上昇の気運をみせている悪石島の現状のあらわれであるといえよう。

次に両親が生存している家族の子供数と、在島子供数の平均を、夫の年齢別にわけて分析してみたい（表1-6）。現在の戸主は多くが長男であり、長男が家を相続するという伝統が人口流出の一つの歯どめとなっていたが、現在ではその歯どめもきかず、例えば五〇才以上の高齢者の家族をみると、六人程度の子供数が普通ではあるが、長男が在島している例はなく、在島しているのは学童児であり、子供はほとんど全員島を出るという傾向を示しているといってよい。

表 1-6　一家族当たりの平均子供数と平均在島子供数（夫の年齢別）

区分／夫の年齢	平島			悪石島		
	家族数（戸）	平均子供数（人）	平均在島子供数（人）	家族数（戸）	平均子供数（人）	平均在島子供数（人）
20 代	0	0	0	1	1	1
30 代	6	3.8	3.7	5	3.4	3.4
40 代	7	3.4	1.7	7	4.9	3.3
50 代	4	4.5	2.0	6	6.0	2.5
60 以上	2	6.0	0.5	2	6.0	1
平均		4.1	2.3		4.8	2.8

表 1-7　家族分析

	平島（26 戸）		悪石島（26 戸）	
	戸	%	戸	%
三世代家族	11	42.3	11	42.3
祖父・祖母とも健在	4	15.4	5	19.2
祖父のみ	1	3.8	4	15.4
祖母のみ	6	23.1	2	7.7
二世代家族	9	34.6	9	34.6
両親とも健在	7	26.9	8	30.8
父親のみ	0	0	0	0
母親のみ	2	7.7	1	3.8
一世代家族	6	23.1	6	23.1
夫・妻	2	7.7	3	11.5
夫のみ	0	0	1	3.8
妻のみ	4	15.4	2	7.7

家族を同居様式で分類すると表1-7のようになる。この表で一世代家族とは、子供がすべて島を離れた家族のことであり、結婚後まだ子供をもたぬ若夫婦のことではない。子供が全て島外に出てしまった世帯が、両島とも六世帯も存在している。

以上の分析から、島には深刻な人口流出現象がおこっていることが指摘できる。この人口流出現象は島民にとって重大な問題であり、このことによって生ずるひずみへの対応にはそれぞれの島の個性がにじみでているといえる。以下、伝統的な社会生活のあり方が、このような現代的状況の中で、どのように変容しているかという視点に立って、現在の両島の社会生活を比較検討することにしたい。

伝統的社会制度

現在の両島の社会生活を比較検討するための基盤として、両島の伝統的社会制度を概観する。

ユーブニン制度――かぞえ年で一五才～六〇才までの男女がすべてユーブニンとなり、部落の正式の成員となる制度である。〝ユーブがたい〟（悪石島）、〝ユーブ入り〟（平島）と呼ばれる儀式で、かぞえ年一五になる男児が部落民の仲間入りをし、以後一人前の部落民としてすごし、六〇才になると〝ユーブはずれ〟（両島とも）となり、部落民としての部落作業や、集会への参加の義務からはずされる。ユーブニンは、選挙によって選ばれる総代のもとに統轄される。ユーブニンの集会は部落集会といわれ、重要案件があるときに随時開かれる。年度初めの集会、つまり初集会で、決算、予算等を討議し、総代その他の役職者を選ぶ。悪石島では〝オヤデー〟、平島で〝トコロシゴト〟と呼ばれる部落作業は、大体は、総代が判断して男のユーブニン全員でおこなわれる。稀には女が加わることもある。道普請、学校建造物、敷地の整備、宮修理、築港等々の仕事がその内容である。また、家の新築・改築に際して、とくに屋根葺きのときには、男女のすべてのユーブニンが加勢するのがならわしとなっている。

ユーブニンには青年団と壮年の組があり、青年団はかぞえ年で一五才～三五才までで、それより上の者は壮年の組に属することになる。かぞえ年で一五才～二〇才までは、平島では〝フレャク〟、悪石島では〝グヮチギョウジ〟と呼ばれる連絡役となり、総代の世話をし、その指令を各戸に伝えるという役割を通じて、村のしきたりをおぼえてゆくという制度があった。青年団は、部落の会計とは別会計をもち、団としての役職者を有し、独立の機能をもち、とくに通船作業をその主要な任務としていた。女のユーブニンは婦人会に属し、役職者をもち、各種慰労会、歓迎会、送別会の準備や世話にあたっていた。

神役——両島ともに古くから神信仰の深い島々として知られている。島の神社の管理や、多彩な神事・祭事にあたって、その役をつとめる神役は、島の生活にとって重要な地位を占めていた。悪石島には、女の神役（巫女）として〝ホンネーシ〟、〝ハマノネーシ〟（各一名）と呼ばれる神役がおり、男の神役は、〝ホンボーイ〟、〝ハマノホーイ〟、〝ダイクジ〟、〝セイクジ〟、それに時の総代が加わって五人で構成されている。(7)とくにホンボーイは神役の中心として、特定の家の世襲となっていたが、明治末にそれがくずれ、以来オミクジで選出されている。選出された者は、自ら部落に申し出てその役を辞退するまでつとめる。現在のホンボーイは五年間その役目をつとめている。その他の神役は、担当する神や役割は異なり、ネーシを除いては、現在では一年交替でつとめているが、かつては同一人が何年もつとめていたという。これらの神役をあわせて「神役七人」と呼ばれる。

平島では〝ネーシ〟と呼ばれる女の神役と、〝タユー〟、〝ボーイ〟、それに〝トンジュウ〟といわれる総代が加わって、男の神役三役を構成している。[8] タユー、ホーイはかつて少し変則的になったことがあるが、世襲である。強い血縁関係と、さらに幼少時よりお互いを知りつくした社会関係とに基盤をおいた島の社会は、根強い年齢の上下感覚に裏打ちされた総代を中心とした堅固な社会制度と、神役を中心とした深い神信仰を支えとし、多彩な年中行事を生活のけじめとした社会であった。

現在の社会生活

伝統的な社会制度は、戦後の混乱期を経過し、とくに価値観の大きな変転とともにその内容を大きく変えてきた。それでも昭和二七年までの占領時代には、本土との往来が制限されていたこともあって、人口構成も一応の安定状態を保っていたが、本土復帰後は、出稼ぎや若年層が島を離れるという形で前述した人口流出現象があらわれ、伝統的な社会生活を維持しえなくなってきた。例えば、フレャク、グヮチギョウジという役職が、学童児の走り使いにとってかわるとか、さらに拡声器がその役目を果たすようになるなど大きな変容を見せつつある。

A　制度的側面から見た社会生活

悪石島の社会は、全般的に見て、ユーブニン単位から、各戸単位に変ってきたことを特徴としてまず指摘できる。青年団は、団長だけを残して部落に吸収され、会計は部落一本にまとめられるに至っている。部落は、三役と呼ばれる総代・副総代・会計の三名が統轄している。男性世帯主は二三人であるが、そのうち、村会議員一名、役場駐在員一名、電気係二名、神事関係者二名（うち一名はホンボーイ、他の一名は島では〝男のネーシ〟と言われている神信仰者）の常任役職者六人と、一九七〇年（昭和四五年）に六五才になる人一人を予備として除き（一応六五才になると、昔のいわゆる〝ユーブハズレ〟になると見なされている）、一六名が二組にわかれて、一年ごとに交代して、八つの役職を一年間担当するという制度になっている。八役職の内訳は、総代、副総代、会計、青年団長（通船の責任者）、通船係（通船時の荷物の上げ下ろしのチェックと帳簿づけを主要任務とする）、それにダイクジ、セイクジ、ハマノホーイの三神役である。その各々の役職は、部落集会で相談してきめられるが、できるだけまわりもちになるように配慮される。

伝統的には、島の権力者として権威を保ってきた各役職も、現在では労多く見返えりの少ないために敬遠される（例えば総代の報酬は一年間二〇〇〇円の謝礼のみ）。同一人が何度も主要な役職につく傾向性の強い選挙制から、できるだけ各人が平等に役職の労を担当するまわりもちという形に変ってきている。ただしこの制度は、〝人には向き不向きがある〟ということで、全く画一的に適用されているという訳ではない。〝オヤデー〟と呼ばれる部落作業は、ユーブニン単位ではなく、各戸から一人ずつ出て従事するようになり、未亡人世帯からもオヤデーに出なければならない。オヤデーに出ない場合には、工事人夫に出た際の男の一日分の日当にあたる一一〇〇円を部落に支払わねばならず、女がかわりに出た場合には、男と女の日当の差額二五〇円を部落に支払わねばならない。かつては青年団の役割とされていた通船作業も、青年団が部落に吸収された結果、必然的に各戸から一人ずつが出て作業に当たらなければならない。

一方、平島では、総代はその任務を遂行しうると考えられている人々のうちから、順ぐりに選ばれるという形態をとるが、選挙を通じて選ぶという伝統的なありようを継承している。現在では、平島でも、ユーブニンは大体六五才までと考えられており、現在の男のユーブニンは二〇人である。青年団は五五才までと大幅に年齢をずらし、ユーブニン二〇人中一六人が青年団に属することになり、実質的にはほとんど部落と重復した形となっている。しかし、まだ若い年齢層の、まとまりを保ち独立してやっていくべきだという意見に支えられて、部落からは独立した青年団として存続している。会計も部落会計とは別になっており、団としての役職者をもち、通船作業を担当している。団をはずれた四名は、通船作業を手伝うことが多いが、とくに強制されることはない。

〝トコロシゴト〟と呼ばれる部落作業には、ユーブニン全部が出るという伝統を継承しており、家によっては一戸から二人でているところもある。家族構成のところで示したが、平島には未亡人戸数が多い。しかし、悪石島とは違って、未亡人世帯からは通常の部落作業には出なくともよい。部落作業に出ない際の制裁に関してはきまりはないが、出て当然であると考えられており、何かの理由で出ることができない場合には〝お互いさま〟ということで了解しあっている。

平島では、部落費、ＰＴＡ会費、青年団の費用等の諸経費を、カイジンソウやビロー葉を共同採集することにより捻出している。

島には、夜間四時間だけともる自家発電による電気があるが、その電気料金は、悪石島では一灯ごとに計算されるが、平島では、一律七〇〇円と定められており、その内の四〇〇円は電気利用共向組合のビロー葉採集などの共同作業によって捻出されている。小・中学校の学童のための給食は、悪石島では用務員として雇われた人が先生と相談して準備にあたる。平島では、学童のいる家の主婦が二名ずつ毎日交代で給食係を担当しているが、この違いも両島のそれぞれの特性を示すものであろう。

社会生活全般にわたる指導的位置に立つ有力者のあり方も、両島では異なっている。十島村と各島とを結びつける役割を果たす者として村会議員と駐在員がいる。村会議員は、十島村がおこなう四年ごとの選挙で選ばれ、駐在員は、島民の推薦の上で村長が任命する。この二つの役職は、十島村と島を結ぶ役割をになうものとして、また島の進むべき道を模索する中心として島内の有力者であるといえよう。

平島では、五期にわたり村会議員をつとめ、村会議員、電気利用協同組合長、漁協支部長、ＰＴＡ会長等の要職も一手にひきうけている有力者があり、いわば有力者中心の専政型である。

一方悪石島には、複数の有力者が存在し、村会議員も選挙ごとに二名が交代して務めるような形になっており、選挙にまつわる人間関係のしこりは、表面にはあらわれていないが、人間関係にかなりの緊張をおよぼしているように思われる。これらの有力者は、家筋や財産などに基盤をもった人達ではなく、個人の能力によって指導的位置を保っている人達であることは特記しておく必要がある。

B　日々のつきあい

平島では、女たちは足しげく家を往来して〝茶飲み話〟に時間をすごし、男たちは寄り合って毎日のように焼酎をくみかわし、男同志、女同志が頻繁なつきあいをしている。

悪石島では、女たちは大島紬を織るものが多く、六台の織り機をそなえた工場で紬を織りながら話題を交換したり、店屋に立ち寄って話しこむことがあるが、平島ほど頻繁に茶飲み話に時間をすごす光景は見られない。男たちは、寄り合って焼酎をくみかわすという姿から、テレビを見ながらビールを飲むといった姿に変りつつある。総じて、悪石島は、平島に比して、娯楽生活の側面でも家族単位としてまとまる傾向が強く、テレビの台数の増加がその傾向を助長している。しかし悪石島の特色の一つである祭り日を定めて島の男女が一重一瓶を持ちよって宴をはるという光景は、平島には見られない（口絵3）。

C　宗教生活

悪石島では、かつては全島民が積極的に参加してにぎやかに行なわれたというさまざまの年中行事も、大半は神役のみという形に変ってはいるが、共同的な行事はよく継承されており、前にも指摘したように、島民はそのような神事・祭事には、仕事を休み共に休息することが多く、神信仰を中心とした宗教生活における共同性が島のまとまりを保つ上で重要な役割を果たしていることを指摘することができる。神職者は、ホンボーイのように長期間にわたって務める役がありはするが、すべて世襲制ではなく、交代制であり、そのことが、人口流出による人口構成のひずみなどから生ずる近年の変化の中で、より柔軟な、社会変化への対応を可能にしてきた。

平島では、カネツケ祝い、元服、下帯かけなど、悪石島ではもはや見られなくなった個人の通過儀礼に属する行事は比較的よく継承されているが、共同的な神事・祭事は崩れつつあり、島民の宗教生活を通してのまとまりは弱まっているといえよう。神職者のタユー、ホーイは世襲であるが、タユーの神職にあった者が一九六九年一〇月に島を離れ、主要な共同神事・祭事ができなくなったことにあらわれているように、労の多い神職者が特定の人に固定化されることにより、島の共同的な行事の継承が個人の判断や行動に左右されることになり、その結果として、近年の社会変化には制度的には対応しきれないという可塑性の低さを露呈している。

以上、両島の社会生活全般にわたって比較検討を試みてきた。悪石島は、社会生活全般にわたって、家族単位主義とでも呼ぶべき形への変容の傾向性を示し、それにともなって伝統的な社会生活を大きく変えている。制度的には、形式を整えて規制力を増大させる形で人口流出などの現代的状況に対処し、神信仰を中心とした宗教生活における共同性を保つことが、島民のまとまりを保持する上で大きな役割を果たしている。平島は、伝統的な社会制度を一部修正することによって現代的状況に対応し、宗教生活においては主要な共同神事・祭事の崩壊の傾向を増し、一方頻繁な日々のつきあいを彼らのまとまりの基盤としている。

6　結　論

トカラ列島の、平島・悪石島を対象として、小離島という隔絶され制約された生活環境に住む住民の、現在の生活を比較検討してきた。一〇〇人程度の人口しかもたぬ両島は、成員相互が濃い血縁関係にあり、幼少時から互いに知りつくした関係を基盤とし、自給自足を原則としてきた社会であった。現在月四回の予定で運航されている村営船十島丸は、荒天時には寄港しないことも稀ではなく、以前には一ヵ月に一度しか立ち寄らないといったこともしばしばあり、このような小離島で生活を存続していくためには、自給自足を原則とした多種の生業活動をワンセットもった生活様式のみが可能であった。

このような小離島の生活も、とくに戦後に至って、大きな変化を経験することになった。それは例えば、食生活において米食が常食化したことや、若年労働層の人口流出などである。このような両島に共通する現代的状況に直面して、それぞれ主要生業を異にする平島・悪石島の両島の島民が、どのように日々の営みの相違を示し、また社会の変化に対しては、どのような適応を示しているかを比較検討することが、本論稿の主題であった。

両島は、水利条件という自然環境要因に起因して、平島は水田稲作を営み、悪石島は畑作のみという違いを示していた。

水田を有する平島は、一応の飯米は確保できる。現金収入を得ることが困難な小離島において、主食の自給が可能であるということが、水田稲作労働を中心とした日々の生業活動における島民の生活の同質性をもたらし、伝統的な生活様式を継承しうる基盤を与えている。この基盤が、一方では、強い血縁的結合の上に立った日常の頻繁なつきあいをもたらし、それがまとまりの基礎を与えている。しかし他方では、人口流出などの現代的状況に対しては、伝統的制度を部分的に修正するだけにとどまらせることになり、社会全体としては制度を根本的に変えることなく、個別的場あたり主義的対応を示しているといえよう。社会の変化に対してのこのような対応は、とくに宗教生活に顕著にあらわれている。神事・祭事の中心となる神役が世襲であり、そのうちの一人が島を離れ、主要な共同神事・祭事をおこなうことができなくなっている。個人レベルの日々の頻繁なつきあいをまとまりの基盤としたこの生活様式は、社会変化に対しては、全体的に見て必ずしも柔軟な適応の様式と評価することはできないであろう。

水田をもたぬ悪石島は、米食が常食化した今日、米を現金購入しなければならない。その要請にともなって、現金経済の浸透とそれへの依存の傾向がはっきりと見られる。生業活動も多様化を示し、トビウオ漁を除いては、同時期に従事する個人の労働内容のバラツキも大きい。このような基本的構造のもとで、生活全体にわたって家族単位主義化の傾向が強くあらわれており、現代的状況に対しては伝統的制度を大きく変え、形式を整え個人に対する規制力を増すことによって対応している。宗教生活においても、共同的な神事、祭事は明らかに形式化の傾向性を示しつつあるがよく保持されており、それが島民のまとまりを保つ上で大きな役割を果たしている。日常生活における家族単位主義の傾向性を、社会総体としての形式性が支え、社会変化に対しては、全体的にみて、可塑性の高い適応の様式を示しているといえよう。

本研究の遂行にあたっては、十島村の各島、とくに平島・悪石島の方々に色々とお世話になった。宿を提供していただいた平島の日高長之助氏、悪石島の有川二美氏御一家、調査の補助をしていただいた平島・悪石島両島の小・中学校の先生方と生徒諸君にはとくにお世話になった。ここに厚くお礼申し上げる。

伊谷純一郎博士には、調査のはじめから、報告をまとめるまで終始かわらぬ御指導と励ましをいただいた。また池田次郎博士をはじめ京都大学理学部自然人類学研究室の諸兄には、討論・批判を通じて色々と御教示いただいた。梅棹忠夫博士を中心とした京都大学人文科学研究所・社会人類学研究班の諸兄からは多くの貴重なコメントをいただいた。以上の方々に対し心より謝意を表わしたい。

注

(1) トカラ列島の生業の一般的状況については、鹿児島県（一九六〇）や平山輝男（一九六九）などを参照した。

(2) 村勢要覧、鹿児島県立図書館奄美分館所収の大字別戸口表、その他の文献を参照して作成した。

(3) 臥蛇島については野口武徳（一九六七）の研究がある。

(4) かつての生業内容については、歴史と民俗の章でのべた文献に詳しいが、そのほか、悪石島については早川孝太郎（一九三六）がある。

(5) 役職者が所用で、また病人の治療とその家族員が看護で島を離れることがあるが、通常年間を通じて島民が島を離れることは少ない。

(6) とくに平島で顕著に残っている。〝カブラ〟、〝シモブラ〟、〝ミチバタ〟等々その家の由来や、地理的位置にちなんでつけられた名が多い。

(7)、(8) それぞれの神役の役割内容については、下野敏見（一九六六）に詳しい。

第2章　雪国の山村における戦後三〇年
——福井県瀬戸部落（福井県南条郡今庄町瀬戸）
［現在の福井県南条郡南越前町瀬戸］

1　はじめに

〝山村における戦後三〇年の生活の変化〟というテーマが、筆者の分担課題であった。福井県下の山村を対象とし、住み込み調査を行うという基本方針のもとで、筆者は適切なフィールドを求めていくつかの集落を訪れて回った。できるだけ山奥で、ひっそりと暮らしを立てている集落を求め、バスの終点から歩き始める。舗装道路がきれ、待望の集落に着けば、その大半は廃村であるか、あるいは夏期の一時期のみ住むという変則的な集落であった。舗装道路のきれるところが、集落のきれるところでもあったのである。「とうとうこの部落が、一番奥になってしもうた」という言葉を、何度か聞いた。それは、過疎の最前線に位置する人々の、不安と嘆息の声であった。

山村にとっての戦後三〇年は、若年労働層の人口流出、挙家離村の続出、廃村という、いわゆる過疎化現象に象徴されているように思われる。つまり、典型的な山村生活の転生形態は、すでに廃村となった部落《むら》、あるいはその過程にある部落《むら》の戦後三〇年の歴史に示されているというべきであろう。

しかし、全ての山村が、廃村化への道を歩んでいるわけではない。中には、過疎の最前線に踏みとどまって、山村としての自立性を保ちつつ、生き生きと生活を続けている部落《むら》もあった。歴史をふりかえることは、すぐれて未来を指向することであるとするならば、このような部落をこそ研究対象とするべきではないか。エキステンシブな調査の総括として、筆者は、このような考えに到達したのである。

本研究の調査対象となった瀬戸部落は、県下でも有数の過疎地帯に属する今庄町にある。瀬戸部落も多くの若年労働層が流出し、その意味では、過疎現象に無縁な部落ではない。しかし、相対的に見れば、瀬戸は過疎の最前線に位置しつつも、今なお生き生きとした部落《むら》生活が維持されている山村である。

本稿は、瀬戸における戦後三〇年の生活の変遷と現状を記述分析することを通して、その変転する生活の相と、不易の相とが交錯する姿を描き出し、山村にとっての戦後三〇年の意味について検討を加えることを目的としている。

調査は一九七五年一一月から一九七六年五月にかけておこなった。部落の中にある一軒の茅葺家屋を借り、主として週末に住みこみ、参与観察および聞きこみ調査を基本として、研究を進めた。調査の最終段階においては、部落の人々の全面的な協力を得て、全戸アンケート調査を実施した。

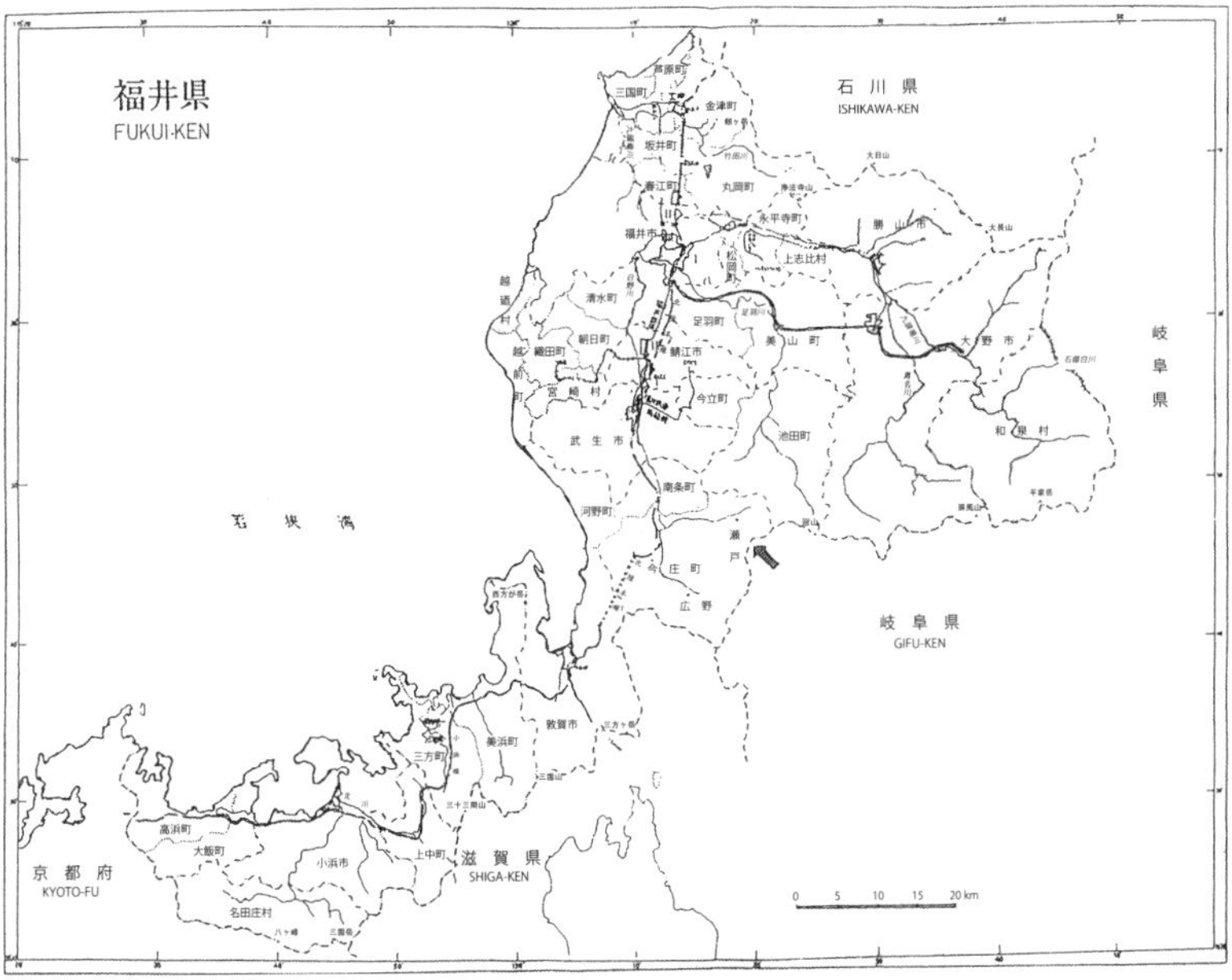

図 2-1　福井県

資料収集に際しては、福井大学教育学部の川崎陽子さん、成田ちあきさん、川畑悦子さんと、京都大学理学部の鹿野一厚君の協力を得た。

2　瀬戸部落概況

地理的背景

A　位　置

瀬戸部落は、行政区画上、福井県南条郡今庄町に属している。今庄町は、福井県のほぼ中央に位置し、東方と南方は越美山地に、西方は、福井県を嶺南・嶺北の二大地域に分ける木の芽山地に接している。ほとんどが山地帯からなる今庄町の主要な河川は、東西に横切る田倉川と、南北に縦断する日野川であり、この二つの川は合流して武生盆地へと流れ出ていく（図２―１）。

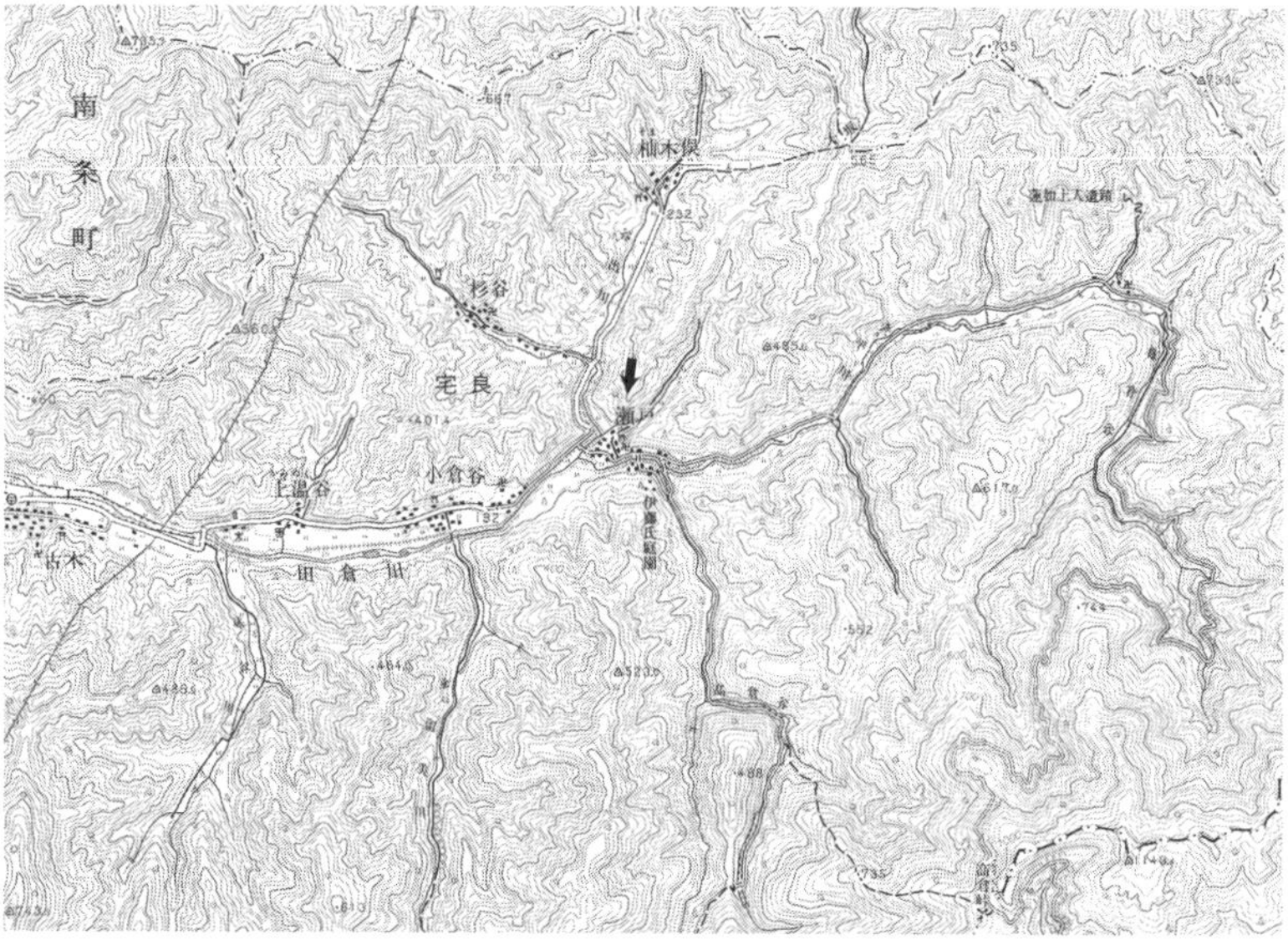

図 2-2　宅良地域

写真 2-1　晩秋をむかえた瀬戸集落

瀬戸の集落は、今庄町の東北端にあり、高倉川、杉谷川が田倉川に流れこむ地点に位置している。瀬戸の東方には、海抜一二二七メートルの金草岳があり、田倉川はそこに源を発している。瀬戸は、海抜一九〇メートルと高度こそ低いが、谷あいにある山村の景観を示しているのである（図2―2、写真2―1）。

昭和三〇年の町村合併以前は、田倉川沿いにある一一の集落が一村を形成しており、宅良村と呼ばれていた。これらの集落の内、最も奥地にある高倉は廃村となり、芋が平は少数の住民が夏季に一時的に滞在するだけで、実質的には廃村同様となっている。杣木俣、杉谷、瀬戸の三部落は合わせて奥宅良と呼ばれている。高倉、芋が平が廃村となった今、この三部落は、過疎の最前線に位置している。

B　交　通

瀬戸に入るには、今庄町の西北部にある、北陸本線今庄駅からバスを利用することになる。駅からは、福鉄バス（福井鉄道バス）が日に五便、小倉谷まで走っている。今庄から小倉谷までは、バスで約二〇分かかるが、途中手を挙げさえすればどこででも停車してくれる。五便の内四便は、瀬戸から最も近い市街地である武生まで行く。所要時間は、約一時間、朝のバス一便だけが瀬戸まで入るのであるが、瀬戸から乗る客は、古木にある幼稚園に通う園児のみというのが常態である。通勤者は、乗用車あるいはバイクで通う。

C　気　候

北陸地方は冬期に降水量が多く、陰気な天候がつづき、また多くの降雪を見る、典型的な裏日本式気候を示す地帯として知られている。今庄周辺も、このような気候特性を示すのであるが、県内では、冬期の積雪は多いが

表2-1　瀬戸における積雪量

	雪							
	積雪日数	初日	終日	月別雪の深さ (cm)				
				11月	12月	1月	2月	3月
福井	43日	11月21日	3月26日	5	9	16	53	11
今庄	78日	11月25日	3月26日	7	37	37	63	23
瀬戸	83日	—	—	24	68	72	88	50

（福井県、1975：P. 20）

気温はそれ程低くなく、夏は高温になる地帯であるとされている（青野寿郎・尾留川正平編　一九七〇：三三二―三三三頁）。

人々の生活との関連においては、なによりも、多雪地帯であることを第一の特性としてあげなければならない。通常は、一一月下旬から三月下旬までが降雪期間であり、一、二月には一メートル前後の積雪をみる。ちなみに昭和四八年の瀬戸における積雪量を、表2―1に示した。

この地方の人々が、いわば伝説的に語る昭和三八年の豪雪（三八豪雪と通称される）は、雪国のもつ宿命を端的にあらわしている。昭和三八年一月上旬から降り出した雪は、二三日から俄然強雪となり、連日猛吹雪に明け暮れ、三一日に至って、福井では積雪二一三センチメートル、今庄では、なんと三一五センチメートルを記録するに至った。国鉄も私鉄も、吹雪の中で列車は立往生し、ながい間運行をストップ、同時に国道をはじめとする全ての道路は運行不能となった（福井市　一九六三、福井県　一九六四：一八頁）。今庄の町中は、屋根からおろした雪が埋まり、電話線をまたがなければ通行できず、山奥の村では交通がまったく絶え、雪を踏み固めた田んぼに、ヘリコプターで食料品を落としてもらわなければならなかった（飯田編、一九七四：五二―五三頁）。

瀬戸の人々は、屋根に積もった雪をおろす回数で、その年の雪量を語る。冬期間に二回雪おろしをするのが平年の雪量であり、一回ですめば、雪の少ない

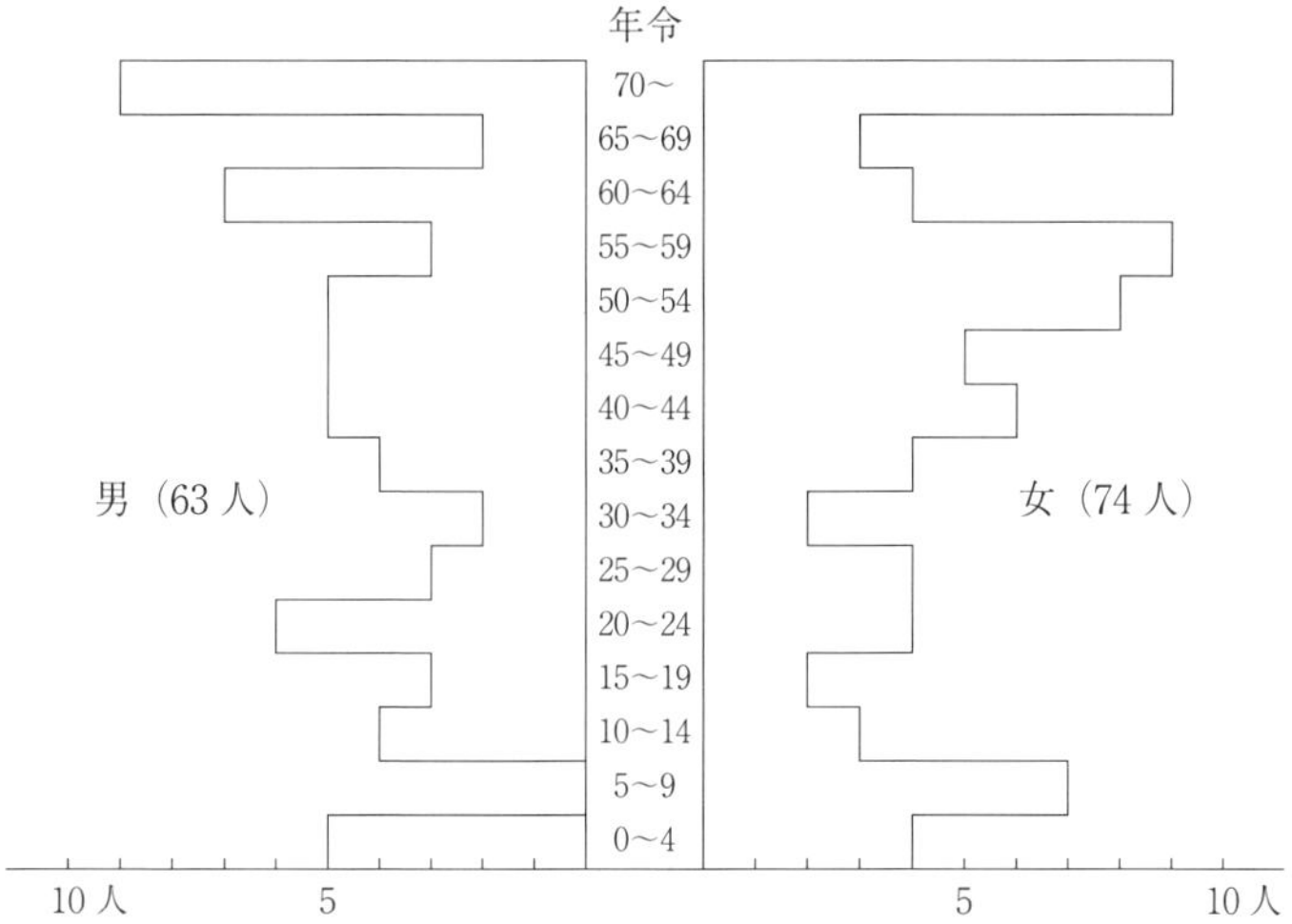

図2-3　瀬戸部落住民の性別・年齢別人口構成
（昭和51年1月1日現在）

年だといって喜ぶ。三八豪雪の時には、四回も五回も雪おろしをしたのだという。

瀬戸の人々の生活は、この雪と闘い、耐え忍び、なれ親しむ中で形成されてきた生活様式を一つの軸として、営まれてきたのである。

D　人口・戸数

昭和五一年一月一日現在、瀬戸の戸数は三九戸、人口は一三七人である。

一三七人の人口の、性別・年齢別構成は、図2―3のようになる。それは、若年労働層が少なく、老年層の多い[1]逆ヒョウタン型を示しており、いわゆる過疎化現象の徴候がうかがえる。

三九戸の家族類型は、表2―2に示した。この表中、夫婦のみの核家族世帯は新婚夫婦ではなく、子供達が全て部落を離れ夫婦だけが残った世帯であり、全戸数の二〇・五パーセントを占めている。それは、若年労働層が少ないことと相関する現象だといえる。また、三世代世

表 2-2　家族類型別世帯数

家族類型		世帯数	比率
A 親族世帯			
Ⅰ　核家族世帯			
(1) 夫婦		8	20.5
(2) 夫婦と子供		7	17.9
(3) 男親と子供		0	0.0
(4) 女親と子供		0	0.0
小　計		15	38.4
Ⅱ　その他の親族世帯			
(5) 夫婦と両親		0	0.0
(6) 夫婦と片親	(i) 夫婦と男親	0	0.0
	(ii) 夫婦と女親	0	0.0
(7) 夫婦、子供と両親		6	15.4
(8) 夫婦、子供と片親	(i) 夫婦、子供と男親	3	7.6
	(ii) 夫婦、子供と女親	6	15.4
(9) 夫婦と他の親族		1	2.6
(10) 夫婦、子供と他の親族		0	0.0
(11) 夫婦、親と他の親族		0	0.0
(12) 夫婦、子供、親と他の親族		1	2.6
(13) 他に区分されない親族世帯		1	2.6
小　計		18	46.2
B 非親族世帯		0	0.0
C 単独世帯		6	15.4
総計		39	100.0

帯は、四一・〇パーセントを占め、老年人口が多いという特徴と共に、瀬戸の人口・世帯構成の特性をあらわしている。

三九戸の内、二戸だけは、戦後他所から移住した世帯である。一戸は、瀬戸の奥にある高倉の住人であったが、部落が廃村となったため、瀬戸に移住した。他の一戸は、岐阜県の高山市に本籍のある世帯であり、瀬戸周辺の山林で木材伐採に従事していたことが契機となり、瀬戸に住みついた。

E　農林業

瀬戸部落における戦後三〇年で、最も大きな変化をみせたのは、その生業であろう。かつての主要生業であった製炭業に従事する戸数はなくなり、殆どの人々が何等かの賃金労働にたずさわっており、農家の専兼業別戸数では、第2種兼業農家が圧倒的に多いというのが現状である。第2種兼業の内容などについては、後に詳しく検討することとし、ここでは、山村としての伝統的側面を概観する意味で、主として昭和五〇年の農林業センサスの結果にもとづき、土地所有の現状を中心に概述しておきたい。

専兼業別農家数からみた瀬戸の実態は、表2－3に示されている。専業農家は三戸で、全て老人の単独世帯であり、これを除いた全ての世帯が第2種兼業農家である。非農家は、材木業を営む二戸と、営林署に勤務する世帯、大工を業とする世帯、それに老人単独世帯の合わせて五戸である。

表2-3　専業・兼業別農家戸数

非農家			5
農　家	専業農家		3
	兼業農家	第1種兼業	0
		第2種兼業	31
	小　　計		(34)
総　　計			39

（1975年 世界農林業センサス）

表 2-4　経営耕地面積規模別農家数

総農家数	0.1 ～ 0.3 ha	0.3 ～ 0.5 ha	0.5 ～ 0.7 ha	0.7 ～ 1.0 ha	1.0 ～ 1.5 ha
34	4	7	12	8	3

（1975 年 世界農林業センサス）

表 2-5　自作・小作別農家数

総農家数	自作	自小作	小自作	小作
34	12	14	7	1

（1975 年 世界農林業センサス）

表 2-6　保有山林面積規模別農家数

総農家数	保有山林なし（0.1 ha未満を含む）	0.1 ～ 1 ha	1 ～ 5 ha	5 ～ 10 ha	10 ～ 20 ha	20 ～ 30 ha
34	4	10	15	2	0	3

（1975 年 世界農林業センサス）

三四戸の農家は、一枚毎の面積が小さい水田で稲作を行うのであるが、その規模別経営面積は、表2―4に示した通りである。一ヘクタール以上の耕地を経営する戸数はわずか三戸であり、大部分は一ヘクタール以下の小規模農家である。また何等かの形で小作形態をとる農家は二二戸あり（表2―5）、全農家数の六四・七パーセントを占めている。

各農家が保有する山林面積は（表2―6）、大部分が五ヘクタール以下であり、わずかに五戸が五ヘクタール以上の山林を保有している。

瀬戸部落は、一ヘクタール以下の水田と、五ヘクタール以下の山林を持つ農家を主体とした山村なのである。

歴史的背景

奥深い山家の里を象徴するように、瀬戸には、平家落人伝説が語り伝えられている。伝説によれば、源平の合戦に破れた伊藤、小西、梅谷、紙谷の四人の落ち武者が、田倉谷の奥にある瀬戸に逃げこみ、そのままそこに住みついた。その後、伊藤家一族の外は、その子孫も絶え、今は屋敷跡のみが残っているという（飯田　一九七四：一四頁）。

この伝説が物語っているように、瀬戸には伊藤姓の家が多い。この伊藤姓の中でも、部落の人々から「オモヤ」と称されている、伊藤助左衛門家は、代々庄屋を勤めた家柄であり、それを象徴するように、立派な庭園がある。昭和七年に、文部省指定となった伊藤氏庭園は、伊藤氏八代の祖が享保年間に、当時流布していた「庭園図本」を手本として造ったものとされている[2]（南条郡教育委員会　一九三四：一一三一―一一三三頁）。

（宅良の）小江戸とも呼ばれていたこともある瀬戸は、江戸時代には、公領に属し、助左衛門家は、この地方の大庄屋格の家であったという。明治四年の廃藩置県の後に行われた市町村の編制において、伊藤家の当主は、宅良村周辺の一二集落を合わせた第一四大区の、いわば副区長にあたる権区長を担当している（南条郡教育委員会　一九三四：一一四〇頁）。

この地方では、各家の当主が家長名を代々継承し、それが屋号として機能している。それらの家長名は、宗門人別御改帳（佐久高士編　一九七二）の記載と良く照合し、江戸時代からの流れをある程度把握する事が可能である。

往時の、庄屋、本百姓、水呑といった階層区分は、瀬戸においては、ダンシュ（旦那衆の地方ナマリか?）、あるいは、五役と呼ばれる地主層と、自作農、それに、いわばダンシュの丸抱え的存在である地名子《じなご》、あるいは雑家《ぞうけ》として、現在にまでその影響を残しているのである。

明治初年の市町村の編制以後、度々編制替が行われたが、明治二一年の市制・町村制の発布により、かつての

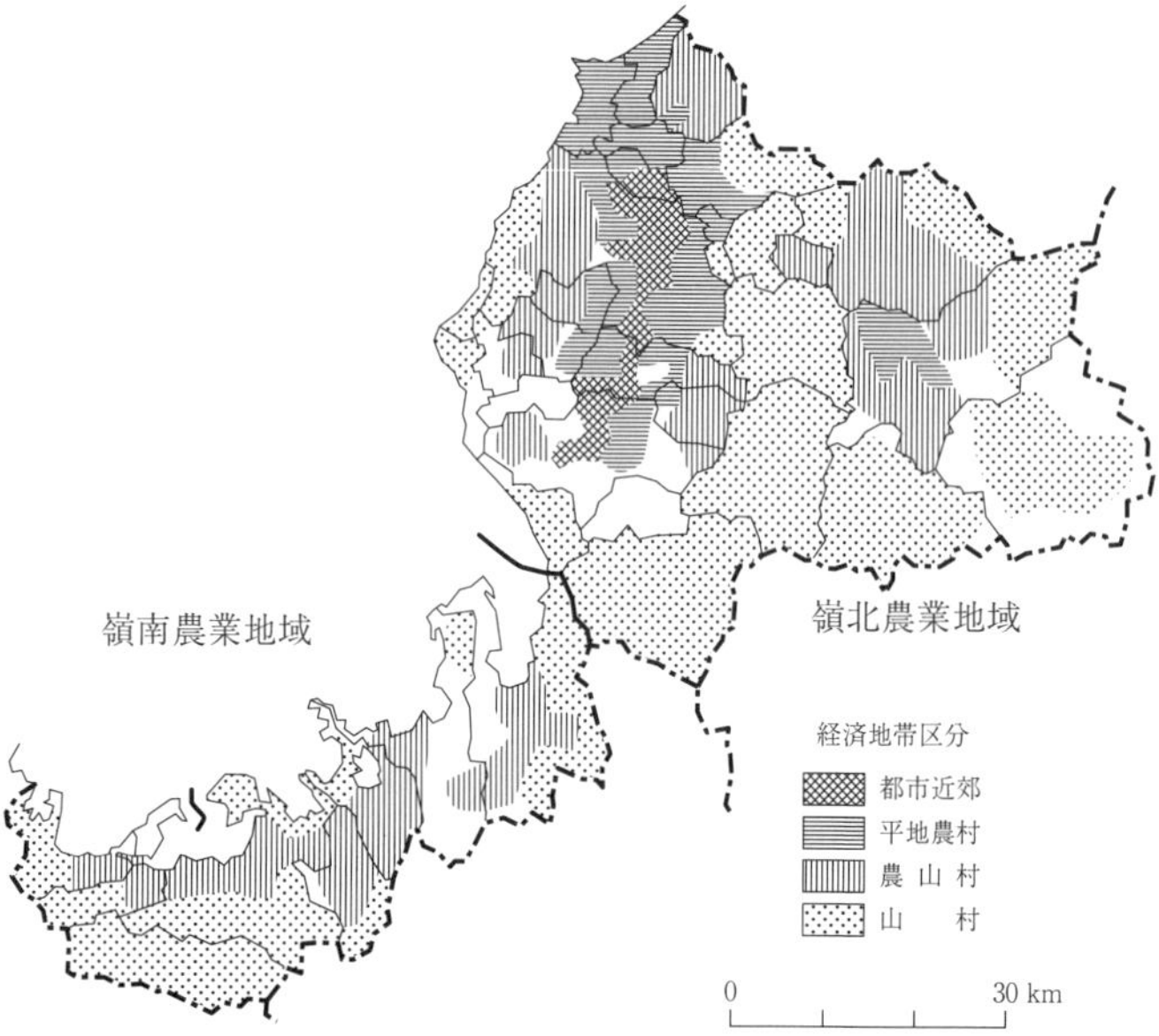

図 2-4　福井県の農業地帯
（青野寿郎・尾留川正平編　1970：336 頁）

田倉郷が、宅良村となった。この宅良村は、昭和三〇年の町村合併により、今庄町に編入されるに至る。

3　過疎化現象と瀬戸
——瀬戸の位置づけ

山村地帯は、今や、人口流出地帯、あるいは過疎地帯と同義語になったようにみえる。実際、筆者が広域調査で実感したのも、その傾向性であった。山村と過疎化現象という視点からみれば、瀬戸はどのように位置づけられるだろうか。

経済地帯区分でいう山村は、福井県では図2—4のような分布を示している。この図に、たとえば昭和四〇年から四五年にかけての、人口増減の図（図2—5）を重ね合わせてみれば、山村と人口流出との相関を明瞭にうかがうこと

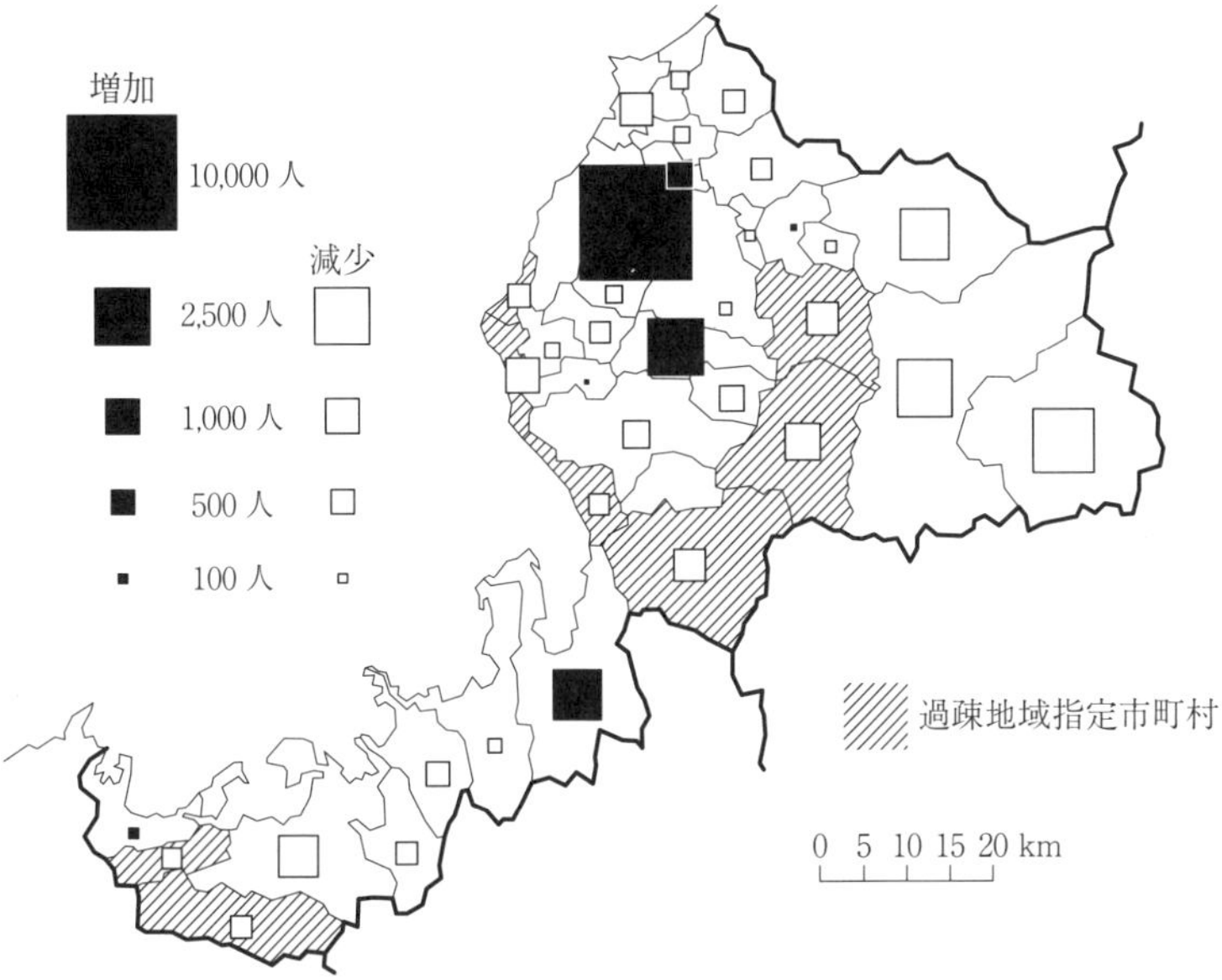

図 2-5　市町村別人口増減図（昭和 40 年〜 45 年）
〔総理府統計局　1972〕

ができる。より分析を深めるため、福井県全体、市部と郡部、今庄町という単位にわけ、その人口動態について検討してみよう（表2―7、図2―6）。

世帯数、人口数の変動から、戦後福井県の郡部では、昭和三〇年頃を境にして人口流出や、挙家離村などの過疎化現象が急激に進んだことが推定できる。今庄町では、郡部の平均をはるかに越えて過疎化現象が進行しているのであるが、ただ、昭和三〇年から三五年にかけて、一時、世帯数、人口数ともに増加している点が目立つ。これは、後に検討するように、この時期に製炭業が一つのピークに達したことと相関している。つまり、今庄町では、郡部全体の動きと比較すると、数年のずれをもって過疎化現象が始まり、以後急速に進展し、昭和三五年から昭和五〇年の一五年間に、世帯数で一八・六パーセント、人口数では三三・二パーセントの

表 2-7　世帯数・人口の推移（1）

	世帯数					5 年毎の増減率（%）				昭和 35 ～ 50 年の増減率（%）
	昭和 30 年	昭和 35 年	昭和 40 年	昭和 45 年	昭和 50 年	昭和 30 ～ 35 年	昭和 35 ～ 40 年	昭和 40 ～ 45 年	昭和 45 ～ 50 年	
福井県	156,827	160,169	169,494	183,229	198,800	2.1	5.8	5.6	8.5	24.1
市　部	83,674	95,088	103,451	121,215	136,933	13.6	8.8	8.6	3.0	44.0
郡　部	73,153	65,081	66,043	62,014	61,867	−11.0	1.5	−6.1	0.2	−4.9
今庄町	1,769	1,877	1,719	1,568	1,527	6.1	−8.4	−11.1	−26.0	−18.6

	人口					5 年毎の増減率（%）				昭和 35 ～ 50 年の増減率（%）
	昭和 30 年	昭和 35 年	昭和 40 年	昭和 45 年	昭和 50 年	昭和 30 ～ 35 年	昭和 35 ～ 40 年	昭和 40 ～ 45 年	昭和 45 ～ 50 年	
福井県	754,055	752,696	750,557	744,230	773,614	−0.2	−0.3	−0.8	3.9	3.1
市　部	391,981	440,721	472,788	480,221	520,672	12.4	2.2	1.6	8.4	18.1
郡　部	362,074	311,975	277,769	264,009	252,942	−13.8	−11.0	−5.0	−4.2	−18.9
今庄町	8,724	9,299	7,580	6,618	6,215	6.6	−18.5	−12.7	−6.1	−33.2

（1975 年 世界農林業センサス）

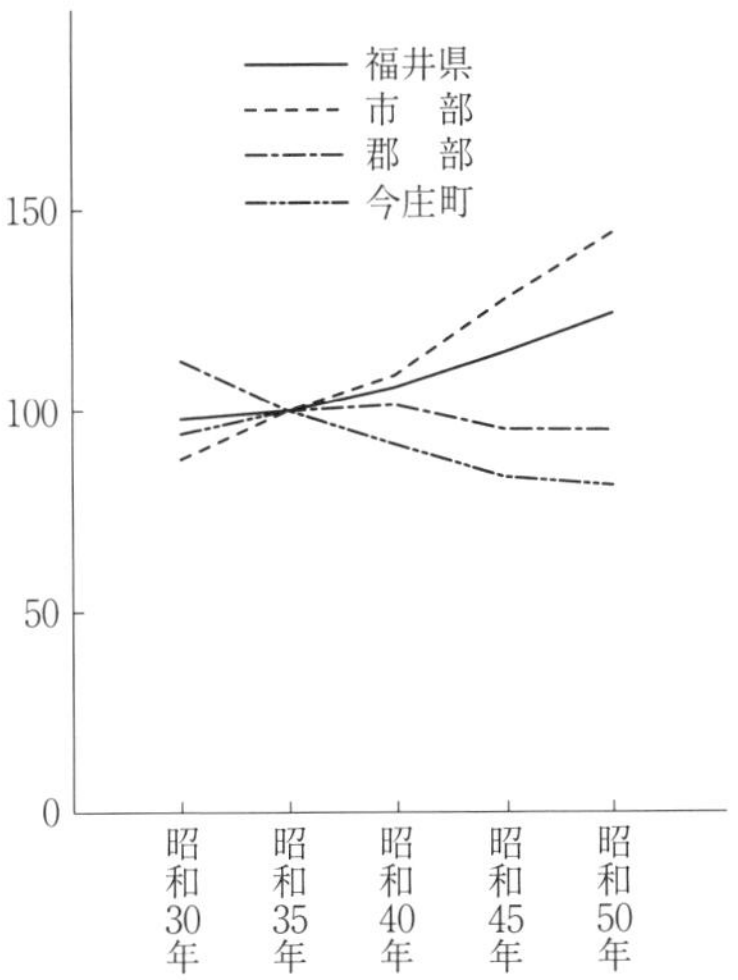

図 2-6-a　世帯数の推移（1）
（昭和35年の世帯数を100とした時の指数によって示す）

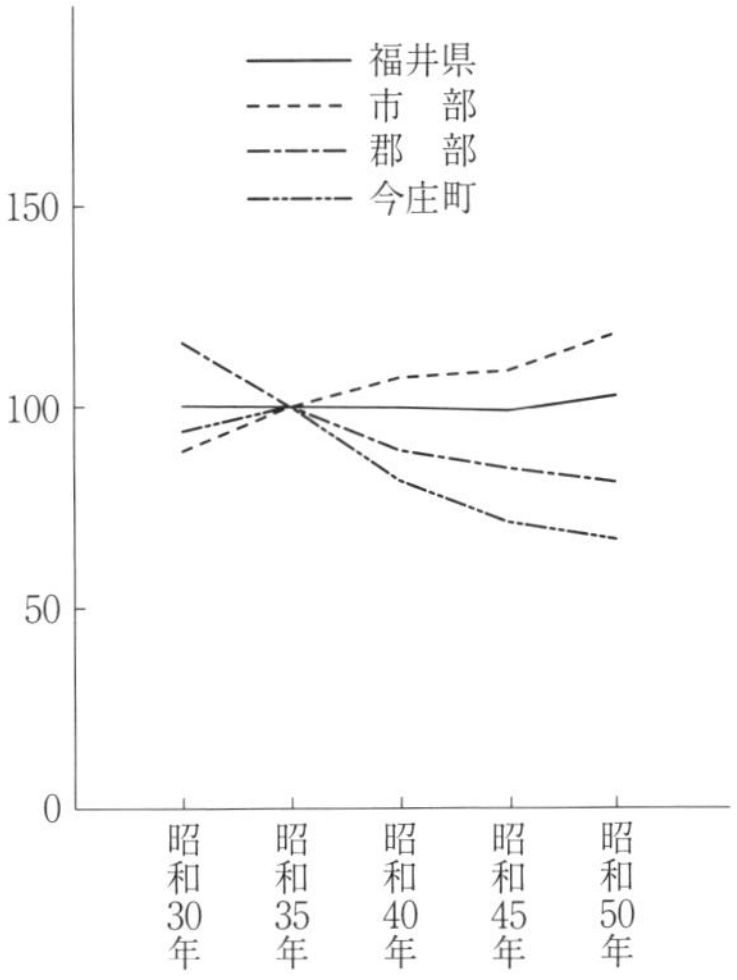

図 2-6-b　人口数の推移（1）
（昭和35年の人口数を100とした時の指数によって示す）

減少を示している。

次に、広域の立場で分析されたこれらの諸傾向が、瀬戸においてはどのように現われているかを検討してみよう。ここでは、同じく過疎の最前線に立つ、奥宅良の杉谷、杣木俣及び、廃村化の過程にある芋が平を分析の視野に含めることにしよう。世帯数、人口の変動から（表2―8、図2―7）、廃村化の過程にある芋が平、挙家離村の徴候を示す杣木俣、かなりの人口減が見られはするが、挙家離村は今の所ごくわずかしかない杉谷、瀬戸という系列を、明瞭に指摘しうるのである。杉谷、瀬戸の世帯数・人口の減少する割合は、今庄町のそれよりも、下回っていることは、注目に価するといえよう。

瀬戸は（杉谷とともに）、地域的には、今庄町の東北端の山間部に位置する集落ではあるが、過疎化の進行する今庄町内では、相対的にではあるが、比較的安定した様相を示しているといえるのである。

本稿では、一方で大きく変貌した瀬戸の様相につい

表 2-8　世帯数・人口の推移（2）

	世帯数				5年毎の増減率（%）			昭和35～50年の増減率（%）
	昭和35年	昭和40年	昭和45年	昭和50年	昭和35～40年	昭和40～45年	昭和45～50年	
瀬　戸	42	40	41	39	−4.8	2.5	−4.9	−7.1
杉　谷	32	32	32	30	0.0	0.0	−6.2	−6.2
杣木俣	18	15	13	13	−16.7	−6.7	0.0	−27.8
芋が平	31	27	7	2	−12.9	−74.1	−71.4	−93.5

	人口				5年毎の増減率（%）			昭和35～50年の増減率（%）
	昭和35年	昭和40年	昭和45年	昭和50年	昭和35～40年	昭和40～45年	昭和45～50年	
瀬　戸	195	180	153	140	−7.3	−11.2	−14.4	−28.2
杉　谷	172	156	144	110	−9.3	−7.6	−23.6	−36.0
杣木俣	90	66	43	36	−26.7	−34.8	−16.3	−60.0
芋が平	130	89	10	2	−31.5	−88.8	−80.0	−98.5

（1970年世界農林業センサスおよび1975年世界農林業センサス）

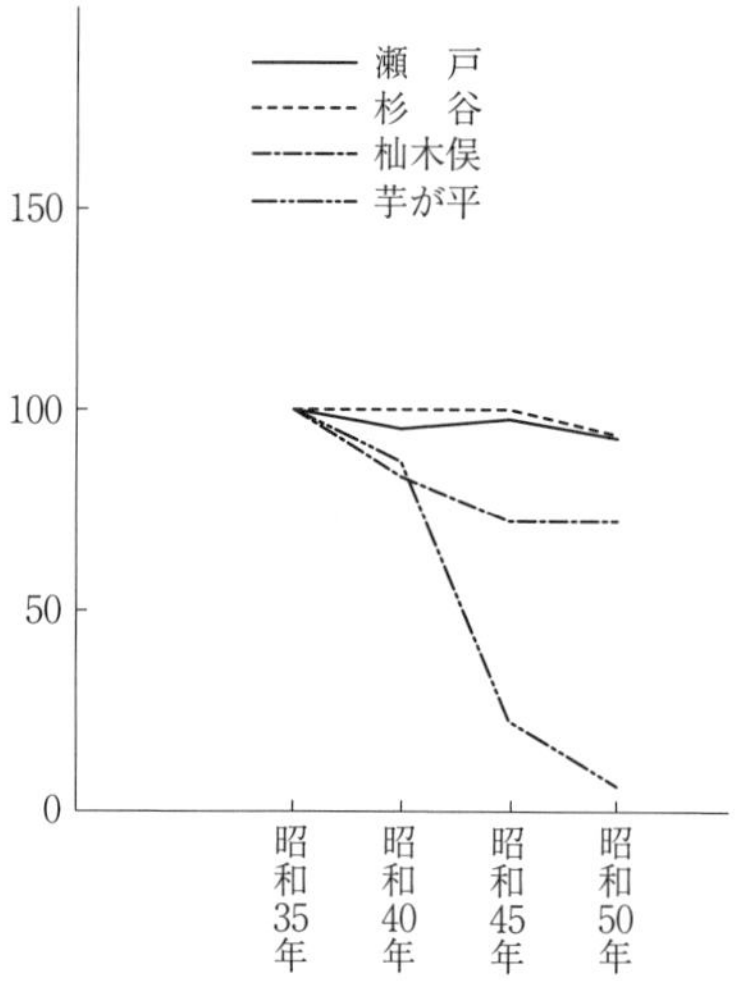

図 2-7-a　世帯数の推移（2）
（昭和35年の世帯数を100とした時の指数によって示す）

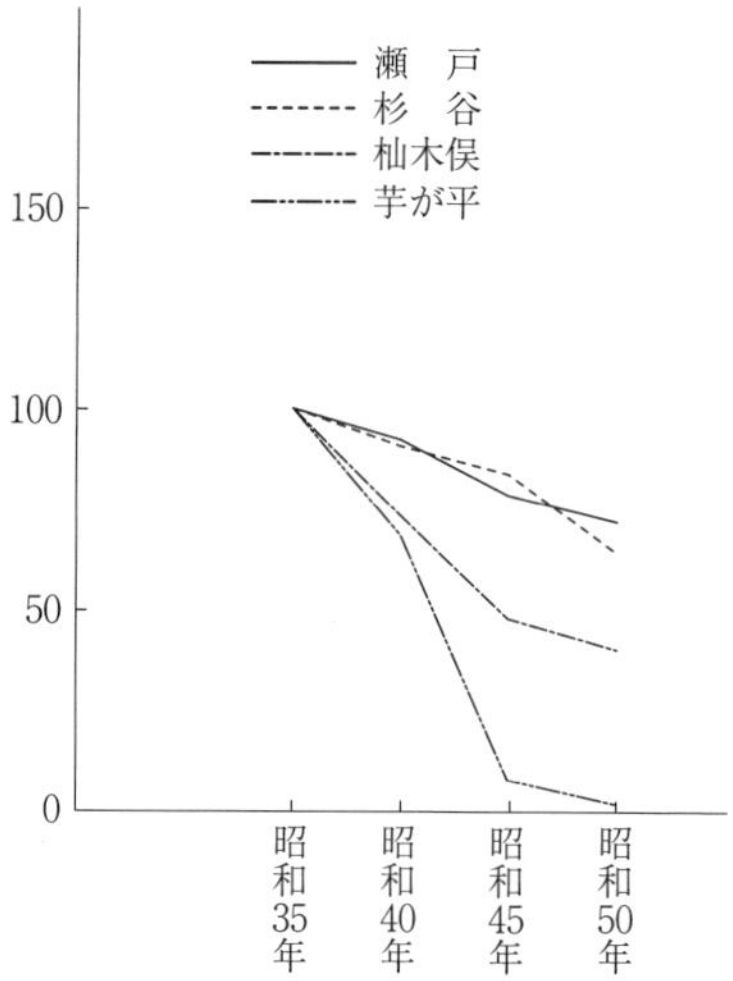

図 2-7-b　人口数の推移（2）
（昭和35年の人口数を100とした時の指数によって示す）

て記述分析すると共に、この安定化要因にも言及し、戦後三〇年の山村における生活の変化の意味について、考察してゆくことにしたい。

4　戦後三〇年の変化

生活環境

交通の不便さと冬期の積雪は、雪国の山村という生活環境の抱える大きな問題であったといってよいであろう。これらの生活環境条件は、旧宅良村の諸部落のうち、瀬戸のように廃村化への道を歩まず現在まで存続している部落と、高倉や芋が平のように廃村化した部落とを分ける大きな要因であったと考えられる。

今庄—小倉谷を走るバスは、すでに昭和二一年に開通している。小倉谷から歩いて一〇分程度の所に位置する瀬戸は、さらにそこから四キロメートルの山道を辿らなければならない芋が平、高倉と比べれば、交通の便には恵まれていたといえる。しかし、昭和三五年前後まで、つまりこの地域の部落が製炭業を主要生業としていた時期には、例えば、瀬戸の人々が高倉附近にまで出向いて炭を焼いていたことなどを考え合わせれば、この条件はそれ程本質的な重みを持ってはいなかった、と推定できる。しかし、後に分析するように、製炭業の衰退と、第2種兼業化の進展、あるいは通勤兼業化が進むにつれて、交通の便あるいは道路の整備状況という問題が、次第に重みを増してきたのである。

冬期の積雪と生活との関わりについての問題点は、前に述べた三八《さんぱち》豪雪に端的に示されていた。事実、県下の多くの山村は、この三八豪雪を契機として、廃村化への道を歩んだのである。旧宅良地方では、高倉が昭和四〇年頃に廃村となり、また芋が平も昭和四〇年を境にして、急速に挙家離村が進み、現在では、ほぼ廃村といってよい状況にある。この両部落は、三八豪雪の際には、一ヵ月近く孤立状態に陥ったという。

芋が平と高倉は、製炭業の急速な衰退と、三八豪雪の影響をもろに受け、当時は未だ道路が整備されておらず、自動車が普及していないこともあって、隣の瀬戸部落まで四キロメートルも離れているという孤立性がそれに拍車をかける結果となり、急速に部落《むら》が崩壊していったと考えることができる。

もちろん、瀬戸もこれらの強い影響を受けたことには変りはないが、両部落ほどには孤立していないこともあって、それを乗り越えあるいは耐えしのぶ潜在力が、闘値を越えなかったといってよいであろう。

高倉や芋が平にとっては皮肉な結果となるのであるが、これらの部落が廃村化した頃から、公共事業によって環境条件の整備が進み、例えば、道路の舗装は、現在、杉谷部落まで達している。瀬戸までは、昭和四八年に完全舗装された。このような道路の舗装化と共に、自動車も急速に普及し、〝交通の不便さ〟の持つ問題点は大きく改善されるに至る（口絵4）。また、積雪のため通行不能となりがちであった道路も、三八豪雪以来徐々に改善され、今日では、積雪があればただちにブルドーザーが出動して除雪し、四、五日道路が通行不能となるような事態はないという。

廃村化に至った部落と、現在なお存続している部落とを分けた要因として、とくに昭和三八年前後の諸環境条件が大きく関与していたといえるのである。

生　業

A　製炭業の衰退

瀬戸部落における、戦後三〇年の変化の中で最もドラスティックであり、かつ基本的な変化は、製炭業の衰退である。木炭にかわってガス、プロパンなどが普及する、いわゆる燃料革命がもたらしたインパクトは、きわめて重大なものであった。

福井県の森林面積は、三一万三二四二ヘクタールで、県面積の七五パーセントを占め（福井県農林水産部 一九七四：一三頁）、カシ、クヌギ、ナラなどの豊富な広葉樹を利用して、かつては、製炭が盛んに行われていたのである。今庄町は、その主要な産地の一つであった。福井県及び、今庄町における、木炭生産量の推移を辿ることによって、その実態を明らかにしてみよう。昭和三五年の製炭量を一〇〇とした指数によって、木炭生産量の変化を示したのが図2―8である。福井県における木炭生産量は、昭和三一、三二年を境にして衰退の一路をたどっている。今庄町の場合も、それとほぼ同様の傾向を示している。

このような木炭生産の衰退は、瀬戸においては、どのような変化として現れているのであろうか。アンケート調査の結果にもとづいて、その変化の跡を追ってみよう。[3] 昭和三〇年以後の、瀬戸における製炭従事世帯数の推移をあらわしたのが表2―9である。昭和三〇年当時には、二五世帯、六四・一パーセントが製炭に従事していたのである。しかし、以後一〇年間に、製炭に従事する世帯数は激減し、昭和四〇年には五戸、一二・八パーセントとなり、ついに昭和四六年に、最後の一世帯が製炭から離れたのである。

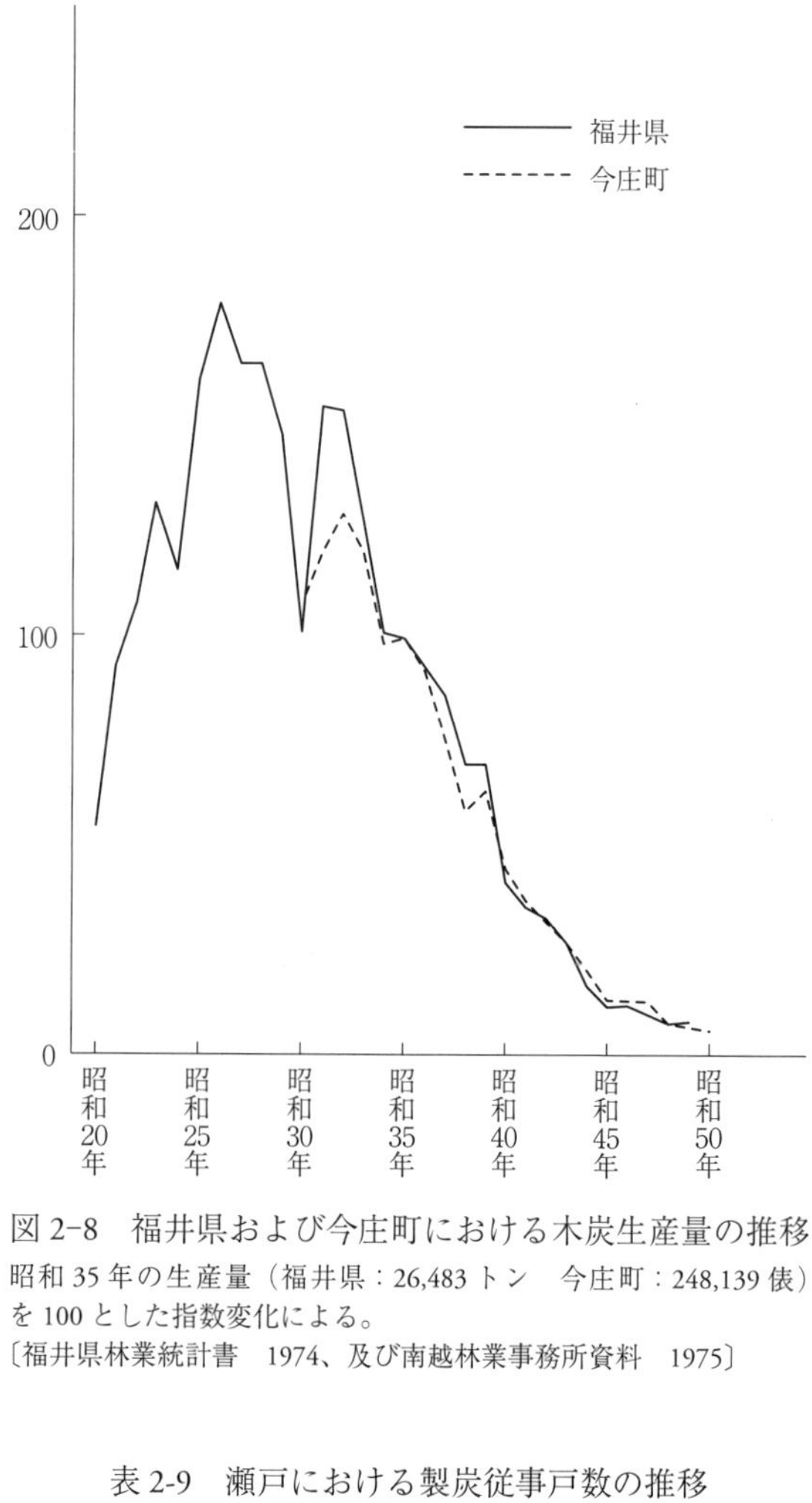

図 2-8　福井県および今庄町における木炭生産量の推移
昭和 35 年の生産量（福井県：26,483 トン　今庄町：248,139 俵）を 100 とした指数変化による。
〔福井県林業統計書　1974、及び南越林業事務所資料　1975〕

表 2-9　瀬戸における製炭従事戸数の推移

	昭和 30 年	昭和 35 年	昭和 40 年	昭和 45 年	昭和 50 年
製炭従事戸数	25	20	5	1	0
39 戸中の割合（%）	64.1	51.2	12.8	2.6	0.0

B　地元の土木建設会社―山友建設

未だ、製炭に従事する世帯が半数を占めていた昭和三五年から、それが一二・九パーセントとなる昭和四〇年にかけては、瀬戸の人々が、新たに生計をたててゆく道を模索する時期であった。木材の切り出しや搬出などの木材業に転じた人、旧宅良地方の他の部落にある小さな土木建設会社の人夫となった人、今庄、湯尾など近くの町にある工場の工員となった人、あるいは営林署に勤めるようになった人等々、多様な転職形態が見られるのである。

このような動きの中で、現在の瀬戸につながる流れが、おもむろに形成されていった。それは、山友建設という土木建設会社に勤務する人々の増大の傾向性である。昭和三五年に、当時二五才であったA氏が、瀬戸の人としては初めて、この山友建設に勤めだしたのである。当時山友建設は、芋が平にある小さな土木建設会社だった。A氏はここに勤める以前、父親と共に製炭に従事しており、冬期には大阪へ出稼ぎに出ていたこともある。昭和三二年に結婚したA氏は、奥さんのお兄さんの勧めもあって、製炭業に見切りをつけ山友建設に勤めたのである。A氏のお義兄《にい》さんの奥さんが芋が平出身であり、そのつてで勤めるようになったのだという。

こうして山友建設への道がひらけ、A氏の誘いもあって、この年、当時二八才のB氏、A氏と特に親しかったC氏も山友建設に勤務するようになり、昭和四〇年には、六人に増加した。この頃から芋が平は、急激な人口流出と共に、挙家離村が始まり、山友建設の経営者も村を離れた。次第に、山友建設を支えるようになりつつあった瀬戸の人々は、A氏と、B氏が中心となり、名義はそのままで株を譲りうけ、実質的に山友建設は、瀬戸に根拠を移すことになったのである。

山友建設は、県や町からの請負仕事を主としており、砂防堰堤工事、護岸工事、道路建設、修復、河川工事などを業務内容とする土木建設会社である。瀬戸に根拠を移した山友建設は、折からのダムや道路工事、河川工事の需要の増大に乗って、順調に成長しはじめたのである。この傾向に歩調を合わせるかのように、瀬戸の人々の多くが、山友建設に勤めはじめ、男の数だけでも、昭和四五年には一二人、昭和五〇年には一六人に達した。

昭和三五年に始まった、この傾向性の帰結として、かつ、現在の瀬戸を理解する基礎として、昭和五一年三月時点での、山友建設の現状とその瀬戸部落で占める位置について、検討してみよう。

表2–10　山友建設従業員の内訳

	男	女	計
瀬　戸	16	10	26
杉　谷	1	1	2
杣木俣	1	1	2
小倉谷	3	0	3
計	21	12	33

（昭和51年3月1日現在）

山友建設の勤務者数は三三名を数え、役員を含む一〇名（内女性一人）が通年雇用であり、残りの二三名は、実働日数に応じた日給月給制による短期雇用者である。前述のB氏が社長、A氏が専務取締役、他に一名の取締役という役員構成であり、事務員が二人、社長の家の二階にある事務所に常勤している。部落別、男女別に見た山友建設の構成は表2—10のようになる。総勤務者の内、瀬戸の人は、実に七八・八パーセントを占めている。

瀬戸部落全体との関連では、山友建設に勤務する男は、その稼働人口[4]の三七・二パーセントを占めている。また、一世帯の内の誰かが山友に勤務している世帯は、一八戸であり、全世帯数の四六・二パーセントに達する。今や、山友建設は、瀬戸に根拠をもった土木建設会社として、部落民の生計の基礎を支えているといっても過言ではない。

瀬戸における、戦後三〇年の生業の変化を、象徴的に示すのは、製炭業の衰退と、山友建設への勤務者の増大であった。この二つの傾向性を、それぞれの生業に従事する世帯数の推移として表現したのが図2—9である。

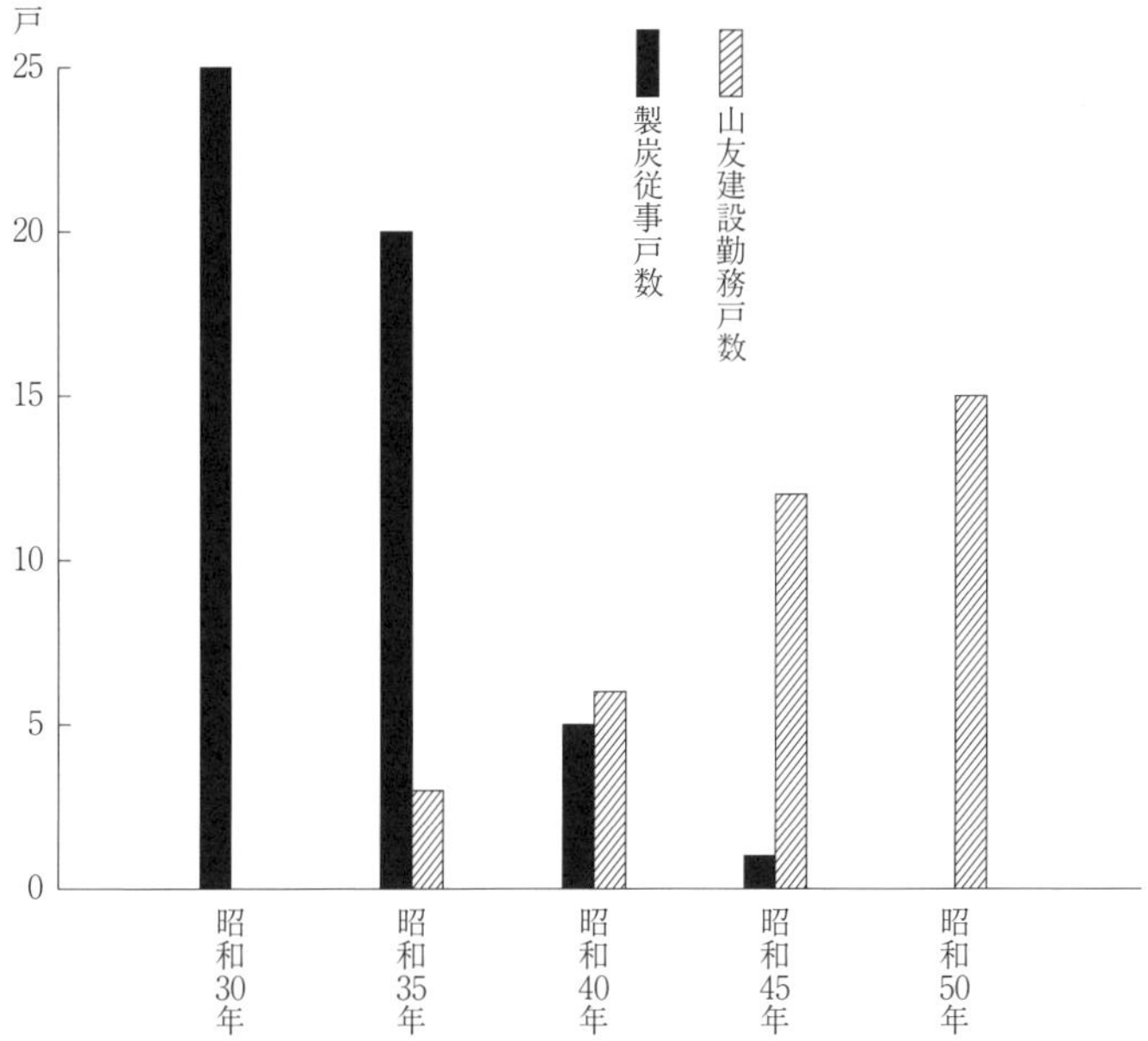

図2-9　製炭従事世帯数と山友建設勤務世帯数の推移

昭和三五年を契機として、製炭業から山友建設へという動向が進展していったさまを、明瞭にうかがうことができるのである。

これまでの分析で、大まかにいって、瀬戸の戦後三〇年は、昭和三五年以前と以後の二つの時期に区分しうることが明らかとなった。そこで、昭和三〇年前後、つまり製炭業が主体であった時期と、現代の様相を比較することを通じて、三〇年の変化の内容を把まえてみることにしよう。

C　製炭業の頃―昭和三〇年前後の瀬戸

昭和三〇年頃迄の瀬戸は、農地改革に象徴されるような、大きな変革の時代であると同時に、戦前からの生業が引きつづき行われた時期でもある。水田稲作と製炭業が主要な生業であったが、ソバ、ダイコン、アズキ、アワなどを、ヤマバタつまり焼畑で栽培し、養蚕も営まれていた。朝鮮戦争が始まった昭和二五年頃から炭の需要が増大し、それと平行するように、養蚕業を止める家が増し、焼畑耕作も終りを告げる。昭和三〇年は、宅良村が今庄町に合併された年であったが、この頃、ほぼ、稲作と製炭に生業がしぼられてきたとみてよさそうである。

昭和三〇年当時、現在の三九世帯の内、製炭従事世帯が二四戸、六一・五パーセントを占めていたことはすでに述べた。当時、製炭に従事しなかった人々は、郵便配達人、大工、旧宅良村内にある土木建設会社や、役場や農協、森林組合に勤めていた。

冬期の積雪は、ほぼ三月中旬に雪どけ期に入る。長い間の雪の中での生活から解き放たれ、人々は一せいに山や田に出る。炭焼きガマを作り、用材を切り、すっかり準備ができるまで、ほぼ四〇日位かかる。田植え前に、一カマ炭を焼きあげるのがせいぜいであったという。囲炉裏用に、ハルキと呼ばれる長さ一メートル程度の木を切り、それを里に運び、積みあげて、ハルキニウを作るのも春一番の仕事である。この間、女は、田の株ヌキに精を出し、その後、一家揃ってミツグワで田の荒起こし、肥料散布、シロカキ作業、苗代作りが続き、田植えは六月になる。こうして、春の農繁期がすぎた後、男は山に戻り、炭焼きに専従することになる。

稲の収穫期は、九月末から一〇月にかかる。稲を刈り、稲架《はさ》にかけ、とり入れ、脱穀、乾燥と、秋の農繁期も一家総出でかかる。炭焼きの最後のカマは、一二月九日の山祭りを目処にする。こうして年間一〇カマ、一〇〇俵（六貫俵）程度焼ければ上々であったという。山祭りの頃には雪が舞い始め、これ以後、冬の生活に入る。

冬期は、作業小屋で、あるいは囲炉裏端でのワラ仕事である。男は、ワラジ、アシナカ、ゾーリ、フカグツなどのハキモノや、セナカテと呼ばれる背負い袋などを作り、また炭俵用のメヌキナワ、コナワ、茅葺屋根用の太いノイナワ、稲架《はさ》に用いるハサナワをなう。女は、カヤで炭俵を編み、あるいは、ホナワと呼ばれる、炭俵や米

表2-11　専兼業別農家数の推移

	総世帯数	非農家数	総農家数	専兼業別農家数			兼業農家		
				専業	第1種兼業	第2種兼業	雇用	自営	製炭・製薪
昭和35年	42	6	36	3 (8.3)	14 (38.9)	19 (52.8)	9 (25.0)	24 (66.7)	21 (58.3)
昭和45年	41	6	35	2 (5.7)	5 (14.3)	28 (80.0)	31 (88.6)	2 (5.7)	1 (2.9)
昭和50年	39	5	34	3 (8.8)	0 (0.0)	31 (91.2)	31 (91.2)	0 (0.0)	0 (0.0)

(　)は総農家数に対する割合(%)
(1970、1975年世界農林業センサス)

俵を編むナワをなう。夫婦揃って作業しなければ編みあがらない、モミ乾燥用のムシロ作りもある。こうして、人々は、三ヵ月にわたる長い雪の中での生活を続けたのである。

D　現在の瀬戸

瀬戸部落に即して、象徴的に、〝炭焼きから山友建設へ〟と表現できる変化は、より一般的には、自営兼業農家から、賃労働を主体とした第2種兼業農家への推移ということになる。農林業センサスにもとづき、昭和三五年以降の専兼業別農家数及び、兼業農家の雇用、自営類別の変化の実態を示したのが表2―11である。昭和三五年には、まだ製炭業を自営する農家が中心であり、第1種兼業農家も、総農家数の三八・九パーセントを占めていた。それから一五年たった昭和五〇年には、老人単独世帯の専業農家三戸を除き、全て、賃労働が主体となった第2種兼業農家となっている。木炭生産の衰退と共に進行した、部落民の賃労働者化は、ここにおいて、クライマックスに達したといえるのであろう。現在、瀬戸の男の稼働人口は四三名であり、そのうち四二名は、何等かの勤めに出ている。その勤務先の業種、所在地別に見た内容は表2―12のようになる。

表 2-12　瀬戸の男子の勤務先

業　種	所在地	人数
土木建設業	瀬戸〔山友建設〕	16
	杉谷(旧宅良村)	1
	古木(〃)	1
	久喜(〃)	1
	長沢(〃)	1
	今庄	1
木材業	瀬戸〔自営〕	3
	湯尾	1
営林署	今庄町内	4
農協	今庄	3
	小倉谷	1
役場・県庁	今庄	1
	福井	1
バス会社	武生	1
国鉄	今庄	1
森林組合	今庄町内	1
酒屋(冬期のみ)	大阪	1
機械製作会社	武生	1
縫製工場	今庄	1
生命保険会社(豆腐屋と兼業)	今庄、瀬戸	1
計	—	42

(昭和 51 年 3 月 1 日現在)

表 2-13　瀬戸の女子の勤務先

業　種	所在地	人数
土木建設業	瀬戸〔山友建設〕	10
木材業	瀬戸〔自営〕	1
森林組合	今庄町内	4
営林署	今庄町内	2
縫製工場	小倉谷(旧宅良村)	3
診療所・病院	古木(旧宅良村)	1
	武生	1
その他	武生	3
計		25

(昭和 51 年 3 月 1 日現在)

前述したように、山友建設の占める割合が圧倒的に高いのであるが、一方では、その勤務先の多様化という傾向性もうかがえる。勤務先の所在地は、大部分が今庄町内にあり、山友建設の存在と共に、通勤圏内に雇用機会を確保できたことが、部落存続の基盤であったことを物語っている。

現代の瀬戸のもう一つの特徴は、勤めに出る既婚の女性が多いということ、つまり、共稼ぎの世帯が大半であるという傾向である。その勤務先の業種、所在地は、表2―13に明示した。男の場合と同じく、山友建設勤務者が多い。家族類型別に見た、共稼ぎ世帯の現状は、表2―14に示されている。単独世帯を除いた三三戸の内、共稼ぎ世帯は、二四戸、比率にして七二・七パーセントを占めている。養育に手のかかる幼児のいる家庭を除いた殆ど全ての世帯が、共稼ぎであるということになる。幼児のいる世帯でも、祖母が健在であるところでは、祖母が子供の世話をみ、若夫婦が、働きに出るといった形態をとっている。

稼働人口の賃労働者化という傾向は、瀬戸の一つの生業基盤であった農業にも大きな影響を与えている。人々は、早朝勤務に出る前や、帰宅後に田に走り、あるいは休日に集中して農作業に従事する。

農作業が比較的暇な時には、山に入って、杉の植林に精を出す。炭焼きの頃は、手間がなく、植林にまで手が回らなかったのだが、近年、補助金が出ることもあって、杉の植林が大巾に増加したのだという。

これまで、山村を支えてきた農業や林業は、部落民の賃金労働者化にともなって、いわば余暇労働という形に変質し、特に農繁期などには、人々に過重な労働を強いることになるのであるが、「やっぱり倉にコメがないと寂しい」といった発言や、子や孫のためにスギの植林に精を出す人々の姿の中に、長い歴史を持つ山村の、伝統的側面が象徴されている。

農業や林業の、余暇労働化を可能にした原因として、それらの作業の機械化という契機も重要であろう。瀬戸においては、昭和四〇年以後に、急速に農業機械が導入された（表2―15）。特に、昭和四〇年代に普及した農業機械、及び、山林用機械としては、動力耕耘機、全自動脱穀機、乾燥機、それに下刈り機をあげることができる。多くの労働力と手間を必要とした農業、林業の作業が、機械化の進展に伴って軽減され、賃金労働の余暇仕事として、これらの作業を行うことが可能になったといってよい。瀬戸においては、田植え機やコンバイン等、現代農村を象徴する農業機械は、一枚の田が小さいこともあって、未だ導入されてはいないが、昭和五一年度に

表 2-14　共稼ぎ世帯の現状

家族類型		(A)世帯数	(B)共稼ぎ世帯数	(B)の(A)に対する割合
A 親族世帯				
Ⅰ　核家族世帯				
(1) 夫婦		8	7	87.5
(2) 夫婦と子供		7	3	42.9
(3) 男親と子供		0	0	0.0
(4) 女親と子供		0	0	0.0
小　計		15	10	66.7
Ⅱ　その他の親族世帯				
(5) 夫婦と両親		0	0	0.0
(6) 夫婦と片親	(i) 夫婦と男親	0	0	0.0
	(ii) 夫婦と女親	0	0	0.0
(7) 夫婦、子供と両親		6	6	100.0
(8) 夫婦、子供と片親	(i) 夫婦、子供と男親	3	2	66.7
	(ii) 夫婦、子供と女親	6	5	83.3
(9) 夫婦と他の親族		1	0	0.0
(10) 夫婦、子供と他の親族		0	0	0.0
(11) 夫婦、親と他の親族		0	0	0.0
(12) 夫婦、子供、親と他の親族		1	1	100.0
(13) 他に区分されない親族世帯		1	0	0.0
小　計		18	14	77.8
Ⅰ・Ⅱ小計		33	24	72.7
B 非親族世帯		0	0	0.0
C 単独世帯		6	0	0.0
総　計		39	24	61.5

(昭和 51 年 3 月 1 日現在)

表2-15　農・林業用機械の普及率

	所有戸数	普及率 (%)
動力耕耘機	17	50.0
動力田植機	1	2.9
バインダー	4	11.8
動力散粉機	26	76.5
動力脱穀機	27	79.4
全自動脱穀機	17	50.0
乾燥機	20	58.8
動力モミスリ機	27	79.4
米選機	24	70.6
精米機	31	91.2
下刈り機	14	41.2
チェーン・ソウ	13	38.2

予定されている耕地整理を契機として、これらの農業機械も導入され、現在の傾向は、更に助長されることになろう。

三月中旬から一二月一杯まで、人々は、日々の勤めと、農作業、植林に精を出し、以前と比較すれば、一ヵ月も早くなった春、秋の農繁期には、早朝から夕方遅くまで精一杯働く。

冬期、雪が降り始めると、やっと人々は、これまでの激しい労働から解放される。土木建設会社に短期雇用者として勤務している人々や、営林署勤めの人々は、冬期約三ヵ月、それぞれの職から離れ、日当の六割にあたる失業保険の支給を受ける[4]。山友建設では、今年度短期雇用者は、一月一〇日に離職し、三月一六日に再雇用されるという形態をとった。営林署の場合は、一二月五日から三月一杯まで、休業となる。冬期に、多くの人々が、積雪のため失業するという問題は、現代の雪国の山村がかかえる大きな悩みの一つなのであるが、一面では、春から秋まで激しい労働にあけくれる人々にとって、骨休めの期間となっているということもできる。「雪がふって、やっとあきらめがついた」という会話や、「女の人は、春の彼岸頃にはふっくらとしてくる」といった言葉に、時間を惜しんで働きづめできた日々と、積雪期に対する屈折した思いを読みとることができるのである。

物質生活

A　住居、暖房器具、風呂

山村のたたずまいを象徴するものとして、私達はすぐに、茅葺の屋根と、囲炉裏のある住居を思い起こすであろう。事実、製炭が盛んであった頃の瀬戸の家屋は、その殆どが茅葺であった。

太いケヤキの東西柱、コメや木炭用の俵を積んでおくツシ（屋根裏部屋）、ユルリ（囲炉裏）の上には、四本の太い綱で支えられたアマ（火覆い）があり、そこから、吊り下がったアマカギ（自在カギ）には、大きなヤカンがかけられている（図2―10）。囲炉裏には、太いハルキが常に据えられている。スギバ（杉葉）やマメガラ（ダイズの枝木）をたきつけにして火をつけ、ホエ（ケヤキやナラの細枝）で火力を調整する。ヨコザには家長が座り、ナベヤには長男、キノホーには子供達、カマヤには家長の妻、その横に長男の嫁が座る。嫁は、いつも忙しくナガシ（炊事場）で働いている。土間の一角に、江（水路）からひいた水の溜めツボがあり、嫁は、腰をかがめ、ひしゃくで水をすくって食器を洗い、手早く料理の手をすすめる。当時の屋内は、こんなあり様であったろうか。

大きく変貌してゆく瀬戸の生活の一面を、家屋と、暖房器具の変遷を辿ることによって、みてみよう。戦後の家屋の新築は、昭和三〇年から始まるが、急激な増大は昭和四四年以降である（表2―16）。大きな二階建ての新築家屋は、瀬戸での新しい生活様式を象徴するものであるといってよいであろう。老夫婦、若夫婦、子供達が、それぞれ独立した部屋を持ち、ステレオのある応接間があり、居間では電気ゴタツで暖をとり、カラーテレビに見入るという生活様式の浸透を、そこにみることができるのである。

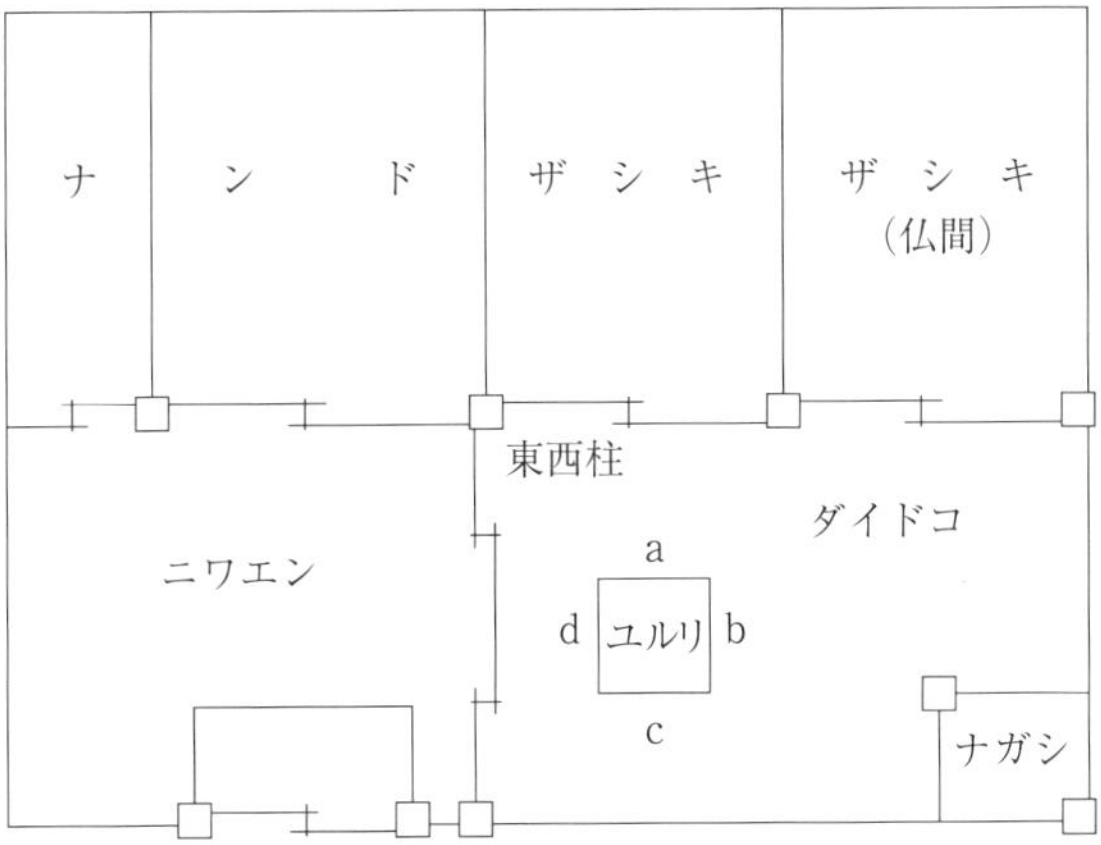

囲炉裏の座名
- a：ヨコザ
- b：ナベヤ
- c：カマヤ
- d：キノホー

図2-10　伝統的家屋の間取り模式図

表2-16　年次別新築家屋数

	昭和30年	昭和38年	昭和44年	昭和45年	昭和46年	昭和48年	昭和49年	昭和50年	計
新築家屋数	1	3	3	2	1	2	1	1	14

茅葺の家屋も、内部は天井を張り、台所、風呂場、便所を増改築し、囲炉裏は、マキストーブ、あるいは石油ストーブにとってかわるという具合に、その姿を変えている。

昭和五一年一月現在の、家屋形態別にみた比率は、表2―17のようになる。また主要な暖房具(かっての囲炉裏にあたるもの)の種類と、その各々の比率も表2―17に示されている。勿論、各家庭とも、この一種だけではなく、電気ストーブ、電気ゴタツ、あるいはガスストーブを併用している。

暖房器具の変遷は、基本的には囲炉裏→マキストーブ→石油

表2-17　家屋形態と主要暖房器具

	茅葺家屋		瓦葺旧家屋		新築家屋		計	
	戸数	比率(%)	戸数	比率(%)	戸数	比率(%)	戸数	比率(%)
囲炉裏	2	5.1	1	2.6	0	0.0	3	7.7
マキストーブ	10	25.6	1	2.6	0	0.0	11	28.2
石油ストーブ	5	12.8	6	15.4	14	35.9	25	64.1
計	17	43.6	8	20.5	14	35.9	39	100.0

表2-18　風呂の燃料

	マキ	プロパンガス	灯油	電気	計
戸数	20	9	4	4	37
比率(%)	54.1	24.3	10.8	10.8	100.0

ストーブという順序で導入されてきた。石油ストーブが大きな比率を占めるのは、その便利さから見て当然といえようが、特に、一七戸の茅葺家屋に住む世帯の内、マキストーブを利用する世帯が一〇戸あり、かなり高い比率を示していることも注目されよう。マキストーブ用の薪集めは、かなりの労力を要求し、手軽さという点では石油ストーブが勝っているのであるが、とくに老人のいる家庭では、好んでマキストーブを使っているといってよいように思う。風呂の燃料（表2―18）として、マキを用いている家庭が比較的多いことと合わせて、山村としての瀬戸の一面をうかがうことができる。

B　生活用品

様々な電化製品や乗用車の普及をもって、生活様式にみられる都市化の指標とするなら、瀬戸のそれは、昭和四〇年以降に急速に進んでいったといえる（表2―19）。例えば乗用車は、昭和四〇年以前には、二世帯が所有しているのみであったが、現在では、二四世帯、六一・五パーセントにも達しており、五世帯では二台以上の乗用車をもっている。乗用車の普及によって、

表 2-19　都市的生活用品の普及率

	戸数	普及率(%)
乗用車	24	61.5
小型トラック	11	28.2
オートバイ	21	53.8
電話	36	92.3
白黒テレビ	29	74.4
カラーテレビ	31	79.5
電気掃除機	29	74.4
電気洗濯機	36	92.3
電気冷蔵庫	38	97.4
ガス炊飯器	35	89.7
電気炊飯器	13	33.3
電子レンジ	7	17.9
ルームクーラー	1	2.6
ベッド	12	30.8
ピアノ	2	5.1
オルガン	4	10.3
カメラ	29	74.4

（昭和 51 年現在）

今庄は勿論のこと、武生にまで通勤圏が拡がり、道路が舗装され、冬期にはブルドーザーによる除雪が行われて、通行不能となることが殆どないといった状況も加わって、市街地との距離は、心理的距離も含め、急速に縮まったといえるであろう。

瀬戸部落と外部とを結ぶものとして、電話の普及も重要な位置を占める。昭和四一年、宅良地方に農集電話（農村集団電話）が開通して以後、急速にひろまり、現在では三六戸、九二・三パーセントという高い普及率を示している。瀬戸を離れて他所に住みついた子供や、親戚との交流、下宿して高校に通う子供、冬期に下宿あるいは学校の寄宿舎で生活する中学生との電話による連絡は、車による往来と共に、瀬戸を支える重要な柱の一つであるといってよい。現在、集団電話から、専用電話への切り換えを望む家庭が増しつつある。

農集電話開通以前には、公民館（お寺）に一台、共用電話があった。お寺の住職の家族員が、電話の呼び出しをしてくれていたのであるが、住職一家が部落を去った後は、豆腐屋さんを営んでいたD氏が、その電話を引受けた。「当時、電話の呼び出し料は一〇円でした。冬など、カッパを着て、カンジキをはいて、呼び出しに行ったものです。」D氏は、当時を思いおこして、こう語った。

各種の電化製品の普及率は、極めて高い。電気冷蔵庫、電気洗濯機、自動炊飯器（ガスもしくは電気）は、ほぼ一〇〇パーセント近く普及している。テレビは、昭和三九年の東京オリンピック開催時に急速にひろまったのであるが、現在では、白黒、カラーを合わせれば、ほぼ一〇〇パーセントに近く、カラーテレビのみでは、七九・五パーセントを示している。三世帯では、カラーテレビを複数台もっている。

電化製品の中で、電子レンジが普及しはじめているのであるが、ルームクーラは、現在一戸が所有しているのみであり、選択の特異性を示す例として興味深い。

食生活

生業や、物質生活の変遷は、その変化に力点をおいてみるならば、生活様式の都市化、あるいは脱山村化の傾向として、総括しうる一面をもっていた。それは、田畑や山への依存度が相対的に減少してゆく過程でもあった。しかし、一方、賃金労働の余暇仕事となったとはいえ、農作業に精を出し、子や孫との連続性の認識を支えの一つとして、山に杉苗を植えるという側面に目を向けるなら、やはり山村としての伝統が底に息づいているということも可能である。現在の瀬戸の状況は、この両面から検討することによって、より正確に把握することができるであろう。

ここでは、食生活に焦点をしぼり、主として、味噌、漬物などの自家生産の状況や、山菜の利用程度の分析を通して、その伝統的側面を検討し、インスタント食品やパン食の普及程度を指標として、その現代的側面の諸傾向に言及することにしたい。

A　伝統的側面

i　漬　物

蔬菜類は、「手間がかかって、結局は買った方が得だ」といった声も聞くが、原則的には、各家庭で自給自足しているといってよいであろう。ちなみに、現在瀬戸で栽培されている主な野菜と、その栽培農家率を示したのが表2―20である。

これらの野菜の利用法の中で、雪国の山村としての特質を示すものとして、漬物についてみてみよう。アカカブやハルナ、ダイコンの一夜漬であるオハヅケや、カブやダイコンを糠に漬けるヤドヅケなど、時期折々に食される種類を除き、比較的長期にわたって利用される漬物の種類と、三九戸の内でそれらを作っている世帯の比率

表2‒20　蔬菜の種類と栽培農家率
（栽培農家率50％以上の蔬菜）

種　類	栽培戸数（戸）	栽培農家率（％）
ソバ	24	61.5
ジャガイモ	38	97.4
サトイモ	37	94.9
サツマイモ	27	69.2
ナンキン	38	97.4
ダイズ	35	89.7
クロマメ	21	53.8
アズキ	32	82.1
エンドウ	21	53.8
ダイコン	39	100.0
カブ	36	92.3
アカカブ	33	84.6
ハクサイ	38	97.4
ホウレンソウ	33	84.6
キャベツ	23	59.0
レタス	27	69.2
ネギ	33	84.6
ニンニク	32	82.1
ゴボウ	26	66.7
ニンジン	26	66.7
キュウリ	39	100.0
ナス	38	97.4
トマト	25	64.1
トウガラシ	32	82.1
ウリ	38	97.4
スイカ	30	76.9
カキ	32	82.1
クリ	28	71.8

（調査による）

表2-21　漬物の種類と自給率

	キリグケ	オオグケ	タクアン	朝鮮漬	奈良漬	味噌漬	ニシンのこうじ漬	ラッキョ漬け	梅干し	スナ
戸数	15	29	36	27	34	15	31	18	37	9
自給率	38.5	74.4	92.3	69.2	87.2	38.5	79.5	46.2	94.9	23.1

を示したのが表２―21である。

野菜の内で、最もよく漬物として利用されるのは、ダイコンであろう。冬期には、時期をずらして、三種の漬物が食卓にのぼる。ダイコンを、生のままかあるいは少し干して、適度な大きさに切り、葉とともにトウガラシと塩で漬け、一週間位重石をかけると、キリグケができる。オオグケは、軽く干したダイコンを丸ごと、塩、糠、トウガラシと共に漬け、比較的浅漬けで食べる。冬の間に、一番よく食べられる漬物である。タクアンは、ダイコンを一週間程度干したあと、塩、糠、トウガラシ、タクアンの素を入れ、大きな重石をかける。冬の間、そのまま漬け込んでおき、春から夏にかけて食べる。秋、コメの収穫も終り、そろそろ雪が降り始める頃、各家庭の軒先には、タクアン用のダイコンが、大量に吊されている。

スナは、保存用のダイコンの葉である。ダイコンの葉をさっとゆで、塩をせずに樽に漬け、重石の上から水を張って冷所に置いておく。スナは、いためものや、ウチマメ汁の実、ナメシとして利用する。ころあいにゆでたダイズを一粒一粒石臼にのせ、木の槌で叩いてウチマメをつくり、それに、タイモ（サトイモ）や他の野菜を入れてつくる味噌汁が、ウチマメ汁である。かつては、お講さまや、総報恩講などの宗教的な寄り合いには、不可欠のものだった。ナメシは、スナをきざんで釜の下に敷き、その上に味噌と冷や飯をのせ、ふかせばできあがる。

ニシンのコウジ漬けも冬の食卓には欠かせないものだ。ダイコンと身欠ニシンを交互に

表2-22　味噌の自給率

	味噌			味噌用ダイズ		
	自家製	買い味噌	両方	自家栽培	購入	両方
戸数	29	9	1	21	5	3
比率(%)	74.4	23.1	2.6	53.8	12.8	7.7

重ね、コウジで漬けて作る。昔からある、典型的な越冬用の食料である。梅干し以下のものについては、説明は不要であろう。

ⅱ　自家製味噌

漬物と共に、自家製の味噌が用いられているか否かも、山村における食生活の自給性あるいは自立性を示す指標として重要なものであろう。表2―22には、日々用いる味噌が、自家製かあるいは買い味噌かの区分と、自家製の場合には、その原料のダイズは自ら栽培するか、他所から購入するかに分けて、その比率を示したものである。ダイズを自ら栽培し、それを用いて自家製の味噌を作る世帯は、五三・八パーセントであり、少くとも一部分は、自らの家で作る世帯も加えれば、七六・九パーセントにもなる。人々が、買い味噌を始めたのは、昭和四〇年以降であり、現在まで徐々に増加しつつあるが、漬物に見られた高い自給率と共に、現在の瀬戸の特性を示すものとして、注目しておいてよいように思う。

ⅲ　ダイコンベヤ

雪国の山村においては、冬期用の野菜の保存法は、きわめて重要な生活の知恵であった。多くの保存法のうち、その代表的なものは、ダイコンベヤであろう。土を少し掘り、藁を敷き、ダイコンやニンジン、カブを入れる。さらに藁を一把ずつ周囲にたてかけ、その上端をくくりつけておく。こうして、冬に備えるのである。今冬、瀬戸で、このダイコンベヤを作った世帯は、三五戸、八九・七パーセントであった。

コメの収穫も終え、そろそろ雪が舞い始める頃、瀬戸の家の軒先には、タクアン用の大根が吊され、大根部屋がしつらえられる。茅葺の家の周囲には、束ねた茅を縄で固定した雪囲いが、グルリと張り廻らされる。軒下には、うず高く、太い薪が積みあげられている。

積雪期をすごす生活の知恵は、道路が雪のため通行不能となることがごくまれとなった今日も、根強く、引きつがれているといってよいであろう。

iv　ソバとつるし柿

今庄町は、福井県下における、ソバ処の一つとして知られている。初秋に、畑一面に咲くソバの白い花は、瀬戸の風物誌を構成する一要素である。ソバの小さな実を落とし、良く乾燥させ、粉にひく。かつては、石臼でひいていたのであるが、現在では、一軒の家にある粉ひき機でソバ粉にする。

大みそかの日に、二〜三世帯の主婦が集まって、手打ちソバをつくる。ソバ粉に、つなぎとして、すりおろしたヤマイモを混ぜ、水量を加減して適度な固さにねりあげる。めん棒で何回も打ち伸ばし、包丁で一定の太さに切り揃える。沸騰している湯に入れ、さっとゆであげる。おいしいソバをしあげるには、〝コツ〟が必要だ。この〝コツ〟は、瀬戸の主婦が代々、受けついできたものであった。正月に帰ってくる子供達も、この手打ちソバには目がない。昭和五〇年の大みそかに備えて、二八戸、七一・八パーセントの世帯で、手打ちソバをねりあげた。自らの畑で栽培したソバで、手打ちソバをつくったのは二四戸、六一・五パーセントである。

表2-23　さわし柿の種類と自給率

	つるし柿	さわし柿	塩柿	あぶり柿
戸数	9	7	12	7
自給率(%)	23.1	17.9	30.8	17.9

表2-24　餅つき

	新正月前	旧正月前	3月の節句
戸数	36	30	19
比率(%)	92.3	76.9	48.7

ソバと共に、つるし柿も、今庄名物の一つである。囲炉裏のアマに吊されて、黒く干しあがったつるし柿は、クロガキとも呼ばれ、その柔らかさ、甘さが格別の味だという。昔ながらのつるし柿をつくる家は、瀬戸では殆どないけれども、その面影を伝えるつるし柿を、九戸の家で作っていた。柿の渋をとる方法も色々ある。深い桶にミゾソバの草を入れ、沸とうしたお湯を加え、そこに一昼夜つけて渋をぬく、さわし柿。冷水に塩を加え、柿をつけておくと、一ヵ月位で渋がとれ、おいしい塩柿ができる。また、ゆっくりと火であぶる（あぶり柿）方法もある。今冬、これらの柿をつくった世帯数は、表2―23に示した通りである。

∨　トチモチ

四季折々、祝事には餅を搗くのが、瀬戸でのならわしであった。その主要なものとして、正月、三月の節句、五月のチマキ、八月の土用餅をあげることができる。

現在では、新正月、旧正月、それに三月の節句に、多くの家で餅を搗く。昭和五〇年度、これらの時期に餅をついた家の比率を表2―24に示した。「寒の頃に搗いた餅は長持ちする」と、人々は語るのだが、新正月と共に、旧正月にも多くの家で餅をついているのは興味深い。

表2-25　餅の種類と作成農家率

	白餅	トチ餅	ヨモギ餅	豆餅	シソ餅	エンドウ餅	ボロモチ	ヨモギダンゴ
戸数	37	33	15	30	18	13	9	5
利用率(%)	94.9	84.6	38.5	76.9	46.2	33.3	23.1	12.8

これらの時期に搗かれた餅の種類と、部落内での比率を表2―25に示した。餅の種類のうちボロモチは、ウルチ米とモチ米を混ぜて搗いた餅であり、ヨモギダンゴは、くず米の粉とヨモギとをこねて団子にしておき、蒸して搗きあげる。多くの種類のうち、シロモチを除けば、トチモチの比率の高さが目につく。

トチの実を採集して、それがトチモチになるまでには、実に手間がかかる。山で拾ってきたトチの実は、何日間も日干しにする。餅を搗く時期が迫って来ると、この乾燥したトチの実を、一昼夜程水につけ、オニカワをふやかせる。その後、適度の温度の湯につけ、トチへシと呼ばれる道具で、オニカワをむく。この実を、一〇日間程水につけて晒す。水は、朝夕替えなければならない。最後の処理過程は、特に難しく、〝コツ〟がいる。トチの実がミズイロ（水色）になるまで暖めた後、大きなハンギリ（食物用タライ）に湯とともに移し、ケヤキなどの木灰と、ソバガラの灰を加えよくかきまぜる。こうして、湯加減に注意しながら一晩置き、翌日、水でよく洗う。このトチの実をモチ米とともに蒸し、トチモチを搗きあげる。人々は、「トチモチは実を食べるのではなくて、手間を食べるものだ」と、語るのである。

昭和五〇年一二月二八日、E家では、合計一二ウスの餅を搗いたが、このうち八ウスがトチモチであった。このトチモチの多くは、瀬戸を離れて暮らしている子供達や、親類に送り届けられたのである。

かつて、千葉（一九五〇）は、山村の生活の指標として、山野食料に依存する程度の多

表2-26　山菜の利用頻度

	採集して食べた世帯		保存している世帯	
	世帯数	比率(%)	世帯数	比率(%)
フキノトウ	30	76.9	0	0.0
アサツキ	30	76.9	0	0.0
ワラビ	33	84.6	15	38.5
ゼンマイ	35	89.7	27	69.2
ウド	31	79.5	10	25.6
フキ	37	94.9	26	66.7
ミズブキ(ウワバミソウ)	33	84.6	22	56.4
ミツバ	26	66.7	1	2.6
セリ	22	56.4	0	0.0
ヨモギ	26	66.7	16	41.0
サンショの葉	28	71.8	1	2.6
サンショの実	26	66.7	4	10.3
タケノコ	28	71.8	8	20.5
トチ	25	64.1	25	64.1
クリ	26	66.7	6	15.4
ワサビ	31	79.5	0	0.0
ヤマノイモ	31	79.5	6	15.4

少をとりあげ、その中でもとくに、トチの実の利用程度が、重要な指標となることを指摘した。勿論、現在、瀬戸において、トチモチが日常の主食として重要な位置を占めるわけではない。しかし、トチモチに対する強い嗜好性と、それが〝フルサトの味〟を代表する食物の一つとして、瀬戸を離れた人々に送り届けられるという現象は、現代の瀬戸の特異性を示すものであるといえよう。

vi 山　菜

瀬戸の周辺は、早春のフキノトウに始まり、晩秋のヤマノイモにいたるまで、四季折々の山菜に恵まれた地域である。これまでに明らかになった、山菜として利用される野生植物の数は相当数にのぼるが、ここでは、比較的よく利用されている山菜をとりあげ、その利用度を量的に検討してみたい。

表2―26は、ここ数年間に、自ら採集し食べた、あるいは保存しているという基準に従って、部落単位での利用率を示したものである。保存法には、主要なものとして、乾燥、塩漬、つくだ煮、果実酒等があるが、ここでは、その方法を問わず、何等かの形で保存しているものという基準によった。五〇パーセント以上の世帯が利用している山菜は、一六種にのぼる。

以上、栽培植物や野生植物の伝統的な利用法をめぐって、とくに、現在の瀬戸における利用率を中心にして述べてきた。これらの食物は、かつては日々の糧として不可欠なものばかりであり、その利用法、加工法には、伝統的な山村生活の知恵がにじみ出ている。いずれも、〝コツ〟の習得を前提としており、また多くの手間を要するものである。

昭和四〇年以後に、自家製味噌から買い味噌へと転換する家庭が徐々に増してきていることや、つるし柿やさわし柿を作る家庭が少くなったことに示されているように、伝統的な食物の利用が減少しつつあることは否めない。しかし、〝手間を食べる〟見本のような、ソバや、トチモチが好んで作られており、また、山菜利用が盛んであることにみられるように、瀬戸では、山村という生活環境の特異性が、今もいきいきと機能しているのである。

B　現代的側面

瀬戸の人々が、異口同音に語るところによれば、食生活が大きく変ったのは、ほぼ一〇年前からだという。例えば、一〇年前には、今庄には肉屋がなく、武生にまで行かなければ、肉を購入できなかった。その後しばらくして、今庄にも肉屋ができ、今庄の中学校に通う子供達が、買って帰れるようになったのだという。

隣の小倉谷には、農協の売店と、魚屋が一軒ある。農協では、生鮮食料品以外のものは、殆ど何でも手に入れることができる。魚屋では、頼んでおけば、肉も買うことができる。この魚屋は、福井県では一般的なのであるが、仕出屋も兼ねており、瀬戸の人々は毎日の副食材料の購入や、宴会用料理の調達によく利用する。小倉谷の魚屋は、毎日のように、自動車に魚や他の食料品を乗せて瀬戸にやってくる。自動車でまわり出したのは、奥さんが車の免許をとった昭和四三年からだという。

瀬戸には二軒、食料品を売る店がある。一軒は、昔から煙草を売っていた店であり、昭和三〇年頃に、食料品も扱い出したのだという。他の一軒は、他所から瀬戸に移り住んだ人が営んでおり、店屋を始めてから一〇年位たつという。

小倉谷にある農協、魚屋、瀬戸の食料品店二軒、それに瀬戸にある豆腐屋さんを利用し、各々の家で栽培している蔬菜類を用いれば、ほぼ毎日の食事材料は手に入る。

それでは、このような瀬戸で、現代食品の典型的な形態であるインスタント食品等は、どの程度利用されているのであろうか。アンケートの結果にもとづいて、検討してみよう。

インスタント食品および、他の現代的指向性を示すと考えられる食品の利用程度について、子供、大人、老人の各世代別に示したのが、表２―27である。アンケートは、それぞれの品目について、各世代別に、〝良く利用する〟、〝まあまあ利用する〟、〝全然利用しない〟という三区分に分けて記載を依頼した。表で示した利用率は、〝良く利用する〟と記載されたものについては二点、〝まあまあ利用する〟には一点、〝全然利用しない〟には〇点という重みをつけ、その得点の総計を、全ての回答者が〝良く利用する〟と仮定した場合の得点で除し、百分

表 2–27　現代的食品の普及率

	子供	大人	老人
インスタント・ラーメン	70.0	55.0	39.5
カップ・ヌードル	60.5	27.3	21.1
インスタント・カレー	53.3	41.3	26.5
冷凍食品	43.8	46.0	28.1
ハム	80.0	68.3	53.1
ベーコン	23.3	23.9	16.7
ソーセージ	76.2	57.4	50.0
牛乳	84.2	84.4	53.1
バター	71.4	55.0	33.3
チーズ	61.1	51.9	23.1
パン	81.6	61.3	43.8
コーヒー	73.8	60.7	43.8
紅茶	42.1	44.4	25.0
ウィスキー	—	57.4	17.9
ブランデー	—	32.5	15.4
ブドウ酒	—	26.2	28.1
朝食（パン）	15.0	13.9	10.5
朝食（御飯）	85.0	87.1	89.5

率で表示した。

ほとんどの食品目について、その利用率は老人、大人、子供の順に高くなっていることが明らかである。予想された結果通りであるとはいえ、各世代によって、新しい形態の食品に対する嗜好度、あるいは許容度の差が明確にあらわれており、興味深い。

総体的にいうならば、現代的食品の浸透の度合は、インスタント・ラーメンや、冷凍食品の利用率に示されるように、〝まあまあ利用する程度〟であるといってよいであろう。朝食にパンを食する人はごく少く、大部分の人が米食であることを考え合わせると、食生活の面では、それほどドラスティックな変化はみられないといえそうである。

社会生活

A　血縁性と地縁性

谷あいの集村である瀬戸は、いわゆる自然村あるいは部落《むら》として、濃厚な血縁関係と地縁関係によって、そのまとまりを保持しつづけてきたといってよい。濃厚な血縁関係は、その姓の分布（表2―28）や、婚姻関係に明瞭にあらわれている。

通婚圏を、生業が大きく変転しはじめた昭和三五年を境にして二分し、現在の夫婦四一組の出身地別に示したのが、表2―29である。(5) 昭和三四年迄は、部落内婚の比率が五七・六パーセントと高い値を示している。昭和三五年以後の通婚の範囲は、鹿児島県出身一名を除き、ほぼ昭和三四年迄のそれと等しいが、部落内婚が一例もみられない。通婚においても、部落内での自己完結性が薄まり、より外社会とのつながりが増しつつある状況を読みとることができるのである。

地縁的なまとまりとしては、家地《やち》組制度をあげることができる。部落はその家の所在地（家地《やち》）によって三組に分けられ、部落を横切って流れる田倉川の南の家地は向い手、田倉川の北部、白山神社の東方の家地は東手、西方の家地は西手と呼ばれる。かつては（戦前）それぞれの家地組には家地総代がいて、制度的なまとまりをもっていたのであるが、戦後は部落一本になり、家地組は、隣りづきあいの単位、あるいは、部落作業の際の作業単位としての機能を持つのみとなっている。

表2-28　姓の分布

	世帯数	比率(%)
伊藤	19	48.7
安藤	6	15.4
岡本	2	5.1
沢山	2	5.1
山本	2	5.1
その他（各一世帯ずつ）	8	20.5
計	39	100.0

B　地主・地名子関係の変質

部落《むら》の社会構造は、いわゆる地主、小作関係をその中核としてきた。瀬戸においては、ダンシェあるいは五役と呼ばれる五軒の地主層と、地名子あるいは雑家との関係として表現される。地名子は、戦前には、農地、山

表 2-29　夫・妻出身地別通婚圏

a）昭和 34 年迄の通婚例

夫＼妻	瀬戸	旧宅良村*	今庄町**	池田町	武生	その他	計
瀬戸	19 (57.6)	3 (9.0)	2 (6.1)	2 (6.1)	1 (3.0)	1 (3.0)	28 (84.8)
旧宅良村*	2 (6.1)	—	—	—	—	—	2 (6.1)
今庄町**	—	—	—	—	—	—	0 (0.0)
池田町	1 (3.0)	—	—	—	—	—	1 (3.0)
武生	—	1 (3.0)	—	—	—	—	1 (3.0)
その他	—	—	—	—	—	1 (3.0)	1 (3.0)
計	22 (66.7)	4 (12.0)	2 (6.1)	2 (6.1)	1 (3.0)	2 (6.1)	33 (100.0)

b）昭和 35 年以後の通婚例

夫＼妻	瀬戸	旧宅良村*	今庄町**	池田町	武生	その他	計
瀬戸	—	—	1 (12.5)	2 (25.0)	1 (12.5)	2*** (25.0)	6 (75.0)
旧宅良村*	—	—	—	—	—	—	0 (0.0)
今庄町**	—	—	—	—	—	—	0 (0.0)
池田町	—	—	1 (12.5)	—	—	—	1 (12.5)
武生	1 (12.5)	—	—	—	—	—	1 (12.5)
その他	—	—	—	—	—	—	0 (0.0)
計	1 (12.5)	0 (0.0)	2 (25.0)	2 (25.0)	1 (12.5)	2 (25.0)	8 (100.0)

（内は比率、%）
*：瀬戸を含まない
**：瀬戸、旧宅良村を含まない
***：内、1 例は鹿児島県

林、屋敷地ともに、全面的に地主に依存せざるを得ず、社会生活全体にわたって、地主との主従関係が強調されていたのである。⑥戦後の瀬戸における社会生活の変化は、この地主・地名子関係の変質に象徴されている。

農地を媒介とした、地主と地名子との関係は、農地改革によって、その根拠が崩壊するのであるが、農地改革の対象とならなかった山林を介して、地主・地名子的関係は、製炭業が衰退しきるまで、長く尾を引いていたのである。製炭が盛んであった頃、現在の三九戸の内、地主の山林に依存して炭を焼いていた戸数は一三戸であり、炭焼きに従事していた戸数の五二パーセントにあたる。地主に支払われる借料は、山手と呼ばれ、その比率には変動はあるが、収量の三割前後が平均的なものであったという。当時の瀬戸は社会階層として、地主層と、主として自らの山で炭を焼く層、及び地主の山林を借りて炭を焼く層の、三層から成っていたということになる。自らの山を持たない人々は、地主から炭焼きのための山林を借りる外にも、田・畑に入れる肥料用の草や、屋根用や、炭俵用の茅、クリやトチの実、その他の山菜、薪用のしば、また、家屋の増改築用の木等々、多くを地主の山に依存しなければならなかったのである。

地主と、その山林を借りて炭を焼く人々との関係は、戦後の諸変化の影響もあって、戦前のそれのような厳しい主従関係の色合いは薄れていたとはいえ、田畑の仕事や、冬を迎えるための準備、雪おろしなど、様々な機会に労働を提供しなければならなかった。

このように、炭焼きの時代は、その社会生活の全体にわたって、色濃く、地主・地名子的関係が機能していた時代でもあった。燃料革命による製炭業の衰退は、山林の貸借関係を崩壊させ、地主・地名子的関係の根底をつき崩すことになる。つまり、瀬戸にとって、燃料革命は、単に生業の転換のみならず、社会、経済的変革をもたらしたのである。

C　部落《むら》の組織

i　四　役

瀬戸の地主層は、ダンシュあるいは五役と呼ばれていたことは前に述べた。戦前、これらの地主層が、区長、区長代理、補佐役三名の部落の役職（五役）を、常に受け持っていたために、五役は、地主と同義語になったのである。

戦後、部落のまとまりの中心となる役員は、区長、区長代理、会計、農家組合長の四役となった。これらの役職者は、例年一月二〇日頃に開かれる初寄合の席で、選挙によって選ばれる。それぞれの役職は、任期が一年であるが、再選をさまたげないという規則になっている。五〇年度の役員は、五一年度の初寄合で再選され、耕地整理等の大事業が現在課題となっていることもあって、来年度も留任することになっている。これらの役職者は、単に形式上のものではなく、人々の信頼もあって、権威ある存在となっている。各役職者への手当ては、年間（昭和五一年度）区長に六万六〇〇〇円、区長代理に二万一〇〇〇円、会計に一万八五〇〇円、農家組合長に三万七〇〇〇円ずつ、部落費から支払われる。

戦後、この四役には、時代の潮流の反映もあって、非地主層からも選ばれ、いわば部落の民主化が地道に進行していったのであるが、製炭業時代には、やはりダンシュがその大勢を占めていたのだという。

現在の四役を、かつての三階層別にみると、地主層から一名、自らの山で炭を焼いていた層から二名、地主の山を借りて炭を焼いていた層から一名という分布になっている。この分布は一見、現在の瀬戸の底流に、かつての分化した社会階層の影響が残存しており、結果的にではあるが、そのバランスへの配慮があることを示しているかにみえる。

土地の保有関係が社会関係に及ぼす影響が少なくなり、現金収入は、土地等の財産よりも一世帯あたりの稼働人口数に比例するようになった現在、役職者の選定に際して、経済的な要因は二次的なものとなったといってよい。ただ、部落の人々は、同じ土地に住み、密接な社会関係を保ちつつ歴史を共有してきたがゆえに、今なお、たとえば家格意識として、かつての階層分化時の残像を保有していることは否定できない。いいかえれば、歴史の残像効果とでもいうべき力が、ある程度働いているといえるであろう。

役職者等の人選について、人々は、人それぞれに適性があり、特定の役職に向いた人もあれば向かない人もある、と語るのである。現在の瀬戸における役職者は、その歴史を背景としつつ相互に熟知し合った人々が、諸々の条件を総合的に反映している。人のパーソナリティを基準として、選出した結果であると考えてよいであろう。

多くの瀬戸の人々が働いている山友建設は、部落のまとまりを考察する際にも重要な位置を占めているといえようが、その経営の中心をになっているのは、四〇才台のA・B両氏である。現在、区長を勤めるF氏は、ダンシュの家柄に属する人であり、人々の信望を得て、部落のまとまりの中心に位置するが、一方、職業上では、山友建設の一社員である。つまり、特定の人々に重要な役職が集中することなく、役割とパーソナリティに応じて役職者の分散化が見られ、それらが有機的に結びつくことにより、少なくとも現在、瀬戸部落は、安定した様相を示しているといえるのである。

ⅱ　その他の組織

部落の四役以外の組織としては、青壮年会、婦人会、姑会、長寿会等をあげることができる。これらは、性と年齢の区分に従った組織であり、それぞれ部落生活を円滑におくるための役割をになっているが、基本的には親睦のための組織とみなしてよい。

戦前の青年会を引きつぎ、その成員権を大巾に拡大した組織が青壮年会であり、昭和三〇年に発足した。現在その年齢条件は、一五才から五五才までとなっている。青壮年会は、部落の美化活動や、年一回のレクリエーション、盆踊りの主催、また様々な講習会や、他地域の視察旅行などを行う。この青壮年会の資金源確保という意味合いも持つ、八月二三日の盆踊り（二三夜の盆踊り）の主催は、その重要な仕事の一つである。瀬戸の盆踊りは、昔からこの地域ではよく知られており、現在も近在から多くの人々が集まり、懸賞盆踊りを競い合うという。この行事には、部落を離れた人々も、多く瀬戸に帰り、寄附金も多く集まるのだという。

この青壮年会の発足当時は、地主・地名子的諸関係がまだ濃厚に残存していた時期であったが、この会は、階層的区分を越えて、親睦を深めるという機能をもち、瀬戸が新生活運動のモデル地区に選定された、昭和三三年頃には、部落の民主化運動の母胎となった組織であるという。

婦人会は、青壮年会の女性版とでもいうべき組織である。この婦人会の会員は、子供に嫁が来て姑になると、婦人会を退き、姑会に入る。長寿会は、六五才以上の老人の組織であり、部落に花を植えたり、独自の講習会をもったりする。

これらの組織は、それぞれ独自に役員をもち、活動しているが、時に応じて共同でも会合をもつ。例えば、昭和五一年二月中旬に行われた長寿会、姑会の慰労会は、青壮年会と婦人会の共催で行われた。主催者の青壮年会からは六人の役員が出席し、婦人会の役職者は、当日の宴会の食事を準備した。また部落からは、区長、町会議員、公民館長、民生委員が列席した。慰労会は、招いた講師の宗教講話を聞いたあと、賑やかな宴会がもたれた。

また、五月の連休の一日、青壮年会と婦人会が主体となった、瀬戸消防団の訓練が行われた。区長を団長とし、その指令のもとに、二台の消防ポンプを用いて、キビキビとして訓練が行われ、その後、酒宴がもたれた。

以前と較べれば、それぞれの会の活動は低下してきたというのが、人々の意見であり、会合を行う日も、勤め先のバラエティもあって、日繰りが難しく、日曜日や祭日に日を選んで行われるようになったというが、適度の間隔を置いて開かれる会合は、酒宴も伴い、部落の人々の相互交流の場として、いきいきと機能しているといえる。

iii　歩き番（昼番）

各家が、毎日交代で勤める歩き番制度は、瀬戸の部落《むら》的機能を代表するものの一つであろう。当番の家の人は、早朝、区長宅に出向くかあるいは電話で連絡をとり、人々への連絡事項の有無を確認した上で、一軒一軒家を回る。連絡事項があればその伝達と、火の用心を確認するのが、歩き番の仕事である。また、寄合や部落行事等が行われる時には、歩き番の人が、板木を叩いて知らせる。この板木を翌日の当番の家にまわして、歩き番の役を引きわたす。この歩き番は、昼番とも呼ばれ、製炭時代には、男が山へ、女が田や畑に出向いた後、部落を回り、火の用心に勤めたのだという。特に、ヤブ蚊やブトが出始めると、虫除けのために、木綿のボロきれをまいて作ったカンコに火がついたまま、置き忘れられていることもあり、昼番の巡視は、重要な仕事であったという。瀬戸では、明治三六年に、一軒火事で燃えたことがあるが、それ以来一度も火事はないという。部落に住む人々が、最も注意しなければならないことの一つは、火事を出さないことであり、それへの配慮が、日々の連絡役も兼ねて、歩き番として今日まで継続されているのである。

D　共同作業

i　総仕事（部落作業）

伝統的な部落《むら》機能の特性の一部は、稲作を中心とした農業や、同一地域に居住することに起因した、様々な共同作業の存在に色濃くあらわれていた。瀬戸部落は、農業が二次的な生業になったとはいえ、それが重要な生業の一つであることには変りがない。

総仕事と呼ばれる部落作業は、瀬戸にある七つの江（用水路）の管理に関わったものが重要である。それぞれの江には、江頭という責任者が設けられ、江の管理に必要な費用は、耕作反別割になっており、各江について一冊ずつある江帳によって勘定される。江の総仕事は、江ざらいと江刈りにわけることができる。江ざらいは、雪どけを待って、各家から一人ずつ出て、江にたまった泥をさらい出す。江刈りは、春の植えつけ前と秋の収穫前に、江の両側に生える草を刈りとる作業である。どの江筋を担当するかは各家で、ほぼ決まっている。

江にも関係しているが、もう一つの重要な総仕事は、道刈りである。春と秋に、農道の雑草を刈り取る作業である。どの道を担当するかは、毎年クジで決める。

これらの定期的な総仕事のほかに、災害時等には、臨時の総仕事がおこなわれる。これらの総仕事に欠席した場合は、出不足金を支払わなければならないのであるが、この詳細については、次項で述べることにしたい。

上述した、農業に関連した総仕事のほかに、瀬戸においては、積雪地帯という特殊性に関連した作業にも言及しておかなければならない。現在では、積雪があると、すぐにブルドーザーが出て除雪され、部落内を通る主要道路も通行不能となることはごくまれである。しかし、以前には、道明けといって、早朝、必ず、隣の家の前まで除雪するのが義務であったという。また、各家が交代で、道踏み番を勤め、隣の小倉谷部落までの通行路を踏み固めたものだという。

現在、共同作業として行われるのは、降雪前に、お寺や神社に雪囲いをする作業と、積雪時に寺や神社の屋根の雪おろし、及び橋に積った雪の除雪である。

ここ三〇年の間に大きく変貌した瀬戸部落ではあるが、田の用水路、農道の管理、及び積雪期に関連した総仕事は、今なお、重要な部落作業であり、積雪地帯の山村という基本的性格が維持されていることを示している。

ii　イイシゴト（ユイ）

部落単位の共同作業と異なって、いわゆる交換労働であるイイシゴト（ユイ）は、農業の余暇労働化や、機械化の浸透もあって、その重要性がうすれつつあるといえる。しかし、一枚の田の面積が小さいこともあって、田植え機が普及しておらず、田植え作業だけは、農家戸数三四戸中、一五戸、四四・一パーセントが、ユイを行っている。昭和五一年度に、耕地整理が行われるが、これを契機として、瀬戸にも、田植え機が導入されることが予想され、田植え時のユイも減少してゆくことになるであろう。

炭焼き時代に行われていた、炭ガマの天井をあげるハチアゲ時のユイや、クズヤの屋根葺用茅の調達を助け合う茅講など、かつて盛んに行われていた互助制度について、人々は、ある種のなつかしさをこめて語るのである。しかし、家を新築する際の建前には、今も、人々は手伝いに出掛け、夜には、その家主が用意した宴に出て祝うという慣習は続いている。生産に伴った交換労働は、まれにしか行われなくなりつつあるが、同一地域に住む生活集団としての人々のつながりは、保持されているといってよいであろう。

E　部落費の配分

瀬戸部落における社会生活の変遷と現状の特質を明瞭に示すものとして、部落生活の維持に必要な諸経費の配分システムについて検討してみよう。

i　経費の諸項目

年度末、各家庭に、それぞれが負担すべき金額とその明細を記した字諸経費収支積算書が配られる。それは立《たて》方《かた》、つまり部落に支払うべき額と、入方《いりかた》、すなわち、その家に還元されるべき額とにわかれており、立方と入方の差額を部落に納めるというシステムになっている。表2―30に、立方、入方にわけた項目を示した。字諸経費割については、後に詳しく検討することとし、ここでは、その他の項目について簡単に記述しておこう。

字勤帳は、前に述べた部落の総仕事の出不足金に関するものである。道刈りその他の総仕事に出た場合、人々は帳簿上、成人男子は二〇〇〇円の日当をもらうことになる。女がかわりに出たときには、その七割、七〇才以上の男の老人が出たときには、八割の日当という計算になる。また、寄合に出た場合には、手間として半人前、つまり一〇〇〇円が記帳される。この寄合にも手間代がつくようになったのは、四、五年前だという。

年度末に、この字勤帳が清算されるのであるが、その方法は、全戸数の平均額を出し、その額を上まわる世帯には入方の字勤帳の項に記載され、下まわる世帯には立方の項に記載される。つまり、総仕事や寄合に余り出なかった世帯は、出不足金として部落に支払い、よく出席した世帯は、平均額を越えた分だけ受取り、全体ではうまく清算されることになる。

各江割は、年間、江の維持のために支出した金額を、受益面積に応じた額で表示される[7]。立替帳というのは、字諸経費のうち、各戸でそれを立替えた場合に記帳された額である。

表2-30　諸経費の項目

字諸経費収支積算書

立方の部	入方の部
字諸経費割	立替帳
字勤帳	字勤帳
殿下江割	殿下江割
高倉谷江割	高倉谷江割
中井江割	中井江割
五反畑江割	五反畑江割
岨江割	岨江割
阿曽谷江割	阿曽谷江割
浄円寺割	
大麻料	
越石負担金	
勾当洞林道割	

例えば、四季の祭の時、神官をもてなした家がその経費を立て替えた時、この帳面に記載される。浄円寺割は、お寺の諸経費であり、大麻料《おおあさ》は、伊勢神宮のお札《ふだ》の代金、越石《こしこく》負担金は、他部落に地所を有するものにかけられる、いわば部落レベルの税であり、勾当洞《こーとーぼう》林道割は、林道工事の際に与えられた、国庫からの借用金の返済負担額をあらわしている。

ii　字諸経費割

字諸経費は、役員報酬や、役場などの外来者のための接待費、火事見舞や青壮年会への補助金、区長会などの費用、公民館の電気料や木炭代、外灯修理費を含む光熱費等々であるが、その額は、年間約四〇万円になる。この額を各戸に割り当てるのであるが、それには独特の方法がとられる。

全経費の四五パーセントは各戸に平等に割り当てられ、二五パーセントは、土地、家屋等の固定資産に応じて割りあてられる。残りの三〇パーセントは、見立てと呼ばれる方法で分割される。見立ては、四役が集まって、各世帯毎の働きに出ている人の数や、扶養家族数などをもとにした経済力、部落内における家格などの〝顔〟を考慮し、五等級にわけてふり分けるのである。平等割、固定資産割は、機械的に算出されるのであるが、見立て割は、四役が鳩首相談して決める。こうして、各戸につきこの三部分の割り当て率を加算し、全額を平等割にした場合を基準率一として、字等級割が算出される。この字等級割に、平均した負担額を掛ければ、各戸の負担額が出る。昭和五〇年度の最高者は、一・九一九、最低者は、〇・五一五という値であった。この割法は、昭和五一年度の総寄合で変更されたものであり、昨年度までは、この三カテゴリーのほかに、耕作反別割が加えられていた。つまり、平等割、四〇パーセント、固定資産割、二〇パーセント、耕作反別割、一五パーセント、見立て、二五パーセントという比率で、算定されていたのである。老人単独世帯を除いた農家世帯が全て、第2種兼業農家となった現在、部落の内側からみた稲作の位置づけが、相対的に下落したことを意味しており、興味深い。

この字等級割の上位者は、いわゆるダンシュの家が占めており、瀬戸の歴史を如実に反映していることが読みとれる。しかし、昭和五〇年度のそれの第二位は、山や田を所有していないが、昭和五〇年に大きな家を新築した世帯が入りこみ、時代の移りゆきを象徴している。

宗教生活

A　真宗信仰

福井県は〝真宗王国〟と呼ばれる程、浄土真宗信仰が浸透しているのであるが、瀬戸部落もまた、その深い影響下にある。部落の統合性を考える時、真宗信仰が果たしてきた役割の重要性は、特筆されなければならない。

瀬戸の世帯は、二つの主要な檀家集団と、それには属さない少数の世帯とに分かれるが、全て浄土真宗である（表2—31）。部落内にある浄円寺は、多くの世帯が属している三門徒の寺である。

三門徒は、室町時代、越前にあった、横越門徒、鯖江門徒、中野門徒の総称であり、県下にはこの系統をひいた教団が四派ある。その本山は、三門徒四箇本寺として知られている。瀬戸の三門徒は、その内の一寺、武生市にある毫摂寺を本山とする出雲路

表2-31　檀家集団

	世帯数	比率(%)
三門徒	8	20.5
御門徒	28	71.8
その他	3	7.7
計	39	100.0

派に属している。現在、浄円寺には、住職が不在である。主要な行事には、旧宅良地方の馬上免にある同宗派の聞信寺の住職がお勤めをし、平常時には部落の御同行が寺を管理している。この浄円寺は、また部落の公民館の役割をも果たしている。

一方、御門徒と呼ばれる檀家集団は、真宗本願寺派に属し、武生にある養徳寺を旦那寺とする。御門徒は、部落内に寺がないので、各檀家が一年交代で宿を担当し、諸行事は、その宿でとり行われる。この二宗派は、それぞれの家で、先祖代々引きついできたものであり、宗門人別御改帳（佐久高士編　一九七二）に記載された内容と殆ど違いはない。

上述の檀家集団に入らない三戸は、他所から瀬戸に移り住んだ世帯であり[8]、それぞれ移住する前の宗派に属している。

この地域の門徒衆が、伝統的に行ってきた行事として、毎月のお講さまと、お座さまをあげることができる。お講さまは、宗祖親鸞の命日にあたる日に行われる講であり、伝統的には、毎月二七日におこなわれた。お座さまは、一種の信仰座談会に由来するものと思われるが、三門徒は毎月九日、御門徒は、一九日に行っていた。お講さまには、各自が御飯を持ち寄り、オツユは当番の人が用意するのがきまりであった。この時のオツユは、前に述べたウチマメ汁に決まっていた。お座さまの時には、お茶と御菓子が用意されたという。

この二つの伝統的な行事の内、三門徒のお座さまは、日を、月の二七日に替えて一応毎月行っている。お講さまは、戦争中にとり止めになったのだという。御門徒は、毎月、お座さま、お講さまともにやっていたのだが、昨年から、一月から三月までの冬期間のみに限定するようになった。

年間の主要な行事としては、八月のお盆に永代経の読経、一一月二七日に行われる総報恩講、それに、一二月

写真2-2　三門徒派のオヒチヤ行事
当番の内の一人がお経をあげ、列席者が唱和する

二七日、親鸞の祥月命日におこなわれるオヒチヤがある。永代経の読経、総報恩講には、住職を迎え、多くの人々が参列しておこなわれる。総報恩講の時には、読経のほかに、住職の御説教もあり、その合間には、酒宴ももたれる。かつては、各自がオワンに山盛りにした御飯（ゴゼンサマモリと呼ばれた）を持ち寄り、当番の人々が、ウチマメ汁とお葉漬、サトイモとアズキの煮物を用意するのがきまりだったという。昭和五〇年度の三門徒の総報恩講には、隣の小倉谷部落にある魚屋からとり寄せた弁当詰めの仕出し料理が用意され、酒もふるまわれた。それでも、御飯は各自が持ち寄り、当番の人々によってオツユ（ウチマメ汁ではないが……）が用意された。

毎月のお座さま、お講さまは、簡略化され、出席者も減少し、老齢者の寄り合いといった形になりつつあるが、永代経の読経、総報恩講、オヒチヤといった年間の主要な行事には、世帯主も多く参加し、厳粛さと、賑やかさが保持されている（写真2—2）。

B　白山神社

瀬戸部落の中央には、イザナミノミコトを御祭神とする白山神社がある。瀬戸部落の人々は、全てこの白山神社の氏子である。この神社で行われる祭事は、伝統的には年間二八回あるが、そのほとんどは、氏子が二名ずつ交代で担当する宮番が、お供えをし、極く少数の人がおまいりするという形で継承されている。宮番は、年間の行事が書かれてある宮番板を次の当番に手渡すことによって確認される。

小倉谷に住む神宮を迎えておこなわれる祭事は、三月初旬のゲンジ祭、五月五日の春祭、一〇月一八日の秋祭、それに一二月下旬の新嘗祭の四回である。この時には、区長をはじめ、部落の主だった人々が列席し、原則として各戸から一人ずつ出席する。当日、神官をもてなす神官宿は、四役の人々が一回ずつ担当する。

瀬戸の人々が、口を揃えて語るのは、八月二三日におこなわれる盆踊りについてである。近在に知られた懸賞盆踊りの主催は、青壮年会の重要な仕事の一つであり、この日には、多くの人々が集まり、部落を離れた人々も帰省し、神社の境内で夜遅くまで賑やかに踊り続けるという。

正月元旦には、早朝から人々は晴れ着を身にまとい、神社に初もうでし、浄円寺とその年の御門徒の宿におまいりする。元旦の部落の雰囲気や、二三日夜の盆踊りは、かっての瀬戸の様相を伝えるものであろうが、その他の祭礼は、役職者としての自覚と、宮番制度に支えられて、かろうじて保持されてきているというのが現状である。

5　総括と討論

生業の変遷から見た瀬戸部落の特異性

多くの山村が、人口流出、挙家離村、廃村というわゆる過疎化現象に見舞われ崩壊してゆく中にあって、本研究の対象となった瀬戸部落は、相対的にではあるが、今なお、生き生きとした部落《むら》生活を営んでいた。いわゆる燃料革命によって、それまでの経済基盤を支えていた製炭業が急速に衰退し、それにとってかわる収入源の確保という問題に直面した瀬戸の人々は、部落内に拠点をもつ山友建設に、賃金労働者として勤めるという道を選んだ。つまり、瀬戸における戦後三〇年の生業の変化は、製炭業から山友建設への転化として、象徴的に把握することができた。

同じ今庄町内の日野川流域にある山村地帯を調査した赤阪（一九七五）は、急激な過疎現象が進む同地域において、廃村化への道を進まずに、集落が維持されている広野部落に事例をとって、その要因を検討している。広野の場合には、製炭業の衰退期に、この地域の中心地である今庄に就業機会が出現し、マイクロバスによって、通勤兼業が可能となったことが、集落存続の大きな要因であった。広野より奥の集落は、道路事情が悪いこともあって、広野にみられたような対応ができず、昭和三八年を境にして、相次いで廃村化への道を辿っている。この間の状況は、旧宅良地方における、瀬戸と、芋が平、高倉との関係に相似的であるといえる。

部落の存続にとって、通勤兼業が可能となったという条件は、広野同様、瀬戸においても重要な要因ではあった。しかし、瀬戸の場合、地元に拠点をもつ山友建設の存在が、きわめて重要であり、この点で広野とは異なった特徴を示している。その存在は、人々に、製炭業にかわる現金収入を得る就業機会を提供したという経済的な意味と共に、それが部落内に拠点をもち、その従業員の八〇パーセント近くが瀬戸の住民であるという特異性のもつ重要性において、注目されるのである。

脱山村化の傾向性

戦後の瀬戸の歴史は、昭和三五年を境にして、経済的基盤を製炭業においていた時期と、賃金労働にその基礎をおいた時期とにわけることができた。後者は、瀬戸の特異性として、部落に拠点をもつ山友建設への勤務者数が、増大してゆく時期であった。

この移行を、生活の変化の相においてとらえるならば、それは、脱山村化の傾向性の増大、あるいは都市的生活様式の浸透として総括しうる。この傾向性は、生活の諸側面にわたってみられたのであるが、とくに、家屋の新築、増改築、乗用車や各種電化製品の普及等にみられるように、物質生活において顕著であった。

社会生活においては、製炭業期に見られた地主層、自らの山で炭を焼いていた層、地主の山林を借りて炭を焼いていた層という階層区分の影響が、例えば家格意識の存続にみられたように、残存してはいるが、実質的な意味を失った。かつては頻繁に行われていた、生産活動における交換労働も、田植え時を除いて、行われなくなった。また、村の寄合い時に出席しない人も増えたため、出不足金の制度が新たに設けられた例で示されているように、部落の共同性は、その自然的根拠が稀薄化し、制度による規制力を増す形で、保持される傾向性を示していた。

宗教生活において、とくに白山神社に関連した諸行事が、役職者としての義務感覚と、宮番制度に支えられ、かろうじて保持されているという状況は、社会生活に見られた特質と共通している。

部落《むら》機能の存続

変化の相に力点をおいて分析すれば、上述のように脱山村化の傾向性をもって、瀬戸の戦後三〇年を特長づけることができるのであるが、一方で、廃村や部落《むら》としての自立性の崩壊という、山村あるいは農漁村にみられる一般的傾向性と対置すれば、瀬戸は、生き生きとした部落《むら》生活が存続している集落であるといえる。それは、歩き番制度や、適度な間隔をおいて開かれる酒宴も伴った会合、総報恩講やオヒチヤ等、主要な仏教行事の存続、家の建前時の相互扶助システム、役職者の人選法、字諸経費割における〝見立て〟、等々に具体的にあらわれていた。

かつての部落《むら》の自立性と共同性は、農林漁業という、強く自然に依存した生業とともに、部落が生産の場であると同時に、また生活の場であるという二重性と、生業における同質性に、その重要な根拠を置いていたといってよいであろう。製炭業の衰退にともない、これらの前提が崩壊した山村の中にあって、瀬戸は、賃金労働が主体となった第2種兼業化が進行し、部落外に雇用機会を求める動向や、その勤務先の多様化という方向性を内包してはいるが、部落内にその拠点をもち、多くの住民が勤務する山友建設の存在によって、伝統的な部落《むら》の存続条件を継承しえたといえるのではないだろうか。

山村の自立性、独自性の指標としての伝統的食物

現在の瀬戸の生活状況は、脱山村化の傾向性として総括した変化の相と、部落《むら》機能の存続にみられた不易の相との両面から検討することによって、その特質を把握することができた。この特質は、食生活にみられる諸傾向にも明瞭にあらわれているといえよう。

一方で、インスタント食品や、冷凍食品の浸透が進んでいるが、他方、自家製漬物、味噌、手打ちソバが、高い割合で自給されており、また、トチの実やワラビ、ゼンマイ、ウド、フキ、ミズブキ、ヤマノイモなど、多種の野生植物がよく利用されていた。伝統的食物は、ソバやトチモチに象徴されるように、多くの手間と〝コツ〟を必要とするのであるが、根強い好みに支えられて、現在まで引きつがれている。これらの伝統的食物は、日々の糧としての重要性こそ減少しはしたが、食生活にバラエティを与え、また、部落を離れた子供や親戚の人々とをつなぐ〝フルサトの味〟として、高い価値をもちつづけている。

他の山村での資料と比較する作業を待たねばならないが[9]、瀬戸の例から判断して、これらの伝統的食物、とくに野生植物の利用状況は、山村の自立性と独自性の程度をあらわす指標として、用いることができる可能性が高い。

積雪と生活（その適応的意味）

瀬戸の戦後三〇年は、積雪地帯という生活環境条件を一つの軸として展開してきたといってもよいであろう。冬の到来を前にした瀬戸では、家屋の周囲に雪囲いをめぐらし、軒下には多量の薪を積みあげ、大根部屋を用意して、冬期用の野菜の保存につとめる。お寺や神社は、部落作業によって、雪囲いをしつらえる。降雪が始まると、人々は、日々こまめに除雪につとめ、また少なくとも一回は、屋根の雪おろしをしなければならない。神社や寺、それに橋に積った雪は、共同作業で除雪する。

雪国であることは、三八豪雪《さんぱち》に端的に示されているように、生活の存続を脅かす要因であり、人々はそれと闘い、あきらめ、あるいは馴れ親しむ中で、営々と暮らしをたててきたのである。この雪との闘いは、例えば高倉や芋が平の例にみられたように、ある、閾値を越えると、廃村にもつながる契機をはらんでいる。

しかし、現在の瀬戸を見るかぎり、〝雪国であること〟は、マイナス価値ばかりではなく、部落《むら》生活の存続にとって、プラス価値としての側面を有していることが指摘できる。失業保険制度に裏打ちされてのことであるが、冬の積雪期は、春から秋まで過重な労働の日々にあけくれる人々にとって、骨休みの期間となっている。この時期には、日頃疎遠となりがちな部落内でのつき合いが頻繁になり、各種の行事も、むしろ積極的に行われる傾向性もみえる。また不可避的に、共同作業が必要となる。

生活内容が多様化し、また各世帯毎の独立性が高まって、世帯毎のつながりが稀薄化する方向を内包する現代にあって、冬期の積雪は、部落の人々に同一の時期に、共に協力して克服しなければならない課題を強いる。積雪は、部落に、運命を共にする共同体としての性格を付与しているといってもよい。つまり、雪国であるという環境条件は、生活の諸側面にわたって、部落《むら》生活を統合する機能となってあらわれる一面をもっていたといえるのである。

今後の瀬戸

瀬戸の人々は、少なくとも現在、山村としての自立性と独自性をある程度保ちつつ、比較的安定した部落《むら》生活を営んでいる。しかし、その将来を展望する時、多くの問題が潜在していることも明らかである。その最大の問題の一つは、若年労働者層が少なく、全体的にみて、老齢化の傾向性が強い人口構成にある。いわゆる跡つぎ問題は、瀬戸にとっても、重要な課題となっているといわなければならない。

また、部落の多くの人々の経済的基盤となっている山友建設は、その業務の内容が、大きく外部の経済的条件に左右される性格が強く、将来にわたって、その安定性が保証されているわけではない。部落全体の抱える課題としての跡つぎ問題は、そのまま山友建設が直面している問題でもある。

さらに進行するであろう家屋の新築は、他の現代的な生活用品の普及とともに、文字通り都市的生活様式の浸透をうながし、農林業の機械化の進展とともに、社会生活の諸側面にわたって、家族単位主義を助長することになろう。そして、部落《むら》としてのマトマリは、より制度的な規制を強めるという方向で、維持されざるを得なくなってくるように思われる。

また、現段階では定かではないが、瀬戸の奥の高倉で、大きなダムが建設される可能性もあるという。

このような、多くの課題を抱える瀬戸部落であるが、部落人《むらびと》自身が問題の所在を自覚し、新たな道を模索しはじめている。これまで、様々な困難をのりきって、部落《むら》生活を存続させてきた瀬戸は、新たな生活共同体への道を歩み始めているのである。

謝辞

本調査の実施にあたっては、多くの人々から有形・無形の御援助をいただいた。

今庄町役場の石川山三郎教育長、宅良小学校の細丸善一先生・大塚佐七先生には、奥宅良地域の各部落、なかんずく瀬戸への御紹介の労をとっていただいた。今庄町役場、総務課・総合企画課・住民課、福井県庁農林水産部、南越林業事務所からは、貴重な資料の閲覧を許していただいた。

伊藤武区長をはじめとして瀬戸部落の皆様には、本当にお世話になった。各種調査への積極的な御協力はいうまでもなく、隣人として暖かいお心配りをいただいた。また、快く家をお貸し下さった伊藤武男氏の御配慮がなければ、この調査を遂行することは不可能であった。

記して、心からの謝意を表したい。

注

（1）別の観点に立てば、瀬戸は〝長寿部落〟であるといえる。昭和五一年一月一日現在、九〇歳を筆頭にして、八五歳～八九歳が二名、八〇歳～八四歳が一名、健在である。
（2）これには異説があり、手本となったのは、天保年間に流布した「築山庭造伝後編」であるという。したがって、その作庭年は早くても、天保年間を遡ることはないとされる（重森三玲・重森完途　一九七二：一二〇－一二五頁）

（3）離村した世帯については不明な点が多いので、ここでは現存する三九世帯に限定し、その動向を分析することにより、変遷の跡を明らかにするという前提に立っている。したがって、農林業センサスなどの資料と若干異なった値を示す場合がある。
（4）山友建設の場合、平均すれば男の日当が五五〇〇円、女のそれは三二〇〇円である。
（5）夫の出身地が、瀬戸以外である例がかなりあるが、他所から移住してきた人を除けば、全て養子縁組である。瀬戸部落内での養子縁組も多い。
（6）松山（一九六九）は、飛濃越山地に位置する諸山村を対象とした、林野利用と村落構造の関係についての研究の中で、瀬戸をとりあげ、その特質について論じている。
（7）入方の江割は、人夫として出た場合の手当て、および、江刈り・江ざらいに際して、総仕事のところで記述したのと同じ原理で算定された手間賃の額が記入される。
（8）うち一戸は、養子に入った人の世帯であり、養父母亡きあと、実家の宗派に戻った。
（9）白山麓の山村において、現在もかなりの頻度で採集、利用される山菜は、瀬戸とよく似た種類が多い（松山　一九七五：一〇五頁）。

第3章 「白神山地ブナ帯域における基層文化の生態史的研究」の目的と構成

1 研究の目的

この論集は、「白神山地ブナ帯域における基層文化の生態史的研究」というテーマのもとで文部省科学研究費の補助を得て、一九八七年度から一九八九年度の三年間にわたって実施した調査・研究の成果の報告である。テーマには直接的には明示されていないが、この研究はいわゆる「青秋林道問題」に端を発している。それは、世界最大規模の原生的ブナ林を擁する白神山地を横断する青秋林道の計画をめぐって、林道工事を推進する側と自然保護を訴える側とが激しく対立し、全国的な関心が寄せられた問題である。多くの環境問題と同様に、「青秋林道問題」は自然・経済・政治・社会的な要因や価値観の相違などが複雑に絡み合っているのであるが、私たちは、白神山地周辺の地域社会に生きる人々の生活・社会・文化と環境諸条件との相互関係を共時的・通時的に明らかにするという立場から、この問題にアプローチしたいと考えたのである。

「青秋林道問題」は、表層的にみればローカルな環境問題であるが、それが「開発と自然保護」「農山漁村と都市」「地方（周辺）と中央」など深刻な相剋を内包した文明史的課題に深く根差していることは明瞭であろう。あるいは、地球的規模の環境問題を視野にいれれば、世界レベルでの根源的課題に通底した問題であるといってもよい。私たちはこのような視座を共有しつつ、白神山地ブナ帯域の自然と地域の生活に即して調査を進めるという基本方針を立てたのである。その研究の大筋は、①白神山地の自然環境の特性を、とくに地質・地形条件と植生との相互関係に留意した視点から正確に把握し、②その自然のもとで展開した地域社会の生活内容を、生業構造の歴史的変遷を主軸として追求することによって、③ブナ帯を舞台とした自然と人間との関わりあいを生態史的に解明することにある。

この研究は、自然・社会・文化の相互関係に強い関心を持つ文化人類学者（生態人類学者）がコーディネーターの役割を受けもち、津軽の地域研究を指向する人文・社会科学的研究と、原生的ブナ林をめぐる開発と保護に関する環境科学的研究の統合を目指しており、問題を抱える地域社会を対象とした学際的な研究として位置づけることができる。調査の一部については、弘前大学・人文学部・人間行動コースの実験演習、筑波大学大学院・環境科学研究科の環境科学実習と連動させ、多くの学生・大学院生とともに地域の自然と人びとから学び、学際的な地域研究の可能性の模索を試みた。

この調査は学術的な基礎研究として推進してきたのであるが、一方で、「青秋林道問題」が論じられる際に欠落しがちな視点と資料を提示することによって、いささかなりとも問題の解決に寄与したいという願いを支えとしてもいる。

2 「青秋林道問題」の概要

「青秋林道」が計画されるに至る経緯やその後の展開については、すでに、詳細な新聞記事の追跡によってその過程をうきぼりにした労作や（「白神山地と地域を語る会」実行委員会編　一九八八）、すぐれた問題意識と緻密な調査にもとづいた論稿（井上　一九八七）が発表されている。ここでは、それらの資料に依拠しつつ、問題の概要を記しておきたい。

青森県と秋田県の県境域に位置する白神山地は、標高一〇〇〇メートル級の急峻な山々がつらなる山塊であり、その総面積は四万五〇〇〇ヘクタールにおよぶ。ブナを主体とする原生的な植生に覆われている白神山地の中心域は一万六〇〇〇ヘクタールの広がりをもつ。そこは、一九八〇年代に至るまで本格的な山林開発の対象とはならず、地元のマタギの猟場として、あるいは少数の登山者や渓流釣りを愛する人びとが入山する、「秘境」の面影を残した山域であった。この白神山地のほぼ中央部、青森・秋田の県境沿いを貫通する林道計画が一九八二年三月に発表された。「広域基幹林道『青秋線』」、つまり「青秋林道」の計画である。青森県西目屋村と秋田県八森町を結ぶ総延長二九・六キロメートルの林道であり、総工費三一億一七〇〇万円の予算が計上されている。

「青秋林道」計画の推進母体となったのは、一九七八年に設立された「青秋県境奥地開発林道開設促進期成同盟会」である。それは、八森町・西目屋村・鰺ケ沢町・岩崎村の四町村長を設立発起人とし、会長・顧問に秋田県・青森県を選挙区とする国会議員を擁した組織である。この「促進期成同盟会」の結成を熱心に押し進め、そのイニシアティヴをとったのは八森町の町長である。氏は、役場職員時代（一九五八年）に白神山地の奥地資源調査に参加し、その経験に基づいて早くから奥地開発のための林道を構想していたという。このような町政のリーダーの「先見の明」と、農林水産業の不振や深刻な過疎問題の打開策として大規模な公共事業の誘致を構想せざるを得ない、高度経済成長期以来の町村行政の指向性が結びついて、「地元の悲願」である林道計画が遅々、きながら実現に向かい始めたのである。「促進期成同盟会」は、つぎに述べるような自然保護運動の動きに対応して、一九八三年一一月の総会で峰浜村と深浦町の参加を得て、白神山地周辺域の町村の総意の結集を示す形で組織を強化した。また林道建設を望む秋田県側の地元住民は「青秋林道を促進する会」を結成し、秋田県知事や林野庁あるいは秋田県議会への建設促進の陳情など、精力的な運動を進めている。

一方、このような林道建設計画を知った地元の自然保護団体はきわめて敏感に反応し、「秋田自然を守る友の会」と「秋田県野鳥の会」が一九八二年五月に秋田県に対して、「青森県自然保護の会」と「日本野鳥の会弘前支部」が一九八二年七月に青森県に対して林道建設反対の要望書を提出している。翌年の一月には秋田県の自然保護団体は「白神山地のブナ原生林を守る会」を結成し、四月には青森県の自然保護団体が「青秋林道に反対する連絡協議会」を発足させ、相互に協力して強力な反対運動を展開していった。そして、「日本自然保護協会」や「日本野鳥の会」などの中央の自然保護団体も地元の要請に素早く対応し、現地調査を踏まえつつ積極的な反対運動をくりひろげた。新聞やテレビなどのマスメディアもこの問題を大きく取り上げて報道し、白神山地の原生的ブナ林の保全を求める運動は全国的な盛りあがりをみせるのである。このような運動の展開は、困難な状況を乗り越えてゆく地元の自然保護団体の強い意志力と粘り強い行動力によって切り開かれてきたのであるが、一九八〇年代に入って大きなうねりを形成し始めた「自然との共存」を希求する時代思潮がそれを支えてきたことも特記しておく必要があろう。

開発と自然保護について二者択一的な論点に終始しがちであったそれまでの自然保護運動とは異なり、より深く広い視野から問題をとらえ、その理論的な裏付けを基礎に据えて運動を展開した点も、青秋林道をめぐる反対運動の際立った特徴である。その契機となったのは、一九八五年六月に地元の秋田市で開催された「ブナ・シンポジウム」である。それは後に「秋田方式」と呼ばれるのだが、各地の自然保護運動に関わる人びとや研究者・行政担当者を結集し、開発側をも巻き込んだ全国規模のシンポジウムである。そこでは、国内のブナ林の現状が報告され、開発と保全について多面的な議論が交わされ、日本の基層文化を育んだ母胎としてのブナ林の価値が再認識され、いわゆる「ブナ帯文化論」が体系的に論じられた（梅原ほか　一九八五）。こうして、「ブナ帯文化論」や「遺伝子貯蔵庫」論などの文化史的・文明史的な根拠や、ユネスコのＭＡＢ計画などの国際的な環境保全の動向にも根を下ろすことによって、白神山地のブナ林の保全を求める運動は新たな質を獲得してゆくのである。

地元の町村の強い要望と、広範な世論の支持を獲得しつつある自然保護側の主張とが拮抗する中で、一九八六年八月、林野庁は独自の調査にもとづいて「白神山地森林施業総合調査報告書」を発表した。それは、白神山地の核心域を保全林とし、その代わりに「自然観察教育林」を含む森林の多面的利用による地域振興を推進する施策を提示している。問題の県境域に、核心部のブナ林を分断するように「自然観察教育林」が設定されているなど、灰色の部分を含んだ提言ではあるが、それは国有林野行政が大きな転換期を迎えていることを示す報告書であったと評価しうるであろう。

このような状況の中で、秋田工区の林道建設は県境域に達し、水源涵養保安林に指定されている青森県側のブナ林への林道延長工事が開始されることになった。しかし工事に着工するためには林道予定域の保安林が解除されなければならない。一九八七年五月、林道の工事主体である秋田県は保安林解除の申請手続きをとり、林野庁治山課の審査などを経て、同年一〇月に青森県は保安林解除を告示した。きわめて差し迫った事態にたちいたり、ブナ林の保全を求める人びとは保安林解除に対する多数の異議意見書を集約し、公開の聴聞会の開催を求める運動を展開した。そして、それはブナ林保全の方向への大転換という、劇的な成果に結実するのである。

この大転換の原動力となったのは、保安林解除の「直接の利害関係者」に相当する、鰺ケ沢町の赤石川流域の住民である。赤石川と深く結びついた生態史を背景としつつ、大規模な融雪洪水によって八八名の死者をだした大然災害（一九四五年）の痛切な記憶や、赤石ダムの建設（一九五六年）を強引に進めた開発主体（電力会社・行政）への不信、ダム建設やブナ林の伐採が川の水量の減少をもたらしたと直覚する生活に根差した不安感、開発効果への疑義などが、自然保護団体の懸命の働き掛けに呼応して、噴出したとみてよいであろう。その結果、一〇〇〇〇通をこえる関係住民分を含めて、一万三〇〇〇余通の異議意見書が提出されたのである。その衝撃はきわめて大きく、ついには行政当局をも動かし、青秋林道の新規工事は当面のあいだ停止されるに至る。こうして、「青秋林道問題」は大きく方向を転換するのである。

一九八八年一二月、林野庁の諮問委員会は新たな林政の方向性を提示し、原生的な自然林の保護を推進するために「森林生態系保護地域」の設定を謳い、その候補地の一つとして白神山地を挙げたのである。青森・秋田の両営林局は、この諮問を受ける形で「森林保護地域設定委員会」を設け、保護地域の線引きを大きな争点としつつ協議を続けている。

3　研究内容の構成

もちろん、私たちも「青秋林道問題」の推移に重大な関心を持ち続けてきたのであるが、この研究の主要な目的は、「青秋林道問題」の基底部にある地域住民の生活と環境との関係を生態史の観点から明らかにすることにある。それは、白神山地の自然特性を明確に把握することによって、その意味・価値を追及する試みであり、そのような自然のもとで展開してきた地域住民の暮らしをとおして、さまざまな文明史的課題について再考する試みである。以下で、この研究内容の構成について、論集の目次構成をたどる形で概説しておきたい。

白神山地の地質・地形・植生の特性と生態史

白神山地の地質・地形・植物相・動物相などの基本的な自然特性の調査については、すでにかなりの蓄積がある（最近の報告では、たとえば青森県　一九八七、一九八九、八木・吉川　一九八八、牧田ほか　一九八九など）。この研究では、これらの成果を踏まえつつ、とくに土地環境の詳細な解析と、地質・地形と植生の相互関係に留意して調査を進めた点に大きな特徴がある。それは、白神山地の地質・地形・植生の形成史・生態史を背景として、現在の地質・地形・植生の特徴とその価値、およびそれらの改変がおよぼす影響を読み解こうとする試みである。

基層文化の生態史

日本の基層文化を育んだ母胎として、西南日本を中心とした照葉樹林帯と東北日本を中心とした落葉広葉樹林帯の二つのマクロな生態系を認め、それぞれに独自の文化類型を設定する試みが定着しつつある。いわゆる「照葉樹林文化論」（上山編　一九六九、上山ほか　一九七六など）と、「ブナ帯文化論」（市川ほか編　一九八四など）あるいは「ナラ林文化論」（中尾　一九八三、佐々木　一九八四、一九八六）である。それらは、生態学・栽培植物学・文化人類学・考古学・人文地理学などの研究蓄積を背景としつつ、環境論と文化要素の広域的な分布論や民族文化史を統合した理論であるといってよい。白神山地のブナ林保全を求める運動が、この「ブナ帯文化論」を一つの理論的根拠とすることによって、その視野を大きく広げえた点についてはすでに述べた。

私たちの「基層文化の生態史的研究」は、一方で、このような日本の基層文化についての学問的潮流に根差しているといってよいが、他方では、開発と保護をめぐる運動の基底部にある地域住民の生活文化に目を向けるという意味で、基層文化という語を捉える発想に支えられてもいる。それゆえこの研究は、つぎに述べるような二つの点で独自の方法論的な特徴をもつ。

一つは、広域にわたる文化要素の分布論ではなく、白神山地周辺域に焦点を定め、その自然・社会・文化の相互関係をいわばドリリング・メソッドによって明らかにしようとする点である。もう一つは、その関心が現代の地域社会により強く向けられている点である。つまり、現代の状況をよりよく理解するために、いわば歴史を遡及する形で生活と環境の関係を問う視点である。それは、川喜田（一九八七）が提唱する「生態史的アプローチ」

に通ずる視点である。日本の農山漁村の研究では、もはや自明の前提となりつつあるのだが、村むらでの生活は一九五五年以降のいわゆる高度経済成長期に激しい変化に見舞われ、大きく変貌している。それゆえこの視点に立てば、高度経済成長期以後の変化を、それ以前の時期の生活内容と対比することによって明確化し、その変化の意味を問うことに力点が置かれることになる。

この研究は、「ブナ帯文化論」「ナラ林文化論」の視点を共有しつつ、白神山地周辺域の町村を対象として、主としてここ一〇〇年程度の生活構造の変化を生態史的に明らかにする試みである。具体的には、以下のような枠組みにそって研究は進められた。

A　マタギの自然知の世界

東北日本のブナ林の分布域は、クマやニホンカモシカの分布域と重なり、いわゆるマタギが活動する場でもあった（石川　一九八五）。「ブナ帯文化論」からいえば、マタギ論は不可欠の課題であろう。白神山地も、津軽マタギの存在によってよく知られた地域であり、民俗学的な研究の蓄積もある（森山　一九六八、千葉　一九七〇、青森県自然保護課　一九八五、一九八七など）。しかし、ここ一〇〇年ほどの間の地域社会の生活について考えるとき、マタギはその重要な構成要素の一部ではあるが、それのみに焦点を当てすぎると生活の全体構造を見失う可能性がある。それゆえ、私たちは「マタギの村」の生活構造を探る視点を中心的な課題として取り上げることにしたのである。

この研究においては、むしろ、マタギとしての生きた経験と伝統に裏打ちされた自然知の詳細な記載をとおして白神山地の自然のもつ意味を探る調査に重点をおいた。前述した地質・地形・植生の調査は白神山地の核心域を対象としたのであるが、そこは津軽マタギの行動圏でもある。実際、これらの調査は西目屋村在住のマタギ、工藤光治氏の協力を得て進められた。それは工藤マタギの身についた自然知に支えられた調査行であったが、同時に氏の自然観・自然認識を学ぶ機会でもあった。白神山地の自然を考える際の重要な要件であるという主張もこめて、一人の津軽マタギの自然知の世界を描き出したいと考えたのである。

B　白神山地周辺域の町村の比較研究

調査の対象とした白神山地周辺域の町村は、青森県側の西目屋村・赤石地区（鰺ケ沢町）・岩崎村、秋田県側の藤里町である（図3–1）。修士論文（筑波大学・環境科学研究科）の研究対象として西目屋村を選び、調査を進めていた上野の指導のもとで、調査計画の初年度（一九八七年度）に現地調査を実施し、その成果を土台としつつ他の町村の調査を積み上げていく形で研究は進行した。二年度には旧赤石村と岩崎村、三年度には藤里町で集中的な調査を実施したのであるが、いずれも弘前大学・人間行動コースの教官と学生、および後に述べる「マタギの村」の研究者の共同調査である。この

図3–1　調査対象地（概略図）

ような調査スタイルを取ることによって、直接的な経験に裏打ちされた町村間の比較の視座を確保しつつ研究を進めた。

この調査の過程で、私たちは今更ながらこれらの町村が深刻な過疎と出稼ぎの常態化という共通した悩みを抱えている実態を確認したのであるが、一方で、高度経済成長期以前にはそれぞれの町村が独特の個性を持つ地域社会であったことを見出した。そして、これらの地域社会における生活の変遷過程の根底に、周辺化を強いられてきた「ブナ帯文化」の歴史が潜んでいると考えるに至るのである。このような認識を共有しつつ、各町村での生業構造の歴史的変遷をたどる形で、執筆責任者はそれぞれの町村の個性を描き出すことに努めている。

C　「マタギの村」の比較研究

西目屋村・旧赤石村はそれぞれ目屋マタギ・赤石マタギの村としてよく知られているが、前にも述べたように、この研究ではマタギそのものではなく、それを生業の一部とする「マタギの村」の全体構造を探ることを目的とした。そして、東北日本のブナ林帯に分布する山村の象徴として「マタギの村」を捉え、他のいくつかの「マタギの村」を視野にいれ、それらとの比較研究をとおして白神山地周辺域の山村の特徴を明らかにする方針をとった。比較対象とした「マタギの村」は、岩手県・岩泉町の安家地区、新潟県・朝日村・三面、および秋田県・阿仁町・根子である（図3-1）。

安家地区を担当した岡と、三面を担当した池谷は、筑波大学大学院・環境科学研究科に在学中から東北山村の生態史的研究という問題意識をもって精力的に現地調査に取り組み、白神山地地域の調査プロジェクトの開始時には、すでに相当の研究蓄積をもっていた。安家地区と三面は、かつては「秘境の里」として紹介されることもあった山村だが、二人の研究者は、それらの山村の生態史を貫く生活原理について、ある意味で対照的な結論を導き出しつつあった。その違いを強調していえば、安家地区では、自給性を維持し最小限の生存を確保する生活原理が卓越しているが、三面は、かなり早い時期から外部の経済と強く結び付いた資源利用によって支えられてきたのである。池谷・岡の両研究者をスタッフに迎え、旧安家村・三面の研究成果を一つの指針としてプロジェクトはスタートした。そして共同研究を進める過程で、上述した研究枠組みの有効性を確認し、さらに白神山地に近く、かつマタギの村として有名な阿仁町を調査対象に加えたのである。

これらの三つの「マタギの村」と比較することによって、白神山地周辺域の山村が、東北日本の山村に共通する特性と問題点をもちつつ、独自の生態史を展開したことをうかがい知ることができる。

ブナ林の経済学と自然保護論

この研究プロジェクトを支えた基調の問題意識は、地域の開発と自然保護・保全とが相互に補完し合う方向性を模索することにあったといってよい。そのための基礎作業として、地域の環境と住民の暮らしとの相互関係を深く理解することが不可欠の条件であるという認識が、これまでに述べてきた研究の根底にある主張であった。これらの研究と連動しつつ、「ブナ林の経済学」と「青秋林道問題」をめぐる自然保護運動の評価を主軸として、開発と自然保護の問題を論じることがここでの課題である。

生態史と文明史の交錯

最後に、これらの諸研究を踏まえた上で、生態史と文明史の交錯という観点からいくつかの問題提起を試みた。

追記

一九九〇年三月に「森林保護地域設定委員会」は懸案の青森・秋田県境域を含めて、原生林のほぼ全域を保護地域とすることを決定した。これによって、青秋林道の建設中止が確定した。

第4章　生態史と文明史の交錯
——白神山地における自然と生活の生態史をめぐる諸問題

これまで一三の論文によって、白神山地における自然と生活の生態史的特性を明らかにしてきた。ここでは、それらの研究成果を踏まえ、序論で述べたような文明史的課題を視野にいれ、いくつかの観点から総括を試みたい。

1　レベルを異にするタイム・スケールの自然・人間の営為の累積化

自然の営為

青秋林道の建設は、さまざまな問題点を抱えているのであるが、それが一万六〇〇〇ヘクタールの広がりをもつ原生的なブナ林を分断する林道であり、しかも大きな地すべり地帯を通過する計画であることが主要な問題要因の一つであった。安仁屋の分析によれば、白神山地の河川流域中の三三・四パーセントが地すべり地であり、林道の通過予定地域はその中でも有数の地すべり地帯である。そして八木が詳述しているように、このような地すべり地帯が卓越する地形的特性は、白神山地の形成史と深い関わりがある。

白神山地は、日本でも数少ない第四紀における隆起運動の激しい地域であり、現在の山地起伏はほぼ一〇〇万年間で形成されたと推定しうる。こうした山地の急速な隆起は、崩れやすいグリーンタフを主体とした地質とあいまって、地すべり・崩壊の多発地帯という特性と結びつく。地すべり分布の多寡によってなだらかな山容と険しい山容が形成され、あるいは現在も続く隆起が複合的な様相をもたらしている地域もある。さらに、多雪地帯のゆえに雪崩の発生も多く、また主稜線には周氷河性の地形を残す。現在の白神山地は、一〇〇万年単位から数年単位までのタイム・スケールを異にする隆起・浸食（地すべり・崩壊・雪崩・堆積）の複合的な累積体なのであり、それゆえ複雑で多様な地形的特質を示すのである。

このような地形条件は植生分布と密接に結びついており、たとえば大規模な地すべり地がとくに多い赤石川流域には大面積のブナ林が存在し、地すべり地が比較的少ない追良瀬川流域には、立地の複雑さのゆえに、特殊な種を含む多様な植物相と植物群落が分布している。そして、ほぼ一万年以前からブナを主体とした豊かな植生が維持されており、一方では、数年単位の不安定な地形条件の局部的な変動による植生の豊饒化もみられるのである。これらの植生が、ツキノワグマ・カモシカ・ニホンザルなどの中・大型の哺乳類をはじめ、赤石川流域での調査のみでも、イヌワシ・クマゲラを含む一一目二七科七三種の鳥類、一四種類の両生類・爬虫類、約一〇〇〇種に達する昆虫類など（青森県　一九八七）、豊富な動物相を支えている。深い歴史的深度を背景とした微妙なバランスによって、白神山地の自然の豊かさが保たれてきたのである。

人間の営為

人間の生活・文化についても、少なくとも白神山地のブナ林と同じ程度の歴史的深度を前提として考える視点が重要であるという主張が、「ナラ林文化論」「ブナ帯文化論」の基本にある。それは、縄文文化の再評価という近年の学問的動向と強く連動しているといってよく、「縄文文化は、東日本のナラ林帯の自然を背景にして成立したものであり、縄文時代の西日本（照葉樹林帯）は、弥生時代や古墳時代と異なり、文化的にもマージナルな地帯であったことは間違いない」（佐々木　一九八六：二〇三頁）とする見解に代表される。そのような縄文文化の中でも、青森県・木造町の亀ヶ岡遺跡にちなんで名付けられた亀ヶ岡文化は、縄文時代の後・晩期に東北日本の落葉広葉樹林帯のもとで花開いた文化であり、それは豊かな「成熟せる採集社会」であったという（Koyama & Thomas 1981; 佐々木　一九八六）。しかし、まさにその豊かさゆえに、弥生時代以降にみられる稲作文化の拡大の趨勢の中では逆に東北日本はマージナルな位置に転じ、いわば「ブナ帯文化」は周辺化の歴史を強いられることになる。

縄文時代の地域性の位置づけについては異論もあり（たとえば西田　一九八五）、また垂柳遺跡や砂沢遺跡などの津軽における早期の水田遺跡の発掘例も含めて、今後の検討課題は多い。この研究との関連でいえば、とくに「豊かさ」や「成熟」の内容については、生産技術や生産力、あるいは「進歩」の観点からのみではなく、たとえば神話的世界に生きることの意味をも踏まえて論じられるべきであろう（西田　一九八九）。しかし、異なった生態環境を母体とした文化の展開として地域間の生活の差異を捉える視点はきわめて重要であり、上述の見解は、稲作文化に代表される西南日本型の文化、あるいは中央の権力と結びついた文化の浸透と東北日本との関係を考えるときには、基本的な視座を提供してくれるといってよい。

生態的なギャップを越えた水田稲作への強い指向性は、米本位制を基本とする幕藩体制のもとで強化され、青森県でいえば津軽藩の強権下での大規模な新田開発へとつながってゆく。それは、冷害に耐える歴史でもあったが、第二次世界大戦後の高度経済成長期にいたって初めてコメの安定的な高収穫の「悲願」が実現されることになる。垂柳遺跡の所在地である青森県・田舎館村では、戦後の水田の土地改良事業・区画整理・イネの品種改良・機械化・化学肥料の投入などを背景とした農民の努力によって一九六七年には反収日本一の成果へと結実し、イネの単作地帯への特化傾向を強めてゆく。しかしその直後、一九七〇年に始まるコメの生産調整・減反政策によって大きな打撃をうけ、米価切り下げ・コメの自由化問題などの現代農業の危機的状況の中でより強くその煽りを受けることになる（榊　一九九〇）。

その後の地域社会の生活を大きく規定するという意味では、藩政期から明治期にいたる林政の影響についても述べておかなければならない。津軽藩を例にとれば、山林の大半が留山や田山などの保護林・水源涵養林をふくめた藩有林であったが、一方で見継山・仕立見継山・抱山として村民の利用が認められていた。しかし明治政府は、地租改正によってその山林のほとんどすべてを国有林に編入したのである。当時、民有林野に対する官林の比率は、青森県が全国一であった（佐々木　一九八九）。それは、明治政府（中央）による東北支配の政策の一環であったといってよい。これ以後、青森県をはじめ東北地方の山村は、国有林卓越地域としての制約のもとで生活することになるのであるが、他方で、それが白神山地の大規模なブナ林の存続にもつながっていることを指摘しておかなければならない。

きわめて大まかな歴史把握ではあるが、現代の津軽地方が抱える困難の根底に、「ブナ帯文化」の周辺化という刻印を読み取ることもできるのである。

白神山地周辺域の町村の生態史を概観すれば、高度経済成長期以後に別の形で「周辺化」がより強く顕在化してくるのであるが、それ以前には、小規模な水田稲作を基礎としつつも、生態環境を多面的に利用した複合的な生業構造を保持し続けてきた。生態環境への適応という視点に立てば、そのもっとも基本的な姿はマタギの世界に求めることができる。一人の目屋マタギがもつ自然についての豊かな知識が示しているように、その伝統は自然の持続可能な利用（sustainable use）の原則に支えられてきたのである。「マタギの自然物採集と狩猟を基調とする生活様式をブナ林帯文化と規定することも可能」（石川　一九八五：一五二頁）であるとすれば、工藤マタギの自然知の世界はその内容を見事に示しているといえよう。しかし、津軽マタギの生活様式の位置づけについては、「マタギの村」の性格づけと直接的に結びつく課題でもあり、いくつかの可能性を検討しておく必要がある。

序論でのべたように、自給性の維持を基礎に置く生活原理と、外部の経済と強く結びついた資源利用に支えられた生活原理とを視野にいれてこの研究はスタートした。「マタギの村」における二つの生活原理は、山村の生態学的研究の優れた成果である松山の著作（一九八六）と、それに対する書評として述べられている小林（一九八八）の指摘と通底する視点であるといってよい。つまり、前者は、伝統的な山村は自律的な文化をもち、その経済が多彩な自然資源の採取・利用という性格をもつという松山の主張とひびきあい、後者は、山村の経済が外部にふかく依存してきたという視点もきわめて重要であるとする小林の指摘と呼応する。それは、マタギの資源利用と縄文時代の採集・狩猟との連続性を想定する立場と、マタギは近世の商品経済の進展を背景として成立した狩猟専業集団であることを示唆する歴史学・民俗学の立場（湯川　一九八三など）との違いにも通ずるとみてよいであろう。しかし、三面マタギについて池谷が記述しているように、必ずしもこの二つの見解は矛盾するものではない。津軽マタギや阿仁マタギについても、ほぼ同じような位置づけが可能である。

山村の生活原理についても、上述した二つの原理は相補的な関係にあり、地域と時代に応じて強調される側面が異なると考えておいてよいであろう。あるいは、生態史的なアプローチはそのような視点を要求するといってもよい。高度経済成長期以後は、地域の生活が外部経済にのみ込まれ、その自律性を喪失してゆくプロセスなのであるが、それでもなお二つの生活原理を軸として地域の存続を模索する姿を読み取ることもできる。

地域は、レベルを異にするタイム・スケールを背景とした人間の営みの重層化した場でもある。あるいは林業を取り上げて、たとえばブナの更新年限を一〇〇年、あるいはスギのそれを五〇年と見積もると、当然のことではあるが、山村はそれらの時間性をくりこんだ生活を必然としてきたのである。このような視座からみれば、短いタイム・スパンの効率と生産性の論理が、地域を追いつめてゆくことの理不尽さが明瞭に浮かび上がってくる。ブナ林の乱伐や自然破壊・環境破壊をともなう大規模林道の建設は、その理不尽さの直接的な表現である。

2　一周遅れの最先端

牧田らが適切に記述・分析しているように、白神山地はブナ林を基調としつつも多彩な植物群落から構成されており、豊かで原生的な植生に覆われているのであるが、その全域がかならずしも純正な「原生林」であるわけではない。かなりの奥地に炭焼きの跡があり、二次林も存在する。粕毛川や大川の源流部では、藩政時代に薪炭材が伐採されていたという（林野庁　一九八六など）。そのような痕跡をふくみつつ、きわめて自然度の高い原生的な植生が、一万六〇〇〇ヘクタールもの広がりをもって保持されてきたのである。それは、いまや日本一といってよい規模で残された原生的なブナ林である。

なぜ、このように大規模な原生的ブナ林が、青森・秋田の県境域に位置する白神山地に残されていたのかという問いは重要である。

東北日本の植生について調査を積み重ねてきた中村は、安仁屋・糸賀らとともに白神山地を踏破してブナ林を観察した経験にもとづいて、この問いに答えている（中村　一九八八）。一つの理由は「大きな消費地が近くになかったから」であり、もう一つの理由は、きわめて逆説的かつ皮肉な言い方であると断りつつ、「白神山地のブナはたいして良い木ではなかったからである」と中村は述べている。かつての東北日本には、林冠が閉鎖し、大径木のブナの分布密度が高く、風格に満ちたブナ林が豊富にあったのだが、それらのブナ林は経済的な意味での伐採適地でもあるがゆえにつぎつぎに切られてゆき、残ったのが白神山地であるというのが中村の主張である。

ここで、ごく大まかにではあるがブナ伐採量の通時的変化について検討してみよう。日本全体については、大正期から現在にいたるほぼ六〇年間の伐採量の推移を斎藤（一九八五）がグラフ化して分析している（図4-1）。図から明瞭にうかがえるように、ブナの伐採は「一九三〇年代には漸増傾向を示し、第二次世界大戦中に軍需のため急増した」（斎藤　一九八五：一九二頁）。戦後になって落ち込んだ伐採量は、一九五〇年を境にして再び増加しはじめ、高度経済成長期には拡大造林によって急増の一途をたどる。そして、一九六〇年代末にピークを迎え、以後は急減傾向に転じてゆく。

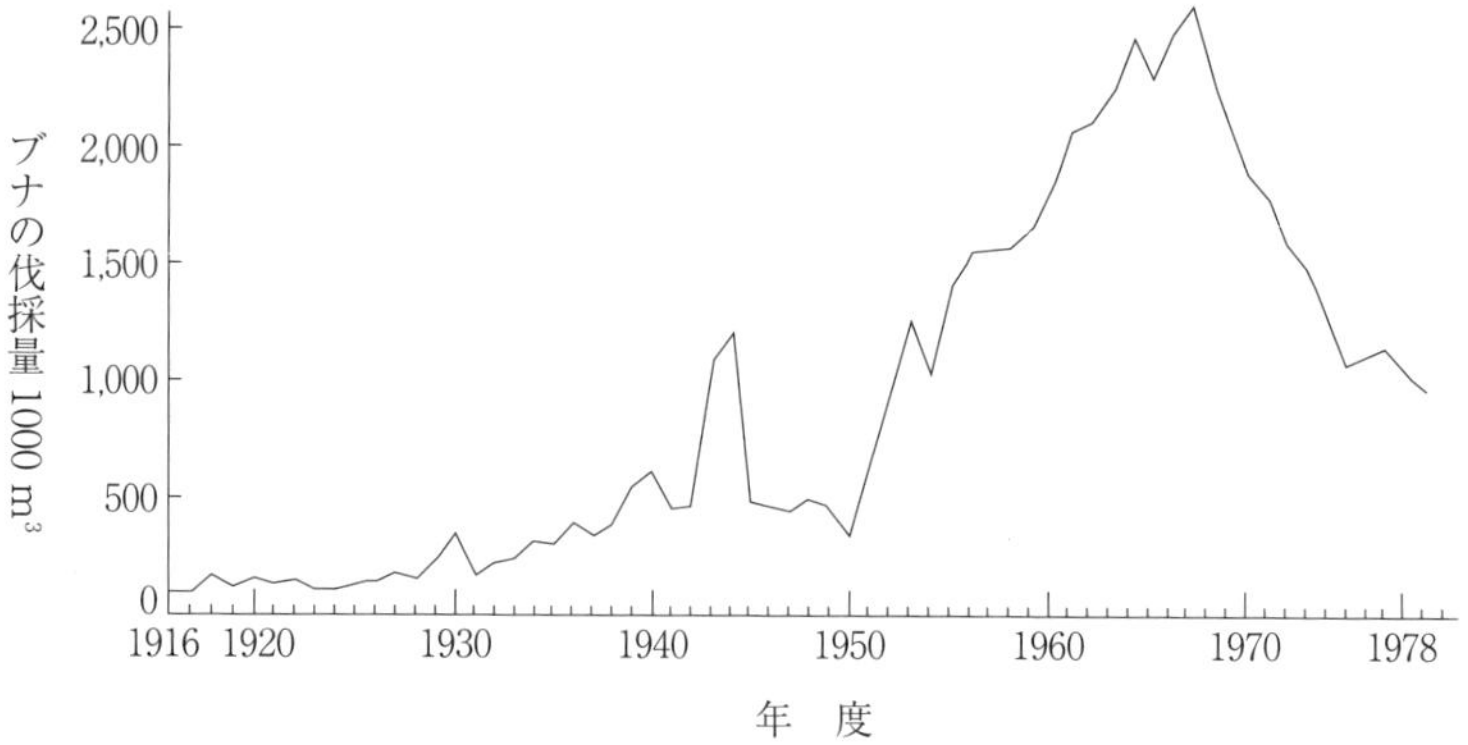

図 4-1　日本全国のブナ伐採量の推移
（1915 〜 1978 年）（斎藤　1985：p. 193 より引用）

つぎに、青森営林局管内（青森・岩手・宮城の三県が含まれる）における一九六五年以降のブナ伐採量の変化を、全国レベルのそれと比較してみよう（図4-2）。このグラフは五年間隔の資料によって作成されており、上述の日本全国での伐採量のピーク時とは少しずれるが、それでも一九七〇年以降に全国単位では急減に転じているが、青森営林局管内ではほぼ横ばいの状況であることがはっきりと示されている。その結果、一九八五年には青森営林局管内でのブナ伐採量は全国の四七・五パーセントを占めるにいたる。

一方、ブナの蓄積量においては、北畠が提示しているように（図4-3）、青森営林局管轄のそれがもっとも多い。そして、青森営林局内では青森（四八・一パーセント）、岩手（三二・八パーセント）、宮城（一九・一パーセント）と、青森県のブナ蓄積量が最大である。

これらの分析から明らかなように、高度経済成長期に他の諸地域の豊かなブナ林はつぎつぎに伐採されてゆき、その結果、青森県は最大級のブナ蓄積量をもつにいたり、白神山地には大規模なブナ林が残されたのである。このような状況を陸上競技用のトラックを走る長距離ランナーにたとえるなら、青森県は「一周遅れの最先端」の位置に立ったと表現することができる。経済開発に遅れをとった

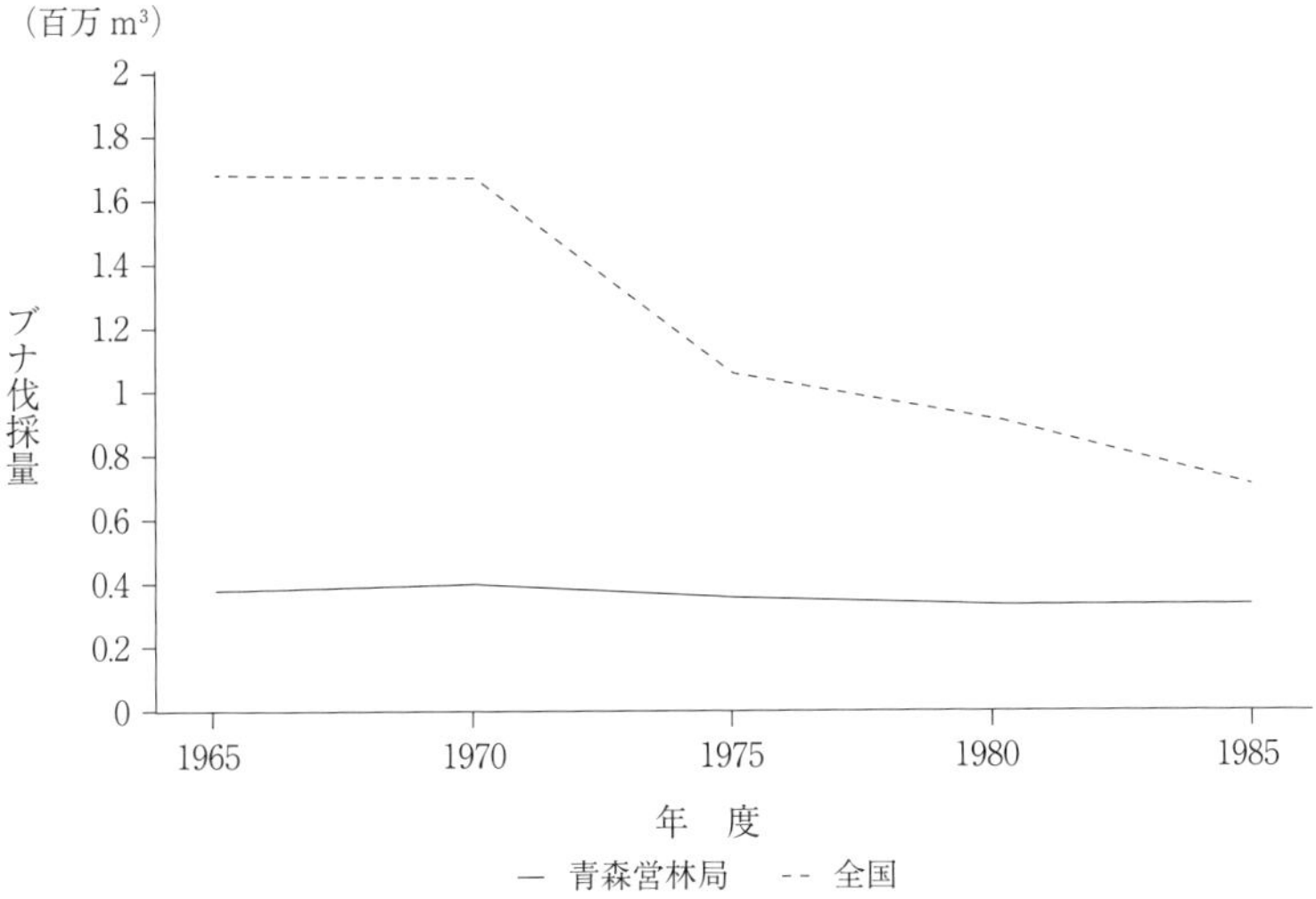

図4-2　青森営林局および全国レベルでのブナ伐採量の推移
（1965年～1985年）（青森営林局資料より作成）

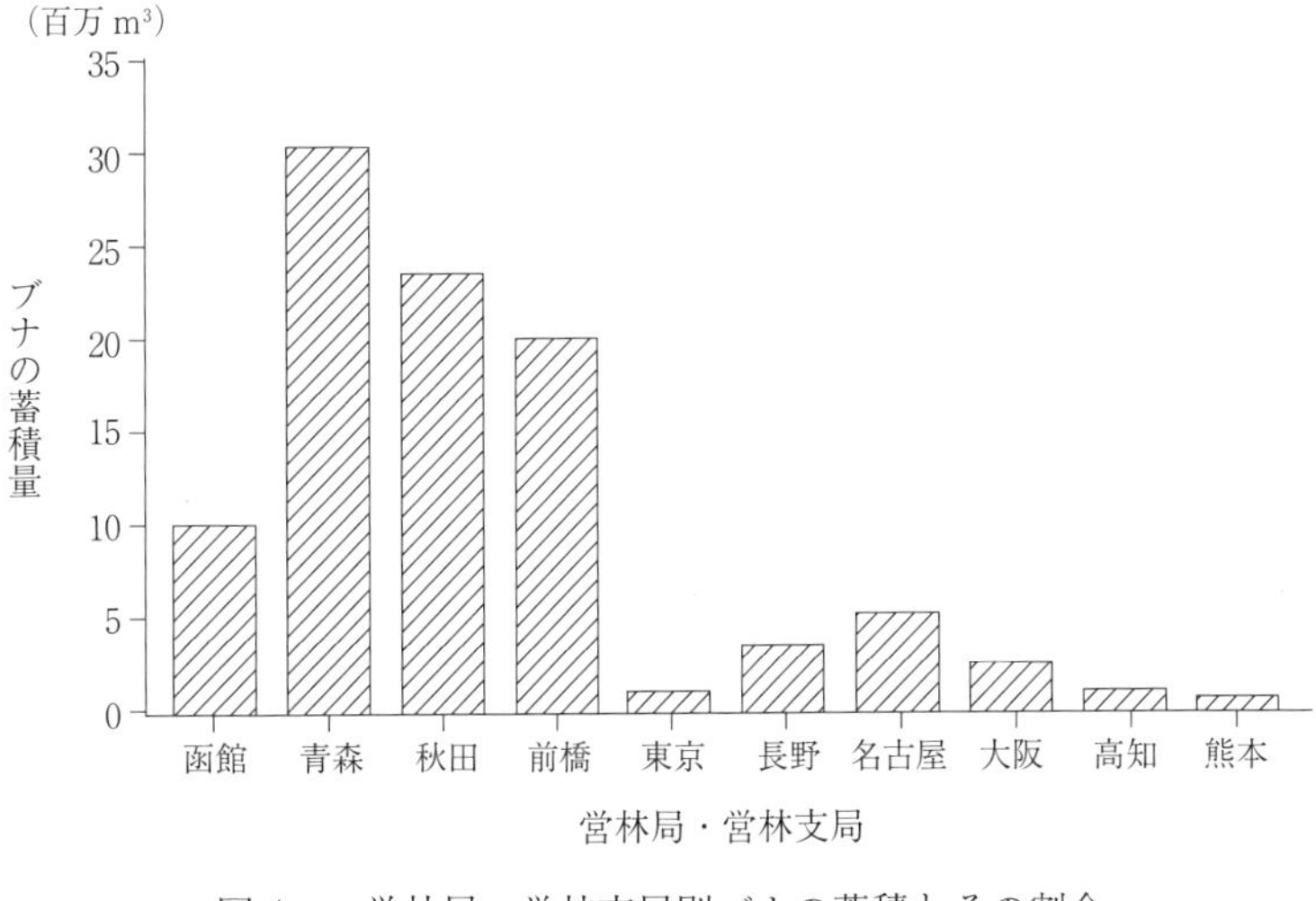

図4-3　営林局・営林支局別ブナの蓄積とその割合
（本論集中の北畠論文（図10）を引用）

がゆえに、貴重な自然資源の保存については最先端の位置に躍り出たのである。白神山地のブナ林は、このような意味での「最先端」を象徴している。それは、県民所得が沖縄県について下から二番目という青森県が、それゆえにこそ持ちうる豊かさをも象徴しているのではないだろうか。

3　自然資源利用・生業の生態史

高度経済成長期以前の生業構造

論集「白神山地ブナ帯域における基層文化の生態史的研究（初出一覧参照）」の第Ⅲ部では七町村をとりあげて、その基層文化の生態史について論じてきた。それらの町村は、一方が海に面した岩崎村をのぞいて、山・川・（流域沿いの）耕地からなる生態環境のもとで暮らしを立ててきた。そこでの、高度経済成長期以前の生業と自然資源の利用形態を比較してみれば、はっきりとした共通性と独特の個性とを見出だすことができる。

北上山地の安家地区をのぞけば、それぞれの地域では、小規模ではあるが水田稲作を中核の生業としてきた。そして、自給用の畑作、牛馬の飼育、国有林の卓越という条件のもとでの薪炭生産・山林の伐採と植林・マタギによる狩猟・山菜やキノコの自給的な採集、それに川魚漁などを組み合わせた複合的な生業構造を基本として生活を維持してきた。

自然資源に依存した多彩な生業の複合性という特性とともに、それぞれの生業が山・川・耕地の生態環境のもとで相互に有機的な結びつきをもっていたことも、共通する重要な特性である。たとえば、馬（牛）は田畑の耕起作業などの畜力として、あるいは炭や木材などを運ぶ駄獣として重要な役割をもっていたが、その飼料や敷草は山地で採集し、その糞尿によってえられる堆肥は欠かすことのできない肥料として田畑に供給される。川は田に引く水や、貴重な蛋白源である魚の供給源であり、流し木の運搬路でもある。生態環境や生業を構成する諸要素は、それぞれが複数の機能をもち、相互に強い関係を保つことによって、いわば生業―環境のセットにシステム性を付与し、地域社会の自律性を支えてきたのである。海と山にはさまれた「通廊の村」である岩崎村では、「海の選択肢」が流動性や開放性を与えつつも、生業の複合性やそのセットのシステム性という特徴を保持しており、それは〈海―里―山〉のコスモロジーとしても表現されているのである。

生業―環境の基本的なセットと構造的特性は高い共通性を示しているのであるが、個別の生業に目を向けると、各地域を特徴づける独自性がうかび上がってくる。海での漁業が重要な生業の一つである岩崎村、雑穀を栽培する畑作と短角牛の独自の畜産を主生業とする安家地区は、その際だった例である。三面のゼンマイ採取、阿仁町・根子の売薬業、安家地区と根子の焼畑、旧赤石村と藤里町のヤナによるアユ漁、西目屋村・藤里町・根子の鉱山（炭鉱）なども、それぞれの地域の特色ある生業といってよいであろう。

これまでに述べてきた生業のほかに、人びとが「ヤトイ（雇い）を売る」「ヤトイに行く」と称する出稼ぎも一つの重要な生業であった。米や薪炭の価格の下落、冷害・水害による不作・凶作、不漁などに見舞われると、人びとはやむなく出稼ぎに出る。白神山地周辺域では、ポーツマス条約の締結（一九〇五年）以降、樺太のニシン、サケ・マス漁や杣夫への出稼ぎが急増し、「津軽ヤンシュウ」などの呼称もあるように、その常態化の傾向性もみられる。

自然資源利用の諸類型と地域社会

自給性の維持を基礎におく生活原理と、外部の経済と強く結び付いた資源利用に支えられた生活原理の相補性という視点をふまえて地域の自然資源利用の形態を検討してみると、A自給型、B地場商品生産型、C鉱山資源開発型として整理しうる三類型を設定することができる。以下で、この三類型と「マタギの村」の比較をとおして、高度経済成長期の直前における白神山地周辺域の町村の地域特性に言及しておきたい。

A　自給型

山菜・堅果やキノコの採集、マタギによる野生動物（肉）の狩猟、馬（牛）の飼育用の採草、料理・暖房用の薪の伐採、川魚漁、蔬菜類や雑穀を栽培する畑作や焼畑耕作など、山―川―耕地の生態環境に即応して自給型の生業は多彩な広がりをもつ。かつての山村の生活は、このような豊かな自給性を基礎としていたのである。「こんな良い所はないのに。」という岩崎村の老人たちの嘆息にみちた言葉は、多かれ少なかれ各地域の老人たちの心底に潜む思いを表現しているであろう。

B　地場商品生産型

外部経済と強く結びついた自然資源の活用ではあるが、生態環境に深く根差しつつ、個々人や地域共同体の主体的な努力が生産に直結するという意味で、内発性の契機を含んだ生業である。このタイプに属する生業は、調査対象とした地域社会では、圧倒的に山林に依存した薪炭生産とゼンマイ採取（三面）がめだつ。その山林の大部分は国有林であり、住民はその払い下げをうけて薪炭を生産し、あるいは共用林野契約のもとでゼンマイを採取する。国有林卓越地域という特性は、払い下げ組合員内での薪炭材の平等分配を保証し、ゼンマイ採集のナワバリ慣行をそだて、山林大地主の出現を押さえ、山林資源の保護にも一定の役割を果たすのであるが、一方で、住民個々人や地域の自立的（自律的）な林業の展開に大きな制約を加えもしたのである。

岩崎村における沿岸漁業もここに含めてよいであろう。特異な形態ではあるが、マタギの伝統から派生した阿仁町・根子での売薬業は、このタイプの商業的展開として位置づけることができる。また、小規模ながら生業構造の中核的位置を占める水田稲作と、安家における短角牛の飼養は、自給型とともに、このタイプの性格をもつ生業である。

C　鉱山資源開発型

外部資本の投資と人の流入によって鉱山が開発されるタイプである。安家地区・三面・西目屋村・藤里町・阿仁町では、江戸時代あるいは中世までさかのぼりうる鉱山開発の歴史があり、それが地域に与えた影響は深く大きい。明治以降、阿仁町は大規模な鉱山町として発展するのだが、西目屋村・藤里町では経営主体を変え、外部の経済の動きに左右されながら断続的に開発が続く。

これらの自然資源利用の三類型を視野にいれつつ、安家・三面・根子の「マタギの村（集落）」における生業構造を検討してみよう。それぞれの地域社会は大なり小なり、これらの三類型の生業を複合させた形で生活を営んできてはいるが、しかし、ＡＢＣの類型のセットの中で、どの類型が相対的な重要性を占めるかによって、結果的にではあるが、それぞれの「マタギの村（集落）」が三つのタイプの生業構造を代表しうることが明らかになった。ここでは、農地改革などの戦後の大きな変化を経験しつつも、戦前からの伝統的な生業に強く依存していた高度経済成長期の直前（一九五〇年前後）に焦点を合わせて整理しておこう。

Ａタイプの生業構造――Ａの自給型が卓越する生業構造をもつタイプであり、安家地区がこれに相当する。製炭（Ｂの類型）が重要な位置を占めてはいるが、シタミ（コナラ・ミズナラ・カシワの堅果）やトチの実が採集され、狩猟や焼畑も積極的におこなわれていた。短角牛の飼養はＢの類型に属してはいるが、雑穀を栽培する畑作と結びつきつつ自給性を保証してきた。

Ｂタイプの生業構造――Ｂの地場商品生産型が主導的な役割をもつタイプの生業構造であり、三面がその例である。衰退しつつはあるがマタギの活動は持続し、水田稲作も基幹的な生業ではあったが、なによりもゼンマイ採取への特化が特徴的である。この当時、全収入に占めるゼンマイ収益の割合は五割をこえていたという。

Ｃタイプの生業構造――Ｃの鉱山開発型が組み込まれた生業構造をもつタイプであり、根子がそれに相当する。狭小な水田耕作・焼畑・狩猟などと、「旅マタギ」の伝統から分化した売薬業という特異な生業形態に加えて、大阿仁炭鉱の存在がきわめて重要である。炭鉱は、住民に雇用の場を提供するとともに、地域への経済的波及効果や社会・文化的な面でも与える影響は大きい。

ここでえられた生業構造のタイプ分けに依拠して、白神山地周辺域の町村の特性について考えてみよう。一九五〇年の時点では、西目屋村（砂子瀬地区）・旧赤石村・岩崎村はＢタイプ、藤里町はＣタイプとして位置づけることができる。

西目屋村（砂子瀬地区）は、「目屋炭」の産地として知られており、とくに薪炭生産への特化が著しい。ただ、一九五二年に三菱金属鉱業が、藩政期以来の伝統のある尾太鉱山の本格的な開発を始めており、それがおよぼす影響はきわめて大きい。それゆえ、潜在的にCタイプの特性ももった地域でもある。

旧赤石村も、薪炭生産の占める位置が大きい。ここでの重要な地域特性として、ヤマゴ（伐木・流送）と、ヤナによるアユ漁をはじめとした川魚漁などの、赤石川と深い関わりをもったB型の生業の存在をあげておきたい。

岩崎村は、沿岸漁業と薪炭生産の並存が特徴的である。海での漁業の存在ゆえに他の町村とは異なった特異性ももつ。

藤里町は農林業の里なのだが、太良鉱山の存在ゆえにCタイプに類別することができる。米代川の舟運を背景とした市《いち》の伝統ともあいまって、太良鉱山が域内経済の成熟に果たした役割はきわめて大きい。

白神山地周辺域の町村では、山―川（海）―耕地の生態環境が保証する自給性を基礎としつつ、より強く外部経済と結びついた自然資源利用の形態と鉱山資源の開発の有無によって、それぞれの地域社会の独自性が保持されてきた。そして、自然資源に依存した多彩な生業の複合性と、生業―生態環境のセットのもつシステム性がそれぞれの地域社会に自律性を与えてきた。あるいは、この自律性が地域社会の独自性を支えていたといってもよい。一方で、それらは、中央や都市からの経済的な収奪構造を内在化させた、いわば貧しさの中での自律性・独自性という側面をもっていたことも指摘しておく必要があろう。

高度経済成長期以後の町村と「青秋林道問題」

一九五五年頃から大きく動き始めた高度経済成長の波は、白神山地周辺域の町村においても劇的な地域社会の変容をもたらすことになる。いわゆる燃料革命によって薪炭生産は衰退の一途をたどる。前述の自然資源利用の類型でいえば、Bの地場商品生産の基盤が大きく揺れ動き、構造転換を迫られることになる。一時的に、拡大造林の展開によって山仕事への雇用があるていど確保されたものの、民有林を中心とした乱伐や一九七三年のオイル・ショック、外材の輸入増大などによって林業は低迷し、山離れの傾向性に拍車がかかる。農業においても、農耕馬（牛）の飼育は放棄され、化学肥料・農薬への依存が強まり、機械化が進展してゆく。そのための現金収入も確保しなければならない。そして、一九七〇年に始まるコメの生産調整・減反政策が追い討ちをかける。その一方で、生活様式の都市化が不可避的に進んでゆく。若者は高校を卒業すると村を離れ、村人は北海道や首都圏への出稼ぎにでる。こうして地域の生活は外部の経済にのみこまれ、その自律性・独自性を喪失してゆき、過疎と出稼ぎの常態化という深刻な悩みを抱えることになる。

このような基礎的な生業の衰退を補完し、地域の経済に重要な位置を占めるのは、新たな鉱山開発やダム建設・林道工事など、外部資本や公共事業による大規模な開発である。それは、高度経済成長期以前における自然資源利用のCの類型である鉱山開発型の近代版であるが、その規模の大きさや投資期間の一時性のゆえに、地域経済の外部への従属性や公共事業への依存傾向を助長する側面をもつ。そして、このような傾向性が「青秋林道問題」へとつながってゆく。その一例として西目屋村での状況を述べ、それと対比する形で旧赤石村および藤里町の状況について検討してみよう。

一九五二年に三菱金属鉱業が本格的な開発を始めた西目屋村の尾太鉱山は、めざましい発展をとげ、その経済的な波及効果もあいまって、いわば村の近代化を押し進める原動力となる。西目屋村では、尾太鉱山の開発に続いて目屋ダムの建設が始まり、それが一九六〇年に完成する。当時の西目屋村は、躍進し、発展する村であった。その後も、一九六二年には大規模な弘西林道の工事が着工され、その工事期間は一〇年間におよぶ。しかし、尾太鉱山は一九七二年をピークとして、以後は急激に生産量を落とし、二度にわたるオイル・ショックを経て、ついに一九七八年に閉山に追い込まれる。

この間、ダム建設時には砂子瀬集落の水没という大きな犠牲を払い、土木・建設業への依存を強めることになる。この水没補償の代替地として、大川ぞいの山林三七ヘクタールが住民に払い下げられたのであるが、そこへの林道の敷設要求が青秋林道推進へとつながってゆくのである。「ブナ林の経済学」で分析されているように、西目屋村では林業で働く就業者数や林業純生産が比較的多いのであるが、その要因とともに、青秋林道による土木・建設工事の増大に対する期待も青秋林道推進の気運を支えることになったであろう。このような意味で、高度経済成長期における西目屋村の歩みが、「青秋林道問題」への村当局の姿勢に反映されているといえるであろう。

一方、それまで域内経済の活性化と成熟に大きな役割を果たしてきた藤里町における太良鉱山は、近代的な経済効率の圧力のもとで衰退傾向にあったのではあるが、一九五八年の藤琴川の大水害によって壊滅的な打撃をうけ、閉山にいたる。農林業の転換期と同調するようにして太良鉱山が閉山することになり、それが域内経済に与えた影響はきわめて大きい。

ダム建設の影響という点では、旧赤石村でのそれは、西目屋村の場合と好対照である。電源開発事業として進められた赤石ダム建設は一九五六年に完成するのであるが、それは地域開発効果に結びつくことなく、むしろ水量の減少によってヤマゴ作業・河川漁業などに大きな打撃を与えることになる。その影響は、赤石川電源開発ダムにともなう補償金と損害賠償を請求する訴訟問題として約二〇年間も続く。「青秋林道問題」の大転換の原動力となった、赤石川流域の住民による大量の異議意見書の提出は、このような経過の中で住民の中に蓄積された行政や開発主体に対する不信を一つの背景としていたのである。

「青秋林道問題」との関わりでいえば、国有林卓越地域における民有林の存在とその開発の状況についても述べておかなければならない。

八森町は、この地域では例外的に民有林の比率が高く全森林面積のほぼ六五パーセントを占める。それは明治期の先人たちの努力によって可能となったのである。こうして確保された町有林は、二〇年前までは町の財政的基盤の一つであったという。しかし、高度経済成長期の無計画伐採により森林資源は枯渇状態にあり、それが青秋林道を積極的に推進する動機の一つであったようである（井上　一九八七）。

相対的にではあるが民有林率が二六・六パーセントと高く、とくに公有林（なかでも町有林）の比率が高い藤里町では、トタン板との交換によって萱山を町の管理に移す「萱山管理替条例」を一九五九年に制定し、また「分収林条例」を定めて杉の造林を進めた。「秋田杉」というブランドを背景とした町独自の取り組みとして評価できるが、その同じ背景が奥山の国有林の拡大造林を押し進めもしたのである。そして、この地域でのブナ林の減少を目の当たりにした鎌田孝一氏が、いちはやく青秋林道の建設反対の運動に取り組んだことも指摘しておく必要がある（鎌田　一九八七）。

白神山地周辺域の町村にとって、高度経済成長期以後の近代化の動きは、多彩な自然資源を利用する複合的生業と生態環境のセットがもたらすシステム性・自律性・独自性を放棄して、外部の経済に従属してゆくプロセスであった。逆に、高度経済成長は地域のシステム性・自律性・独自性の崩壊を条件として進展したといってもよい。そして、このような動きそのものが、さらなる地域格差・経済格差を生み出してゆき、地域の生活の基礎となるはずの自然資源を食いつぶしてゆくことにつながってゆく。「青秋林道問題」は、経済合理性の貫徹を至上命題とするかのような現代文明の質そのものへの問いかけを内包しているのである。

4　開発と自然保護をめぐる文明史的課題

「地球人として生きる」立場から、市民による海外協力を押し進めているNGO（非政府組織）の活動を紹介する書物の中で、岩崎（一九八九）は、世界の経済的な構造を理解するために、中心と周辺の「モノサシ」という見方を提唱している（図4-4）。青森県がそこに位置付けられる「中心の周辺」は、『「中心の中心」に決定権を握られ、いまだ自然環境には恵まれているが、なかなか自立しにくい苦しい状況の地方都市や農村を意味している』（岩崎　一九八九：一五七—一五八頁）と考えてよい。世界大に広げれば、それは先進国と開発途上国の関係と相同であるといえるであろう。いわば、青森県・秋田県は発展途上県であり、国内の第三世界なのである。このような視座から「青秋林道問題」を捉え直すために、以下で開発途上国における環境問題をめぐる経緯について簡潔に述べておこう。

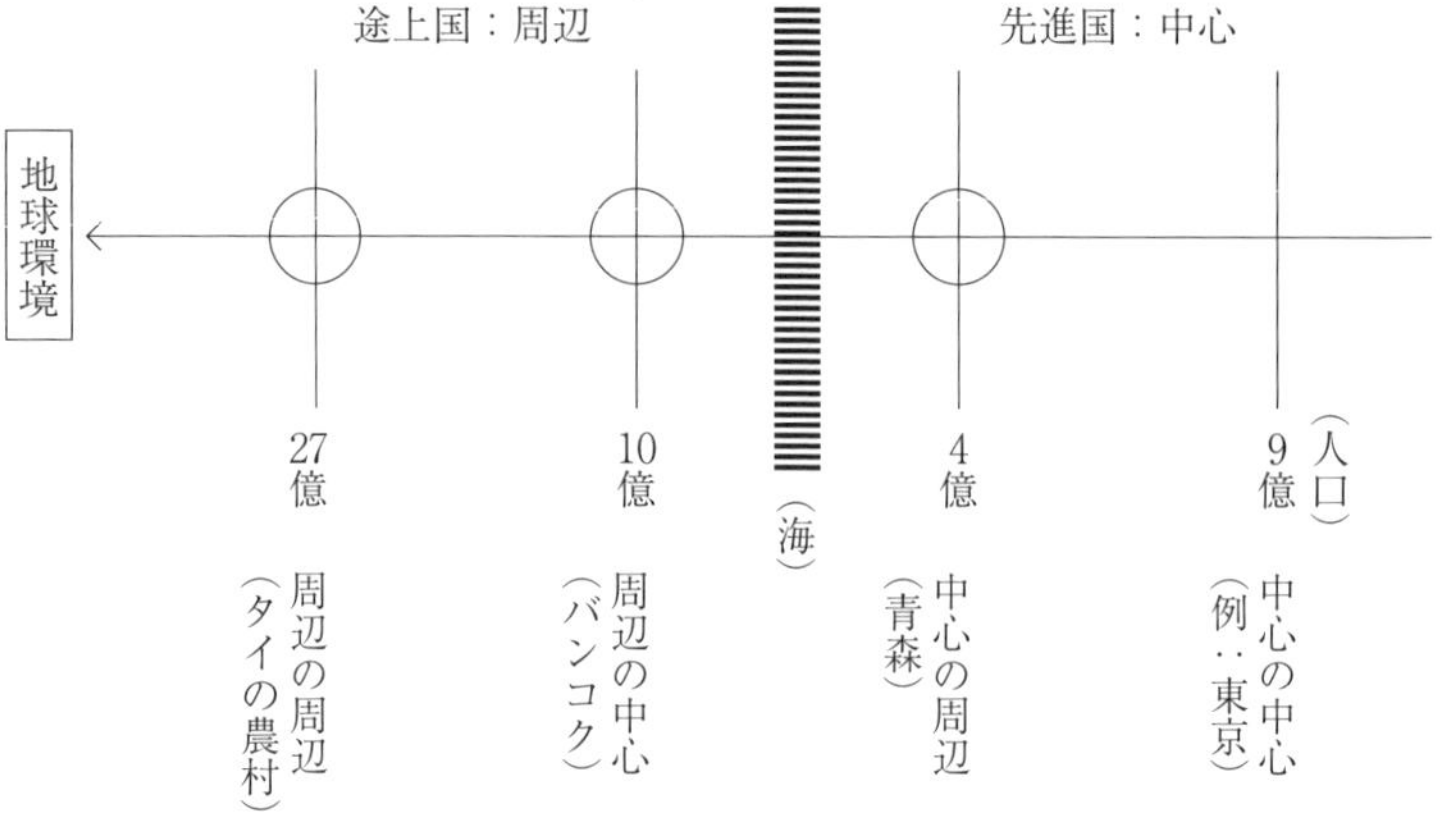

図 4-4　中心と周辺の「ものさし」
（岩崎　1989：p. 155 より引用）

一九七〇年代初頭に世界を揺るがした「公害問題」を背景として、一九七二年にストックホルムで開催された人間環境会議では、開発が公害と自然破壊をもたらしたとする先進国側と、未開発と貧困こそが環境問題の本質であるとする開発途上国側との、大きな認識のギャップが鮮明に提示された。開発途上国は明らかに開発重視の方向性を打ち出したのである（橋本　一九八八）。しかし、一九七三年のオイル・ショックによって開発途上国の経済は大きなダメージを受け、ついで一次産品の国際的な値下がりに苦しめられる。開発政策は思うような効果と結びつかず、むしろ累積債務の増大をもたらし、深刻な経済危機に陥ることになる。そして、開発・近代化の推進と、自然破壊・環境破壊・貧困化との悪循環が進行する。このような状況を最もリアルに示したのが、アフリカにおける飢餓問題であった。それは、生態・社会・文化の基盤から乖離した、先進国追随型の開発や経済発展を指向することが自然破壊・環境破壊・農業破壊・貧困化につながり、ついには生存の危機にもつながりうることを教えている。こうした歴史的推移を背景として、「環境と開発に関する世界委員会」（ＷＣＥＤ）は、一九八七年二月の東京宣言で、環境保全と開発を統合する理念として「持続可能な開発（sustainable development）」を提唱し、第三世界を含めた世界の国々がとるべき環境政策を方向づけた（国際連合環境特別委員会編　一九八七）。開発と環境保全は両立しえないとする批判もあり、「持続可能な開発」の具体的な内容については多くの検討の余地があるのだが、経済発展を含めた人間の生存は健全な自然環境のもとでこそ可能であるとする世界的な共通認識が確立されつつあると考えてよいであろう。

このような開発途上国の環境問題をめぐる世界的な動向を概観してみると、その基本的な構図が「青秋林道問題」と共通することに思いがいたるであろう。そして、「中心の周辺」あるいは「国内の第三世界」が取るべき選択の方向も、おのずとそこに指し示されているように思える。

「ブナ林の経済学」と「白神山地ブナ原生林の自然保護問題」は、白神山地ブナ原生林の開発と保護をめぐり、「持続可能な開発」あるいは「持続可能な利用（sustainable use）」について、より具体的に論じている。それは、白神山地ブナ原生林の総体としての環境資源・環境財の価値を有効に活用し、自然保護と地域開発の統合化を求める道についての考察である。

「一周遅れの最先端」の議論でも強調したように、経済開発に遅れをとったがゆえに、日本でも有数の規模を誇りうる原生的なブナ林が白神山地に残った。この先端性を深く認識することが、今後の問題を考える際の出発点であろう。その上で、ブナの育林と、高い付加価値を生み出すブナ材の利用を模索することが、一つの選択の方向であろう（沢田　一九八九）。それは、限られた森林域の高度利用と結びつけ、より高次の産業としてブナ材産業を活性化する方向性である。

もう一つは、白神山地の原生的なブナ林をより積極的に保護・保全する方向である。ここでは、それを国土保全産業、あるいは0次産業の創出と表現しておきたい。それは、いまや国土保全がもっとも重要な課題の一つであり、その「産業化」をとおして地域の再生を促す方策が真剣に検討されるべきであることを意味している。同時にそれは、農林業などの危機的状況にある一次産業が、重要な国土保全産業（0次産業）でもあることを主張してもいる。このような国土保全産業（0次産業）は、当然のことながら、公共事業としての支援を要求しうるであろう。

近い将来には、「野生」こそが、もっとも高い付加価値を生み出す源泉となるであろう。このような見通しに立てば、白神山地に残る大規模な原生的ブナ林は、遺伝子資源の宝庫としての重要性を含めて、きわめて大きなポテンシャルをもっているということができる。そのポテンシャルを生かすことこそが、地域の豊かな未来につながる道ではないだろうか。

謝辞

この研究プロジェクトを進めていく過程で、それぞれの町村、関係諸機関、および住民の方々に色々とご協力いただいた。この紙面を借りて、あらためてお礼を申し述べたい。

第Ⅱ部——トングウェの暮らしと自然

トングウェの焼畑。雨が降り始めたので、女性たちがトウモロコシの種子を播くため畑にやってきた。(1971 年)

第5章　トングウェ族の生計維持機構
——生活環境・生業・食生活

1　序　論

はじめに

タンザニア国の西の端、南北に長く横たわる、タンガニイカ湖の東岸域には、広大な乾燥疎開林がひろがっている。筆者が研究対象としたのは、この地域に住む、原始焼畑農耕民トングウェ族(1)である。かれらは、焼畑農耕のほかに、狩猟、漁撈、蜂蜜採集などの生業を営んでいる。トングウェ族は、広大な原野のなかで、強く自然に依存した生活をおくる人々なのである。

筆者の調査の目的は、トングウェ族を対象として、乾燥疎開林地帯での、自然と人との関係を解明することにあった。調査が進むにつれて、自然はかれらの生活をささえる生業や、食生活をはじめ、また呪術の世界や、精霊、祖先霊の世界など、かれらの精神生活とも、深い関係をもっていることがあきらかになってきた。筆者の、自然と人との関係に対する関心は、トングウェ族の生業、食生活といった問題から、社会組織や、超自然的世界の構造にまで、ひろがっていったのであるが、これらの課題については、稿をあらためて論ずることとして、ここでは、かれらの生活のもっとも基礎的な側面である、生計維持機構を中心に論述することにしたい。

本論稿は、「トングウェ族は、所与の環境において、いかにして生計を維持しているか」という問題をめぐって、かれらの生活環境、生業、食生活の記述分析をおこなうことを目的とする。紙面の関係もあり、とくに、自給自足的な生計維持の、直接的な表現である食生活に焦点をあて、食物獲得活動としての生業と、生活環境との関係、および食物消費をめぐる社会関係の特質を分析し、かれらの生計維持の基本的性格をあきらかにしたい。

調査地域、期間、方法

トングウェ族のテリトリーは、西部タンザニアのキゴマ、およびムパンダ・ディストリクトにまたがる、約二万平方キロメートルの地域である（図5‐1 a）。筆者は、一九七一年四月から一九七二年一〇月まで、一八ヵ月間現地に住み込んで調査に従事した。しかしそのうちの六カ月は、タンザニア国の首都、ダルエスサラームに滞在を余儀なくされたため、実質調査期間は、約一年ということになる。

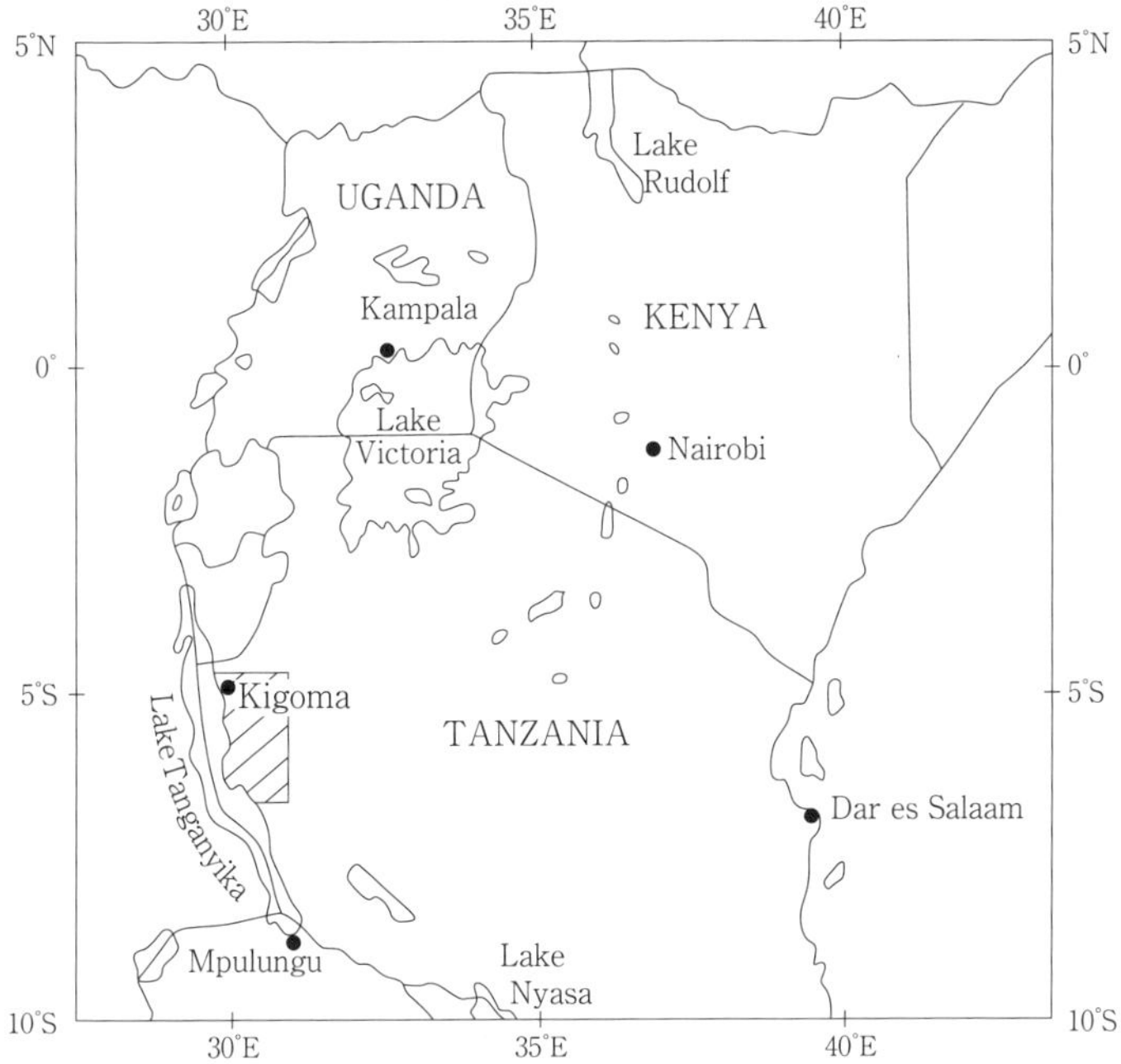

図 5-1a　東アフリカ

調査は、野生チンパンジーの観察基地のある、カシハをベースキャンプとし、このほかに、マハレ山塊に沿って、それぞれ環境の異なった三つの集落を選んで住み込み、調査の対象とした。一方、この部族の全体像を把握するために、機会をみては広く内陸部の集落を訪れた。調査のための移動は、タンガニイカ湖で舷外エンジンつきボートを使用した以外、すべて徒歩によった。

トングウェ族は、日常生活では、かれらの部族語であるトングウェ語を用いている。しかしトングウェ族の大半は、部族間共通用語として、タンザニア国の公用語であるスワヒリ語を、自由に用いることができる。調査は原則として、スワヒリ語によっておこない、必要に応じてトングウェ語の語彙を、聞き込むという方法をとった。

以下の論述において、図表をのぞき、本文

中では、トングウェ語には〈　〉をふして表示する。トングウェ語は、バンツー語系に属する言語であり、名詞は単数、複数で接頭辞を異にする、いくつかのクラスにわかれている。本稿では、原則として、単数形で記載することにした。

トングウェ族について

マードックによれば、トングウェ族は、タンガニイカ・バンツーのニャムウェジ・クラスターに属する部族、という位置づけが与えられており、"Bende with the Tongwe. With them live numerous Holoholo immigrants from across Lake Tanganyika."と記載されている（Murdock 1959: 359）。同書のアフリカ部族民分布図では、ベンデ族、トングウェ族、ホロホロ族のテリトリーを一括して、ベンデ族のテリトリーとしている。ほかの部族民分布図（Moffett (ed.) 1958）によると、トングウェ、ベンデ、ホロホロには、それぞれ異なった部族として、別々のテリトリーが与えられている。

このテリトリー内に住む人々は、確かに、トングウェ、ベンデ、まれにはホロホロという部族名を用いる。しかし筆者は、のちに述べるいくつかの根拠から、トングウェ・ベンデ・ホロホロを単一部族と考えている。言語について見ると、ホロホロ族と考えられる人々は、トングウェ語をしゃべっており、トングウェ語とベンデ語のあいだには、多少の違いがありはするが大差はなく、単一部族の二つの方言、と考えることは不可能ではない。生活様式、文化内容などは、それぞれ共通しており、何よりもかれらは同じ部族民である、という意識を強くもっているのである。

筆者のえた資料から判断すれば、トングウェ・ベンデ・ホロホロの相違は、部族形成の歴史に関係しており、とくに、出身部族の違いに由来するものと思われる。すなわち、一般にコンゴに出自をもつ氏族は、トングウェまたはホロホロを自称し、北方のハ族に出自をもつ氏族は、ベンデを自称するのであるが、この問題についての詳細は、稿をあらためて論ずる予定であり、本稿では、トングウェ＝ベンデ＝ホロホロを一括して、トングウェとして扱っていくことにしたい。

2　生活環境

自然環境

A　地　形

トングウェ族のテリトリーは、タンガニイカ湖東岸部から、東方にひろがる地域であり、北はマラガラシ川、東はムパンダ＝ウビンザ道路、南はムパンダ＝カレマを結ぶ道路に囲まれている（図5-1b）。いわゆる西部大地溝帯に沿った、その東側にあたり、海抜約七七〇メートル（タンガニイカ湖の湖面の高さは七六八メートル）から、標高約二四〇〇メートルまでの高度の地帯を含み、全体としては、高原状の地帯である（図5-2）。

海抜一五〇〇メートルをこす山地帯としては、マシト、ウガラ、マコマヨ、ムウェッセの各丘陵と、マハレ山塊がある。マハレ山塊は、筆者がインテンシブな調査をおこなった地域であるが、標高二四六二メートルの最高

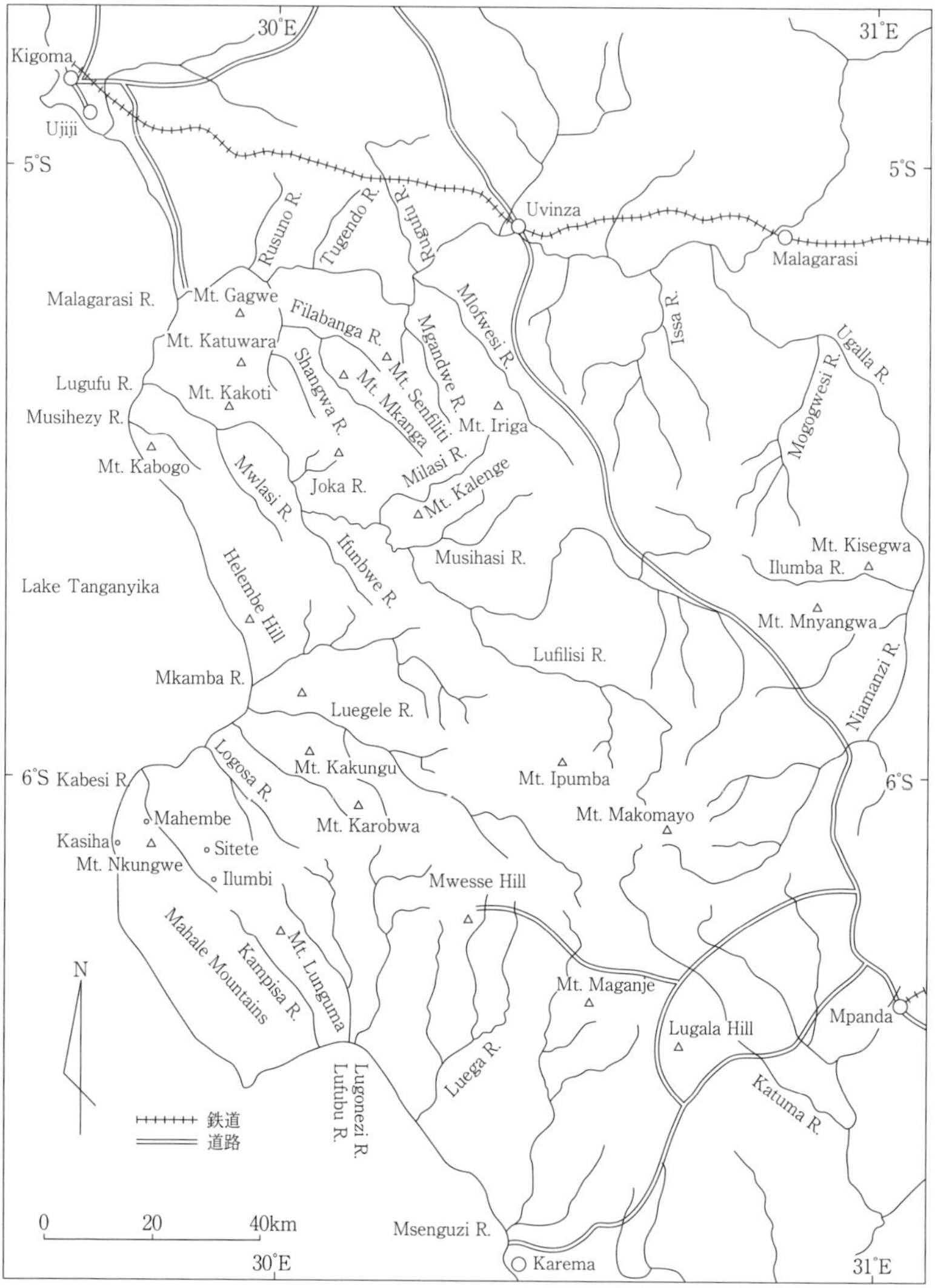

図 5-1b　トングウェ・テリトリー

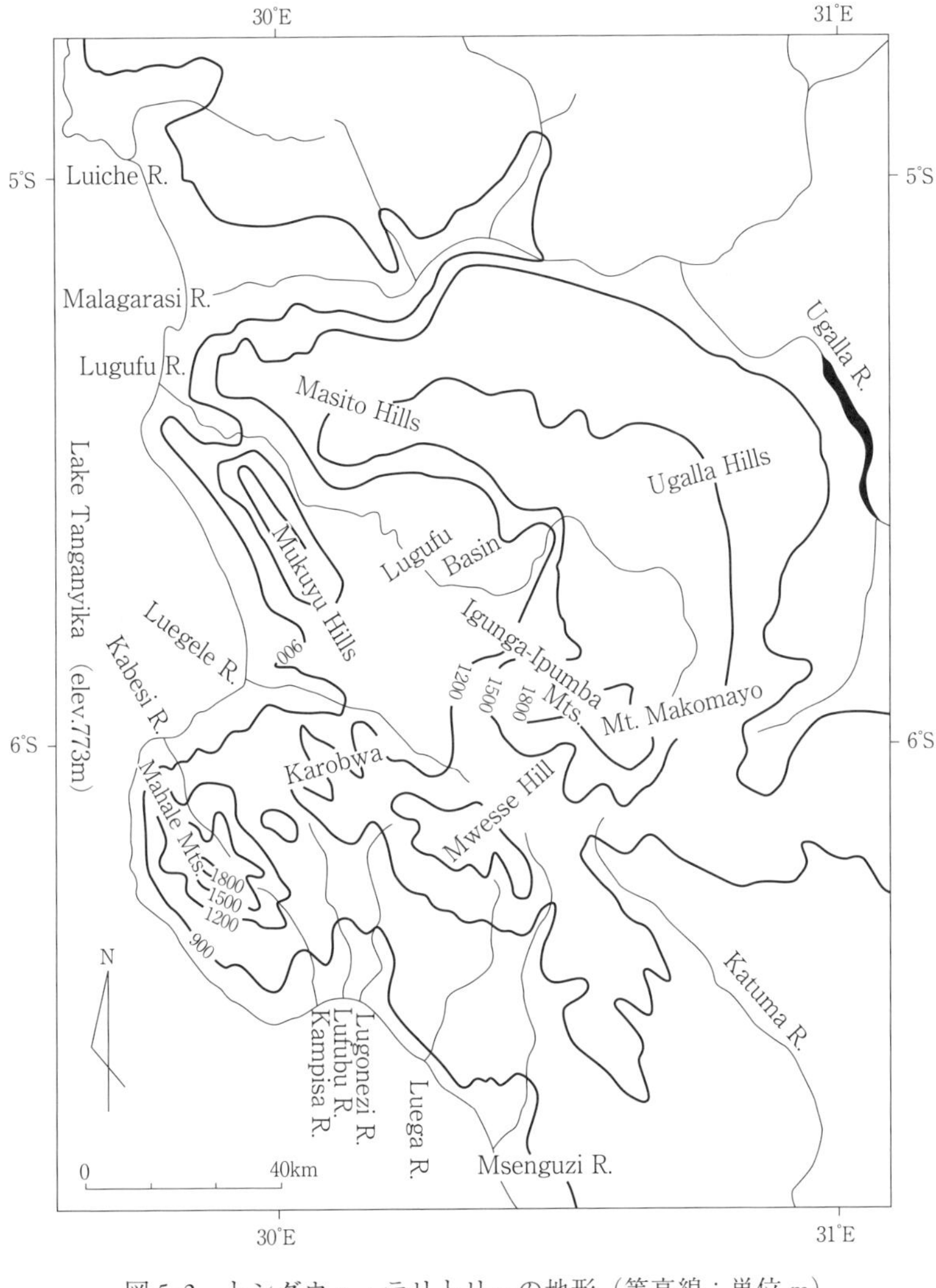

図5-2　トングウェ・テリトリーの地形（等高線：単位 m）

峰、ンクングウェ山をはじめ、二〇〇〇メートルをこす山々がつらなっている。こういった山地のあいだをぬって、マラガラシ、ルグフ、ルエゲレ、ルフブ、ルゴネジ、ルエガなどの大きな河川がタンガニイカ湖に、また、カトゥマ川がルクワ湖にそそいでいる。これらの河川の無数の支流は、山地を浸食して、きわめて変化に富んだ地形を形成している。

　このような地形条件のゆえに、トングウェ・テリトリー内の交通手段は、きわめて限られたものとなっている。陸上では、ムパンダ＝ウビンザ間、ムパンダ＝カレマ間、ムパンダ＝ムウェッセ間に、一週間数回ていどのバスが往復しているが、それらの町を結ぶ以外の旅は、すべて徒歩にたよらなければならない。しかも、陸上徒歩交通のための道路はほとんど発達していない。湖上交通の機関としては、キゴマとタンガニイカ湖の南端、ザンビアのムプルングのあいだを往復する汽船がある。原則的には、月二回往復し、ムガンボ、カリヤなど、このテリトリー内の小さな町に、寄港することになっているのであるが、筆者の調査期間中は、汽船が故障のために、ほとんど航行しなかった。その他の長距離輸送手段としては、タンガニイカ湖畔に沿った、比較的大きな集落で商店を営むアラブ人の、舷外エンジンつきボートがある。トングウェ族の人々は、小さな手製の刳《く》り舟〈bhwato〉を漕いで、湖岸の集落間をいききする。

B　気　候

　東アフリカの気候区分によれば、トングウェ・テリトリーの気候は、タボラ周辺までを含めて、西タンガニイカ気候区に属する（土屋ほか　一九七二）。この気候区は、年間降水量七五〇〜一〇〇〇ミリていどで、雨季が年に一回ずつあり、したがって、一年はそれぞれ約半年の雨季と、乾季に明瞭にわかれる。雨量の安定度を示す年降水量の変動度[2]は、トングウェ・テリトリーでは〇・六ていどとされ、この気候区の中央部、タボラ周辺よりも、変動度は少なく安定している。年間降水日は一〇〇～一二〇日ぐらいで、総じて年間に四ヵ月ぐらいは、雨量二五ミリ以下の乾燥月がある。月平均気温の年較差は小さく、年平均気温摂氏二三度前後といった、特徴をもつ地域である。

土屋氏ほか（一九七二）の資料にもとづき、キゴマに例をとって、筆者が作製したのが、図5-3である。三〇年間の平均年降水量は九五三ミリ、月平均気温は摂氏二四・一度となっている。乾季〈sihua〉は五月から一〇月の約六ヵ月間、雨季〈kusogho〉は一一月から四月までの六ヵ月間と、考えることができる。

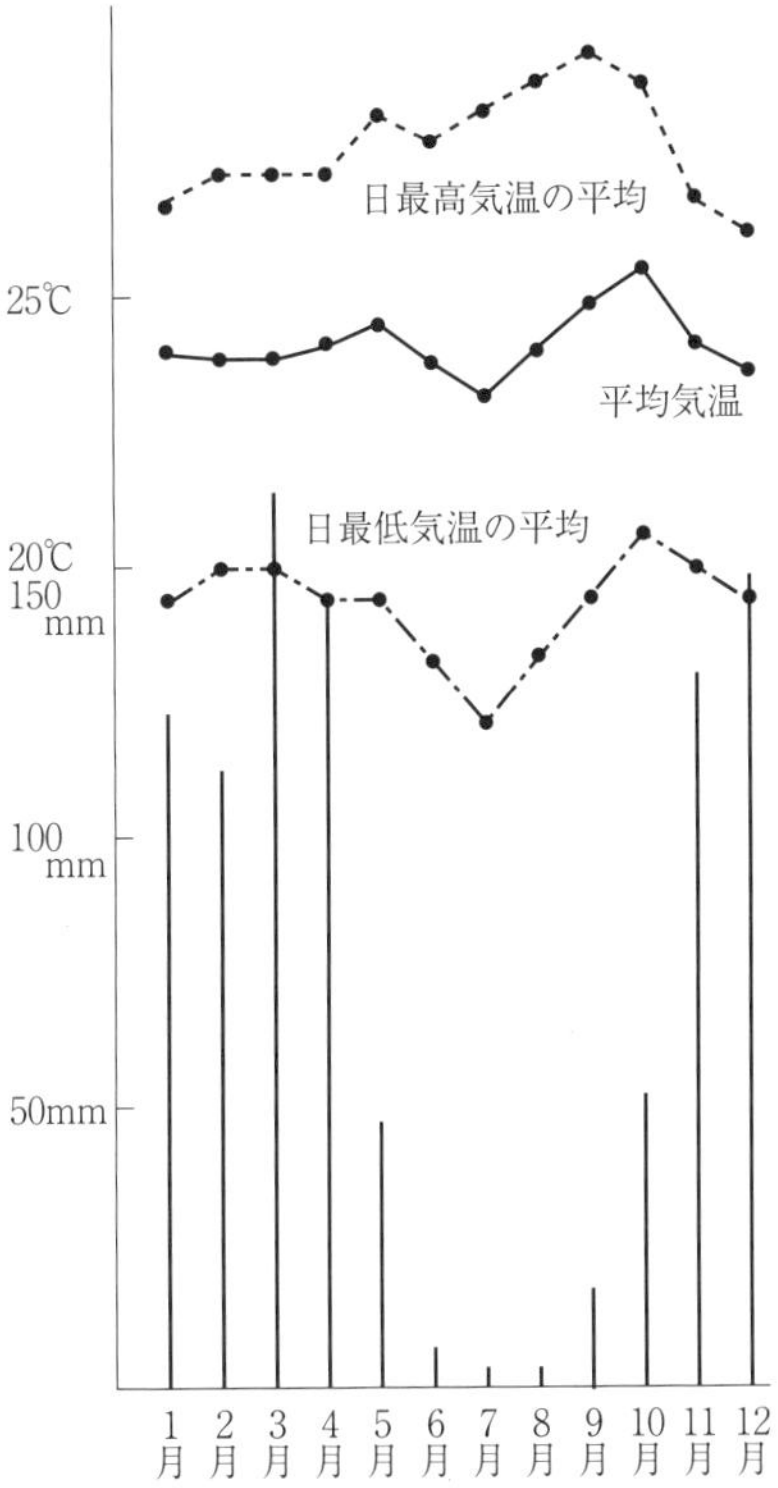

図 5-3　Kigoma における気温と雨量

トングウェ・テリトリーは、だいたい上記のような気候上の特性を有するが、地形的に変化に富んでいるために、局所的な気候特性を示すことが多い。たとえば、筆者の調査基地のあるカシハでは、東方に高くそびえるマハレ山塊と湖の影響をうけて、かなり高い降水量を示す。上原氏（私信）によれば、一九七三年から一九七四年にかけての雨季には、優に一五〇〇ミリをこすことが推定されたという。

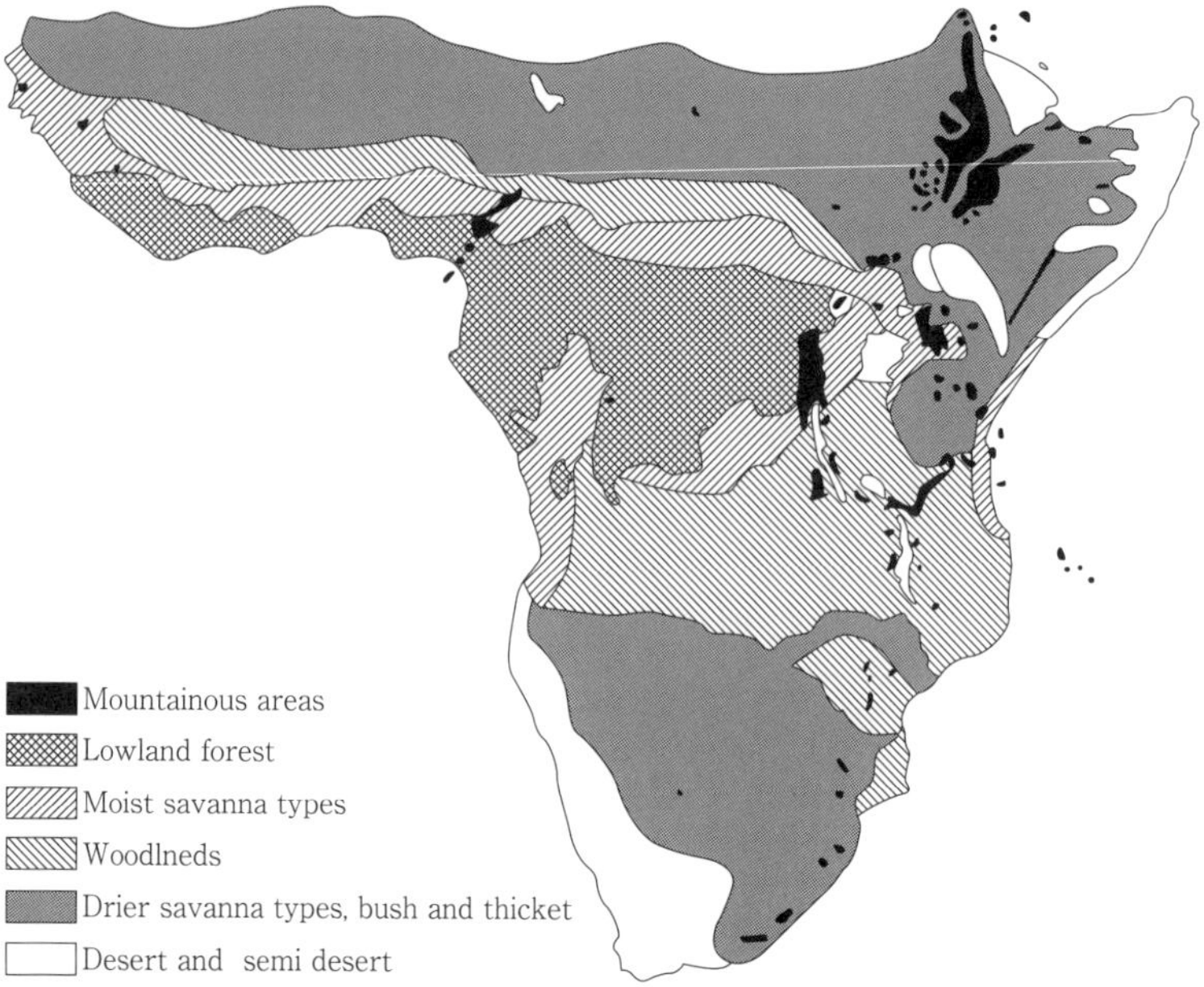

図5-4　アフリカ大陸の植牛図
（[Kingdon 1972: 22] による）

C　植　生

アフリカ大陸全体の植生帯のなかで、トングウェ地方は、ウッドランド（乾燥疎開林）に属し、湿潤な熱帯降雨林と、乾燥したサバンナとの中間に位置している（図5－4）。ウッドランドは、ヴィクトリア湖西岸のブコバの南を北限とし、タンザニア国の西半分、さらに、マラウイ、ザンビア、モザンビークの北半、ローデシアと南ア連邦の北半、ザイールの南半、さらにアンゴラを含む広大な植生帯である。

ウッドランドは、その主要構成樹種にもとづいて、*Brachystegia, Isoberlinia* and *Julbernardia* woodland ともよばれる。これらはともに、マメ科のジャケツイバラ亜科（Caesalpineaceae）に属する落葉喬木で、スワヒリ語ではミオンボと総称され、このウッドランドは、ミオンボ・ウッドランドともよばれている。樹間距

写真5-1　乾季のウッドランド

離は三〜五メートル、樹高は二〇メートルどまりで、林床は禾本におおわれている（写真5-1）。乾季には落葉し、下生えは、トングウェの人々が放つ野火によって焼き払われる。キングダンらは、この植生を、古い時代に後退した森林のあとに発達した植生であり、しかも野火によって変容した極相であると考えている（Kingdon 1971: 33）。

トングウェ・テリトリーは、このようにウッドランド帯に属するが、変化に富んだ地形ともあいまって、細部について見ると多様な植生を示している。その特徴の一つは、この地域がオープンランドと、森林とのモザイクからなっているということである。オープンランドのなかを流れる河川に沿って、川辺林が発達し、山地帯には山地林が発達している。トングウェ・テリトリーの植生については、加納氏が詳細な分布調査をおこなっており（Kano 1972）、また局所的には、カボゴ地域（Azuma & Toyoshima 1961-1962; 東・豊嶋　一九六五）、カサカティ地域（Izawa & Itani 1966; Suzuki 1969）、マハレ地域（Nishida 1968, 1972）についての報告がある。これらの報告と、筆者の観察から、トングウェ・テ

表5-1　トングウェ・テリトリーの植生区分

(i)　森林（Forest）
- F-1, 川辺林（Riverine forest）
- F-2, 山地林（Montane forest）
- F-3, 高地性竹林（*Arundinaria** bamboo forest）

(ii)　オープンランド（Open land）

a）ウッドランド（Woodland）
- W-1, *Brachystegia*, *Isoberlinia* and *Julbernardia* woodland
- W-2, *Brachystegia-Uapaca* mixed woodland
- W-3, *Oxytenanthera* bamboo bush

b）サバンナ（Savanna）
- S-1, *Acacia* savanna
- S-2, *Diplorhynchus-Combretum* savanna

c）グラスランド（Grassland）
- G-1, 高地草原（Montane grassland）
- G-2, 二次性草原（Secondary grassland）

d）スワンプ・ベジテーション（Swamp vegetation）
- Sw-1, *Papyrus* swamp
- Sw-2, “Mbuga” vegetation

＊編者注：現在、*Yushina*

リトリーの植生を区分して、表5-1に示した。以下に、各植生帯について概述しておくことにしたい。

i　森　林

F—1　川辺林——湖岸から一六〇〇メートルまでの河川に沿って発達した森林である。半落葉樹林であり、樹高四〇メートルをこすこともあり、場所によっては、二〇〇メートルのはばをもつこともある。林床には禾本がなく、蔓性植物の発達が見られる。主要構成樹種には、つぎのようなものがある。*Cordia millenii*, *Entandrophragma utile*, *Albizia glaberrima*, *Pycnanthus* sp., *Xylopia* sp., *Pseudospondias microcarpa*, *Parkia filicoidea*, *Julbernardia magnistipulata*, *Ficus vallis-choudae*.

F—2　山地林——海抜一六〇〇メートル以上の地帯にあらわれる。河川の源頭域に、また主峰のいただき近くの斜面に発達する。モス・フォレストともよばれるように、多くのばあい、蘇苔類の着生の顕著な森林である。主要構成樹種としては、*Parinari excelsa, Anthonotha noldeae, Ficalhoa laurifolia, Rapanea* sp., *Nuxia* sp., *Polyscias fulva*（現在、*P. mahonii*）, *Psychotria megistostica, Podocarpus* sp. などをあげることができる。

F―3 高地性竹林――海抜二〇〇〇メートル前後の亜高山域に見られる。高地性タケ *Arundinaria alpina*（現在、*Yushina alpina*）で純林をなす。

ii オープンランド

（a）ウッドランド

W―1 *Brachystegia, Isoberlinia* and *Julbernardia* woodlnad――乾燥疎開林として、この地域にもっとも基本的な植生で、Caesalpiniaceae の *Brachystegia, Isoberlinia, Julbernardia* に属する喬木が、主要構成樹種となっており、林床は、*Hyparrhenia* sp. などの禾本によっておおわれている。

W―2 *Brachystegia-Uapaca* mixed woodland――とくに、一三〇〇メートルをこす山地に、多く見られる。*Uapaca kirkiana, U. nitida, Brachystegia* sp.〈kapepe〉の混生林であるが、しばしば *U. kirkiana* が純林を形成しているのを、見かけることがある。林床は、*Hyparrhenia* sp., *Loudetia simplex* などの禾本によっておおわれている。

W―3 *Oxytenanthera* bamboo bush――W―1タイプのウッドランドが、未発達の地域に見られる。低地性の竹 *Oxytenanthera abyssinica* の純林であり、とくにマハレ山塊の西側の低地帯で、顕著に発達している。

（b）サバンナ

S―1 *Acacia* savanna――湖岸地域に見られる植生で、大きな川のデルタ地帯に見られる。ながねんにわたる耕作や、野火などの人為をうけてできた、二次的極相群落であると考えられる。主要構成樹種としては、*Acacia sieberiana, A. albida, A. polyacantha* などが見られる。下生えには、*Panicum maximum, Imperata cylindrica, Pennisetum purpureum* などの禾本が密生する。

S—2 *Diplorhynchus-Combretum* savanna——海抜一〇〇〇～一五〇〇メートルの地域に、しばしばW—1にまじってパッチ状に見られる植生タイプであり、主要構成樹種としては、*Diplorhynchus condylocarpon, Combretum* sp., *Bauhinia* sp., *Strychnos* sp. などがあげられる。下生えには、*Hyparrhenia* sp., *Loudetia simplex* などが繁茂している。

（c）グラスランド

G—1 高地草原——高山の主稜付近に見られる植生で、通常は山地林、高地性竹林、*Brachystegia-Uapaca* mixetd woodland などにとり囲まれ、パッチ状の分布を示している。

G—2 二次性草原——喬木がなく、低い灌木が見られることがあるが、大部分が、禾本だけにおおわれた植生で、低地の川辺林の外周部に発達している。ながねんにわたる焼畑耕作の結果、森林が後退したあとに見られる、二次的な植生と考えられる。川辺から、その外側のオープンランドに向かって土地が乾燥化し、貧栄養化するにつれて、*Pennisetum, Hyparrhenia, Imperata* という順序をもって、群落が移っていくのが見られる。

（d）スワンプ・ベジテーション

Sw—1 *Papyrus* swamp——浅い川や、沼沢地など、パーマネント・ウォーターのある地帯に見られる植生で、*Papyrus* が繁茂している。とくにウガラ川流域、マラガラシ川流城に沿って発達している。

Sw—2 “Mbuga” vegetation——雨季に、川の水があふれ出て沼地状となり、乾季には乾く地帯に見られる植生で、スワヒリ語で Mbuga とよぶ。雨季には高い禾本が茂り、喬木、灌木が散在する。ときには、G—2との区別が困難である。

D　動物相

ウッドランドの動物相は、アカシア・サバンナとの共通性が高い。しかしサバンナには、オリックス（*Oryx beisa*）、オグロヌー（*Connochaetes taurinus*；現在、*Nanger granti*）、グラントガゼル（*Gazella granti*）など、より乾燥に強い動物が、高い個体群密度を示しているのに較べると、ウッドランドには、固有の動物が少なく、またサバンナほどには、哺乳動物の高い個体群密度をもってはいない。

しかしながら、ウッドランドの内部には、川辺林や、山地林などの複雑な植生型を含み、また変化に富んだ地形が、動物相を複雑にかつ豊富にしている。

大きな川沿いには、多くのアフリカゾウ（*Loxodonta africana*）やアフリカスイギュウ（*Syncerus caffer*）、ところによってはサバンナシマウマ（*Equus quagga*）など、サバンナと共通の大型哺乳動物が生息している。セーブルアンテロープ（*Hippotragus niger*）、ローンアンテロープ（*H. equinus*）、ハーテビースト（*Alcelaphus buselaphus*）は、数少ないウッドランド固有の動物である。ウッドランドには野生のミツバチが多く、この蜂蜜を食べるハニーバッジャー（*Mellivora capensis*）が多く生息しており、この地帯の動物相を特色づけている（Lamprey 1962: 138; Kingdon 1971: 32-33）。また、チンパンジー（*Pan troglodytes*）、アカコロブス（*Procolobus rufomitratus*）、アカオザル（*Cercopithecus ascanius*）などの、霊長類を含む森林性の動物が、熱帯性の川辺林をつたって、この地域に分布をのばしていることも、この地帯の動物相の特色である。加納氏、伊谷氏および筆者らが、今日までに確認したトングウェ・テリトリーの、大・中型動物を表5-2にあげる（Kano 1972; 伊谷　1970）。加納氏は、この地域には、一〇〇種以上の哺乳類が、

表 5-2　トングウェ・テリトリーの動物相

目 科 種および和名	編者修正（表内下線カ所）前の原著記載
Carnivora（ネコ目）	
Canidae（イヌ科）	
Canis sp. ジャッカルの一種	編者注：おそらく *C. adustus*（ヨコスジジャッカル）
Lycaon pictus リカオン	
Mustelidae（イタチ科）	
Mellivora capensis ハニーバッジャー、ラーテル	
Aonyx capensis ツメナシカワウソ	
Lutra maculicollis ノドブチカワウソ	カワウソ
Viverridae（ジャコウネコ科）	
Civettictis civetta アフリカジャコウネコ	*Viverra civetta*
Genetta tigrina オオブチジェネット	ジェネット　編者注：複数種が分布していると考えられている。
Herpestidae（マングース科）	編者注：原著では Viverridae に含まれていた。
Ichneumia albicauda シロオマングース	マングース
Hyenidae（ハイエナ科）	
Crocuta crocuta ブチハイエナ	ハイエナ
Felidae（ネコ科）	
Felis serval サーバルキャット	
Panthera pardus ヒョウ	
P. leo ライオン	
Artiodactyla（ウシ目）	
Hippopotamidae（カバ科）	
Hippopotamus amphibius カバ	
Suidae（イノシシ科）	
Phacochoerus africanus イボイノシシ	*Phacochoerus aethiopicus*
Potamochoerus larvatus ブッシュピッグ	*Potamochoerus porcus*
Giraffiidae（キリン科）	
Giraffa camelopardalis キリン	ジラフ
Bovidae（ウシ科）	
Tragelaphus scriptus ブッシュバック	*Tragelapus*
Taurotragus oryx ケープエランド	
Hippotragus niger セーブルアンテロープ	
H. equinus ローンアンテロープ	
Neotragus moschatus スニ	*Nesotragus*
Oreotragus oreotragus クリップスプリンガー	
Sylvicapra grimmia サバンナダイカー	ブッシュダイカー
Kobus ellipsiprymnus ウォーターバック	*K. defassa*
Alcelaphus buselaphus ハーテビースト	*A. lichtensteni* リッチェンスタインハーテビースト
Syncerus caffer アフリカスイギュウ	バッファロー
Perissodactyla（ウマ目）	
Equidae（ウマ科）	
Egus guagga サバンナシマウマ	*Equus burchelli* シマウマ
Hyracoidea（イワダヌキ目）	
Procaviidae（イワダヌキ科）	
Heterohyrax brucei イワハイラックス	*Procavia capensis* ロックハイラックス
Dendrohyrax arboreus キノボリハイラックス	ツリーハイラックス
Proboscidea（ゾウ目）	
Elephantidae（ゾウ科）	

目 科 種および和名	編者修正（表内下線カ所）前の原著記載
Loxodonta africana アフリカゾウ	ゾウ
Tubulidentata（ツチブタ目）	
Orycteropodidae（ツチブタ科）	
Orycteropus afer ツチブタ	
Lagomorpha（ウサギ目）	
Leporidae（ウサギ科）	
Lepus capensis ケープノウサギ	ウサギ
Pholidota（センザンコウ目）	
Manidae（センザンコウ科）	
Smutsia gigantea オオセンザンコウ	*Manis temmincki* センザンコウ*
Primates（サル目）	
Galagonidae（ガラゴ科）	Lemuridae
Galago crassicaudatus オオガラゴ	グレーターギャラゴ
G. senegalensis ショウガラゴ**	レッサーギャラゴ
Cercopithecidae（オナガザル科）	
Papio cynocephalus キイロヒヒ	
Cercopithecus ascanius アカオザル	
C. mitis ブルーモンキー	
Chlorocebus pygerythrus ベルベットモンキー	*Cercopithecus aethiops* サバンナモンキー
Procolobus rufomitratus アカコロブス	*Colobus badius* レッドコロブス
Colobus angolensis アンゴラクロシロコロブス	アンゴラコロブス
Hominidae（ヒト科）	Pongidae
Pan troglodytes チンパンジー	
Rodentia（ネズミ目）	
Sciuridae（リス科）	
Protoxerus stangeri ウスゲアブラヤシリス	オオリス
Nesomyidae（アシナガマウス科）	Cricetidae（キヌゲネズミ科）
Cricetomya sp. アフリカオニネズミの一種	編者注：おそらく *C. gambianus*（モリアフリカオニネズミ）
Thryonomyidae（アシネズミ科）	
Thryonomys sp. アシネズミの一種	ケーンラット　編者注：おそらく *T. swinderianus*（アフリカアシネズミ）
Hystricidae（ヤマアラシ科）	
Hystrix sp. タテガミヤマアラシの一種	ヤマアラシ　編者注：おそらく *H. africaeaustralis*（ケープタテガミヤマアラシ）
Atherurus africanus アフリカフサオヤマアラシ	*Atherurus* sp. フサオヤマアラシ
Bathyergidae（デバネズミ科）	編者注：原著では Insectivora に含まれていた。
Heliophobius sp. シルバーデバネズミ（モールラット）の一種	モールラット
Macroscelidea（ハネジネズミ目）	Insectivora
Macroscelididae（ハネジネズミ科）	
Rhynchocyon cirnei テングハネジネズミ	エレファントシュリュー
Petrodromus tetradactylus ヨツユビハネジネズミ	ヨツユビエレファントシュリュー

編者注：目・科名に和名を付した。下線部は編者が修正した箇所で、原著の表記は右端に示した。学名は現在の命名法に従って修正（Ihobe H 2015 “Mammalian fauna” 及び “Appendix III: Mammal list” In: Mahale Chimpanzees, Cambridge University Press 参照）。

*　マハレでは今のところオオセンザンコウのみ確認されている（Ihobe 2015 参照）。

**　最近の研究からは、G. maholi（モホールガラゴ）and/or G. sp（dwarf galago）の誤同定の可能性あり。

表5-3　トングウェ族の人口

	所帯	男	女	計
タンザニア在住人口	5,123	10,176	10,944	(A) 21,120
キゴマ・ムパンダ・ディストリクト在住人口	3,674	6,980	7,615	(B) 14,595
キゴマ・ムパンダ・ディストリクト以外の地域の人口	1,449	3,196	3,329	(C) 6,525

$\frac{(B)}{(A)} \times 100 = 69.1\ (\%)$

（1967年の国勢調査 [Tanzania, National Bureau of Statistics 1971] による）

かなりの高い個体群密度をたもって生息している、と推定している。

ウッドランド帯は、ツェツェバエの多い地域であるために、トングウェ・テリトリーでも牛の飼育は見られず、またそれは、人口密度を極度に制御する要因として働いている（Kingdon 1971）。

人口、人口密度

一九六七年におこなわれた、タンザニアの国勢調査の統計資料（一九七一）によると、トングウェ族の総人口は、二万一一二〇人と報告されている。このセンサスは、地域別、部族別に報告されており、かれら固有のテリトリー内、すなわち、ムパンダ・ディストリクトあるいはキゴマ・ディストリクトに住む人々は、全トングウェ人口の六九・一パーセントにあたる、一万四五九五人となっている（表5-3）。

トングウェ族のテリトリーは、約二万平方キロメートルの広さをもっているから、このテリトリー内におけるトングウェ族の人口密度は、一平方キロメートルあたり〇・七三人と算定される。この値が示すように、トングウェ族の人口密度はきわめて低く、この地域は、東アフリカでも有数の人口稀薄地帯の一つに数えられる。

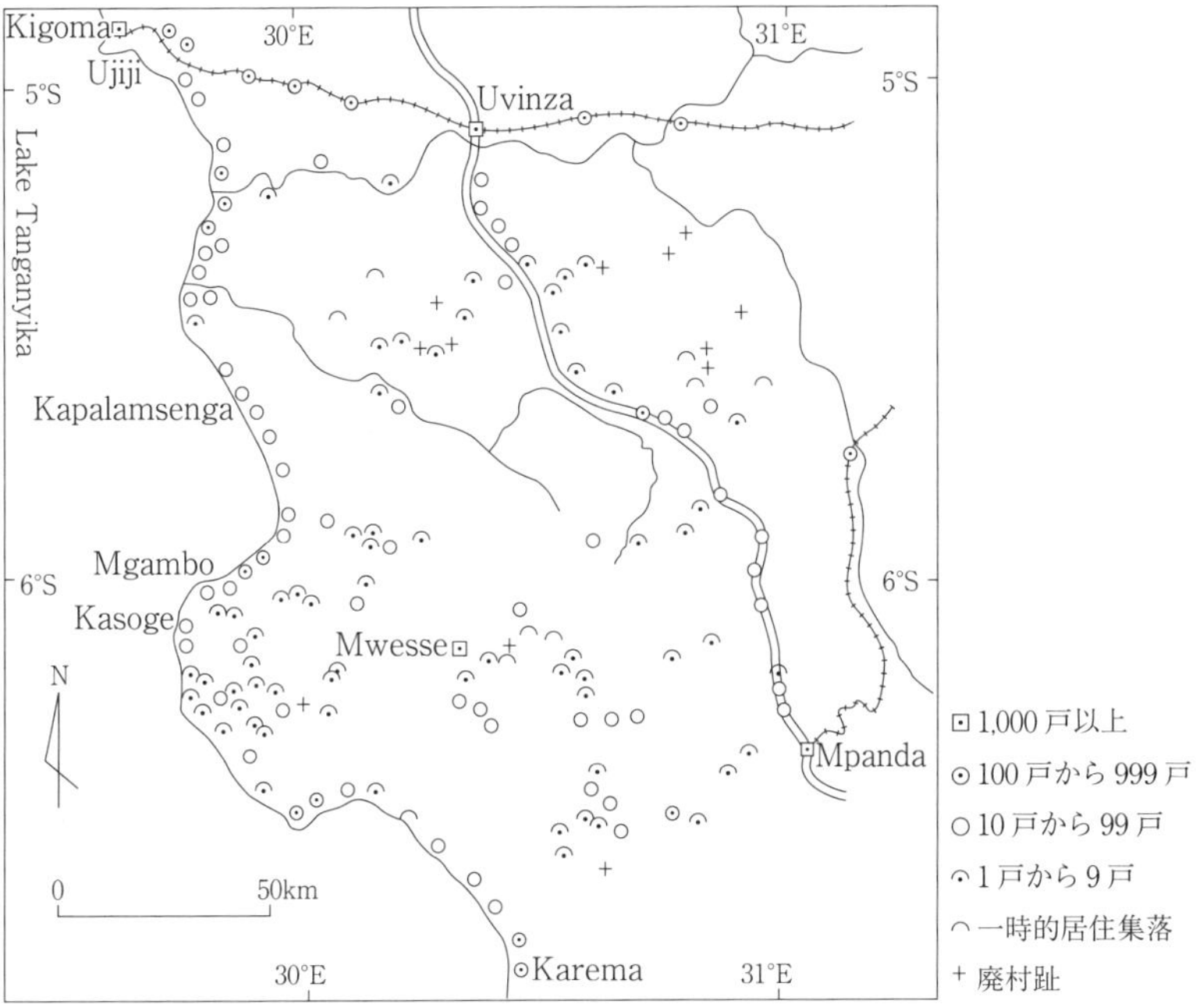

図5-5　集落の分布（[Kano 1972: 62] による）

集落の分布

トングウェ・テリトリーを、ひろく歩いた加納氏は、トングウェ族の集落の分布の概略を報告している（図5-5）（Kano 1972: 61-65）。トングウェ・テリトリー内で、一〇〇〇戸をこす町は、ムパンダ、ムウェッセの二つである。ムパンダは、ムパンダ・ディストリクトの行政府の所在地であり、タンザニア中央鉄道の一つの終着駅でもある。しかしここは、トングウェ・フィパ・コノンゴなどの部族の、テリトリーの境界にあたり、この町を構成する人々のなかで、トングウェ族は、かならずしも優位を占めるとはいえない。ムウェッセは、公営の病院などの施設をもつ大きな町であるが、これは一九六一年に、当時のルアンダ・ウルンディ国からの、避難民のためにつ

写真 5-2　マハレ山塊

くられた町で、この町の人々の主体をなすのは、トングウェ族ではない。一〇〇〜一〇〇〇戸からなる町は、湖岸線、およびウビンザ＝ムパンダ道路、ムパンダ＝カレマ道路沿いにある。これらは主として、地方行政府の所在地であり、湖岸沿いの町は、キゴマ＝ムプルング間を往復する、汽船の寄港地でもある。

このように人口の集中は、交通の発達と深い関係をもっている。交通の発達にともない、近代化の方向に歩みだした集落では、たとえば湖岸部においては、トングウェ族の北方に住むハ族、ビンザ族、南方に住むフィパ族、および、タンガニイカ湖をわたってやってくるコンゴ系のベンベ族、ゴマ族、タブワ族などが、トングウェ族の集落に混住しつつある（端　一九六八）。

一方、内陸部に住むトングウェ族の、伝統的な集落は、わずか五〜一〇戸からなるのが普通である。ときには、たった一戸だけという例もある。また、一つの集落から隣りの集落まで、徒歩で優に丸一日かかる、といった例もまれではない。広大なウッドランドに、

写真5-3　トングウェ族の集落。家屋が5～10戸ていどの集落が通常である。写真は山地帯の集落、シテテ。

小集落がきわめて稀薄に散在するというのが、トングウェ族の伝統的な居住様式なのである。これらの散在する集落間を、トングウェ族の人々は、徒歩による旅行〈kujāta〉で往来するのである。伝統的なトングウェ族の社会は、足を前提とした社会であるといえよう。本稿は、とくにこのような伝統的な居住様式をもつ、トングウェ族を研究の対象にしている（写真5-3）。

生活環境の類型化

ひとくちにトングウェ族は焼畑農耕をしながら、ウッドランドで生活しているとはいっても、かれらが住んでいる生活環境は、変化に富んでいる。高度だけについて見ても、トングウェ族の集落は、海抜七七〇～八〇〇メートルの湖岸部から、海抜二〇〇〇メートルの亜高山帯にまで分布している。多様な環境のなかで、トングウェ族の人々が、どのように

表5-4　生活環境の類型

高度（海抜）	河川流域	植生 オープンランド	植生 森林	主要作物	主要副食獲得法	調査対象とした集落	タイプ
湖岸地帯							
770 m 〜 900 m	下流域 三角州地帯	S-1 G-2 Sw-1 Sw-2	F-1	（ドミナント） キャッサバ （サブドミナント） トウモロコシ	湖魚の漁撈	カシハ	L
中高度地帯							
900 m 〜 1,300 m	中流域	W-1 W-3 G-2	F-1	（ドミナント） トウモロコシ （サブドミナント） キャッサバ	川魚の漁撈	マヘンベ	M-1（M）
					大型獣の狩猟	＊	M-2（M）
山地帯							
1.300 m 〜 2,000 m	上流域 源頭域	W-2 S-2 G-1 G-2	F-1 F-2 F-3	トウモロコシ	中・小型獣の狩猟	シテテ イルンビ	H

＊　筆者の調査対象とならなかった地域。筆者の調査をひきついで、武田淳氏がインテンシブな調査をおこなっている。

それぞれの環境に適応して、生活しているかを分析するために、まず、かれらの生活環境の類型化を試みたい。地形、植生といった自然環境と、それに対応する人々の主食、副食の獲得様式に視点をおき、生活環境の類型化をおこなうために、まず、その指標として、第一に高度をとりあげ、湖岸から九〇〇メートルまでの湖岸地帯、九〇〇～一三〇〇メートルの中高度地帯、および一三〇〇メートル以上の山地帯にわける。一三〇〇メートルという高度は、かれらの主要作物の一つである、キャッサバ栽培の耕作限界でもある。この三つの高度による区画は、河川の、上・中・下流域、および植生帯とのあいだに、表5-4に見られるような対応を示している。植生帯との対応で、とくに重要な点は、どの生活環境も、森林とオープンランドがセットとして、存在していることである。

また、生活様式の指標としては、主要作物名、および主要副食の獲得法をとりあげた。主要作物は、キャッサバ栽培の耕作限界が、高度海抜一三〇〇メートル前後ということもあって、山地帯ではキャッサバは充分には成育しない。海抜一三〇〇メートル以下の地域では、高度がさがるにつれて、キャッサバへの依存度が、増大する傾向が見られる。

主要副食物獲得の方法は、表５‐４に示したとおりであるが、とくに中高度地帯が二分される点を、注目しておきたい。M―１は、L型とH型の移行地帯であり、山地のあいだの谷あいの集落がこれにそうとする。M―２は、高原状の平坦で開けた地域である。

筆者が調査の対象とした、カシハ、マヘンベ、シテテ、イルンビの四つの集落は、マハレ山塊に沿ってならんでおり、それぞれ表５‐４に示した類型に属する。中高度地帯のM―２型に属する集落は、筆者の調査対象には含まれていない。これは、*Brachystegia, Isoberlinia* and *Julbernardia* woodland に生活するトングウェ族の集落を含む類型であり、大型獣の狩猟、蜂蜜採集を重要な生業としている。この地域については、筆者の調査をひきついで、一九七二～一九七三年に武田淳氏が、ルグフ川中流域イセンガ地域において調査をおこなっている。

H型に属する集落として、筆者はシテテ、イルンビを調査対象とした。シテテは、山地帯にある集落としては、比較的人口の多い集落であり、マスキット銃による狩猟が、副食獲得の中心になっている。イルンビは、トングウェ族の多くの氏族〈mulahilo〉のなかでも、もっとも古くこの地域に住みついた、ムレンゴ〈mulengo〉氏族のリネェジ・チーフ〈mwami〉の在所である。しかし人口は少なく、若い人の数も少ない。ここでは罠による中・小型獣の狩猟が、副食獲得の中心となっていた。

四つの集落の概況

筆者が、調査対象とした四つの集落、カシハ、マヘンベ、シテテ、イルンビは、トングウェ・テリトリーにおける、もっとも急峻な山岳地帯、マハレ山塊に沿って存在する集落である（図5-6）。湖岸の集落カシハは、この最高峰、ンクングウェ山の西麓に位置している。湖岸沿いのアカシア・サバンナのなかに、キャッサバの畑があり、アブラヤシの木だちに囲まれて、かれらの家屋が散在している。集落の東部には、南北約七キロメートルにおよぶ、われわれがカソゲ・フォレストとよんだ、マハレ山塊西麓に特有な森林のつらなりがある。シテテは海抜一五〇〇メートル、イルンビは海抜一六〇〇メートルの、同じ尾根の上に位置している。この尾根は、イルンビから四キロメートル南にある集落、イガブリロ付近を源として北流する、カベシ川をはさんで、マハレ山塊の主稜と平行に走っている。シテテ周辺は、*Diplorhynchus condylocarpon*〈musongatti〉、*Combretum* sp.〈mulama〉を構成樹種としたサバンナと、川の上流部および源頭部に発達した、川辺林のモザイク地帯である。イルンビは、*Brachystegia* sp.〈kapepe〉と、*Uapaca kirkiana*〈ikusu〉からなるウッドランドと、山地林のモザイク地帯にある。マヘンベはカベシ川の中流域の左岸、ンクングウェ山に源を発するマヘンベ川とカベシ川の合流点、標高一〇〇〇メートルに位置する。この周辺は、*Brachystegia spiciformis*〈mutulu〉、*Brachystegia bussei*〈mukoma〉、*Brachystegia* sp.〈musoso〉を主要構成樹種とするウッドランドと、カベシ川および、それに流れ込む支流に沿って発達した、川辺林のモザイク地帯である。

これら山間の三集落にいくには、ンクングウェ湾に面した湖岸の集落カトゥンビを起点として、南へ原野にわ

N
Mgambo
Katumbi
Mgambo R.
Logosa R.
Mahembe R.
Mahembe
Luangwa R.
Katamba
Kasiha
Mt. Nkungwe
Sitete
Mt. Sibindi
Kabesi R.
Mt. Sisaga
Lake Tanganyika
Lubulungu R.
MAHALE MOUNTAINS
Ilumbi
Igabulilo
Kasangazi
Ujamba
Kabulonje
Lubugwe R.
Katimba R.
Kampisa R.
Lufubu R.
Ibolelo
Kalya
0
10km

図5-6　マハレ地域

け入るのであるが、筆者の基地カシハから、このカトゥンビまでは、湖岸線に沿って約一八キロメートルの距離があり、舷外エンジンつきボートで一時間半、トングウェ族の刳り舟〈bhwato〉では約三時間かかる。カトゥンビからマヘンベまでは約九キロメートル、徒歩で二時間半、マヘンベからシテテまでは約一〇キロメートルで四時間、シテテからイルンビまでは約一〇キロメートルで、三時間を要する。

A　社会組織の概要

トングウェ族の社会組織については、別稿にまとめたいが、ここでは、とくに各集落の構成の理解のために、概略だけは述べておく必要がある。

トングウェ族は、一五をこす氏族〈mulahilo〉からなっている。それぞれの氏族は、みずからの出自を説く伝承と、〈sihugho〉とよばれる領地とをもっている。一つの氏族は、通常、複数のリネェジ〈ibhufi〉からなる。一つのリネェジには、お互に血縁関係を認知しあっている数人のムワミ〈mwami〉、あるいはムトゥワレ〈mutwale〉とよばれるチーフがいる。リネェジの長として、血縁者のなかから選ばれるのが、ムトゥワレであり、ムトゥワレが〈bhwami〉とよばれる正式な儀礼をへて、ムワミとなるのである。通常〈bhwami〉儀礼は、多額の金を必要とするので、ムワミにならず、ムトゥワレのままでいるリネェジ・チーフが多い。一人のムワミ、あるいはムトゥワレの血縁者は、〈sitebhe simwi〉の人々とよばれる。ムワミの坐を象徴する丸い坐椅子〈sitebhe〉を、共有する人々という意味である。トングウェ族の社会は、父系制、一夫多妻制で、リネェジが外婚の単位となっている。集落は〈lugho〉とよばれ、通常、〈sitebhe simwi〉の人々が集まって形成している。筆者の調査対象とした四つの集落は、それぞれこの〈lugho〉にあたる。

表5-5　四つの集落の人口構成

	カシハ				マヘンベ				シテテ				イルンビ			
	所帯*	男	女	計	所帯	男	女	計	所帯	男	女	計	所帯	男	女	計
高年齢層	10	2	3	5	4	2	0	2	6	0	2	2	2	1	1	2
青壮年層		13	15	28		4	6	10		9	8	17		3	2	5
幼年層		2	2	4		0	0	0		4**	6	10		0	0	0
計		17	20	37		6	6	12		13	16	29		4	3	7

＊　所帯は生計単位と考えた。
＊＊　うち2人は1歳未満の乳児。

B　集落の人口構成・血縁関係

一九七二年五月現在の、各集落の戸数、人口構成、およびそれぞれの血縁関係を、表5-5、図5-7に示した。年齢区分は、筆者の観察、および聞き込みにもとづいて、三つに区分した。幼年層は一～一五歳、青壮年層は一六～五〇歳、それ以上を高年齢層とした。

カシハ――カシハには、これに隣接する四つの集落がある。人々は、これらの集落をすべてあわせたものを、カソゲとよんでいる。カソゲは、全体で約一〇〇人の人口を擁するが、ムジョンガ〈mujonga〉氏族の人々が、中心になっている。一九七二年当時、カシハには、トングウェ族以外の居留者としては、まれに、コンゴのタブア族の人を見るていどであったが、カソゲのほかの集落、イハコ、ンガンジャには、湖岸の砂浜に家を構え、漁撈を専業とする、コンゴのベンベ族の人々が住みついていた。[3] カシハは、ムジョンガ氏族の血縁者を、中心とした集落であり、そのリネェジと血縁関係については、複雑な歴史的事情があるのだが、ここでは省略することにしたい。

マヘンベ――マヘンベも、ムジョンガ氏族の集落であるが、同じ氏族に属するカシハの人々とは、リネェジを異にする。六人の成人男子のうちの二人は、シテテの出身であり、ムトゥワレ（Mm―1）[4] を中心とした集落である。

シテテ――シテテは、ンゲラ〈ngela〉氏族の集落であり、二つの集落から

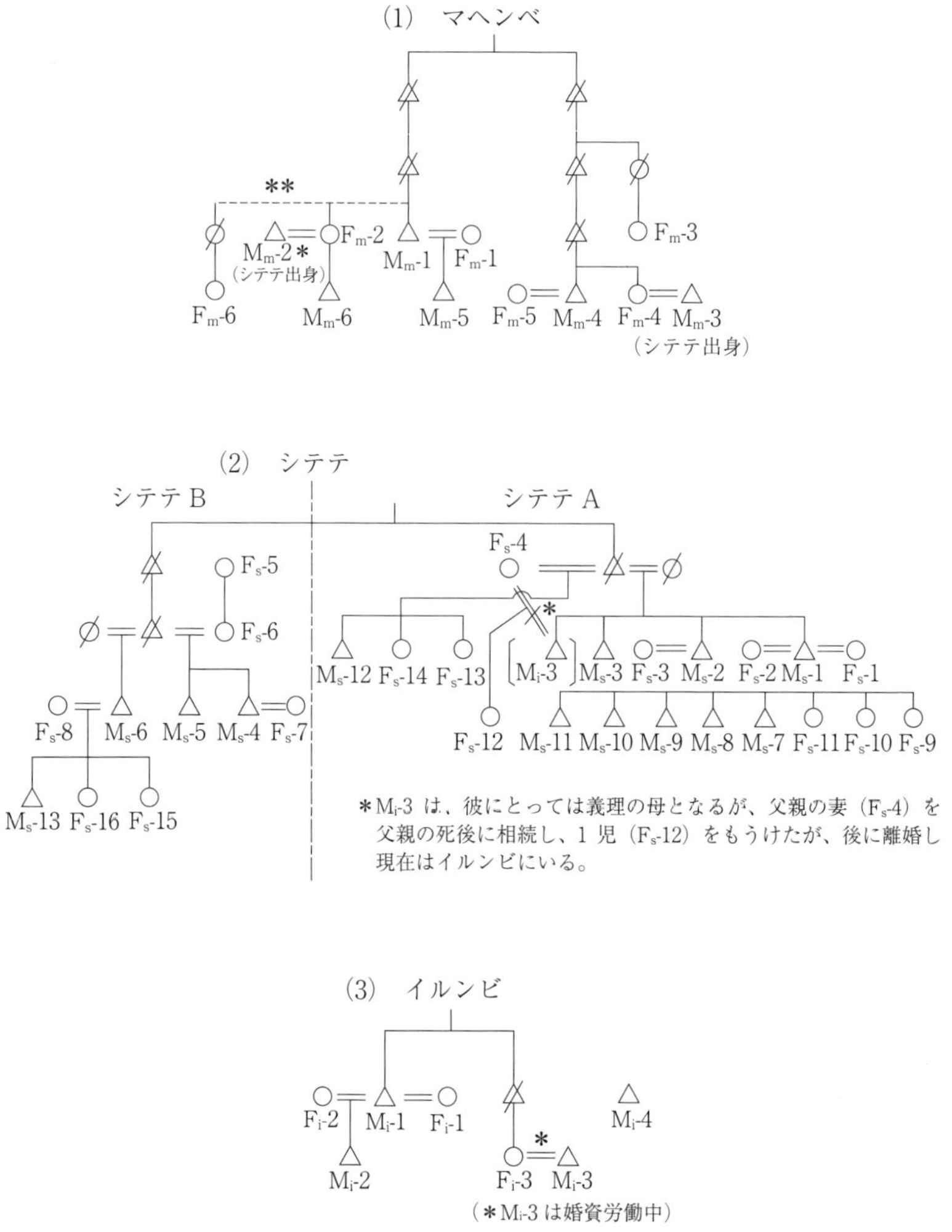

図 5-7　各集落の血縁関係

なっている。この二つは、シテテ川をへだてているが、かれらは両集落を、ともにシテテとよんでいる。ここでは仮りに、シテテA、シテテBとよぶことにしたい。それぞれの集落では、人々は兄弟を中心とした、拡大家族的まとまりをもって住んでいる。シテテは、ムトゥワレ（Ms―1）を中心とした集落である。イルンビ――ムレンゴ氏族の、ムワミの在所である。ムワミ（Mi―1）を中心とし、ほかに成人男子三人、成人女子三人、あわせて七人だけの、小集落である。

各集落は、一人のムワミ、あるいはムトゥワレを中心として、同一リネェジの人々が居住している。一つの集落の内部でも、シテテの例で顕著に示されるように、より直接的な血縁者が集まり、拡大家族的まとまりをたもって居住することが多い。しかし、とくに内陸部においては、一つの集落が七～三七人といった、少数の人口しかもっていないというのが、トングウェ族の集落の一般的な特徴である。

3　生　業

トングウェ族の人々は、焼畑農耕、狩猟、湖魚や川魚の漁撈、蜂蜜採集など強く自然に依存した生業によって、生計を維持する人々である。交通や、行政の要所における人口集中地以外の、内陸部の諸集落は、いずれも、まだ現金経済の浸透度は弱く、衣類のほとんどを、人口集中地にあるアラブ商人や、インド商人の営む小店舗に依存してはいるが、食と住については、自給自足の生活をおこなっている。ここでは、これらの伝統的な生活をおくっている集落において、生活の糧をうるためにおこなっている日常の活動をあきらかにしていくことにしたい。

トングウェ・テリトリー全域で栽培されているのを観察することができ、あるいは聞き込むことのできた作物、および筆者が調査をおこなった、四つの集落で栽培されていた作物は、表5-6に示したとおりである。このようにトングウェ族は、四二種類もの作物を栽培の対象としていたのであるが、多くの作物は、ごく少量栽培されているにすぎず、かれらの農耕の特色は、トウモロコシ、キャッサバを主作物とする、焼畑農耕であるといってよい(5)。

農　耕

トングウェ族の人々が、かれらにとって、もっとも伝統的な作物であるとするのはトウモロコシである。トウモロコシはトングウェ・テリトリーの、あらゆるところで耕作されているのが見られる。かれらの種々の儀礼に際して、供物として用いられるのは、トウモロコシであり、キャッサバが用いられることはまれである。かれらはキャッサバについて、「チャクラ、トゥ（食べものでしかない）」と表現する。このように、社会的には異なった評価が与えられているが、サブシステンス・レベルでは、ともに重要な位置を占めている。トウモロコシ、キャッサバ以外では、サツマイモ、および、近年換金作物として導入されたイネが、補助作物として重要である(6)。

トングウェ族の主食源を生産する焼畑農耕は、トングウェ族の生計維持機構のなかでも、その基礎をささえるものとして、もっとも重要であるが、その農法などについては、別稿で述べることとし、ここでは、トウモロコシ、キャッサバの二つの主作物栽培を中心として、自然環境との関係、および各生活環境での焼畑農耕を、概観するにとどめたい。

A　トウモロコシ栽培—山地帯での事例を中心として

i　環境との関係

トングウェ・テリトリーは、年間が乾季と雨季の、二つの明瞭な時期にわかれる気候上の特性をもっていることは前述した。トウモロコシ栽培は、この気候上の特性に応じて、二つの型にわけられている。作物の生育期間が、雨季にあたるか、乾季にあたるかによって、それらの耕地の、前者を雨季耕作用焼畑〈lufula〉、後者を乾季耕作用焼畑〈ibhala lya sihua〉とよぶ。

植生帯との関連で見れば、雨季耕作用焼畑は、〈isigho〉つまり川辺林や山地林などの森林を、開墾の対象とする。乾季耕作用焼畑は、*Pennisetum purpureum*〈iswe〉の生えるところ、つまり*Pennisetum*草原を、開墾の対象とする。*Pennisetum*草原は、植生区分では二次草原G—2に属し、川のほとりや、湧水地周辺の湿潤な地域に見られる。湖岸の集落では、雨季に*Pennisetum*草原を利用して耕作する例も見られる。

ii　栽培法の概要

トウモロコシは、山地帯の集落では不可欠の作物であり、その栽培法の特色は、山地帯の農耕によく示されている。ここでは、シテテ、イルンビの両集落での、事例をもとにして記述しておきたい。山地帯の年間の農業暦を、図5-8に示した。トングウェ族の伝統的なトウモロコシ焼畑経営がもつ、明瞭な特徴の一つは、男・女による性別分業が、顕著に見られることである。年間の農作業は、性別分業の有機的な結合にもとづきながら展開する。

年間の農作業の中心は、雨季耕作用焼畑の経営である。それは、その耕地の広さや、儀礼との関係において、

表 5-6　トングウェ・テリトリーで栽培される作物

和名	種名	トングウェ名	栽培頻度	カシハ	マヘンベ	シテテ	イルンビ	編者修正（表内下線カ所）前の原著記載
（主食用作物）								
トウモロコシ	*Zea mays*	sisaka	CC	○	○	○	○	
キャッサバ	*Manihot* sp.	munbati	CC	○	○	○*		
サツマイモ	*Ipomoea batatas*	silumbu	CC	○	○	○	○	甘藷
イネ	*Oryza sativa*	mupunga	C	○				米
モロコシ	*Sorghum* sp.	isaka	C					*S. bicolor*
シコクビエ	*Eleusine coracana*	luluwe	C					
バナナ	*Musa* sp.	ikonde	CC	○	○	○	○	
カボチャ	*Cucurbita maxima*	ifunka	CC		○	○	○	
カボチャ	*Cucumis* sp.	ibhemba	CC		○	○	○	ibemba
タロイモ	*Colocasia esculenta*	ikoma	R	○				
ヤムイモ	*Dioscorea* sp.	mulinga (sile)	R					
ヤムイモ	*Dioscorea* sp.	likasunsu (sile)	R					
ジャガイモ	*Solanum tuberosum*	ilaje	R					
（副食用作物）								
インゲンマメ	*Phaseolus vulgaris*	munyegha	CC	○	○	○	○	munyega
キマメ	*Canjanus cajan*	kabhalama	C					ピジョンピー、kabalama
キュウリ	*Cucumis sativus*	limutana	C					
食用ヘチマ	*Luffa cylindrica*	dodoki	C					ndodoki
ヒユの一種	*Amaranthus hybridus*	ibhotebhote	C	○	○			ibotebote
アブラナの一種	*Brassica integrifolia*	musensaghisiya	R					musensagisiya
タマネギ	*Allium cepa*	situngulu	R					
ナス	*Solanum melongena*	ibhilinganya	R		○			ibilinganya
料理用トマト	*Solanum lycopersicum*	lutakala	C	○	○			*Lycoperssicum pyriforme*

トマト	*Solanum lycopersicum*	inyanya	C	○	○			*Lycoperssicum cerasiforme*
トウガラシ	*Capsicum annuum*	mpilipili	C	○	○			npilipili
サトウキビ	*Saccharum* sp.	isumbu	C	○				
ウコン	*Curcuma longa*	njano	R			○		カレー粉用根茎 *Kaemferia* sp.
ラッカセイ	*Arachis hypogaea*	mwanja	C			○		落花生、*A. hypogea*
アブラヤシ	*Elaeis guineensis*	sighasi	CC	○	○			sigasi
ゴマ	*Sesamum indicum*	lunyanse	R					編者注：おそらく lunyase
（果物）								
レモン	*Citrus* sp.	limauwe	C	○	○			limau
オレンジ	*Citrus* sp.	ichungwa	C	○	○			*C. aurantium*
マンゴー	*Mangifera indica*	muwembe	C	○				mwembe
パパイア	*Carica papaya*	ipapaja	C	○				パパヤ、編者注：おそらく ipapajo
パイナップル	*Ananas comosus*	inanasi	C	○				
ナツメヤシ	*Phoenix dactylifera*	tende	R					
（その他）								
ヒマ	*Ricinus communis*	mbono	C	○			○	
モロコシ	*Sorghum* sp.	lunsamba	C					ソルガム *S. brevicarinatum*
コーヒー	*Coffea* sp.	mbuni	C	○		○	○	
タバコ	*Nicotiana tabacum*	nsunko	CC	○	○	○	○	
ヒョウタン	*Lagenaria* sp.	libamba	C					
キワタ	*Ceiba pentandra*	musufi	C					*ceiva*
サイザルアサ	*Agave* sp.	katani	C				○	サイザル

CC: VERY COMMON,　C: COMMON,　R: RARE

*　主としてキャッサバの葉を利用するだけ。

編者注：学名は現在の命名法に従って修正（Itoh N 2015 “Floral list” In: *Mahale Chimpanzees*, Cambridge Univ. Press 及び *The Plant List* Version 1.1. Published on the Internet; http://www.theplantlist.org/ (accessed April 2017) 参照）。現地名はトングウェの表記に習って修正（阿部優子 2006 “A Bende Vocabulary”　東京外国語大学アジア・アフリカ言語文化研究所、も参照）。原著の表記を表の右端に示した。

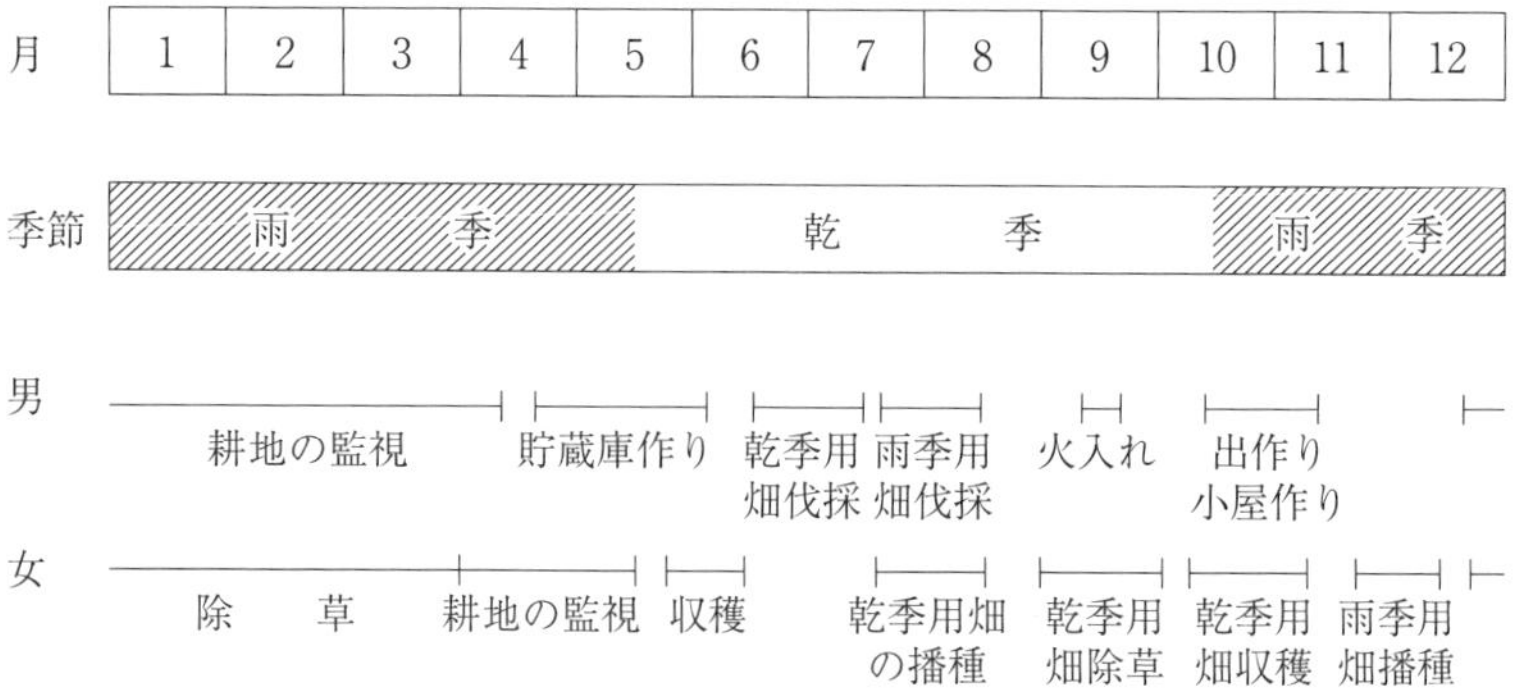

図5-8　山地帯の農業暦

乾季耕作用焼畑よりも、はるかに重要な位置を占めている。シテテに例をとり、一九七二年度の雨季耕作用焼畑、および乾季耕作用焼畑の対象となった耕地、およびそれぞれの耕作者を示したのが図5-9であり、耕地面積を示したのが表5-7である。

(a) 雨季耕作用焼畑の経営

シテテの人々が開墾の対象とした森林は、過去における耕作のために極相林ではない[7]。

耕地の選択——図5-9に見られるように、より強い血縁者が集まり、兄弟が隣りあわせで選択している。原則として、妻帯者はみずからの耕地をもつが、独身の男は、食事の世話を見てくれる所帯の手伝いをし、みずからの耕地はもたない[8]。トングウェ族には、いわゆる土地の私有制はなく、所有権は土地で耕された作物に、認められるだけである[9]。

森林伐採——男たちは、乾季が少し深まった七月になると、あらかじめ選択しておいた森に毎日かよい、山刀〈lupanga〉と斧〈mpasa〉で蔓を払い、木を伐採する。兄弟関係にある者たちは、同時期に作業をおこない、独身の男がてつだうことはあるが、戸主のあいだの共同作業、あるいはいわゆる結《ゆい》というかたちはとらない。伐採した樹木や、刈りとった草木は、そのまま約一ヵ月間放置して乾燥させる。

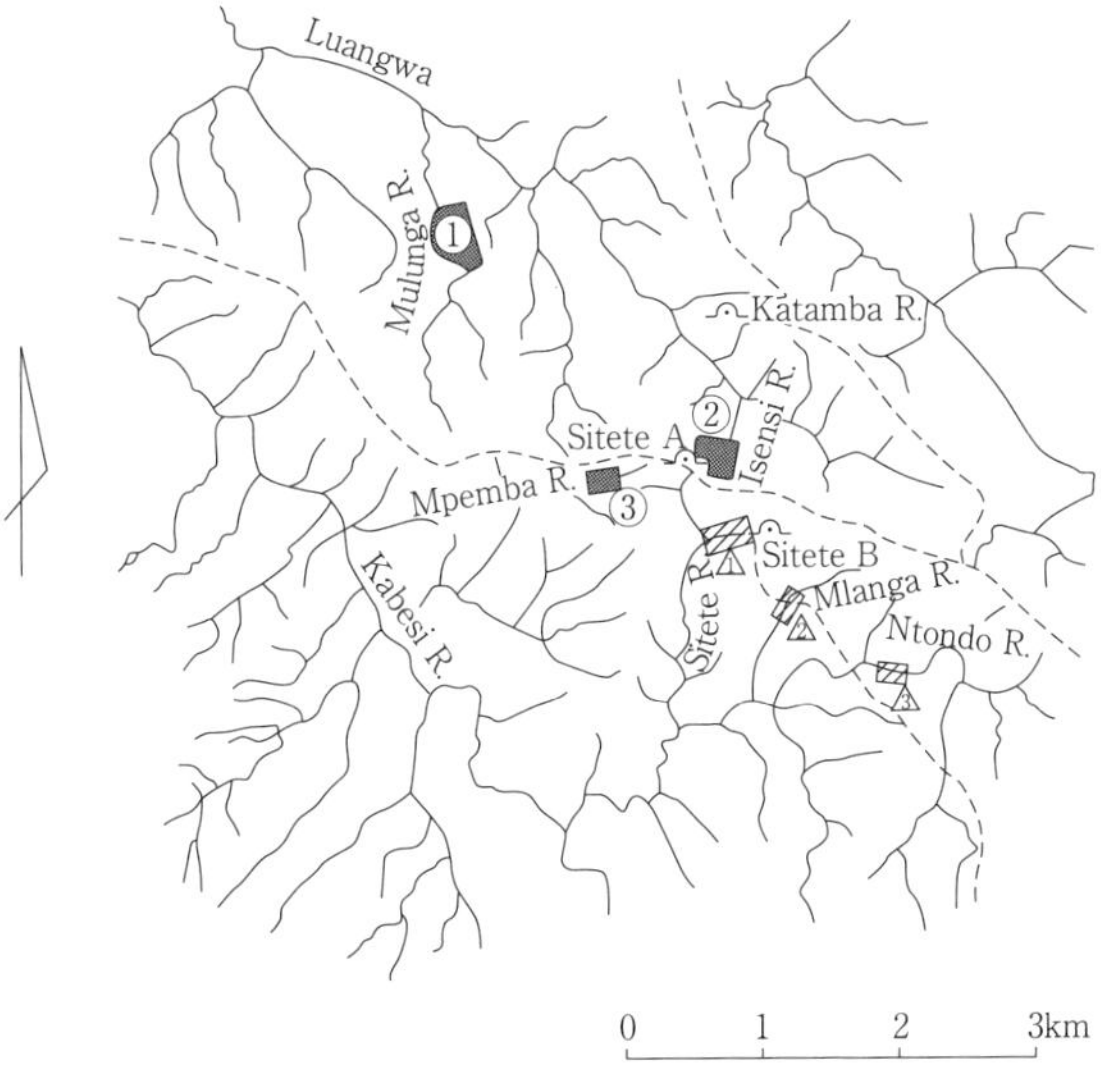

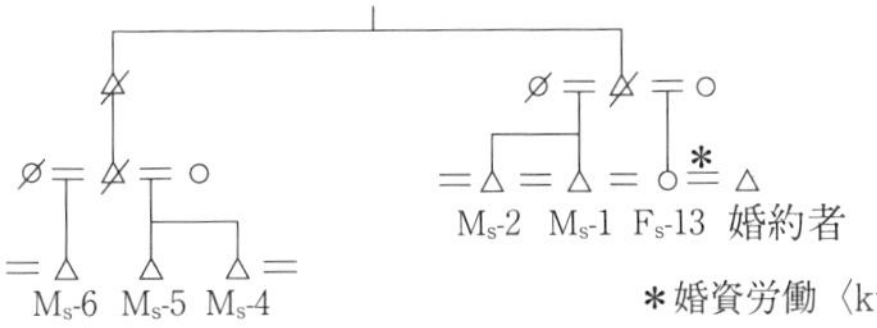

＊婚資労働〈kusumbakala〉中

	焼畑番号	耕作者
雨季耕作用焼畑	①	Ms-1, Ms-2, Fs-13 の婚約者
	②	Ms-4, Ms-6
	③	Ms-5
乾季耕作用焼畑	△1	Ms-1, Ms-2, Fs-13 の婚約者, Ms-5
	△2	Ms-4
	△3	Ms-6

-------道

⌒ 集落

図 5-9　シテテの焼畑の位置と耕作者

表5-7　トウモロコシの焼畑耕地面積

耕作者	雨季耕作用焼畑		乾季耕作用焼畑		計 (ha)
	畑の位置	耕地面積(ha)	畑の位置	耕地面積(ha)	
Ms-1	①	1.20	△1	0.21	1.41
Ms-2	①	0.24	△1	0.13	0.37
Fs-13の婚約者	①	0.56	△1	0.10	0.66
Ms-4	②	1.10	△3	0.10	1.20
Ms-5	③	1.10	△1	0.24	1.34
Ms-6	②	1.10	△2	0.15	1.25
計		5.30		0.93	6.23

火入れ――畑地への火入れは、乾季もおわりに近づいた、九月におこなわれる。風の強い日を選び、斜面の下に点火する。火は、谷の下手から尾根に向かって、一気に燃えひろがる。通常、焼畑には川辺林の源頭域が選ばれるが、森の外側はオープンランドになっていて、すでに七~八月に乾燥した、下生えの草が野火で焼き払われているので、火は伐採地以外にはひろがらない。

播種――播種は女性の仕事である。雨季がはじまってしばらくたった、一一月におこなわれる。女は勾配の急な斜面を、登りおりして播種する（写真5-4）。鍬〈nfuka〉で地面を軽く掘りおこし、そこへトウモロコシの種子を三~四粒、およびインゲンマメ〈munyegha〉と、カボチャ〈ifunka〉、〈ibhemba〉の種子を二~三粒、同時に埋めて土をかける。一つの播種穴に三種類、六~七粒の作物の種子が、あわせて混播されているのである。

除草――焼畑耕作の通例として、除草作業は播種後の農業労働のなかで、大きな位置を占めており、これも女性の仕事である。一二月末から二月にかけて、原則的には二回の除草がおこなわれる。火入れの状態のよい焼畑では、一回だけですむこともあるという。

出作り小屋――雨季のはじまる前、一〇月初旬に、男たちは、焼畑の要所に出作り小屋〈mughanda〉をつくる。これは、雨季の最中におこなわ

写真 5-4　雨季耕作用焼畑〈lufula〉での播種

れる播種・除草などのための、寝泊りもできる小屋であり、ブッシュピッグ、ブッシュバックなどの野獣の害から、作物を守るための見張小屋の役も兼ねている。家族全員あるいは一部が、この出作り小屋に移住して住む、一種の季節的移住小屋である。

収穫――雨季もおわりに近づいた四月初旬に、トウモロコシが結実する。成熟してまもないトウモロコシも食べるが、主食として用いるには、乾燥させなければならない。乾燥するまでには、約一ヵ月かかる。[10] 収穫法は、穂を手でもぎとっていくだけの、きわめて簡単なものである。当座の食糧としては、四～五日分まとめて大きな竹かご〈ikubhulu〉に入れて、家に運び調理するが、五月中ごろには、あらかじめ用意しておいた、高床式の貯蔵庫〈kabhanghula〉におさめる。トウモロコシと混播されたインゲンマメの収穫は、トウモロコシよりも少し早く、カボチャの収穫はトウモロコシと同時期、あるいはそれより少し遅れる。焼畑は、通常は一年で放棄されるが、まれに二年目も耕作されることがある。

（b）乾季耕作用焼畑の経営

乾季のはじめに、河辺や湧水地周辺の、*Pennisetum* 草原を開墾しておこなう耕作である。農作業の過程は、雨季耕作用焼畑経営に似ているが、ときには川の水をひきこんで、簡単な灌漑をおこなうこともある。耕地面積は、雨季耕作用焼畑に較べて規模が小さく、雨季間の食物のための耕地である。

B　キャッサバ栽培―湖岸地帯での農耕

i　環境との関係

キャッサバは、貧栄養土壌に対する耐性が強く、それほど土壌を選ばないが、低気温に対する耐性は弱く、栽培可能な高度は限定される（Acland 1971: 33-34）。したがって、山地帯では、キャッサバが栽培されることはまれで、栽培されてもきわめて生育が遅く、サブシステンス・クロップとしては、役にたたない。キャッサバの栽培には、トウモロコシ栽培適地よりも、より乾燥した *Hyparrhenia* の二次性草原が、開墾地として選ばれる。トングウェ族の人々は、「トウモロコシは *Hyparrhenia variabilis*〈lusali〉の生えるところでは生育しないが、キャッサバは十分に成育する」という。すでに述べたように、森林が完全に伐採されたあとの、植生である二次性草原は、川の近くでは *Pennisetum* 草原であるが、川から遠ざかるにしたがって、つまり乾燥化と貧栄養化に平行して、*Hyparrhenia* 草原に移っていく。キャッサバは、乾燥や貧栄養への強い耐性のゆえに、*Hyparrhenia* 草原での耕作が、可能であるといってよいであろう。家屋の周辺の *Hyparrhenia* 草原が、キャッサバ畑に化しているという例は多い。

ii　栽培法の概要

キャッサバの耕作期は、雨季のはじめに集中する傾向はあるが、耕作期は、トウモロコシほど一定しておらず、年間を通じて耕作が可能である。植えつけ後、八ヵ月〜三年のはばで収穫されるが、植えつけ後二年目のキャッサバが、食用の中心となっている。このように、植えつけてから収穫までの時間がかかるので、一年ずつ時期をずらして、植えつけをおこない、三〜四年単位のローテーションで、収穫のとぎれを防いでいる。キャッサバ畑〈ibhala lya munbati〉は、雑草を刈りとり、荒おこしをしたのちに、短冊状の畝〈mwande〉をたてる。雑草の刈りとりには、〈kahilu〉とよばれる刃先の部分が曲がった、特殊な鎌や、山刀〈lupanga〉が用いられるが、荒おこし、畝づくり、植えつけには、すべて鍬〈nfuka〉を用いる。ついで、キャッサバの木化した茎を、三〇〜四〇センチの長さに切る。これを〈ikoti〉とよぶ。畝に〈ikoti〉をならべ、その上に土をかぶせる。キャッサバ畑には、サツマイモを混栽することも多い。トングウェによるとキャッサバ畑は、五〜一〇年間の耕作が可能であるという。同一の畑で、植え替えをするばあいには、畝がえをおこなう。

C　生活環境と焼畑農耕

山地帯H型での農耕は、前述したように、トウモロコシ栽培が中心で、サツマイモがその補助作物として栽培される。キャッサバ栽培が可能な地域では、キャッサバへの依存が増大する、という傾向を見ることができる。トウモロコシは、森林伐採労働や、貯蔵庫に収納しなければならない、といった管理上の条件をもつ。キャッサバは、一度植えつければ、その畑は五〜一〇年間は持続し、また貯蔵庫を必要とせず、労働力という点では、トウモロコシよりも、はるかに楽である。キャッサバは、単位面積あたりの生産力も、トウモロコシと較べると約三・一倍であり、はるかに高い（Johnston 1958: 126）。このような、キャッサバじたいのもつ特性が、キャッサバへの依存を増大させる主要な要因となっていると考えることができる。

キャッサバ栽培が中心となる、湖岸地帯L型での農耕には、山地帯のような画一性が失われており、個人によって、変異に富んだものとなる。カソゲ地方では、近年、イネが換金作物として重要な地位を占めつつあり、湿地を利用して、水稲の栽培をおこなうようになってきた。しかし、すべての人々が、イネの栽培をおこなっているわけではない。老人のいる家では、トウモロコシを栽培するための〈lufula〉をひらく例が少なくなく、一方、キャッサバ栽培一本でいく人もあって、一つの集落のなかに、かなりのバラツキが見られる。

中高度地帯M型では、雨季用の森林伐採焼畑によるトウモロコシ栽培と、キャッサバ栽培の二本だてで、農耕がおこなわれている。

生活環境と農耕の内容との対応は、一義的に環境要因のみによって、規定されているのではないことを注意しておきたい。たとえば、伝統的な好みにささえられて、トウモロコシ栽培に精を出す集落があり、また、精霊〈mughabho〉や祖先霊〈musimu〉にそなえる、トウモロコシ栽培の必要といった、社会的・儀礼的な要因も、働いているのである。さらに近年にいたって、さきにイネの例で示したような、近代化にもとづく流通経済の浸透といったものが、トングウェ族の伝統的な農業のありかたに、しだいに変容を与えはじめている、ということも見のがすことはできない。

D　耕地面積と収穫量

焼畑耕作の各作業過程での労働量、および作物別の生産量については、計量的な資料はえていないが、ここで

表5-8　山地帯の集落の耕地面積と推定総生産量

	トウモロコシ			サツマイモ			推定総生産カロリー数 (1,000kcal)
	耕地面積 (ha)	ha当りのカロリー数 (1,000kcal)	推定生産カロリー数 (1,000kcal)	耕地面積 (ha)	ha当りのカロリー数 (1,000kcal)	推定生産カロリー数 (1,000kcal)	
シテテ	6.23	2,520	15,700	0.98	3,880	3,802	19,502
イルンビ	1.90	2,520	4,788	0.00	0.00	0.00	4,788

表5-9　山地帯の集落の仮定年間食物消費量

集落名	成人数	未成人数	年間消費作物量 (1,000kcal)	推定作物生産量 (1,000kcal)
シテテ	19	8	18,200	19,502
イルンビ	7	0	5,110	4,788

	1日	年間
成人（15歳以上）	2,000 kcal	730,000 kcal
未成人（15歳未満）	1,500 kcal	547,500 kcal

は、後述する食生活との関係で、山地帯の集落で、年間の収穫量が、食生活をささえるだけの量を、生産しているかどうかを、おおまかに検討しておくことにしたい。

シテテ、イルンビにおける年間のトウモロコシ、サツマイモの耕地面積、推定収穫量、および推定消費量を、表5-8、5-9に示した。各作物の単位面積あたりの生産量、および単位量あたりの熱量は、他の資料を参照して推定した（Johnston 1958: 126; Acland 1971: 131; Dunbar 1969: 24）。各集落における消費量は、調査の時点で、筆者がその集落の住民と認知した者が、年間その集落で、全食事をとると仮定して算出した。乳児をのぞいて、おおまかに、一五歳未満の人は一日一五〇〇カロリー、一五歳以上の成人が一日二〇〇〇カロリーの熱量を、これらの作物に依存すると仮定して、算出した値である。

イルンビの乾季耕作用焼畑には、トウモロコシのほかにサツマイモを栽培していたが、その大部分が、ブッシュピッグやブッシュバックなどの野獣に、食い荒されてしまったという。したがって、作物全体の予定生産量は、この値よりも上まわると考えられる。きわめて、おおまかな算定ではあるが、生産される作物量は、全集落民の仮定年間消費量ぎりぎり、あるいは、それを大はばにこえることはない、といってよいであろう。

狩猟

トングウェ・テリトリーの動物相については前述した。これらの動物は、トングウェ族の人々が、害獣とみなし撃殺するものをも含めて、ほとんどすべて、狩猟の対象となっている（口絵5）。動物の利用の内容を、食用、薬用、儀礼用にわけて示したのが、表5-10である。狩猟法は、大きく二つに分類しうる。一つは、先ごめ銃〈mundusi〉による猟、もう一つは、罠〈itego〉猟である。このほかに、土を掘ってツチブタを捕獲する方法や、主として、小鳥を対象とした弓矢猟、竹製のかご罠〈lukinda〉と槍、および犬を使う、アシネズミの集団猟などがある。とくに山地帯の人々が、副食獲得のために、より頻繁に狩猟をおこなっていた。[11] ここでは、シテテとイルンビに例をとり、鉄砲猟と罠猟を、概観しておくことにしたい。

A　鉄砲猟―シテテにおける狩猟

シテテの六人の青壮年の男たちは、フンディとよばれる、鍛冶師がつくった先ごめ銃〈mundusi〉[12] をもっている（写真5-5）。鉄砲猟は、重要な生業活動であるが、また、活動的な男たちにとっては、娯楽という要素も強い。

写真 5-5　先ごめ銃をもったシテテの男たち。獲物は、ブッシュピッグ。

猟に出かけるときは、先ごめ銃を肩にかつぎ、アフリカスイギュウの皮でつくった弾丸・火薬入れ〈ibhēti〉を、これもスイギュウの皮でできた、バンド〈lukandāla〉にとおして腰につける。雨露にそなえ、銃の撃鉄部を保護するために、ジェネット〈kasimba〉の毛皮も持参する。原野に出て、一〇メートル前後の至近距離まで、動物に近づいて発射するが、それに先だつ、足跡を目印にした追跡、獲物の至近距離に接近するまでの、風向きを読み、草木に身をかくし、足音をしのばせてすばやく移動する、身のこなしなどが、鉄砲猟の技術の要となる。鉄砲猟は、以下の六つの型に分類することができる。

長期滞在型狩猟——数人で組む、泊りがけの狩猟行。目的地周辺の集落に、泊りながらおこなうが、ときには野宿する。原野にしかけた蜜箱〈muzinga〉の蜂蜜を、回収しながらの狩猟というばあいもある。アフリカスイギュウ、アフリカゾウ、ケープエランド、ローンアンテロープ、ヒョウなどを主対象とする。

表 5-10　動物の利用

目、種名（和名）	トングウェ名	食用	薬用	儀礼用	編者修正（表内下線カ所）前の原著記載
ネコ目					
Aonyx capensis（ツメナシカワウソ）	nkonda			○	
Lutra maculicollis（ノドブチカワウソ）	kakonje		○		カワウソ
Genetta tigrina（オオブチジェネット）	kasimba			○	ジェネット，編者注：表 5-2 参照
Crocuta crocuta（ブチハイエナ）	itana		○		ハイエナ
Felis serval（サーバルキャット）	ibhalabhala			○	ibalabala
Panthera pardus（ヒョウ）	kangwe		○		
P. leo（ライオン）	nsimba		○	○	
ウシ目					
Hippopotamus amphibius（カバ）	ngufu	○			
Phacochoerus africanus（イボイノシシ）	njili	○			*Phacochoerus aethiopicus*
Potamochoerus larvatus（ブッシュピッグ）	ngulubhe	○		○	*Potamochoerus porcus*, ngulube
Giraffa camelopardalis（キリン）	likasamba	○	○		ジラフ
Tragelaphus scriptus（ブッシュバック）	nsuja	○	○		*Tragelapus*
Taurotragus oryx（ケープエランド）	nimba	○		○	
Hippotragus niger（セーブルアンテロープ）	mpalapala	○	○		
H. equinus（ローンアンテロープ）	nkolongo	○	○		
Neotragus moschatus（スニ）	kape	○	○		*Nesotragus*
Oreotragus oreotragus（クリップスプリンガー）	sikinda	○			
Sylvicapra grimmia（サバンナダイカー）	kasha	○	○		ブッシュダイカー
Kobus defassa（ウォーターバック）	mpweje	○			
Alcelaphus buselaphus（ハーテビースト）	kakisi	○			*A. lichtenstein*（リッチェンスタインハートビースト）
Syncerus caffer（アフリカスイギュウ）	mbogho	○	○		バッファロー, mbogo
ウマ目					
Egus guagga（サバンナシマウマ）	mbegha	○			*Equus burchelli*（シマウマ）, mbega
イワダヌキ目					
Heterohyrax brucei（イワハイラックス）	mpimbi	○			*Procavia capensis*（ロックハイラックス）
ゾウ目					
Loxodonta africana（アフリカゾウ）	nsofu	○	○	○	ゾウ

ツチブタ目				
Orycteropus afer（ツチブタ）	inyagha	○	○	inyaga
ウサギ目				
Lepus capensis（ケープノウサギ）	kalulu	○		ウサギ
センザンコウ目				
Smutsia gigantea オオセンザンコウ	kakakubhona		○	*Manis temmincki*（センザンコウ）, kakakubona 編者注：表5-2参照
サル目				
Galago crassicaudatus（オオガラゴ）	mughanya		○	グレーターギャラゴ, muganya
Papio cynocephalus（キイロヒヒ）	linguje	△		
Cercopithecus ascanius（アカオザル）	kasolima	△		
C. mitis（ブルーモンキー）	nsima	△		
Chlorocebus pygerythrus（ベルベットモンキー）	kajanda	△		*Cercopithecus aethiops*（サバンナモンキー）
Procolobus rufomitratus（アカコロブス）	ndughulughu	○		*Colobus badius*（レッドコロブス）, ndugulugu
ネズミ目				
Protoxerus stangeri（ウスゲアブラヤシリス）	kamuhale	○		オオリス
Cricetomya sp.（アフリカオニネズミの一種）	mbubhu	○		mbubu，編者注：表5-2参照
Thryonomys sp.（アシネズミの一種）	sensi	○		ケーンラット，編者注：表5-2参照
Hystrix sp.（タテガミヤマアラシの一種）	nyungwa	○	○	ヤマアラシ，編者注：表5-2参照
Atherurus africanus（アフリカフサオヤマアラシ）	limula	○		*Atherurus* sp.（フサオヤマアラシ）
Heliophobius sp.（シルバーデバネズミ（モールラット）の一種）	sifuko	○		モールラット
ハネジネズミ目				
Rhynchocyon cirnei（テングハネジネズミ）	kasenje		○	エレファントシュリュー
Petrodromus tetradactylus（ヨツユビハネジネズミ）	kabheghe		○	ヨツユビエレファントシュリュー, kabege
キジ目				
Pternistis squamatus（ウロコシャコ）	kwale	○		*Francolinus squamatus*（フランコリン）
Guttera edouardi（カンムリホロホロチョウ）	kanga	○		ホロホロチョウ

○：普通に用いる　　△：用いる人もいる

編者注：目名を追加した。学名は現在の命名法に従って修正（表5-2も参照）。原著の表記を表の右端に示した。現地名はトングウェの表記に習って修正（阿部優子 2006 “A Bende Vocabulary”　東京外国語大学アジア・アフリカ言語文化研究所 も参照）。

日帰り型狩猟――日帰りでいける範囲で、一人あるいは二～三人で出かける。アフリカスイギュウ、アフリカゾウ、ローンアンテロープなども対象となるが、通常は、ブッシュバックやアカコロブスを狩ることが多い。

夜間狩猟――夜間、頭に懐中電灯をつけ、一人あるいは二人で出かける。集落周辺での狩猟で、乾季の野火で下生えが焼けたところに、ブッシュバックを狙ったり、畑荒しに出てくるブッシュバックや、ヤマアラシ（タテガミヤマアラシの一種）を撃つ。

散策型狩猟――夕方などに、一～二時間ふらりと出かけ、動物に出あえば狩る。薪とりや、罠の見まわりを兼ね、ブッシュバック、スニ、サバンナダイカーなどを対象とすることが多い。

小屋番狩猟――畑の見張小屋、あるいは出作り小屋で、畑を荒しに出るブッシュピッグ、ブッシュバック、ヤマアラシなどをねらう。夜間猟に類するが、畑の監視の余業としておこなう。

偶然による狩猟――男は外出の際には、先ごめ銃を携帯しており、道で動物に遭遇したばあいには、追跡して撃ちとる。

シテテの男たちが、一九七一年五～八月の四ヵ月間に、長期滞在型狩猟以外の方法で、撃ちとった動物の記録を表5-11に示す。[13] トングウェ・テリトリーの、もっとも一般的な狩猟動物であるブッシュバックが、捕獲数としてはもっとも多い。これについで、小型のスニ、アカコロブス、アフリカオニネズミ、ウロコシャコがめだつ。シテテ周辺には、ゾウやスイギュウ、ローンアンテロープなどはほとんど生息していないので、この地域の狩猟は、主対象を中・小型のアンテロープとする、先ごめ銃猟であるということができる。森林性の大型のネズミ、アフリカオニネズミは、つぎにイルンビの例でも述べるが、罠にかかる率が比較的高く、山地帯での動物性蛋白質源として、見のがすことができない存在である。ウロコシャコはニワトリ大の鳥で、罠でもとらえることがで

表5-11　シテテでの狩猟結果

	1972年				計
	5月	6月	7月	8月	
ブッシュバック	4	3	4	3	14
スニ	4	4	4	5	17
サバンナダイカー	0	2	0	0	2
クリップスプリンガー	0	3	0	0	3
ブッシュピッグ	1	2	0	0	3
イボイノシシ	0	0	0	3	3
* アフリカオニネズミの一種	10	3	2	3	18
* アシネズミの一種	0	3	1	0	4
アフリカフサオヤマアラシ	2	2	1	0	5
タテガミヤマアラシの一種	0	1	0	0	1
ウスゲアブラヤシリス	1	1	0	0	2
* シルバーデバネズミの一種	1	1	0	0	2
アカコロブス	3	2	4	0	9
ウロコシャコ	7	4	0	1	12
カンムリホロホロチョウ	1	0	0	1	2
“Ninga”（鳥の一種）	1	1	0	0	2

* は主として罠猟でとる。

きる。アカコロブスは、森林性のサルで、日帰り型鉄砲猟の好対象であり、山地帯の動物性蛋白質源の安定性を、保証する動物の一つとして注目される。

B　罠猟―イルンビにおける狩猟―

イルンビは、高齢のムワミを中心とする小集落で、婚資労働のために住みついている青年一人をのぞき、活動的な青壮年はいない。この集落で、副食獲得の中心になっているのは罠猟である。罠の種類は、筆者が確認したものだけで一七種類あり、落し穴、締め罠、はね罠、圧し罠、仕掛け槍、仕掛け銃、さらには土中に生活するモールラット（シルバーデバネズミの一種）〈sifuko〉をとらえる罠など、多様である。これらの個々の罠についての、詳細な記述は別稿にゆずることにして、ここでは筆者の調査期間中、実際にイルンビで使用されていた、罠だけにつ

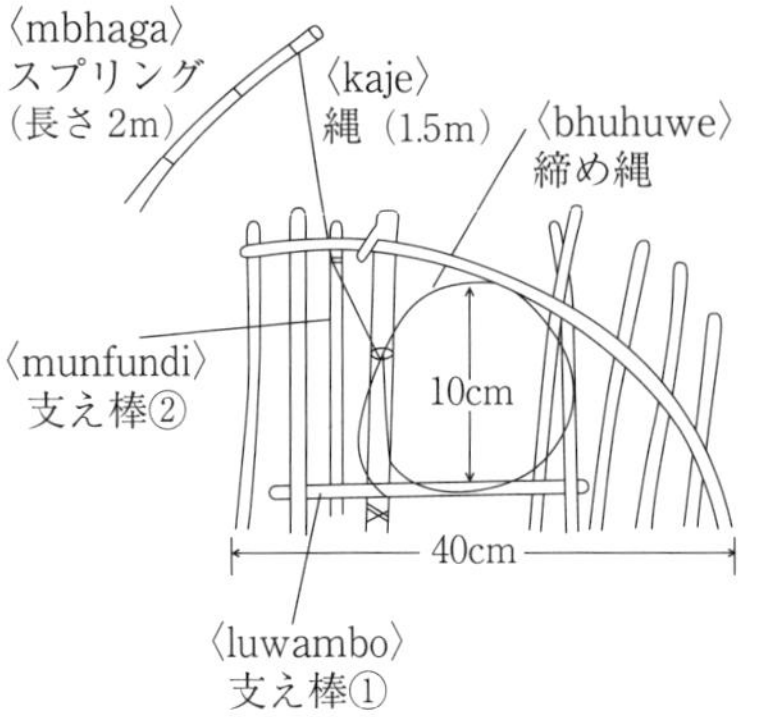

（原理）
動物は、支え棒①を踏み落とす。
すると、支え棒②がはずれ、スプリングがはね、動物は、締め縄にかかる。

（a）〈ibhanjila〉

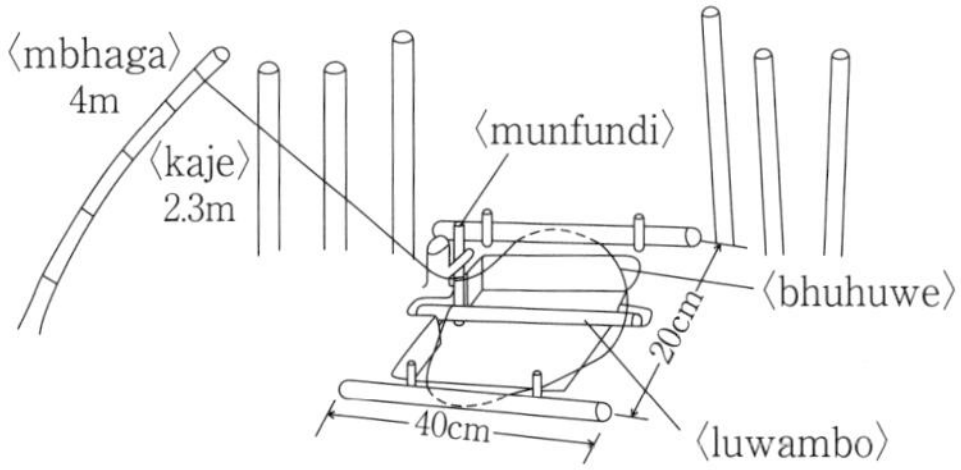

（原理）（a）に同じ

（b）〈ipongolo〉

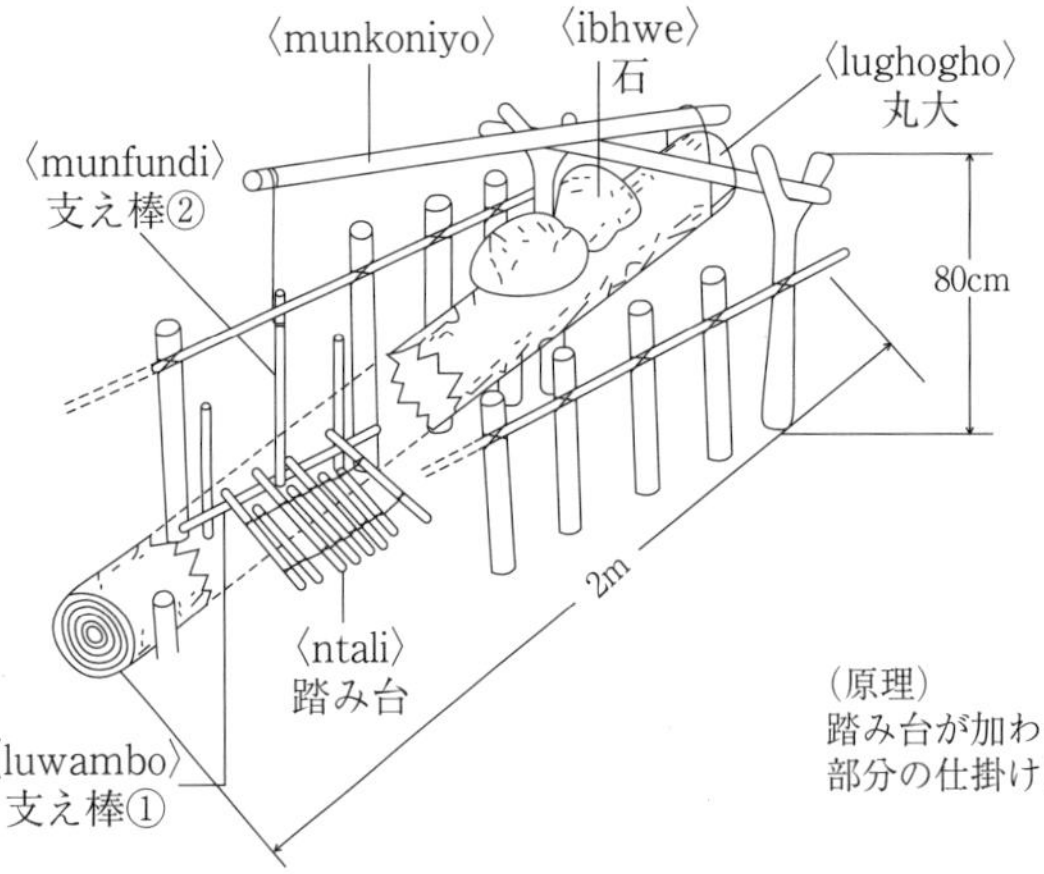

（原理）
踏み台が加わっただけで、罠がかかる部分の仕掛けは（a）と同じ原理である。

（c）〈lughogho〉

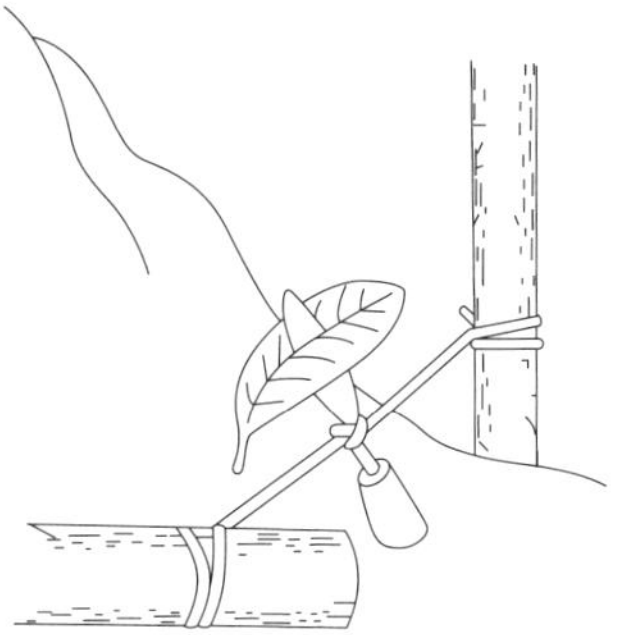

（原理）
ブッシュビッグの通り道に仕掛ける。
急峻な坂道を下ったブッシュビッグは、
枯草などで隠された槍につき刺さる。

（d）〈siele〉

図5-10　各種の罠

いて述べておくことにしたい。

i　はね罠類

〈ibhanjila〉——アシネズミ、アフリカオニネズミなどをとらえるためのはね罠で、アシネズミをとらえるばあいは、畑の周辺の二次草原にしかけることが多く、アフリカオニネズミのばあいは、川辺林や山地林のなかにしかける。つぎに述べる〈ipongolo〉同様、生木の弾性を利用した罠である（図5-10 a）。

〈ipongolo〉——ブッシュバック、スニ、サバンナダイカーなどの、中・小型のアンテロープ用のはね罠である（図5-10 b）。畑や集落付近の二次草原のなかに、しかけることが多い。

ii　圧し罠〈lughogho〉

太い丸太と、その上にのせた石の重みで、動物を圧死させる罠である。圧し罠には、ヒョウやハニーバッジャーなどを獲るための、〈isaghalibha〉という罠もあるが、〈lughogho〉ではアシネズミなどの小型獣をとらえる（図5-10 c）。

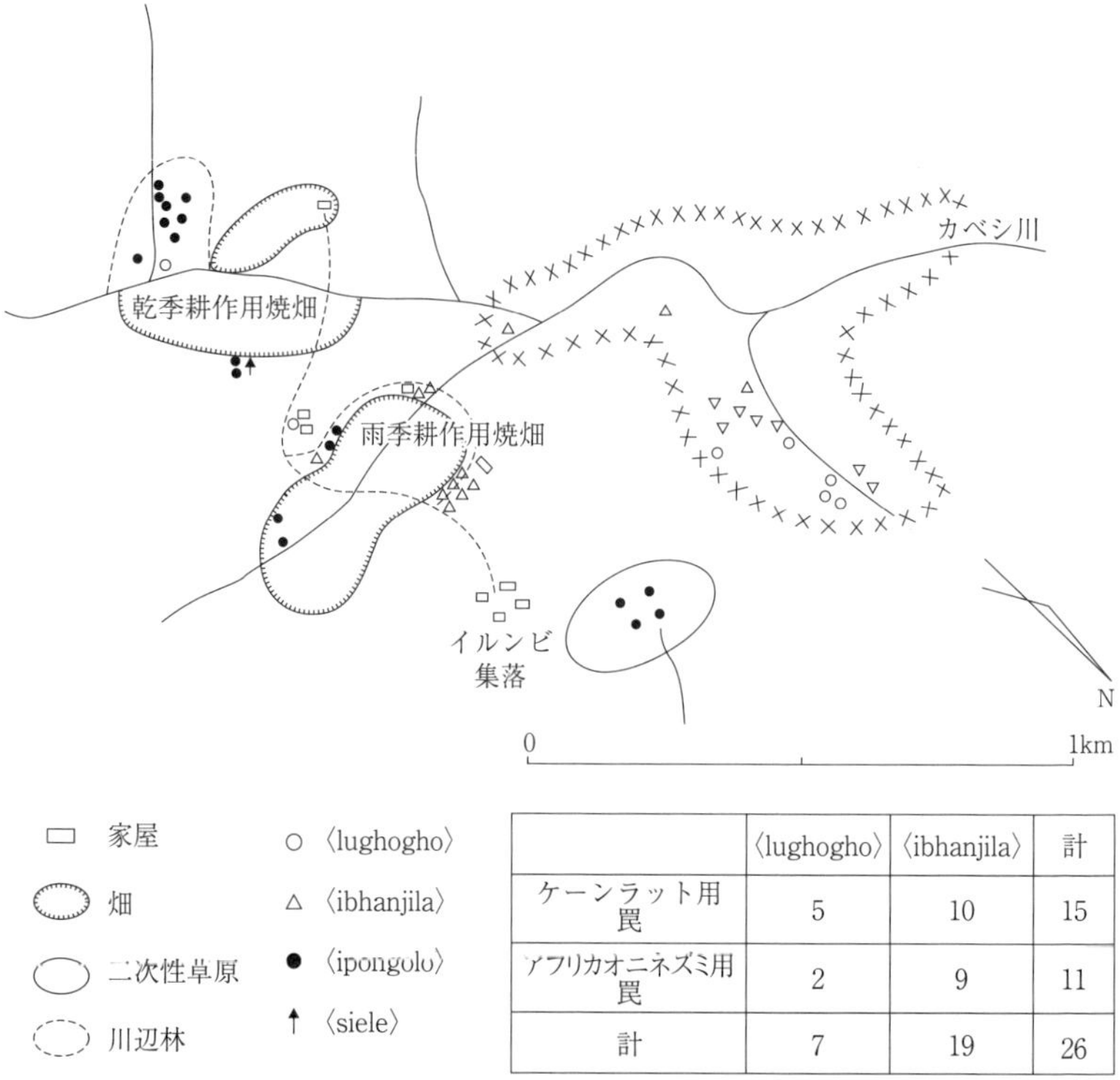

	〈lughogho〉	〈ibhanjila〉	計
ケーンラット用罠	5	10	15
アフリカオニネズミ用罠	2	9	11
計	7	19	26

ブッシュバック用罠〈ipongolo〉	18

図5-11 イルンビでの罠の配置

iii しかけ槍〈siele〉

畑を荒す、ブッシュピッグを獲る罠である。斜面にブッシュピッグの通路を見つけてしかける。坂道を駈けおりたブッシュピッグが、この槍につき刺さる（図5-10d）。

しかけた罠は、毎日見まわり、動物がかかっていれば、槍〈isumo〉やナイフ〈lyambi〉でとどめをさす。

一九七二年七月、イルンビの住民は、これら四種の罠を計四五個しかけていた（図5-11）。時期や動物のかかり具合などによって、罠の配置を多少変えたり、しかける数を増減させたりするが、図5-11はイルンビの

表5-12　イルンビでの狩猟結果

	1972年				計
	5月	6月	7月	8月	
ブッシュバック	2	0	1	2	5
ブッシュピッグ	0	1	0	0	1
アフリカオニネズミの一種	2	0	9	1	12
アシネズミの一種	1	0	1	1	3
ウスゲアブラヤシリス	1	1	0	0	2

住民がしかけた罠の、標準的な配置を示している。これらの罠による獲物の、獲得の結果を表5-12に示した。乾季四ヵ月間をとおして見ると、ブッシュバックは罠三・六個に対して一頭、アシネズミは罠三・七個に対して一頭、アフリカオニネズミは罠一・二五個に対して一頭、という効率になっている。ここでも、ブッシュバックが獲物の中心で、他地域の一般的傾向に等しい。また、アフリカオニネズミは、イルンビにおいても、動物性蛋白質源確保のための、重要な役割を果している。一九七一年一一月と一二月には、各月にブッシュバックが六頭ずつかかっており、かならずしも罠猟が鉄砲猟に較べて、効率が低いとはいえない。

漁　撈

川の中流域、すなわち、中高度M―2型地帯や湖岸のL型地帯では、男たちは漁撈活動を営んでいる。湖の漁撈については、湖岸のカシハに例をとり、川魚漁は山間のマヘンベに例をとって、漁撈活動の実態を把握しておくことにしたい。

A　湖での漁撈

タンガニイカ湖、およびそれに主流する河川には、およそ一九科二三〇種の魚類が生息しており、その約八〇パーセントは固有種であるという（Poll 1956;

表 5-13　漁撈対象となる主要魚種

科名（和名）、種名	トングウェ名	編者修正前の原著記載
Clupeidae（ニシン科）		
Stolothrissa tanganicae	ndaghaa	dagaa
Limnothrissa miodon	ndaghaa	dagaa
Characidae（カラシン科）		
Hydrocyon lineatus	kiebhe	kibebe
Alestes macrophthalmus	manja	
A. rhodopleura	munsakala	
Cyprinidae（コイ科）		
Barilius moori	lwankamba	
Barbus tropidolepis	mbilighi	mbiligi
B. lineomaculatus	mbalagha	mbalaga
B. serrifer	mbalagha	mbalaga
Labeo sp.	nduluwe	
Engraulicypris minutus	ndaghaa	dagaa
?	nkuli	
?	itale	
Bagridae（ギギ科）		
Chrysichthys brachynema	kibhonde	kibonde
Auchenoglanis occidentalis	kavungwe	編者注：おそらく kabhungwe
Clariidae（ヒレナマズ科）		
Clarias mossambicus	kambare	編者注：おそらく kambale
Dinopteris cunningtoni	nsinga	
Malapteruridae（マラプテルルス科）		
Malapterus electricus	mbebha	mbeba
Centropomidae（アカメ科）		
Lates microlepis	nonzi	
L. angustifrons	sangala	
L. mariae	ikeke	
L. stappersii	foolo	
Mastacemberidae（トゲウナギ科）		Mastacembridae
Mastacembeles moorii	mlombo	
Cichlidae（カワスズメ科）		
Bathybates fasciatus	mubhanga	mubanga
B. vittatus	mubhunba	mubunba
Boulengerochromis microlepis	kuhe	
Cyphotilapia frontosa	likiyambankomo	
Limnotilapia dardennei	kungula	
Tilapia nilotica	ngeghe	ngege
Tylochromis polylepis	ntanga	
?	lulambi	
?	ndomolomo	
?	mbeta	

編者注：科名に和名を追加した。下線部は編者が修正した箇所で、原著の表記は右端に示した。なお、学名は現在の命名法に従って修正し、現地名はトングウェの表記に習って修正した（阿部優子 2006 “A Bende Vocabulary” 東京外国語大学アジア・アフリカ言語文化研究所 も参照）。

Kawabata & Doi 1972)。漁撈の対象となる魚のうち、重要な魚種を表5-13に示した。

魚の大きさは、アカメ科 Centropomidae に属する〈sangala〉や、ヒレナマズの仲間 Clarridae の〈nsinga〉のように、体長一メートルをこすものや、かれらがもっとも好む魚の一つ、カワスズメ科 Cichlidae の〈kuhe〉のように五〇センチ前後のもの、カワスズメ科 *Cichlidae* の〈kungula〉のように二〇センチ前後の魚、ニシン科 Clupeidae の〈ndaghaa〉のような小魚など、多様である。カシハのような湖岸の小集落では、ほとんどが自家消費のための漁撈である。[14] トングウェ・テリトリー全域では、かなりの数の漁法があるが、ここではカシハで見られた漁法を、簡単に述べておくことにしたい。

刺網漁——手製の刳り舟〈bhwato〉で、日没前に湖にこぎ出し、岸から少し離れたところに、町で購入してきた、長さ五〇～二〇〇メートルの刺網〈bhukila〉をしかけ、翌朝網をあげる。現在、もっとも頻繁に用いられる漁法で、〈mbalagha〉、〈ikeke〉、〈mubhumba〉、〈kuhe〉、〈kungula〉などが、主要な対象魚となる（写真5-6）。

写真 5-6　湖における刺網漁。網には〈kuhe〉が、かかっている。

沖釣りあるいは流し釣り——刳り舟で沖を漕ぎながら、〈kuhe〉、〈sangala〉などの大型魚を釣る。

擬似餌漁——雨季あけに大群をなしてやってくる〈foolo〉を、河口付近で、刳り舟の上から釣る。針の根もとにブリキやアルミ箔でつくった擬似餌を巻き、短い竿を用いる。

竿釣り——岸からの竿〈kalobho〉を用いての釣り。女や子供が遊びを兼ねておこなうこともある。〈ngeghe〉、

写真 5-7　オオナマズ〈nsinga〉とり用の大型モンドリ〈sisoje〉

〈likiyambankomo〉、〈mbilighi〉などの小魚を釣る。

底釣り——石あるいは素焼きのおもりと、数本の釣り針のついた漁具〈kakweso〉を用いておこなう底釣りで、〈kungula〉、〈likiyambankomo〉、〈kuhe〉などを釣る。

オオナマズとり——〈sisoje〉とよばれる、三室からなる大型のモンドリ（写真5-7）を湖底に沈め、オオナマズ〈nsinga〉をとる。

すでに述べたように、漁法は多様であり、漁獲も諸種の要因に左右されて、非常にばらつきがあるが、カシハで記録した一つの実例を示すと、一〇〇メートルの刺網を用いた一晩の漁獲は、〈kuhe〉一匹、〈kungula〉七匹、〈ikeke〉二匹、〈mubhumba〉一匹、その他の小型魚三匹、あわせて一四匹であった。これは刺網漁としては、ほぼ標準的なものである。また、この漁獲は、五人家族の五回分の副食に十分な量である。労働量としては、朝夕二回湖に漕ぎ出すことであるが、その所要時間は約一・五時間ていどであるから、湖岸の人々

写真5-8　河川中流域での漁撈。小型刺網をもって淵にもぐる。

の副食獲得のための労力は、農耕の余暇に容易に見出せるといってよいであろう。

B　川での漁撈

川の中流域での漁撈の対象となる魚は、〈mbalagha〉、〈itale〉、〈lwankamba〉、〈nkuli〉など、コイ科の魚種が主体となっている。マヘンベでおこなわれていた漁法は、つぎのようなものであった。

小型刺網漁――縦四〇センチ、横八〇センチていどの網の両端に、棒をつけた刺網〈katela〉による漁撈法。大きな淵に〈katela〉をもって潜り、川床にこれをたてておいて魚を追い込む。あるいは、急流下部の淵にしかけておいて、石の下を手でさぐって〈itale〉などを追い出し、網に追い込む（写真5-8）。

すくい網漁――淵にいる〈nkuli〉、〈lwankamba〉などの小魚を、小さなすくい網〈kasugho〉でとる。

竿釣り――シロアリの幼虫、キャッサバの団子などを餌にして、釣り竿〈kalobho〉を用いて〈nkuli〉、

〈lwankamba〉などを釣る。女や子供も、遊びを兼ねてこれをおこなう。

手づかみ漁――乾季が進み、川の水量が減ったころ、〈mbalagha〉、〈itale〉などの魚を手づかみにする。女もおこなう。(15)

マヘンベでは、小型刺網を用いて、二時間ていどで、〈itale〉二〇匹前後がとれることもある。これは、五人家族の四回分の副食にそうとうする量である。湖のばあい同様、このばあいも、さほど困難な労働とはいえないであろう。

蜂蜜採集

ウッドランドは、ミツバチに適した環境で、良質の蜂蜜を産出する地帯である。内陸部のウッドランドや、山地帯に住む人々にとって、蜂蜜は、現金収入源として、また酒の原料として重要である。かれらは、特定の木を選び、斧〈mpasa〉で切りたおし、一メートルほどの丸太の心材部を、半分に割り、内部を手斧〈kabhaso〉で刳りぬいて巣箱〈muzinga〉をつくる。これを原野の木の股に、ミオンボの樹皮でつくった紐〈lukusa〉ですえつけて、蜂蜜のたまるのを待つ（写真5-9）。雨季はじめの、草木の開花期を経た一一～一二月が、蜜採集の好期となる。採集活動は、通常は夕刻におこなう。乾燥した草木を束ねてつくったたいまつ〈siaka〉に火をつけ、煙で巣箱のなかをくすぶらせて、ミツバチを麻痺させ、巣箱のなかの蜂の巣をナイフで切りとる。とり出した巣から、蜂蜜〈bhusi〉と蜜蝋〈nta〉を分離する。一人が所有する巣箱の数は、二〇～一〇〇個ていどである。(16)

シテテの六人の男たちのうち、三人が積極的に蜂蜜採集をおこなっていた。最年長のムトゥワレは、家から日

写真 5-9　原野の木にすえつけられた蜜箱〈muzinga〉

帰りで見まわれる範囲に、約八〇個の巣箱をもっていた。他の二人は、マハレ山塊のシサガ山周辺に巣箱をおき、山ごもりをして蜂蜜採集をおこなっていた。巣箱の設置された場所を、図５-12に示す。シテテの人々は、かつて、シサガ山の近くに住んでいたことがあり、集落は移転したが、蜂蜜の採集地は今日なお継承されているのである。マハレ山塊の蜂蜜は、質がよいといわれている。二人の男は、六月ごろにこの地域に入り、巣箱を見まわり、樹皮紐で巣箱をしっかりと固定しなおす。蜜の回収は一二月で、雨季耕作用焼畑の仕事が、一段落した後に山にこもっておこなう。かれらは、巣箱を見まわり、蜂蜜採集とその処理をおこなうが、余暇をみて、罠によるヒョウ狩りや先ごめ銃猟に出かける。新しい巣箱の製作も、この時期におこなう。このなかの一人は、シサガ山周辺に約五〇個の巣箱を所有しており、一九七一年にはこれらの巣箱から、約五六ガロン[17]の蜂蜜をえたという。蜂蜜や蜜蝋は、湖岸の町ムガボで売りさばく。かれは一シーズンに、

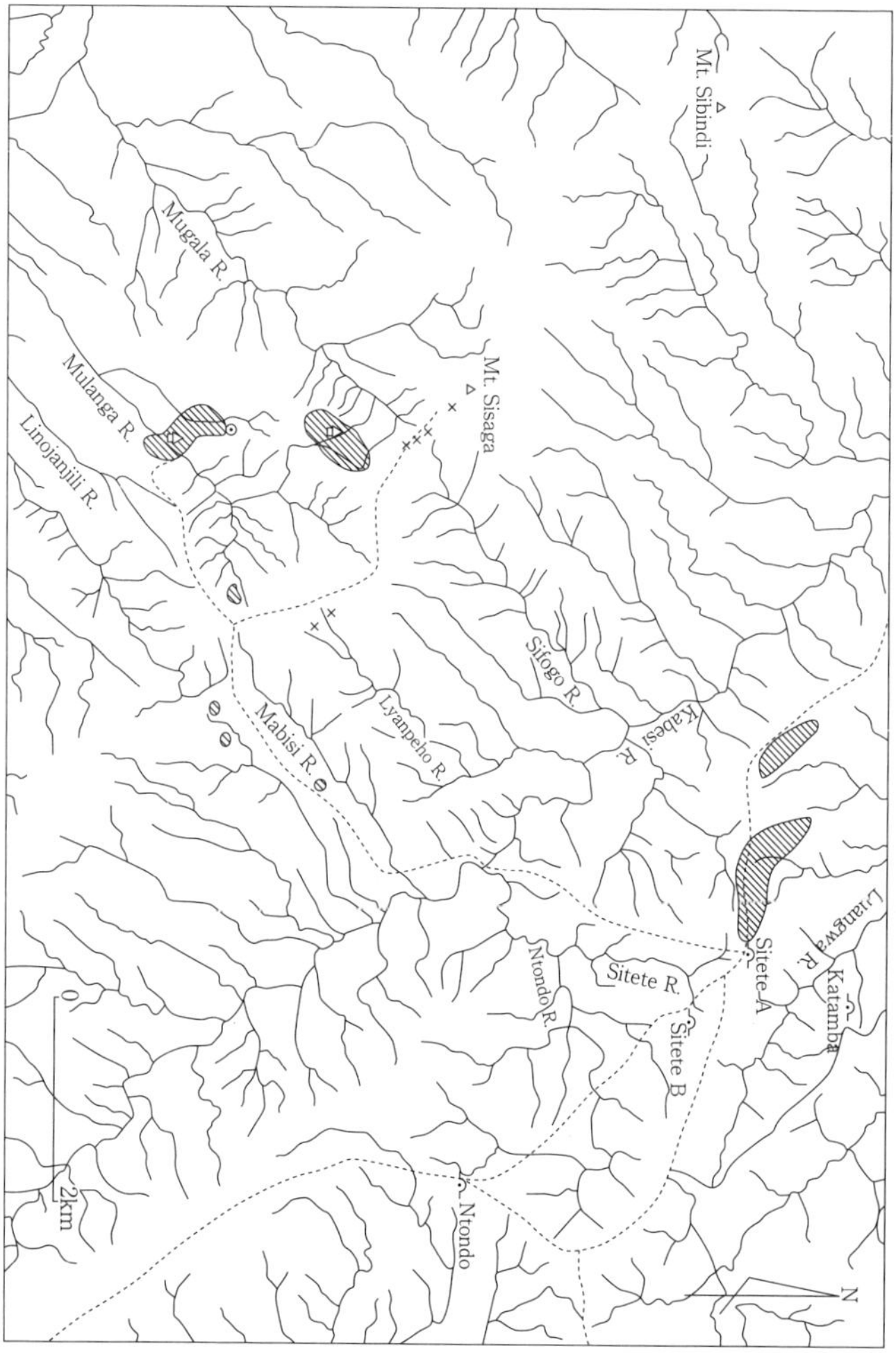

図5-12　蜜箱設置場所

…… 道
集落
かつてシテテの集落があった所
蜜箱設置場所
× ヒョウ罠を仕掛けた所
仮小屋

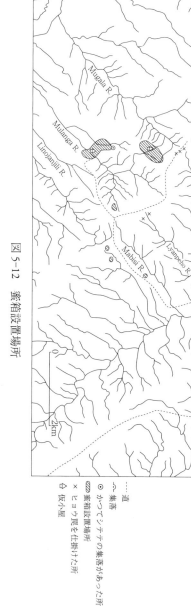

現金に換算して蜂蜜と蜜蝋で、あわせて一〇〇〇シリング（五万円）近くの収入をえたことになる。

その他の生業

上記の主要生業のほかに、生活用品の製作という、現金収入につながる生業がある。タケ *Oxytenanthera abyssinica*〈lulonje〉や *Pandanus* sp.〈ikofu〉を素材として、竹かご類〈ikubhulu〉、〈sisele〉や、箕〈luhe〉を編み、また、ミオンボの樹皮をはいで、家屋の建造に不可欠な樹皮紐〈lukusa〉をつくる仕事、それに手斧、斧、鍬などの鉄製品をつくる鍛冶などである。これらはすべて男の仕事で、内陸部の集落にはかならず、一人か二人は、こういった技術に長じた人がいて、製品は集落内で自給されており、ときには、湖岸に住む人々に売りに出している。これは、内陸部や山地帯に住む人々の、貴重な現金収入源である。女性は、野生のナツメヤシ *Phoenix reclinata* の若葉で織る、ござ〈mukeka〉づくりや、土器製作をおこなって自給用とし（口絵6）、ときには売って現金をえる。これらの諸活動は、売買を目的としたばあいでも、つねに副業的であり、専業的におこなう人はいない。

4　食生活

トングウェ族の人々と、生活環境との関係は、かれらの日々の食生活のなかに、直接的に表現されていると考えることができる。そこで、ここではかれらの食生活の内容と、その量的な分析の結果について述べることにしたい。まず、食物の材料のレパートリーと、かれらがそれをどのように変形、加工、調理しているかを、あきらかにしたい。それは、生態的、歴史的、技術的諸要因が、かれらの食物を規定しているのであり、ことばを変えていうならば、食物を通じて見た、かれらの文化的適応の記述ということになる。食物の量的な分析は、それぞれ異なった生活環境にある集落において、このような食物群のなかから、どのようなものを選択的に食物としているかを、量的に分析し、主として、環境に対する適応を問題にしたい。

食生活の内容

食事は、午前一一時から午後一時のあいだにとられる昼食〈fyakulya fya isyuubha〉と、午後六時から午後八時のあいだにとられる夕食〈fyakulya fya mugholo〉の、一日二回が原則である。食事は、調理されたトウモロコシ、キャッサバなどの主食と、肉、魚、野菜などの副食からなる。トングウェ語では、食物を〈fyakulya〉と総称するが、とくに主食をあらわすことばはない。副食は、スワヒリ語と同様〈mbogha〉というが、トングウェ語ほんらいの用語であるか否かは、定かではない。しかし、各食事が主食と副食からなりたっていることはあきらかである。食事の内容を問う質問には、通常〈bhughali no mbogha〉という答がかえってくる。〈bhughali〉は、主食のもっとも一般的な調理形態で、各食事での主食を意味し、それと〈mbogha〉から構成されているのが、食事の基本型であるという認識を、かれら自身がもっていることを示している。

A 主 食

トングウェ族の人々が、主食にするものは、表5-6に示した。畑作物がほとんどであるが、ときには、野生のヤムイモが利用される。

i　トウモロコシ

かれらが栽培している作物のなかで、伝統的な観点からしても、また現在の食生活をささえているという点からも、もっとも重要なものがトウモロコシである。そのゆえであろう、トウモロコシの利用法は、じつに多様である。その内容を模式的に示したのが図5-13である。トウモロコシの穂につく、穀粒が利用の主対象となるが、穂を収穫したあとしばらく放置しておいた稈《かん》〈ihelele〉や、穂がつかなかった稈〈musali〉は、甘味を含んでいるので、サトウキビ同様にしがんだり、汁をしぼって甘味料として用いる。穀実の利用は、大きく、未乾燥状態での利用と、乾燥してからの利用にわけることができる。未乾燥のトウモロコシは、穂のまま焼いて〈sisaka sya kughosya〉として食べたり、それをふかして〈sisaka sya kuteeka〉として食べる。これらは間食用で、それが一日二回の食事の、主食となることはまれである。しかし、〈ibhu〉や〈mpana〉にすれば、主食用になる。なまのトウモロコシを、石臼ですって〈sisenke〉とし、それをバナナの葉などで包んでふかしあげた、パン様のものが〈ibhu〉であり、漉器〈kasusilo〉でこしてできる乳液を煮ると、くず湯に似た〈mpana〉ができあがる。[18]〈mpana〉には、蜂蜜を加える。

なまのトウモロコシは、ほぼ一ヵ月で乾燥する。乾燥したトウモロコシは、穂につけたままふかして〈mkokoti〉として食べることもあるが、多くは穂から、穀粒〈luhese〉を手ではがして利用する。穀粒をつぶさないで煮る

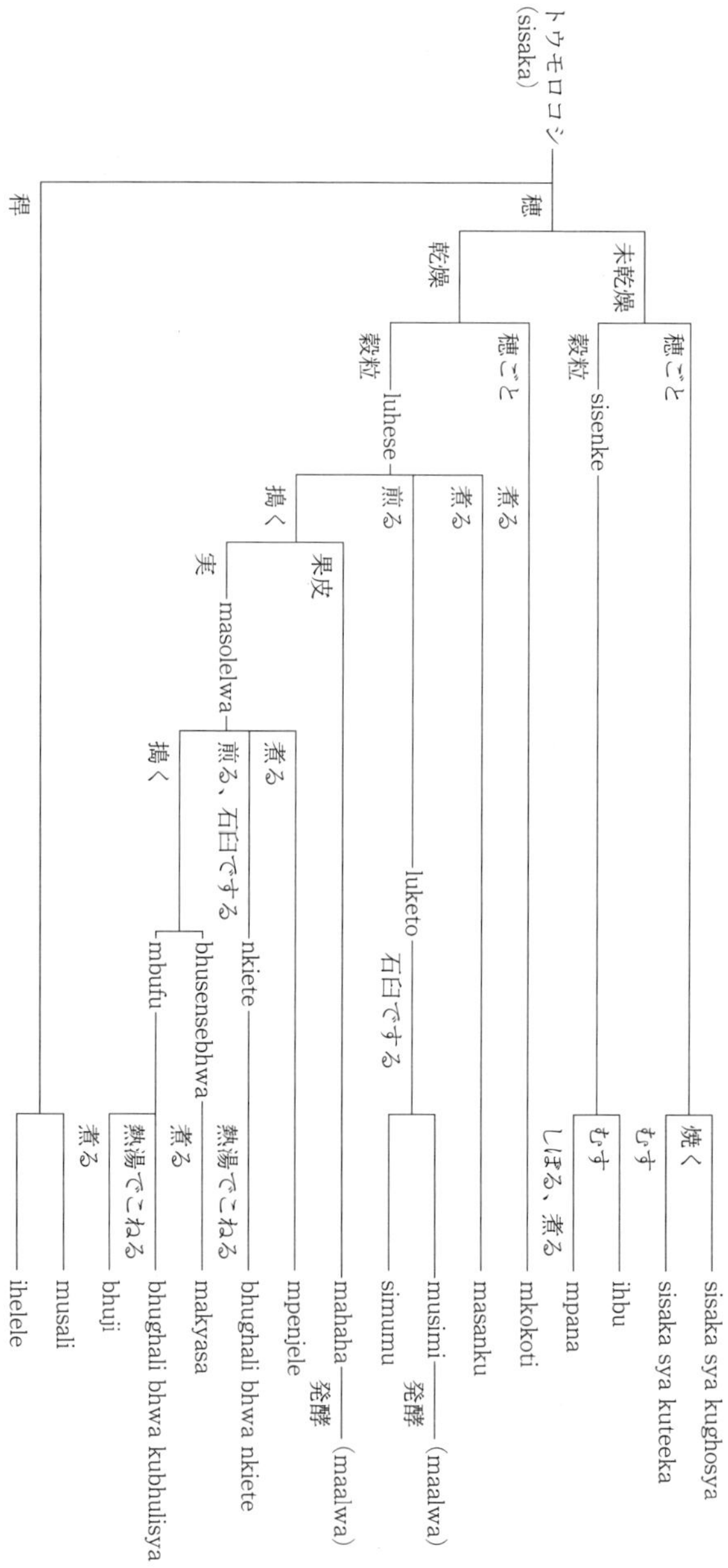

図5-13　トウモロコシの食べかた

と〈masanku〉になる。穀粒を十分に煎ったのち、それを石臼ですり、砂糖か少量の塩を加えたのち、再度より細かく石臼ですれば、麦こがしのような〈simumu〉ができる。これは旅行時の携帯食にもする。〈simumu〉よりもさらによく煎りあげ、石臼で粗くすったもの〈musimi〉は、酒〈maalwa〉の原料である。もっとも一般的な主食形態である、ウガリ〈bhughali〉をつくるには、さらに手のこんだ工程をへなければならない（図5-14）。穀粒を水にひたし、木臼でつき、竹製の箕〈luhe〉に移して、穀粒の果皮〈mahaha〉をのぞき、胚乳〈masolelwa〉だけにする。〈mahaha〉も酒の原料となる。胚乳の部分だけをよりわけたものを煮れば〈mpenjele〉になる。胚乳の部分を、再度木臼でついて粒をそろえ、これを軽くいったのち、石臼ですってできる粉が〈nkiete〉である。〈nkiete〉を熱湯でこねあげると、トングウェ族にとって最上の主食であり、かつ、もっとも伝統的であるといわれる主食〈bhughali bhwa nkiete〉[19]ができあがる。よりわけて胚乳部をいり、石臼でするのは、かなり労力のいる仕事である。もう一種のウガリ〈bhughali bhwa kubhulisiya〉は、石臼でするかわりに、木臼で何度もついて粉〈mbufu〉にし、その粉を熱湯でこねあげてつくる（図5-14）。粉にする過程で、より残された細粒〈bhusensebhwa〉を煮ると、ちょうど米飯のような〈makyasa〉ができる。粉〈mbufu〉でつくった粥を〈bhuji〉といい、蜂蜜を入れて食べる。

このように、トウモロコシの穀粒の利用法は一五種類もある。このうち、主食となるものが九種あるが、人々が本当の主食とみなすのは、二種類のウガリ〈bhughali〉である。人々はウガリのうち、香ばしい味のする〈bhughali bhwa nkiete〉をより好むが、労力がかかるので、とくに湖岸地方では〈bhughali bhwa kubhulisiya〉を食べることが多い。残りの六種のうち、二種類は酒の原料として用いられる。〈musimi〉からつくる酒は、儀礼時に用いることが多く、通常の飲酒用には〈mahaha〉を使う。[20]

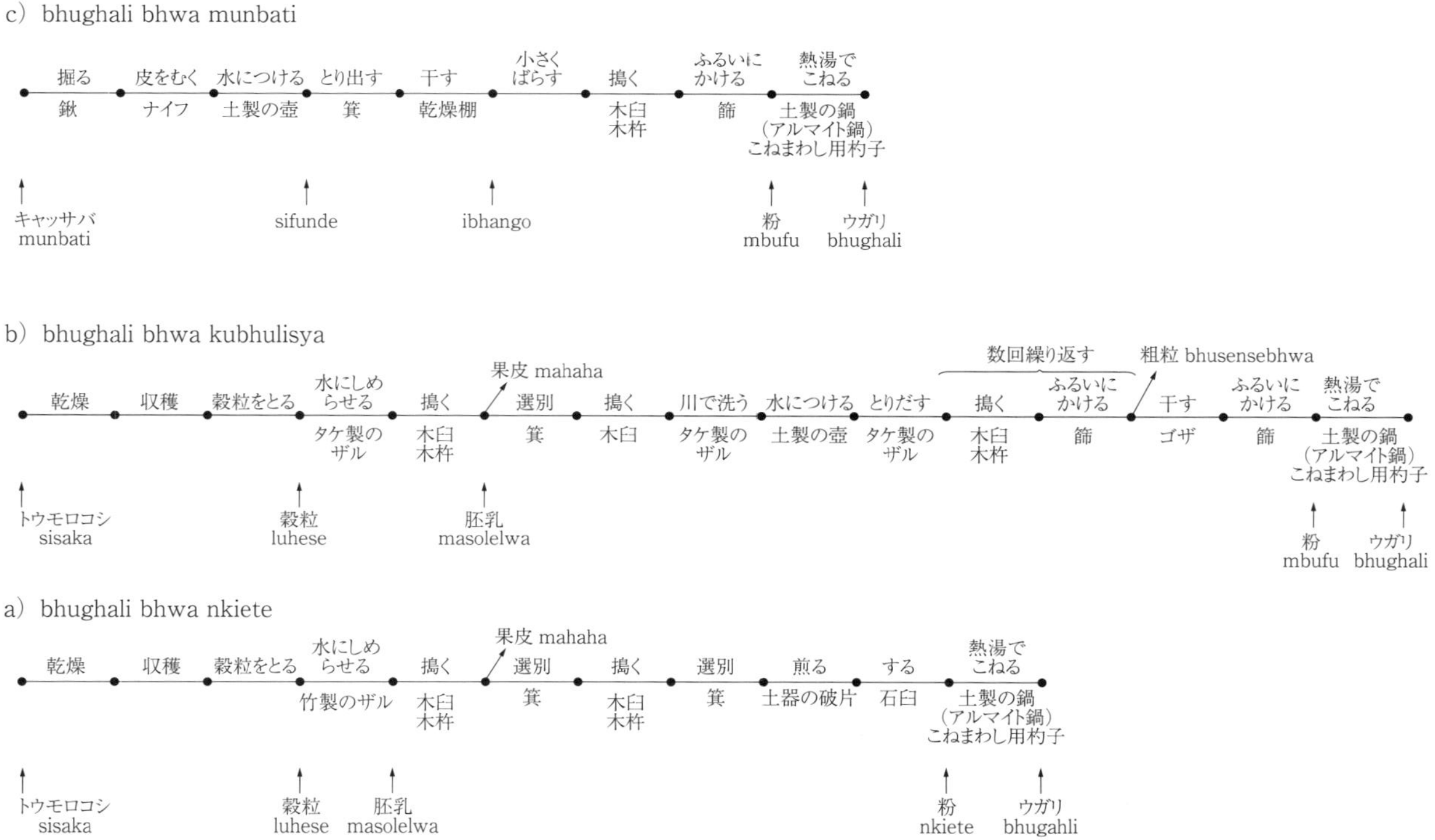

図 5-14　3 種のウガリをつくる工程

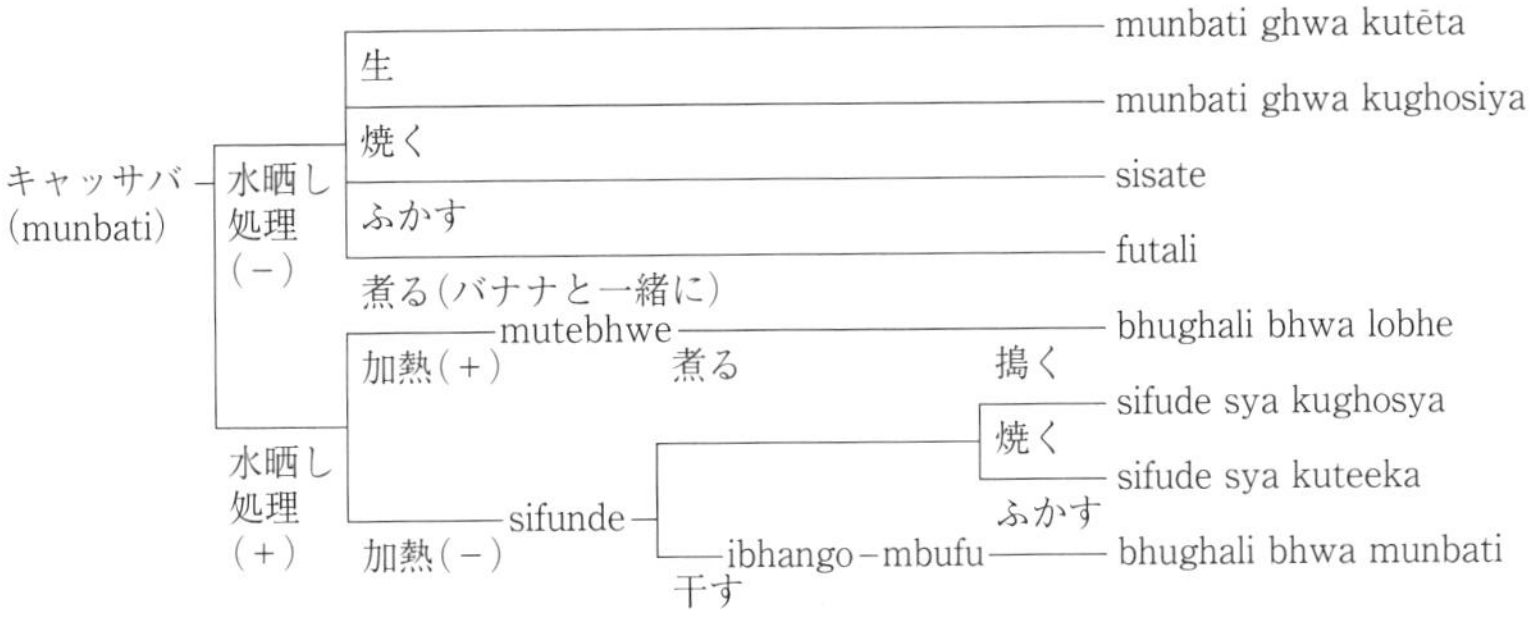

図 5-15　キャッサバの食べ方

ii　キャッサバ

キャッサバは、有毒種と無毒種の二群にわけることができ、有毒種の方が、より多く栽培されている。[21] 有毒種は、数日間水に漬ける、水さらしの過程が不可欠であるが、無毒種の方は、水さらしなしでも食べることができる。キャッサバの利用法を、模式的に示したのが図5-15である。無毒種の皮をむいて、なまでそのまま食べるばあいは、これを〈munbati ghwa kutēta〉とよぶ。焼いたものを〈munbati ghwa kughosya〉、ふかしたものを〈sisate〉といい、それぞれその状態で食べる。〈sisate〉は主食になるが、ほかの二つは間食用である。また、無毒種のものを小さく角切りにし、ヤシ油を加え、バナナとともに煮ると〈futali〉ができる。

有毒種は、すべてキャッサバの皮をむき、水の入った大きな土製の壺〈muhange〉に三〜四日漬けてあくを抜く。あくを抜いたものを〈sifunde〉とよび、そのまま焼いて〈sifunde sya kughosya〉として食べたり、煮て〈sifunde sya kuteeka〉として食べることもあるが、ウガリにするためには、さらに処理しなければならない。〈sifunde〉を、乾季なら四〜五日天日乾燥したものを〈ibhango〉とよぶ。〈ibhango〉を木臼でついては、篩《ふるい》〈kajungilo〉にかける工程をくりかえし、ウガリの原料となる粉〈mbufu〉にする。粉を熱湯でこねあげると、キャッサバのウガリ〈bhughali bhwa munbati〉ができあがる（図5-14）。有毒種のキャッサバの処理法には、もう一つの方法がある。皮をむいたなまのキャッサバを、かためにふかし、それを縦切りにして土製の壺に入れ、水にひたす。このように、熱をとおしたのち、水さらししたキャッサバを〈mutebhwe〉とよぶ。〈mutebhwe〉をふかし、木臼でつきあげれば、一〇日ていどは保存のきくウガリ〈bhughali bhwa lobhe〉ができる。このように、キャッサバの利用法は八種類ある。そのうち四種類が主食用となるが、ウガリにして食べるのが、もっとも一般的である。

ⅲ　その他の主食

トウモロコシ、キャッサバの補助食として重要[22]なサツマイモは、ふかして食べる。バナナは、クッキングバナナのばあいは、皮をむき、ふかして〈mubhundu〉とよぶ主食にすることがあるが、通常は果物として食べる。カボチャもふかして、主食として食べる。野生のヤムイモ〈sihama〉は、固い棒の先を、とがらせた掘り棒〈ntubha〉で掘りおこしたものを、そのままふかして食べる。コメは普通にたいて食べるが、ときには、たくときに塩やラッカセイ油をまぜる。雑穀類は、トウモロコシと同じような工程をへて、ウガリとして食べる。そのほか、栽培ヤムイモが二種類、タロイモが一種あり、これらもふかして食べるが、ほとんど利用しない[23]。

このように、主食用材料としては一五種を記録したが、主食は一般的には、トウモロコシとキャッサバのウガリである。イネは換金作物として重要であるが、主食としての人々の評価も高く、儀礼など特別のときに、ごちそうとして食べられることが多い。

B 副食〈mbogha〉

副食は、肉類、魚類の動物性食物と、野菜類などの植物性食物にわけることができる。個々人の嗜好を無視すれば、一般に、トングウェ族の人々の副食に対する好みは、肉類、魚類、蔬菜類の順になる。[24]

i 肉類

野生の動物のうちで、イスラム教徒[25]は、ブッシュピッグやイボイノシシを、その教義のゆえに食べない。かれらは、これらを食べる者を、〈lusaka〉と称して差別し、食事をともにすることを、拒むばあいがある。また氏族によっては、ブッシュバックやアフリカオニネズミの肉を、食用とすることが禁じられているばあいがある。[26] 肉用家畜、家禽には、ヤギ〈mbusi〉、ヒツジ〈ntama〉、ニワトリ〈nkoko〉、イエバト〈nkundiya〉を飼っているが、日常的にはほとんど食用とされず、儀礼時に食べられることが多い。動物の肉は〈nyama〉と総称され、切身の肉は〈munyofu〉とよばれる。肉の調理法には三つの型がある。

a　煮る——生肉を、塩味で長時間煮る。

b　燻製肉を煮る——生肉を炉の上で、長時間燻製乾燥したものを、〈sibhango〉[27]とよぶ。一種の保存食で、この〈sibhango〉を塩味で煮る。

c　焼き肉〈musikati〉——生肉を角状に切り、それに塩やトウガラシをつけて焼く。

ii 魚類

肉料理と同じく、生魚や燻製魚〈isembe ighumu〉にしたものを、煮て食べる。焼き魚〈musikati〉にしたり、ときにはヤシ油であげる。焼いたり、あげたりしたばあいには、塩やトウガラシで加味する。煮魚は、塩やトウガラシのほかに、トマトやタマネギ、ヒユの一種の野菜類を加えて煮たり、レモンを味つけに用いたりする。燻製魚を煮るときには、ヤシ油を加えることが多い。

ⅲ　植物性食物

（a）栽培植物

植物性食物のうち、栽培するものは表5-6にあげた。これらのうち、植物性蛋白質源としては、とくに、インゲンマメ〈munyegha〉やキマメ〈kabhalama〉[28]が重要である。これらのマメ類は、塩味で十分に煮て食べるが、ときにはヤシ油を加え、トマト、タマネギなどとともに煮ることがある。

緑色野菜として、肉や魚と一緒に煮込まずに、単独で副食として用いるものには、キャッサバの葉〈kasimbo〉、カボチャの葉〈musogholo〉、サツマイモの葉〈itikula〉、インゲンマメの葉〈siyabha〉など主食用作物、あるいはマメの葉が多く、重要な野菜となる。これらは、若い葉の部分をとってきて、塩味で十分に煮て食べるが、ヤシ油を加えたり、トマト、タマネギなどを加えて煮ることもある。

トマト〈inyanya〉、タマネギ〈situngulu〉、若いヘチマ〈dodoki〉、ナス〈ibhilinganya〉、ヒユの一種〈ibhotebhote〉、アブラナの一種〈musensaghisya〉などは、それぞれ単独で副食にすることは少なく、魚やマメ類、上述の緑色野菜とともに煮て食べることが多い。

（b）野生植物

かれらは、食用となる野生植物について、豊富な知識をもっている。西田氏および筆者が、これまでに知りえた範囲では、食用に用いられている野生植物の種数は、九一種に達する（表5-14）（西田 一九七四：五六―五八頁）。これらを、利用する部分で分類すると、果実四四種、葉二五種、花四種、根茎七種、苗条五種および茸類九種となる。しかし、これらのうち、比較的積極的にさがし求められるものは、三二種ていどにすぎない。その内訳は、果実二四種、葉三種、花一種、根茎二種、茸類二種である。果実は、おやつとして比較的よく食べられているが、そのほかのものは、まれに肉や魚、栽培野菜などの副食が切れたときの、つなぎや主食のたし、あるいは主食、副食に変化をつけるために用いられている。かつて氏族間の抗争がさかんにおこなわれていたころ、山に避難したときに、これらの野生食用植物をよく利用した、という古老の話などから見て、非常時の救荒食としての意味あいが、強いと考えてよいであろう。

C　昆虫食

カミキリムシの幼虫〈lunpanti〉、バッタ〈ihaso〉[29]、コオロギ〈katololo〉、羽化したシロアリ〈lusuwa〉、ミツバチの幼虫〈lususi〉、ニカワバチ〈ihula〉[30]などがあり、かつては、かなりよく食べられていたという。現在でも比較的よく食べられるものは、〈lunpanti〉と〈lusuwa〉、〈lususi〉、〈ihula〉くらいである。湖岸部に住む人々は、このような昆虫類やアカコロブス、アフリカオニネズミなどの肉は、「マハレの人々の食べ物」、つまりより辺境に住む人々の食べ物として、侮蔑のまじった表現をする。

D　保存食

かれらは幾種類かの保存食をもっている。主食用の保存食としては、トウモロコシの〈simumu〉、キャッサバ

表 5-14　野生食用食物

科、種および和名	トングウェ名	利用部位	使用頻度	編者修正（表内下線カ所）前の原著記載
Lauraceae（クスノキ科）				
Cassytha filiformis	mbulabhwimo	sh	r	bulabwimo
Annonaceae（バンレイシ科）				
Annona senegalensis	lufila	fr	r	
Uvaria welwitschii	ilyungulyungu	fr	r	*U. welwitschi*
Araceae（サトイモ科）				
Anchomanes sp.	ntembe	rt	r	
Colocasia esculenta	ikomakumonga	l	r	
Dioscoreaceae（ヤマノイモ科）				
Dioscorea hirtiflora	sihama	rt	c	
Dioscorea schimperiana	lisunsu	rt	r	
Asparagaceae（キジカクシ科）				Liliaceae
Asparagus sp.	mukungwa	sh	r	
Dracaena mannii	bhulonje	fl	c	*D. usambarensi*, bulonje, 編者注：原著では Agavaceae 科として記載されていた
Iridaceae（アヤメ科）				
Gladiolus sp.	kandesindesi	fl	r	
Palmae（ヤシ科）				
Borassus sp.	muhama	fr	r	
Phoenix reclinata	lusanda	fr	r	
Gramineae（イネ科）				
Imperata cylindrica	munyaki	rt	r	
Oxytenanthera abyssinica	lulonje	sh	r	
Phragmites mauritianus	ibhano	sh	r	ibano
Zingiberaceae（ショウガ科）				
Aframomum sp.	itungulu	fr	c	
Renealmia engleri	itungulu	fr	c	
Menispermaceae（ツヅラフジ科）				
Dioscoreophyllum volkensii	sifu	rt	c	*D. volkeusii*
Chrysobalanceae（クリソバラヌス科）				Rosaceae
Parinari curatellifolia	mubhula	fr	c	mubula
Parinari excelsa	mubhula	fr	c	*Parinari ezcelsa*, mubula
Euphorbiaceae（トウダイグサ科）				
Tragia brevipes	lwenyi	l	r	

（次ページへ続く）

科、種および和名	トングウェ名	利用部位	使用頻度	編者修正（表内下線カ所）前の原著記載
Uapaca kirkiana	ikusu	fr	c	
Uapaca nitida	lulobhe	fr	c	lulobe
Uapaca sansibarica	kakusufinya	fr	c	
Guttiferae（オトギリソウ科）				
Garcinia huillensis	kasolyo	fr	c	kasolio
Garcinia sp.	lujeje	fr	r	
Salicaceae（ヤナギ科）				Flacourtiaceae
Flacourtia indica	mbusungunimba	fr	r	
Caesalpinioideae（マメ科ジャケツイバラ亜科）				
Bauhinia thonningii	musakansaka	l	r	*Piliostigma thonningii*
Papilionaceae（マメ科マメ亜科）				
Dalbergia malangensis	ifumiya	sh	r	
Moraceae（クワ科）				
Ficus sur	ikubhila	fr	r	*F. capensis*, kubila
Ficus thonningii	mujimo	fr	c	
Ficus vallis-choudae	ihambwa	fr	r	
Rhamnaceae（クロウメモドキ科）				
Ziziphus mucronata	kaghobhole	fr	c	kagobole
Rosaceae（バラ科）				
Rubus pinnatus	lutandula	fr	r	
Urticaceae（イラクサ科）				Moraceae
Myrianthus holstii	isakama	fr	c	
Cucurbitaceae（ウリ科）				
Lagenaria siceraria	musogholo	fr	r	musogolo
Lagenaria sp.	linsenyenye	fr	c	
Anisophylleaceae（アニソフィルム科）				Rhizophoraceae
Anisophyllea boehmii	lusindwi	fr	c	
Malvaceae（アオイ科）				
Gossypium sp.	mutobho	fr	c	mutobo
Hibiscus cannabinus	lumpepete	l	r	lunpepete
Tiliaceae（シナノキ科）				
Grewia forbesii	lunkukuma	fr	c	
Vitaceae（ブドウ科）				
Ampelocissus sp.	lighaghaja	fr	r	ligagaja; 編者注：原著では Vitidaceae 科として記載されていた
Cayratia gracilis	kampombo	fr	c	

（次ページへ続く）

科、種および和名	トングウェ名	利用部位	使用頻度	編者修正（表内下線カ所）前の原著記載
Cissus rubiginosa	mukombelonda	fr	r	
Cyphostemma sp.	lukosyo	fr	c	lukosiyo
Olacaceae（ボロボロノキ科）				
Ximenia americana	lusantu	fr	c	
Amaranthaceae（ヒユ科）				
Alternanthera sessilis	munenagi	l	c	
Amaranthus dubius	lubhwigha	l	r	lubwiga
Celosia trigyna	lulyolwankanga	l	r	luliyolwankanga
Anacardiaceae（ウルシ科）				
Pseudospondias microcarpa	bhuhono	fr	r	buhono
Anthericaceae（アンセリカ科）				Liliaceae
Anthericum sp.	nkamba	fl	r	
Polygonaceae（タデ科）				
Persicaria decipiens	lumpululu	l	r	*Polygonum salicifolium*
Rumex abyssinicus	mufunya	l	r	
Rumex usambarensis	kamujola	l	r	
Ebenaceae（カキノキ科）				
Diospyros kirkii	ikongwa	fr	r	
Apocynaceae（キョウチクトウ科）				
Landolphia sp.	mpila	l	r	mupila
Saba comorensis	ilombo	fr	c	*S. florida*
Asclepiadaceae（ガガイモ科）				
Gongronema sp.	mukobhoso	l	c	mukoboso
Loganiaceae（フジウツギ科）				
Strychnos cocculoides	libhwaje	fr	c	libwaje
Strychnos innocua	kankundu	fr	c	
Strychnos sp.	kantonga	fr	c	
Rubiaceae（アカネ科）				
Dolichopentas decora	kasilansonwa	fr, l	r	*Pentas decora*, kashilansonuwa
Multidentia crassa	lungogholo	fr	c	*Canthium crassum*, lungogolo
Pavetta crassipes	mufunantandala	l	r	
Psychotria sp.	lulyolwakape	fr	r	*Uragoga* sp., luliyolwakape
Acanthaceae（キツネノマゴ科）				
Dyschoriste trichocalyx	lusaka	l	r	
Hypoestes sp.	ntonkole	l	r	

（次ページへ続く）

科、種および和名	トングウェ名	利用部位	使用頻度	編者修正（表内下線カ所）前の原著記載
Labiatae（シソ科）				
Leonotis sp.	lulyolwansebhe	fl, l	r	luliyolwasebe
Pedaliaceae（ゴマ科）				
Sesamum angolense	mulenda	l	r	
Verbenaceae（クマツヅラ科）				
Vitex doniana	lufulu	fr	c	
Vitex sp.	lisungwe	fr	r	
Convolvulaceae（ヒルガオ科）				
Ipomoea sp.	musubhu	rt	r	musubu
Solanaceae（ナス科）				
Physalis angulata	kangunyungunyu	fr, l	r	
Solanum americanum	musogho	l	c	*S. nigrum*, mosogo
Compositae（キク科）				
Bidens pilosa	kalasa	l	r	
Gymnanthemum myrianthum	isonswesilu	l	r	*Vernonia subuligera*
未同定				
	itembelepoli	l	r	
	kanjejiya	fr	r	
	katikamonga	l	r	
	lindaghala	rt	r	lindagala
	lususi	fr	r	
	sisebha	rt	r	siseba
キノコ類				
	ikabhala	mushroom	r	ikabala
	kahendaghwanguja	mushroom	r	kahendagwanguja
	lifumbwi	mushroom	c	
	lileliya	mushroom	r	
	lumeghele	mushroom	r	lumegele
	lutapa	mushroom	r	
	lutuli	mushroom	c	
	lusuwale	mushroom	r	
	sihuwe	mushroom	r	

fl：花　fr：果実　l：葉　rt：根、根茎　sh：苗条
c：比較的、積極的に探す　r：まれにしか食べない
編者注：科名に和名を追加した。学名は現在の命名法に従って修正（Itoh N 2015 “Floral list” In: *Mahale Chimpanzees*, Cambridge Univ. Press 及び *The Plant List* Version 1.1. Published on the Internet; http://www.theplantlist.org/ (accessed April 2017) 参照）現地名はトングウェの表記に習って修正（阿部優子 2006 “A Bende Vocabulary”　東京外国語大学アジア・アフリカ言語文化研究所 も参照）。原著の表記を表の右端に示した。

の〈bhughali bhwa lobhe〉がある。サツマイモをふかし、それを薄く切って乾燥させたイモずるめ〈ikebho〉や、バナナをふかし、それにキャッサバの粉〈mbufu〉を混ぜ、木臼でつき固め、ふかして乾燥させた、バナナのパンとよばれる〈mumunta〉も保存食である。

副食用の保存食としては、肉、魚、茸類を燻製にした〈sibhango〉が主たるものであり、これは、副食源の確保という意味で重要なものである。このほかに〈kasimbo〉、〈siyabha〉などの野菜を煮て、乾燥させた〈mufubhulo〉がある。

E　調味料

味つけの基本は塩〈mukele〉で、これはインド人やアラブ人の店舗で購入する。トウガラシ〈mpilipili〉は家の近くに植えてあり、常用している。魚の煮つけに、レモン〈limauwe〉の汁を加えることがある。ごくまれに、栽培した *Curcuma longa*〈njano〉の根を粉末にし、カレー粉のようにして用いることもある。食用油としては、アブラヤシからとったヤシ油〈mabhesse〉を、頻繁に用いる（口絵7）。補助的にラッカセイ油を用いることがある。また、オオナマズ〈nsinga〉の脂肪を保存しておいて、キャッサバの葉〈kasimbo〉に加えたりして使うこともある。カボチャの種子やラッカセイをいって、木臼でついたものを〈bhutwilo〉とよび、調味料として用いる。

F　食事をめぐる作法

食物の原料の入手をのぞけば、その処理は、すべて女性の仕事である。これまでに述べてきた、食物の加工や調理の工程は、そのまま、女性の日々の仕事の内容でもあったわけである。

彼女たちは、あらかじめ用意しておいたトウモロコシ、あるいはキャッサバの粉を、土鍋〈nkono〉、あるいはアルマイト製の鍋で沸騰している湯のなかに入れ、こねまわし用の杓子〈mwiko〉で加減を見ながら、練りあげてウガリをつくる。これを盛りつけ用の杓子〈kamamasiyo〉で、竹製のザル〈sisele〉に、丸くかたちよく盛りつける。食事は通常、男、女別々にわかれてとる。男たちは、シテベ〈sitebhe〉、イコンコ〈ikonko〉とよばれる座椅子に腰をおろし、〈sisele〉に盛られたウガリと、小さな土鍋に入った副食〈mbogha〉（通常は一品のみ）、それに、手洗い用の水の入った土製の壺〈nkanda〉を囲む。女も、同様にして食事するが、ウガリは〈sisele〉に盛らず、土鍋あるいはアルマイト製の鍋から直接食べる。

最年長の者から順に手を洗い、まず最年長の者がウガリに手をつけ、ウガリを適当な大きさにちぎり、手の平で丸め、親指でまんなかにくぼみをつけ、そのくぼみで副食の汁をすくうようにして口に運ぶ。ウガリと副食が残り少なくなれば、おとなたちは食事をおえ、手と口の部分を水で洗う。同席している者のうち最年少者、通常は子供が、その残りをたいらげ、地面に捨てられた骨や食べかすを拾い集め、食器類をかたづける。内陸部の小さな集落では、全集落の男の構成員と女の構成員が、それぞれ、二つの食卓を囲んで食事をすることになり、住民全員が同じものを食べることになる。

食生活の量的分析

湖岸L型地帯のカシハ、中高度M－1型地帯のマヘンベ、山地帯のシテテ、イルンビの四つの集落における食生活を、食物の原料を中心にして、量的に比較し、生活環境と食生活との関係を検討することにしたい。

A　資料とその処理法

資料は、各集落の読み書きのできる者一人を選び、記録法を指導し、記録者みずからが食べた毎日の食事の内容を、スワヒリ語で記載させたものである。記録は、一九七二年五月から八月までの、乾季四ヵ月間にわたってとらせた。

資料の処理は、以下に述べる方法でおこなった。一回の食事は、主食一品と副食一品が原則であり、このばあいには、それぞれの主食に一、副食に一という点数を与えた。副食として、一回の食事に二品を食べたばあいには、それぞれの副食に、〇・五ずつの値を与えた。おのおのの食物について、それらの値を総計し、総記録回数で割り、百分率表示にして、各集落の食生活の比較を試みた。

B　各集落における主食の分析

主食を、それに用いられる材料、および調理形態にもとづいて分類し、それぞれが、昼食、夕食および両者の合計のなかで占める割合を示したのが図5-16、5-17である。シテテでは、主食の分析はおこなっていない。シテテでの記録者には、狩猟による獲物の記録を依頼していたので、記録もれを防ぐために、食事の内容の記載は副食に限ったためである。またシテテでは、一九七一年にトウモロコシの雨季耕作用焼畑〈lufula〉を耕さず、この調査期間には、トウモロコシが欠乏していた。ほかの集落に、トウモロコシをわけてもらいにいき、細々と食べつなぎ、日々の食事では、肉の占める割合が大であった。山地帯での主食の型は、イルンビの例で代表される。

材料別に見た主食の内容（図5-16）は、各集落での農耕の内容と、あきらかな対応を示している。山地帯の

図5-16　主食材料別頻度（1972年5月～8月）

イルンビでは、トウモロコシの占める割合が圧倒的に高く、中高度地帯のマヘンベでは、トウモロコシが主でキャッサバが従となり、湖岸地帯のカシハでは、キャッサバが主、トウモロコシが従と逆転している。カシハでは、所帯ごとの栽培作物の種類と、量にバラエティがある。ここにあげたカシハの例は、トウモロコシを比較的多く栽培している所帯であるので、トウモロコシ栽培をほとんどおこなっていない所帯の例を、あわせて検討すると、湖岸地帯の主食内容の特徴が、より明瞭に示される（図5-18）。湖岸地帯では、キャッサバの占める割合が増大し、またコメの占める割合が、比較的高くなっていることがわかる。山地帯のイルンビでキャッサバが、また中高地帯のマヘンベでコメが少量食べられているが、これらは、ほか集落からのもらいものである。

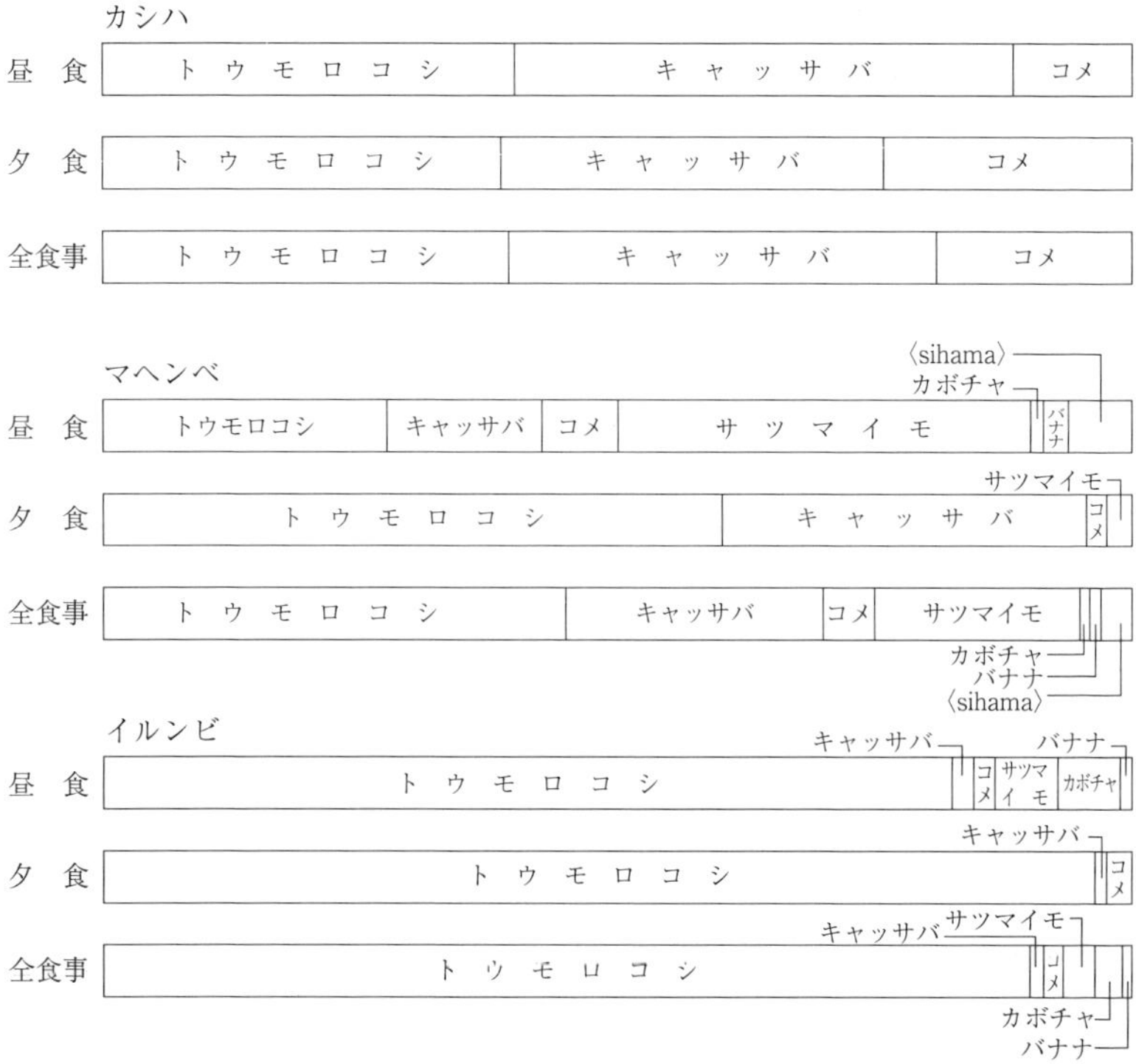

図 5-17　主食形態別頻度（1972 年 5 月～ 8 月）

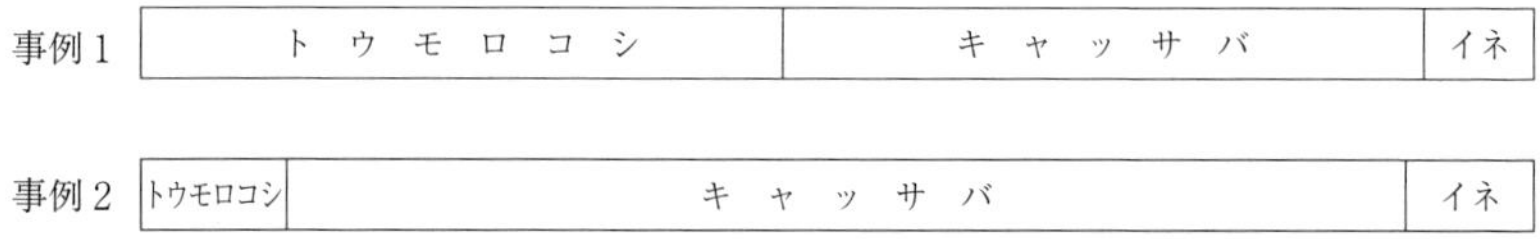

図 5-18　カシハにおける主食作物（1972 年 5 月～ 6 月の全食事）

トングウェ族の人々は、ウガリをもっとも普通の主食形態であると考えており、主食のなかでウガリが占める割合が、大きいのは当然であるが、昼食、夕食の別で見ると、興味ある事実があきらかになる（図5-17）。とくに、マヘンベの例で顕著であるが、ウガリの占める割合は昼食で低く、夕食では圧倒的に高い値を示している。一日二回の食事のうち、かれらが夕食を、より重要なものとみなしていることのあらわれである。ウガリ、および米飯以外の主食は、いわば代用食とみなすことができる。代用食のなかで、サツマイモが比較的重要な位置を占めていることは、あきらかである。主食のほとんどを、トウモロコシに依存するイルンビでは〈ibhu〉、〈mpana〉、〈mpenjele〉、などのトウモロコシの加工品が、代用食として、また主食に変化を与えるものとして用いられている。マヘンベで、野生のヤムイモ〈sihama〉が、代用食として食べられていることは、注目にあたいする。これは、栽培作物を補助するということのほかに、食物に変化をつけるという意味も、加わっているのであろう。

C　各集落における副食の分析

副食の内容を、肉類、魚類、植物性食物、そのほかに分類し、それぞれが副食のなかで占める割合を示したのが、図5-19である。各分類群について、細かい内容を表5-15に示した。図5-19であきらかなように、山地帯では肉類への依存度が高く、中高度地帯、湖岸地帯では魚類への依存度が高い。表5-15に示されたように、中高度地帯では、川魚への依存が六五・六パーセントを占めており、湖岸地帯では、湖の魚への依存は九五・三パーセントと、圧倒的な高率を示す。中高度地帯で利用される川魚は、体長二〇センチ前後のコイ科の魚、〈itale〉が主で、そのほか、体長一〇センチていどの同じコイ科の〈nkuli〉、〈lwankamba〉などである。マヘンベで、湖の魚が少し見られるが、これは湖岸の集落からのもらいものである。一〇〇パーセント近くを、湖の魚にたよ

表5-15 副食の分析
A：副食中で占める割合 B：各副食群中で占める割合

副食群	各副食群の内訳	カソゲ		マヘンベ		シテテ		イルンビ	
		A (%)	B (%)	A (%)	B (%)	A (%)	B (%)	A (%)	B (%)
肉類	野生動物								
	ブッシュバック	0.6	100.0	0.0	0.0	15.2	26.5	36.5	52.4
	スニ	0.0	0.0	0.0	0.0	8.1	14.2	0.0	0.0
	アカコロブス	0.0	0.0	0.0	0.0	7.0	12.1	0.0	0.0
	アフリカオニネズミ	0.0	0.0	0.0	0.0	3.5	6.0	13.5	19.4
	その他	0.0	0.0	6.1	30.6	13.6	23.5	8.6	12.3
	小計	0.6	100.0	6.1	30.6	47.4	82.3	58.6	84.1
	家畜・家禽								
	ヤギ	0.0	0.0	6.7	33.3	1.5	2.6	9.8	14.1
	ニワトリ	0.0	0.0	7.3	36.1	8.7	15.1	1.2	1.8
	小計	0.0	0.0	14.0	69.4	10.2	17.7	11.0	15.9
	計	0.6	100.0	20.1	100.0	57.6	100.0	69.6	100.0
魚類	川魚								
	itale	0.0	0.0	63.6	90.1	0.0	0.0	0.0	0.0
	nkuli, lwankamba	0.0	0.0	2.0	2.8	0.0	0.0	0.0	0.0
	小計	0.0	0.0	65.6	92.9	0.0	0.0	0.0	0.0
	湖魚	95.3	100.0	5.0	7.1	3.4	100.0	0.0	0.0
	計	95.3	100.0	70.6	100.0	3.4	100.0	0.0	0.0
植物性副食	栽培種								
	インゲンマメ	0.8	20.0	0.6	6.1	19.3	52.4	15.1	49.4
	キャッサバの若葉	2.5	60.0	5.6	60.6	7.7	21.0	0.0	0.0
	カボチャの若葉	0.8	20.0	1.7	18.2	1.6	4.3	11.7	38.4
	インゲンマメの若葉	0.0	0.0	0.0	0.0	5.2	14.2	1.8	6.1
	ヒユの一種	0.0	0.0	1.4	15.1	0.0	0.0	0.0	0.0
	その他	0.0	0.0	0.0	0.0	0.6	1.7	0.0	0.0
	野生種 musogho	0.0	0.0	0.0	0.0	2.4	6.4	1.8	6.1
	計	4.1	100.0	9.3	100.0	36.8	100.0	30.4	100.0
その他	lunpanti	0.0	0.0	0.0	0.0	1.8	80.0	0.0	0.0
	蜂蜜	0.0	0.0	0.0	0.0	0.4	20.0	0.0	0.0
	計	0.0	0.0	0.0	0.0	2.2	100.0	0.0	0.0
総計		100.0	—	100.0	—	100.0	—	100.0	—

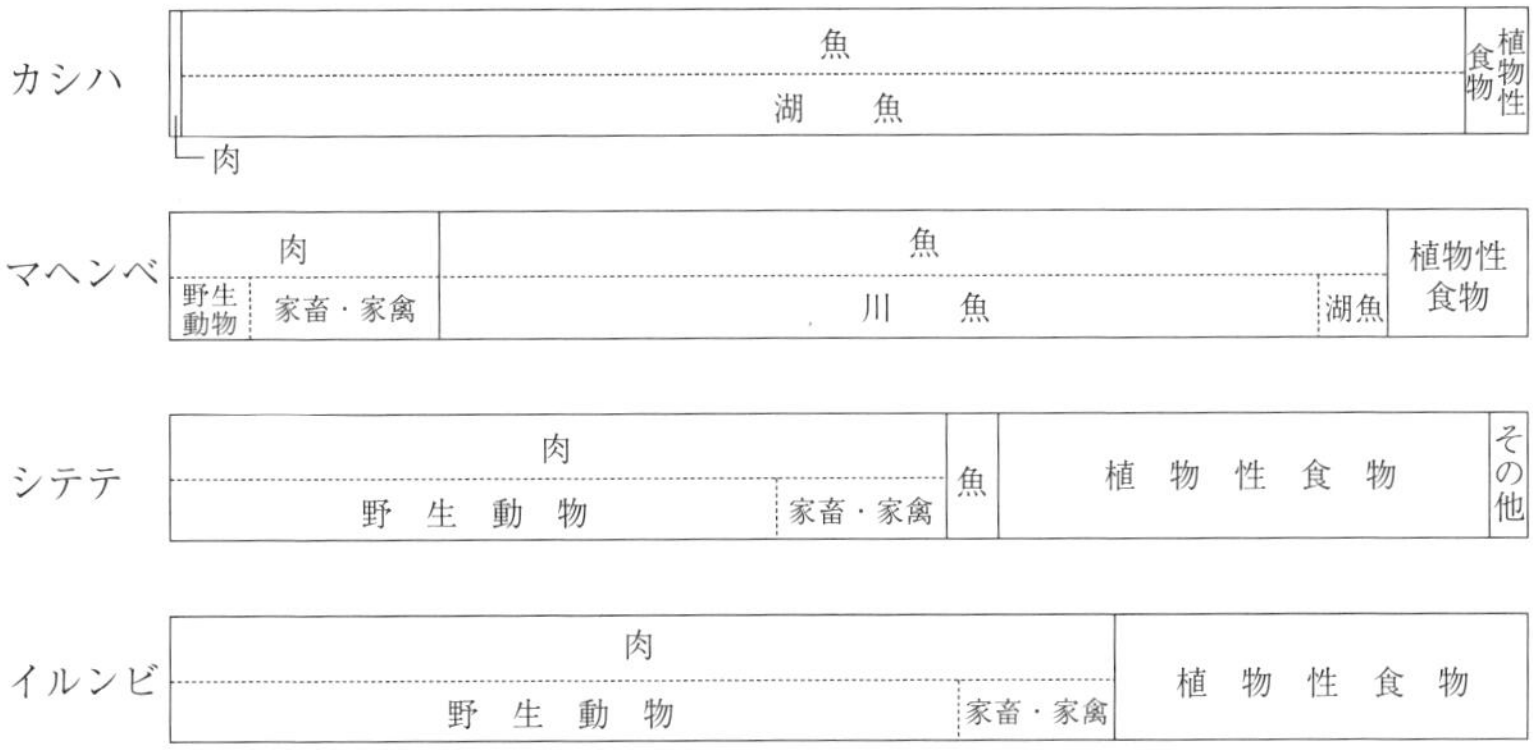

図5-19　副食の分析（1972年5月～8月の全食事）

るカシハの副食は、一見単調な内容に見えるが、実際は湖の多種の魚類と、調理法のヴァリエーションによって、副食はけっこう変化に富んでいる、といってよい。

シテテでは四七・四パーセント、イルンビでは五八・六パーセントと、山地帯ではともに野生動物の肉への依存度が高い。先に四ヵ月間の狩猟結果のところで、比較的捕獲数が多く、狩猟の確率が高いと指摘した、ブッシュバック、スニ、アカコロブス、アフリカオニネズミのそれぞれは、また肉類のなかで占める率が高い。とくに、ブッシュバック、スニなどの中・小型アンテロープが、肉類のなかで、シテテでは四〇・七パーセント、イルンビでは五二・四パーセントを占めていることは、注目される。山地帯での主要副食は、野生動物の肉であり、中・小型アンテロープの肉が中心となり、アカコロブスやアフリカオニネズミの肉が、それを補助して、肉食源の安定性を高めているということができる。各集落で食べられたヤギやニワトリの大部分は、精霊〈mughabho〉や祖先霊〈musimu〉への供物や、呪術医〈mufumo〉の仕事に用いられたものの、おさがりである。このように、儀礼時に食べられる家畜、家禽類の肉が、とくに山地帯や中高度地帯の集落では、全副食の一〇パーセントをこえる量を占めており、伝統的な生活をおくる集落における、儀礼時の食事のもつ意味を示す例として興味深い。

山地帯の植物性食物のうち、インゲンマメがかなり高い率を占めることは、注目にあたいする。インゲンマメは植物性副食のなかで、長期の保存がきく数少ない食物であり、安定性という点では、漁撈に劣る狩猟に依存しなければならない山地帯において、副食確保の重要な役割を果しているのである。とくに、シテテでは主食のトウモロコシが欠乏したこともあって、腹のたしになるインゲンマメの占める割合が高くなっている。緑色野菜としては、キャッサバ(31)やカボチャ、インゲンマメなどの作物の若葉がよく利用されており、それに対して、野生食用植物は〈musogho〉のみが少し利用されただけであった。

5　食物をめぐる社会関係

これまで、各集落における食生活を、とくにそれぞれの環境との関係を、重視しながら検討してきた。内陸部の集落は、きわめて規模が小さく、住民は一つのリネージに属し、食物生産、および消費のレベルで見れば、自給自足的な一つの単位であるとみなすことができる。しかし、かれらの生活は、集落のなかだけで完結しているのではない。トングウェ族の社会は、散在する集落のネットワークとして、とらえられなければならない。食物の生産、消費をめぐっても、同様のことがいえる。食物生産については、婚姻体系にまつわる婚資労働、また食物消費については、食品の集落間の流通といった例について、これまでにも指摘してきた。湖岸の集落や、町の近くの集落では、ある生業活動をより大規模におこなうために、人を雇用することもあるが、内陸部の集落では、こういった現象は見られない。食物生産について見れば、婚資労働という制度だけをのぞいて、一つの集落は、それだけで完結した単位とみなすことができる。しかし、食物の消費をめぐる社会関係は、一つの集落をこえて、大きなひろがりをもっている。つぎに集落から集落への人の往来〈kujāta〉と、集落間の食物の相互扶助について述べていきたい。

集落間の人の往来〈kujāta〉

内陸部の集落の分布は、きわめて疎開しており、かれらの社会が、足を前提としてなりたっているということは、すでに指摘しておいた。原野のなかに、ぽつりと離れて存在しているかに見える、かれらの集落には、じつはたえまない人の往来がある。集落から集落へと旅することを、トングウェ語で〈kujāta〉、スワヒリ語で kutembea という。筆者が住み込み調査中の、集落を訪問してきた人に、「どういう用事でここへきたのか?」とたずねれば、まず返ってくるのは、「kutembea tu（旅をしてるだけなのです）」というこたえである。じつは、後述するように〈kujāta〉には、多様な目的があるのであるが、極度に疎開して散在するかれらの社会は、この〈kujāta〉によってつながれ、一つの部族社会としてのまとまりをもっているのである。

A　ホスピタリティ

トングウェ族は、この〈kujāta〉をめぐって、じつに洗練されたホスピタリティの慣習をもっている。客〈munyenyi〉がやってくれば、集落の住民は、客に食事と宿を提供する。ときには、水浴のための湯をわかして、

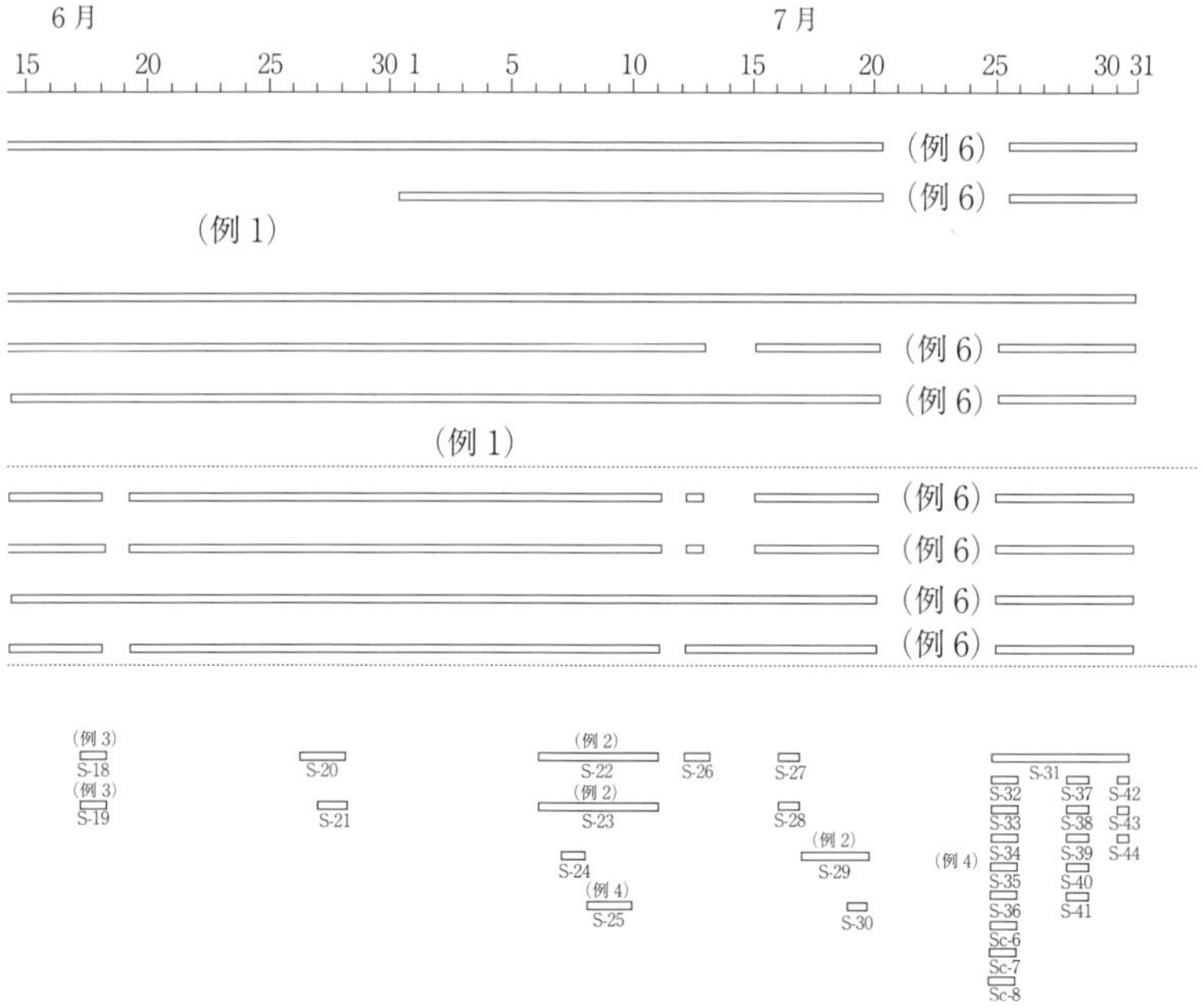

0 1 2 3 4 5日 ：イルンビに滞在

(　)の例の番号表示は，"〈Kujāta〉の目的"のところの記述に対応する。

(左ページより続く)

旅人の疲れをいやす。夜には集落の住民がつどい、いろいろな話題を交換して歓談する。もしその集落に、客の親戚すじの者がいれば、客はその家のせわになるが、そうでないばあいには、客はその集落のムトゥワレ、あるいはムワミの家のせわになるのが通例である。客が集落をたつとき、住民は客の荷をもち、適当なところまで見送り、客がたどるべき道を教える。この見送りを〈kusindikila〉という。〈kujāta〉する人たちは、いく先々の集落で食事の供応をうけながら、旅をつづけていくことができるのである。

B　〈kujāta〉と食物

作物の収穫量の検討によって、あきらかであったように、内陸部の小さな集落では、住民の仮定年間消費量ぎりぎりて

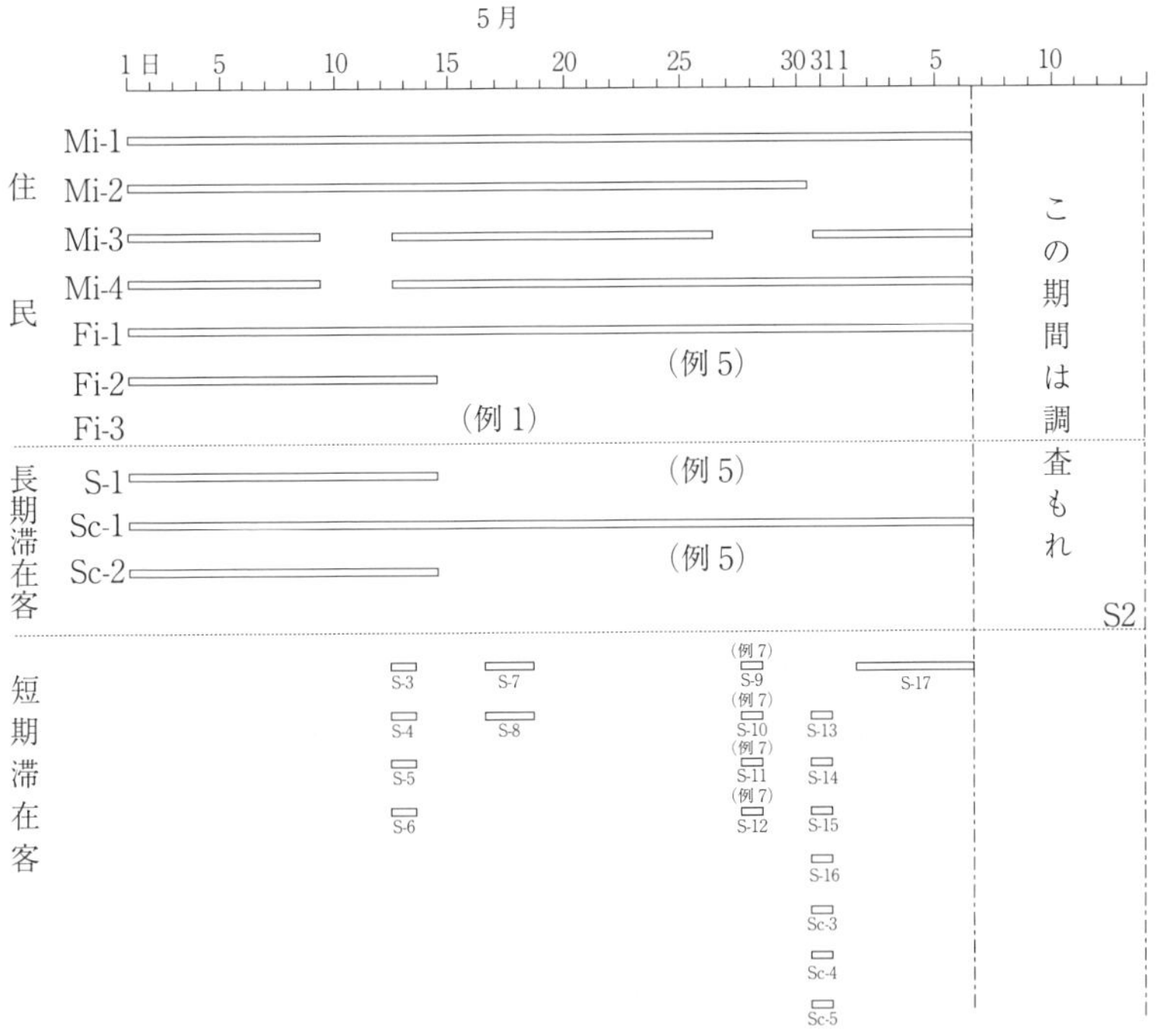

図５-20　イルンビでの人の往来

いどにしか、作物を栽培していない。ところが、多くの客がやってきて、そのすべてに食事を、供応しなければならないとするならば、客が消費する食物は、無視しえない量に達する可能性がある。そこで、イルンビを例にとって、人の往来の実態を検討し、〈kujāta〉と食物の関係を考察したい。

資料は、食物のばあい同様、イルンビの住民に記載してもらった、一九七二年五月から七月までのあいだの、イルンビにおける人の往来の記録である。ここで客というのは、イルンビに宿泊した人、という規準を与えてある（図５-20）。

イルンビの住人は、男四人（Ｍｉ—１）〜（Ｍｉ—４）、女三人（Ｆｉ—１）〜（Ｆｉ—３）の計七人で、それ以外の人は、すべて客である。そして客は長期滞在者

表 5-16　イルンビにおける人の往来と食物消費量

期間（1972 年）	5 月	6 月	7 月	計	
記録日数（日）	31	22	31	84	
イルンビの本来の住民数（人）					
成人	7	7	7	7	
未成人	0	0	0	0	
計	7	7	7	7	
仮定食物消費量（人・日）	217	154	217	588	（A）
イルンビ住民の食物消費量（人・日）					
成人	158	88	133	379	
未成人	0	0	0	0	
計	158	88	133	379	
客の食物消費量（人・日）					
長期滞在者					
成人	14	30	48	92	
未成人	30	24 ⅔	32 ⅔	87 ⅓	
計	44	54 ⅔	80 ⅔	179 ⅓	
短期滞在者					
成人	19	7	39	65	
未成人	0	2	2	4	
計	19	9	41	69	
総計	63	63 ⅔	121 ⅔	248 ⅓	（B）
実際の食物消費量（人・日）	221	151 ⅔	254 ⅔	627 ⅓	（C）

実際の食物消費量の仮定食物消費量に対する割合：$\frac{(C)}{(A)} \times 100 = 106.7$

実際の食物消費量で客の食物消費量の占める割合：$\frac{(B)}{(C)} \times 100 = 39.6$

と、短期滞在者にわけることができる。一ヵ月以上イルンビに滞在した人を長期滞在者とすると、（Ｓ—１）、（Ｓ—２）、（Ｓｃ—１）、（Ｓｃ—２）の四人がこれにあたる。（Ｓ—１）、（Ｓｃ—１）、（Ｓｃ—２）の三人は、（Ｍｉ—１）と（Ｆｉ—１）の孫たちであり、（Ｓ—２）はシテテの住人で、（Ｓ—１）の友人である。

イルンビにおける、三ヵ月間の人の流入、流出を算定したのが表5-16である。イルンビの住民が〈kujāta〉に出かければ、かれらは、その〈kujāta〉でたどる道々の集落や、目的先の集落で食事の供応をうけ、イルンビを訪問した客は、イルンビで食事の供応をうける。表5-16は、七人のイルンビの住人が〈kujāta〉にも出かけず、かれらだけがイルンビで、全食事をとったと仮定し、（人×日数）の値であらわした仮定食物消費量と、実際の消費量(32)とを比較したものである。

総食物消費量のうち、客の消費率は三九・六パーセントとなる。また、総食物消費量は、仮定食物消費量を、約六・七パーセント上まわるということになる。結果的に見れば、イルンビでは、人の流出と流入のバランスがとれており、仮定食物消費量は、食物消費量とほぼ同ていどであったといえるのである。

C 〈kujāta〉の目的

〈kujāta〉の目的はさまざまであり、その内容を真に理解するためには、かれらの社会構造や、超自然的世界についての、詳細な分析が必要となる。ここでは、イルンビにおける具体例を検討し、若干の考察を加えるにとどめておきたい。

三ヵ月間の、イルンビ住人の〈kujāta〉の目的地、および、客の出身地を図示したのが図5-21で、これは近隣の集落を対象とした、イルンビの日常的交際圏をあらわしていると考えられる。〈kujāta〉は、このような範囲内

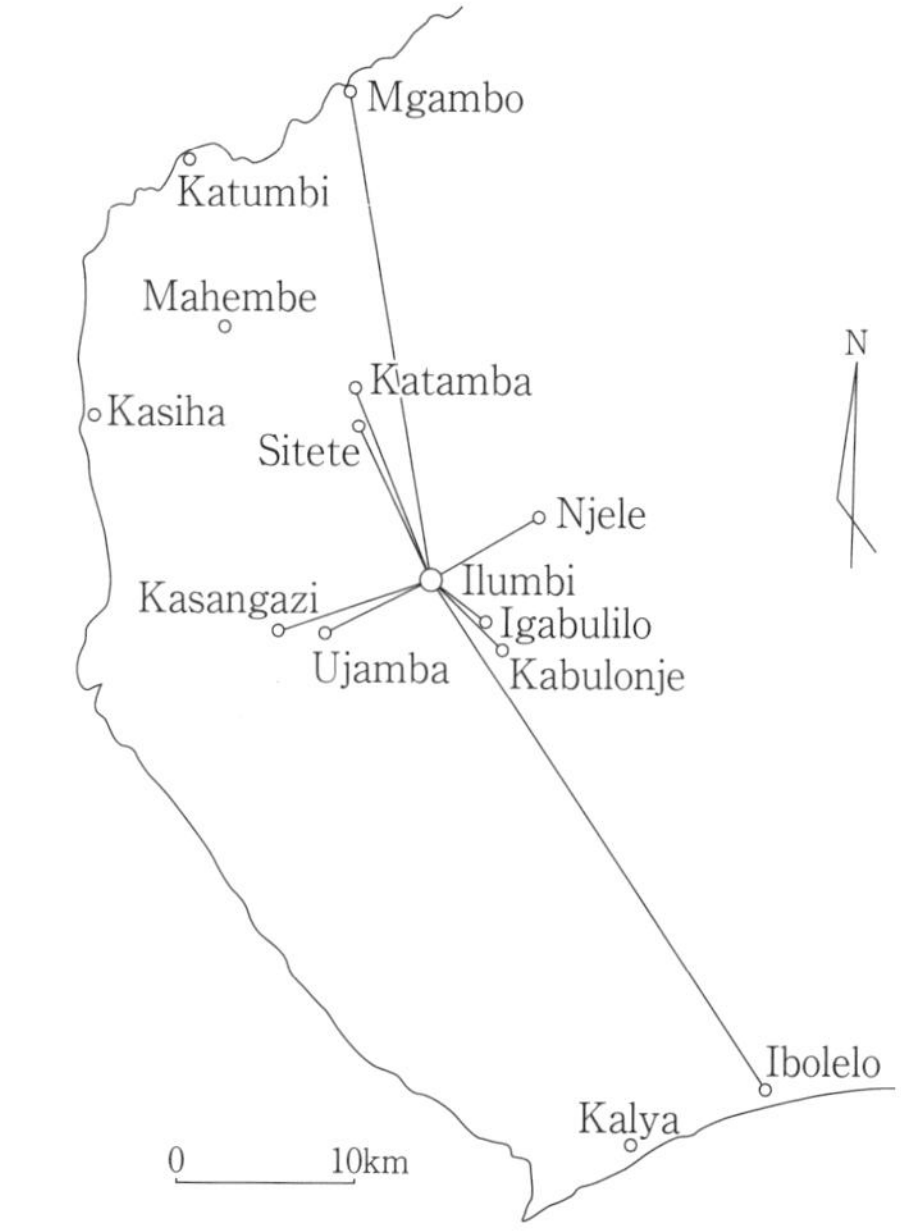

図5-21　〈Kujāta〉の範囲（1972年5月〜7月）

でおこなわれたのである。かれらの〈kujāta〉の目的は、大きく二つにわけることができる。その一つは、いわば日常的な目的とでもいうべきもので、いくつかの例をつぎに述べる（図5-20）。

例一——イルンビの住人が、湖岸の集落で稲作に従事した。

例二——シテテの人々が、トウモロコシをわけてもらいに、しばしばやってきた。

例三——ウジャンバの人々が、狩猟のついでにたちよった。

例四——イガブリロの青年が、森で刳り舟をつくっており、ときおりイルンビにたちよった。

もう一つの目的は、呪術〈bhulosi〉の世界や、祖先霊〈musimu〉や精霊〈mughabho〉などの、超自然的世界にかかわったもので、つぎのような例がある。

例五——イルンビのムワミ（Mi—1）の孫（Sc—2）が、邪術者〈mulosi〉に呪われて、体が不調となり、その兄（S—1）や祖母（Fi—2）が同行して、ムガンボの呪術医のところに、治療に出かけた。

例六——イガブリロで、イルンビの人々の属する氏族の、氏神〈mughabho〉ムラングワに、トウモロコシでつくった酒を捧げる儀礼がおこなわれ、一人をのぞき人々は出かけた。

例七――湖岸の集落イボレロで新しくムワミになった人が、おともを連れて、精霊ムラングワへ挨拶のために、イガブリロを訪れ、ついでにイルンビの祖先霊や、精霊にあいさつした。

以上の例でもわかるように、〈kujāta〉の目的は、じっに多様であるが、とくに、呪術や祖先霊、精霊などの世界と、深いかかわりをもった目的のために往来する人々が、少なくないことは注目しておかなければならない。

集落間における食物の相互扶助

住民の仮定年間消費量ぎりぎりていどにしか、作物を栽培していない内陸部の集落は、そうとうに頻繁な人の往来にもかかわらず、食物消費の微妙なバランスを、たもっていることがあきらかになった。しかし、このバランスは、ときには、危機に瀕することがないわけではない。内陸部の集落ではこのバランスがくずれ、主食用食物が欠乏するという例は、まれなことではない。前に少し述べたが、シテテでは一九七二年にトウモロコシが欠乏した。イルンビでも、一九七一年末にはトウモロコシがなくなり、また筆者が調査をおえる直前には、トウモロコシの結実期まで、そうとうの期間があるにもかかわらず、貯蔵庫は底をつきはじめていた。

主食用食物が、欠乏した集落の人々は、近隣の集落を訪れて食物を乞う。このことを、トングウェ語では〈kuhuma〉という。通常は、血縁者のいる集落を訪れて食物を乞い、乞われた集落の人々は、貯えがある限りわけ与えてやる。それが、伝統的なトングウェ族の慣習なのである。一九七二年の七月に、シテテの人々は、イルンビに主食をわけてもらいにいった。イルンビのみならず、かれらは近隣関係と、血縁関係をたよって、イガブリロ、カブロンジェ、カタンバなどの集落をも訪れている。前の年の末には、イルンビの人々は、たびたびシテテテに主食をわけてもらいにいっている。主食用食物が欠乏したときには、このようにして集落間で、相互扶助がおこなわれているのである。

一九七二年に、シテテでトウモロコシが欠乏したのは、その前の年一九七一年に、雨季耕作用焼畑〈lufula〉を、開墾しなかったからである。その理由について、シテテの住人は、一九七〇年に大きな〈lufula〉を開墾して多くのトウモロコシの収穫があり、翌年分まで十分にあると考えたからだと語った。しかし結局は、シテテの余剰トウモロコシをたよって、トウモロコシの欠乏した他集落の人々が、もらいにやってきたために貯えが減り、一九七二年には逆に、他集落にたよらなければならない破目に陥ったのだという。大きな〈lufula〉を耕したが、結局は、他集落の人々のために、苦労したようなものだった、とシテテの住民は語ったのである。シテテの住民は、トウモロコシを乞うために、しばしばイルンビを訪れている。これと同じ現象が、一九七二年にはイルンビで、おころうとしていたのである。

内陸部の集落で、仮定年間消費量ぎりぎりていどにしか、作物を栽培しないということの背景には、このような主食用食物の、相互扶助システムが、微妙にかかわっているのである。

6　総括と討論

トングウェ族の環境開発の特質

トングウェ族は、乾燥疎開林という環境のなかで、焼畑農耕と狩猟、漁撈、蜂蜜採集を生業として、生活する人々である。かれらの生活は、自然への強い依存を、示しているといってよい。ウッドランドに住むトングウェ族は、せいぜい二〜一〇戸、人口にして五〜三〇人が、小さな集落をつくり、そういった集落が、距離をへだてて広大な原野に点在する、疎開した居住様式をもっていた。隣りの集落まで三〇キロメートル内外、歩いて優に一日はかかる、という例もまれではなかった。こういった居住様式の特徴は、一平方キロメートルあたり〇・七六人という、極度に低い人口密度にも示されていた。ウッドランドは、ツェツェバエの多い地域であり、それが家畜の飼育を不能にし、人口密度の上昇を制限する要因の一つとして、働いていることが考えられる。参考までに、トングウェ・テリトリーの北に隣接する、農牧民ハ族のテリトリーは、ハイランドでツェツェバエがおらず、東アフリカでも、屈指の高い人口密度を擁しているのである。

しかしそれよりも、さらに重要な要因は、トングウェ族の焼畑農耕の方法に、求めることができる。トウモロコシとキャッサバを主要作物とする、原始焼畑農耕民であるトングウェ族は、森林と、森林後退後の二次性草原だけを開墾していた。しかし、かれらは決して、広大なウッドランドやサバンナを、開墾の対象とすることはなかったのである。トングウェ・テリトリー内での、野生チンパンジーの分布調査をおこなった加納氏は、トングウェ・テリトリー全体で、森林が占める割合は、五パーセント前後と推定した（Kano 1972: 117）。少なく見積っても、トングウェ・テリトリー内において、ウッドランドやサバンナが占める割合は、全体の八〇パーセントをくだることはないであろう。トングウェ族の人々は、この広大な領域を、農耕の対象としなかったのである。(33) かれらにとって、ウッドランドやサバンナは狩猟地であり、蜂蜜採集地にすぎなかったのである。

最小努力の傾向性

トングウェ・テリトリーは、その複雑な地形ともあいまって、多様な植生帯をもち、人々の生活環境は変化に富んでいた。標高、植生帯、河川の状況などの自然環境条件と、人々の主食と、副食の獲得様式を指標として、山地帯、中高度地帯、湖岸地帯の三つの地域に類型化して、考察を進めたが、人々はそれぞれの生活環境において、その環境に適応した生活様式を営んでいた。山地帯では、焼畑にトウモロコシを栽培し、中・小型の哺乳動物の狩猟を、主要な生業としていた。中高度地帯も、トウモロコシ栽培を主としていたが、キャッサバの栽培もあわせておこない、副食は川魚に依存していた。湖岸地方の主要作物は、キャッサバであったが、換金作物としての稲作をはじめ、農耕の内容は多様性を示し、副食は湖の魚が、もっとも主要な位置を占めていた。そして、日々の食生活は、それぞれの集落で、その生活環境に応じた内容を示しており、とくに、副食の内容に、環境との顕著な対応関係を見ることができた。山地帯では、野生動物の肉への依存度が高く、イルンビでは副食のなかの五八・六パーセント、シテテで四七・四パーセントの値を示している。中高度地帯では、川魚への依存度が高く、六五・六パーセントの値を示し、湖岸地帯では、じつに九五・三パーセントの高い率で、湖の魚が利用されていた。

個人的な嗜好を無視すれば、かれらは一般に肉類、魚類、植物性食物の順に好む。中高度地帯のマヘンベ、湖岸地帯のカシハにも、野生の動物は決して少なくはない。かなりの労力をかけさえすれば、野生動物の肉を手に入れることは、不可能ではないはずである。ところがかれらは、より入手の容易な魚に依存しているのである。食事は毎日のことであり、何にも増して、供給の安定性の保証ということが重要である。このことと、もっとも手近で入手容易なものに強く依存するという傾向とのあいだには、必然的な関係があるのであろう。それは、身近な環境において、できるだけ少ない努力で、安定した食物を確保しようとする傾向性、いいかえれば最小努力の傾向性を、示すものであるといってよい。トングウェ族の人々は、最小努力によって、おのおのの生活環境に、みごとに適応を示しているといいうるのである。

主食とする作物の生産を、集落単位で見ると、住民の推定年間消費量ぎりぎりか、あるいは、それを大はばに上まわることは、ないていどの収量を示していた。これもいちおう、かれらの最小努力の傾向性の、あらわれと考えることができる。この傾向性は、トングウェ族の人々の日常の生計維持に見られる、基本原理であることを指摘しておきたい。

食物の平均化の傾向性

トングウェ族の社会は、散在する集落のネットワークとして、とらえることができたが、それは、食物の生産と消費のレベルでも、同様であった。食物生産は、婚資労働をのぞけば、一つの集落が自己完結的な一つの単位となるが、食物消費は、より広い社会的ひろがりのなかで、とらえる必要があった。隔離した小集落のあいだをつなぎ、トングウェの部族社会をたもっている人々の往来〈kujāta〉は、集落を訪れる客〈munyenyi〉をていねいに接待する、というかれらの伝統的な慣習にささえられて、物質の流通と、人々のあいだの、また小集落間の、相互扶助の機能をも果していた。食物消費の観点から見れば、集落を頻繁に訪れる客が、食物を消費する量は無視できない。たとえば、イルンビでは、乾季三ヵ月間における客の食物消費量は、その期間のこの集落での全食物消費量の三九・六パーセントに達している。しかし、客の接待に要した食物量、つまり一つの集落への流入人口に対する食物量は、集落からの流出人口、つまり、集落の住民が旅〈kujāta〉に出かけることによって、帳消しになった食物消費量にほぼ一致する。

主食用作物生産に見られた、最小努力の傾向性と、集落間の人々の往来による、食物消費のバランスは、平常時における食物の生産と消費の、微妙な平衡関係をあらわしている。しかし常に、この平衡関係がたもたれているわけではない。それがくずれ、主食用食物が欠乏した集落の人々は、近隣の貯えのある集落にいき、主食用食物を乞う。集落間には、このような主食用食物をめぐる、相互扶助機構があった。しかし、貯えをわけ与えた集落は、あとになって、かれら自身が、ほかの集落に主食を乞いにいかなければならない、という事態もおこりうるのである。これを、食物の流れとしてとらえるならば、食物はつねに、各集落間を流動して平均化するという傾向を、もっているということができるであろう。〈kujāta〉による食物消費は、その均衡の細かい動きである、ともいえるのである。このように、主食用作物生産についての最小努力の傾向性と、その消費における平均化の傾向性とのあいだには、相互的な、密接な関係が認められるのである。

湖岸の集落カシハでは、たとえば〈ibhotebhote〉のような特殊な野菜が、好まれるのにもかかわらず、住民は、これらを積極的に栽培しようとしなかった。その理由について、ある住民は、一軒だけで栽培すると、結局は他の人々に乞われて、ほとんど全部もっていかれてしまい、なんのために栽培したのか、わからなくなるからだ、と答えた。つまり、だれもが栽培しているものを栽培しているのが、一番よいのだというのである。これも、かれらの平均化と、そしてある意味では、最小努力の傾向性の一側面であると、みなしてよいであろう。

トングウェ族の人々が、大人物〈muntu mukulu〉と評するとき、その属性の一つは、きまえのよいことであった。客人を立派にもてなすことは、大人物として欠けることがあってはならない条件の、一つなのである。その極端な事例を、梅棹氏が紹介している。湖岸のムシヘジの浜に住むある家族が、舟でいききする際にたちよる客人を、立派にもてなそうと思いたって、耕作にはげみ多くの収穫をあげたが、収穫物のほとんどすべてを、客人に無償で与えてしまい、いつまでたっても、みずからの貯えをふやすことはできなかった、という例である（梅棹　一九六五：五四―五六頁）。

カソゲの調査基地にやとわれている、トングウェ族の人々は、毎月一定の収入をえることができるために、確実な現金収入源をもたないほかの人々にとっては、羨望の的になっていた。ところが、基地で働くこれらの人々のところへは、多くの親戚の者が集まってきて、居候を決めこむ。これらの居候を、むげに扱うことはできない。それは、トングウェ族の慣習に反することなのである。

日々にかわされる挨拶語のなかに、この平均化の傾向性を、色濃く表現していることばがある。旅〈kujāta〉に出かけて、数日ののちに帰ってきた住民に対して、人々は「Wanjimasi?（わたしたちにわけ与えないで、何を食べたのか）」と聞くのである。問われた本人は、「Ajēhi（いえ、何も）」とか「Bhughali no kasimbo（ウガリとキャッサバの葉だけですよ）」などと、答える。他集落からやってきた、親しい客に対して、「Ulikulentela si?（何をもってきてくれたのか）」ということばをかけるのも、類似の例であろう。なにげない日常の会話のなかに、トングウェ族社会のもつ、基本的な性格を、かいま見ることができるのである。

呪術、精霊、祖先霊

上述してきた、最小努力と平均化という、トングウェ族の人たちの社会に見られる、二つの基本的な性格は、また、深く、呪術〈bhulosi〉の世界や、精霊〈mughabho〉や祖先霊〈musimu〉など、超自然的な世界と関係を有している。最小努力や、食物の平均化の傾向性に逆行する行為は、人々のねたみや、うらみの対象となり、ときには呪術〈bhulosi〉の世界が、かかわってくる。集落から集落への人々の往来〈kujäta〉も、これらの超自然的世界とのかかわりが、動機となっている例を少なからず見るのである。それは、精霊や、祖先霊や、呪詛の世界、すなわち、これら超自然的なものに対する人々の畏怖が、上述してきた、かれらの生業活動の諸形態に、その裏面から、種々の規制を与えていることをものがたっている。この点についての検討は、かれらの超自然的世界の分析をおえたあとで、再度とりあげることにしたいと思う。

トングウェ族の生計維持機構に見られる諸特性は、たとえば、ラテン・アメリカに住む農民の研究において、ウォルフが提出した〝leveing mechanism〟および〝institutionalized envy〟といった問題や（Wolf 1955）、エプスティンが、インドの農耕民研究で提出した〝average product〟といった問題（Epstein 1967）と、あるていどの類似性をもっている。またサーリンズが提出した、未開社会における〝reciprocity〟という問題のうち、とくに〝generalized reciprocity》といったことから（Sahlins 1965）とも、深い関係を有しているように思う。さらに、アフリカのザンビアに住む、ベンバ族を対象として、かれらの食物をめぐる心理的・社会的関係の詳細な分析をおこなった、リチャーズの研究（Richards 1939）などもあり、これらの諸研究との比較検討は、興味深いが、これらの諸点も、問題の提起にとどめ、稿をあらためて論ずることにしたい。

謝辞

本研究のもととなった調査は、ウェンナー・グレン人類学財団の、基金をえておこなわれたものである。調査の企画推進、現地における指導から、報告をまとめるにいたるまで、伊谷純一郎博士（京大理学部）からは、常にはげましと助言をいただいた。西田利貞博士（東大理学部）には、現地においていろいろと御指導いただいた。池田次郎博士はじめ、京都大学自然人類学研究室の皆様からは、調査遂行にあたっては強い支援を、また討論を通じて、多くの有益な助言と忠告をいただいた。梅棹忠夫博士を中心とする、京都大学人文科学研究所社会人類学共同研究班の皆様からも、貴重な助言をいただいた。一年をこす調査期間を通じて、トングウェ族の多くの友人たちには、本当におせわになった。記して謝意を表したい。

注

（1）トングウェ族については、一九世紀後半のアフリカ探検家、カメロンやスタンレー以来、断片的な記載や、二～三の人類学的な短報はあるが、本格的な人類学的研究は、おこなわれていない（Cameron 1877; Stanley 1878; Majerus 1911; 1915-1916; Avon 1915-1916; Simkin 1959）。日本人による研究としては、京都大学アフリカ学術調査隊員による報告が、わずかにある（梅棹 一九六五、端 一九六八、伊谷 一九七〇、一九七一a、一九七一b、Suzuki 1972; 西田 一九七二）。

(2)　個々の年降水量の極大と極小の差を、平均年降水量で割ったもの。
(3)　筆者の帰国後、カシハにも、かなりの数のベンベ族の人々が移住してきて、カソゲ全体では、一〇〇人をこすにいたっていたという（伊谷・西田・上原よりの私信）。
(4)　図5-7参照。
(5)　アフリカの土着農業の地域類型では、トングウェ・テリトリーは、「新大陸起源のマニオク、トウモロコシ、サツマイモが主作物をなす地域」に属している（佐々木　一九七〇：一八四頁）農業形態のこの類型が、アフリカ全体のなかの、ウッドランド帯にほぼ対応していることは興味深い。
(6)　モロコシが、トングウェ・テリトリーの東北部に住む人々の、主作物の一つになっているという報告があるが（Suzuki 1972）、筆者はモロコシを主作物として、栽培している例を見なかった。
(7)　多くの地域において、〈mwami〉の死体を安置する特別の地域〈isigho lya itabhami〉以外の森林は、ながねんにわたる耕作のゆえに、二次林的性格を有するものと考えられる。
(8)　（Ｍｓ―５）は佝僂病患者の男であり、独身ではあるがみずからの耕地を耕している。
(9)　おのおのの氏族〈mulahilo〉には、固有の領地〈sihugho〉があるが、これは主として土地の精霊、および祖先霊との関係で強調されるものであり、個々人は、耕地を自由に選択することができる。
(10)　成熟後まもない、未乾燥のトウモロコシの初穂や、乾燥後、粉末化して主食用のウガリにするトウモロコシは、精霊にそなえたのちに、はじめて人々の食卓にのぼる。これらの儀礼については、別のところで簡単に紹介した（伊谷・西田・掛谷　一九七二）。
(11)　中高度Ｍ２型地帯では、大型獣の狩猟がおこなわれており、トングウェ族の狩猟活動の理解、という点では重要な意味をもっている。この地域については、武田淳氏が、ルグフ川中流域イセンガ地域において、この大型獣狩猟活動の詳細な調査をおこなった。
(12)　先ごめ銃は、トングウェ族の男にとって、もっとも重要な財産の一つであり、筆者の調査当時、一挺三〇〇シリング（一万五〇〇〇円）前後の値であった。
(13)　読み書きのできるシテテの青年に、記録の意図を了解してもらい、記録方法を指導して、日記風にノートに記帳してもらった資料にもとづいている。
(14)　カパラムセンガのように、近代化のきざしを示しはじめている集落では、漁業専業化の傾向を見せ、ダガー漁が重要な現金収入源となっており、大中型の魚も燻製にして出荷している（端　一九六八）。
(15) ほかの地域では、魚毒、もんどり、やすを用いた漁法もあるが、マヘンベでは、これらは観察されなかった。
(16) ときには、三〇〇個近く所有する人もいる。このばあいはあきらかに、一人で蜜の回収をおこなうことは不可能で、人をやとい、専業化あるいは、企業化ともいいうる形態をとっている。
(17) 巣箱一個で、四ガロンの蜂蜜と、二キログラムの蜜蝋がとれることがあるという。このばあい、蜂蜜は四五シリング（二二五〇円）、蜜蝋が一八シリング（九五〇円）で売れる。
(18) 〈ibhu〉、〈mpana〉は、湖岸地帯では間食用に用いられるだけであるが、山地帯では一定期間、未乾燥のトウモロコシのみにたよらなければならぬ時期があり、これらは重要な主食となる。
(19) 精霊や祖先霊に捧げるのは、このウガリである。
(20) 酒には、このほかバナナでつくる酒、アブラヤシの樹幹の乳液からつくる酒、などがある。酒の製法は複雑であるので、ここでは省略することにしたい。
(21) その理由としては、ブッシュピッグやハリネズミなどの、野獣の害を防ぐためや、有毒種のほうが、繊維質の生長が遅く、長く土中に保存することが、可能であることなどが考えられる（Acland 1971: 34-35）。
(22) 奥地の集落イグンガでは、トウモロコシ、キャッサバと同ていど、あるいは、それ以上に、サツマイモに依存していたという（伊谷 私信）。
(23) これらのほかにも、野生のヤムイモ〈sile〉が比較的よく利用され、また、ジャガイモを栽培しているところもあるという聞き込みをえたが、筆者は観察しえなかった。
(24) 筆者は、たびたびかれらから食事の供応をうけたが、副食が野菜類だけのばあいには、「今日は〈mbogha〉がなくて申しわけない」といった弁解を聞いた。
(25) トングウェ族の人々は、かなりの人がイスラム教徒となっている。とくに、湖岸地帯に多い。
(26) すべての氏族が、なんらかの食用とすることを禁じている動物を、もっているわけではない。
(27) 〈sibhango〉は、肉のみならず、魚やキノコ類を燻製乾燥したものの総称である。
(28) キマメは、換金作物としても重要であるが、筆者が調査対象とした集落では、栽培していなかった。
(29) 少なくとも三種は、食用とされているようである（西田 私信）。
(30) この蜂の蜜も食べる。

（31）シテテは、山地帯の集落であり、キャッサバを少し栽培しているものの、生長が遅く、主食用作物としての意味はうすく、もっぱらその若葉が利用されていた。

（32）この量も（人×日数）であらわした。ただし、一〇歳以下と考えられる子供（Ｓｃ）は、成人の食事の三分の二の消費量である、と仮定して計算した。

（33）カソゲに移住してきた、コンゴのベンベ族の人々は、どんどんウッドランドを開墾し、キャッサバ畑をつくっているという（伊谷 私信）。

第6章　アフリカのトングウェ族とともに

1　カソゲ村へ――南十字星目指し南下　涼風の心地良さに驚く

東アフリカの表玄関ナイロビは高原の都市だ。空港に降り立つと赤道直下にあるうだるような炎暑の国アフリカといったイメージとは裏腹に、膚をなでる涼風の心地良さに驚く。ブーゲンビリヤやハイビスカスの原色の花、人懐っこそうな黒人の笑顔、それに深く澄んだ青空から突き抜けるようにさしかける陽光を目にして、初めてここがアフリカの地であることを納得する。

私たちのアフリカへの旅はいつもナイロビから始まるのだが、私たちの目的地トングウェの国まではまだまだ遠い。高層建築が林立する近代都市ナイロビから飛行機で約一時間飛べば、インド洋岸に面するタンザニア国の首都ダルエスサラームに着く。さらに、そこから二泊三日の汽車の旅だ。

夕方、ダルエスサラーム駅をたった汽車は、タンザニア国の中央部に広がるサバンナを突き切って西に向かう。三日目の早朝、汽車は朝もやのかかったタンガニイカ湖はんの町キゴマに滑り込む。私たち夫婦が伊谷純一郎隊長（京都大学助教授）と共に、初めてキゴマの町に足を踏み入れたのは、一九七一年五月二〇日だった。ちょうど雨期明けの季節を迎えたタンガニイカ湖は穏やかに透んでおり、対岸部には、ザイール（現在、コンゴ民主共和国）の山並みが薄っすらとかすんで見えた。

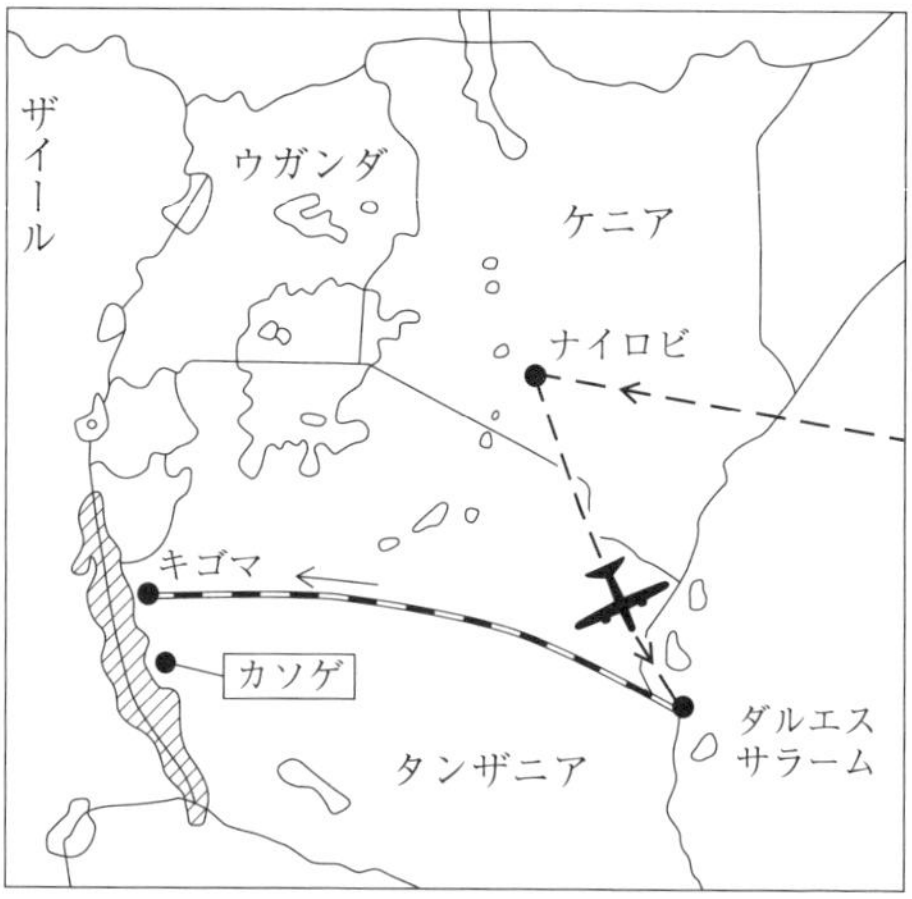

図 6-1　カソゲ村の位置

タンザニア国の西の端に位置するタンガニイカ湖は、南北の長さが七二〇キロもある世界一長い湖だ。この湖の東岸部から東方に広がる地帯は、ウッドランド（乾燥疎開林）と呼ばれる原野であり、そこには原始的な焼畑農耕を営むトングウェ族が住んでいる。私たちは、このトングウェ族と共に暮らし、彼らの生活を調べるためにはるばる日本からやって来たのだった。

私たちの調査基地のあるトングウェ族の村カソゲは、キゴマの南方約一五〇キロのところにある。カソゲまでは、湖上を行き来するボートで運んでもらわなければならない。ボートの舟着き場は、キゴマ郊外の町ウジジにある。適当な舟便を見つけるため、私たちはウジジの浜に向かう。浜に下りる途中の小高い丘の上に数本のマン

写真6-1　タンガニイカ湖からンクングウェ山を望む

ゴーの木が茂っており、その下に石碑があった。石碑には「一八七一年一一月一〇日、このマンゴーの木の下で、スタンレーはリビングストンに出会った」と記されていた。ウジジは、十九世紀後半のアフリカ探検時代を象徴する由緒ある町なのである。

ウジジの浜辺からは、その南方に広がるトングウェの国が一望される。野生のチンパンジーを求めて、トングウェの国のすみからすみまで歩き回られた伊谷隊長は、緩やかに折り重なる山々を指差して、その名前を私たちに教えて下さる。「あれがムクユ、その向こうにある山がカルルンペーター」あたかも生まれ故郷の山々の名を呼ぶときのように。その声はいきいきと弾んでいた。

今西錦司・伊谷純一郎両先生を指導者とする京都大学類人猿学術調査隊は、野生日本ザルの研究を基礎にして、ヒトに最も近いと言われる類人猿チンパンジーの生態・社会のナゾを解くため、一九六〇年以来、このトングウェの国に住む野生チンパンジーの調査を続けてきた。それは、人類の起源という大問題にアプローチするための調査研究だった。何人もの若い研究者が、ときには無人の原野に住み、野獣との危険な出合いも経験しながら、執ようにチンパンジー社会の解明を続けてきたのである。この長期にわたる調査を、ポーターとして、また有能なトラッカー（動物追跡者）として裏面から支えてきたのが、トングウェ族の人々であった。自然を熟知したトングウェ族の人々とのつき合いが深まるにつれて、研究者の間には機会があればこのトングウェ族の調査をてがけたいという願望がつのってきていた。こうして、チンパンジー研究が始まってからほぼ十年たって、私たち夫婦がトングウェ族の人類学的調査のために送りこまれたのである。チンパンジーの研究は、一九六六年その餌付けを契機にして飛躍的に進展した。野生チンパンジーが餌付けされたところ、それがこれから私たちが向かおうとしているカソゲ村だった。

ようやく交渉がついたボートはウジジの人々が夕げの支度を始めるころ、舟着き場を出発する。夜のとばりがおり、私たちの乗ったボートは、ダガー（イワシに似た小魚）漁の漁火《いさびり》の際をぬって、ひたすら南十字星をめがけて南下する。翌朝、寝袋の中で目覚めると眼前に紫色にけぶった峨々《がが》たる山容が迫ってくる。トングウェ族の精霊の住む高峰、マハレ山脈のンクングウェ山（二四六二メートル）だ。目指すカソゲ村は、このンクングウェ山の西山ろくにある。

2　原野の村――わずか二一一〇戸の規模　親族だけ…点々と存在

カソゲの浜の目印は、高く伸びた二本のアブラヤシの木だった。エンジンの音を聞きつけた子供たちが、岸辺のアシの間を見え隠れしながら走って来る。ボートがエンジンを止める。私たちはす早くズボンのすそを膝（ひざ）までまくり上げ、ボートから飛び降りる。「ウリンポラ・ターター（みんな元気かい！）」伊谷隊長は、迎えに出て来た村人にトングウェ語であいさつする。私たちには、まだトングウェ語は皆目《かいもく》わからない。しかし、片言のスワヒリ語なら、あいさつぐらいはできる。「ジャンボ、ジャンボ！（今日は！）」。村人も口々に「ジャンボ！」を連発しながら、親しげに手を差し延べてくる。私たちは、その手をしっかりと握りしめる。子供たちも、おずおずと恥ずかしそうに手を差し出す。私たちは、次々と村人とあいさつを交わしながら、とうとうあこがれのトングウェの国に着いたのだという満足感が腹の底からこみあげてくるのを感じる。同時に、これから一年半この異境の地で暮らしてゆくことを思い、不安がチョッピリ胸をかすめたのだが…。

チンパンジー基地の使用人でもある数人のトングウェの男たちが荷物を頭に、あるいはがっしりとした肩に支えて、基地に向かって歩き出す。私たちはその後に続く。キャッサバイモの畑を抜け、アブラヤシやマンゴーの木陰を通り、背丈ほどに伸びた草の中の細い坂道を一五分ぐらい登ったところに基地があった。木と草と泥できたトングウェ風の家屋、それが私たちの家だった。

調査は、村の中を歩き回り、村人の顔と名前を覚え、片言のスワヒリ語で会話することから始まった。トングウェ族の人々は、日常語として彼らの部族語であるトングウェ語を話す。しかし、部族間の共通語であり、タンザニア国の公用語でもあるスワヒリ語も自由にしゃべることができる。私たちが調査に用いたのはスワヒリ語だった。

スワヒリ語の先生は、毎日のように基地にやって来る子供たちだ。村のガキ大将キボゴヨは、本当にすばらしい先生だった。私たちが頭の中で一生懸命単語を捜していると、キボゴヨは私たちの心をすぐさま察して、適切

写真 6-2　雨期初めのウッドランドを行く。

な表現を教えてくれる。心優しい先生のおかげで、伊谷隊長が三カ月の滞在を終えて帰国の途につかれるころには、私たちは何とかスワヒリ語で用が足せるようになった。

カソゲ村で湖岸地帯に住むトングウェの生活を調べる一方、私たちは、広範囲に分布するトングウェを求めて奥地の村を訪ねるサファリ（旅）に出かける。目的地の村に一番近い岸までは、基地備えつけのボートで行きそこからはすべて徒歩だ。一一月から翌年の四月までの雨期には、ウッドランドの木々は青々とした葉をつけており、葉の間から差し込む木漏れ日が清々しい。繁茂した下生えの草をかき分けながら、細々とつながる小道をたどる。五月から一一月まで続く乾期はサファリに適した時期だ。雨はほとんど降らない。木々は葉を落とし、下生えの草は野火で焼き払われている。

先頭を歩く道案内兼ポーターのトングウェ、ハルナやアリマシは時々立ち止まり、道に落ちている動物の

写真6-3　住居が点在するマヘンベ村。調査のためのテントが小さく見える。

フンを指し示して、その主を教えてくれる。ブッシュバック（中型のカモシカ）ハイエナ、野ブタ、ヒョウ、ライオン、アフリカゾウ…ウッドランドは多くの野生動物がせい息する地域なのだ。

湖岸部から、かれこれ三時間は歩いただろうか。体は汗でビッショリだ。ンクングウェ山から流れ落ちる清流を渡ると、今日の目的地マヘンベ村だ。両側に広がる山地の谷間に、数戸の家が、自然の猛威から身を守るように肩を寄せ合って立っている。「ホディ、ホディ！（入っていいですか！）」ハルナたちは声をかける。村の長老が、シテベ（丸い木製の座いす）をアブラヤシの木陰に運び、そこに私たちを招く。私たちは水を一杯所望する。子供が、ヒョウタンでできたひしゃくに水を満たしやって来る。子供は膝を曲げて丁寧にあいさつし、左手を右の手に添えてうやうやしく差し出す。水は素焼きのつぼに入っていたのだろう。冷たくてうまい。

マヘンベ村には、男六人、女六人合せて一二人が住んでいた。ムトゥワレと呼ばれる村の長を中心に、親族の者だけが住む小さな村だ。広大なウッドランドにはこのような村が点々と存在しておりその規模は戸数にして二―一〇戸、人口では三―四〇人というのが一般的である。その上、小さな村は原野に距離を隔てて散在しており一つの村から隣の村まで歩いて優に一日かかるといった例もまれではない。トングウェの国はほぼ二万平方キロメートルちょうど日本の四国ぐらいの広さがある。そこに住むトングウェ族の人口は二万人たらずだ。だから人口密度は、一平方キロメートルあたり一人ということになる。広大な原野に埋もれるようにして生活する人々、それが伝統的なトングウェ族なのである。

3　焼き畑耕作――乾期に川辺林を伐採　雨期、女がクワで種まき

トングウェの住むウッドランドは、人の生活環境という視点からみれば変化に富んでいる。高度だけをとりあげても、村は、海抜七七〇メートル程度の湖岸部から二〇〇〇メートル近い山地帯にまで広がっているトングウェ社会の広がりと多様性を把握するため、私たちはカソゲにメイン・キャンプを置くと同時に、高度一〇〇〇メートルの山間部の村マヘンベ、それに高度一五〇〇メートルを超す山地帯の村シテテとイルンビを定着点として選び、それぞれの村に一定期間ずつ住み込んで調査を進めた。カソゲにある豪邸（?）のほかに三カ所も別荘地を持つ、優雅な暮らしぶりというわけだ。もっとも、私たちの別荘は木と草のみでできた、一部屋しかない簡素な家屋ではあったが…。

シテテは山地帯にあるにもかかわらず、若い屈強な男たちが六人もいる総勢二九人の村だった。もう一つの山

村イルンビは、トングウェの国に住みついた多くの氏族の中でも草分け的なムレンゴ氏族の村だ。村の中には、ヒョウとライオンの頭がい骨を枝に突き刺した象徴物がある。それは、ここが氏族の長ムワミの在所であることを示している。しかし、村人はムワミ・ルカンダミラを含めて男四人女三人、合わせて七人だけしかいない。ムワミは優に六十歳を超える老人だが首長としての威厳をそなえた眼光の鋭い人だった（口絵8）。

山地帯の村での重要な仕事は、トウモロコシを主作物とする焼き畑農耕だ。畑は川の流れに沿って発達した林（川辺林）を切り開いてつくる。乾期が進んだ七月、男たちはあらかじめ選定しておいた川辺林に毎日通う。下生えの草やつるをナタで切り払い、大木はオノで切り倒す。早朝から太陽が高く昇る昼過ぎまでが仕事の時間だ。汗が額から流れ落ち、草木が体にまとわりつく。それでもここが男の力の見せ所だ。男たちは、こん身の力をこめてオノを振り下ろす。

写真6-4　トングウェにとって焼き畑農耕は大切な生産手段だ。

こうして伐採のすんだ林は、そのまま二カ月程放置される。雨期もそろそろ間近になったころ、乾燥した草や木に火がつけられる。急斜面の畑地の下方から風が吹き上げる日を選んで、一気に火つけが行われる。ごうごうと音をたてて火は燃え広がる。林の周囲にある原野はすでに野火で焼き払われているから、畑地以外に火が及ぶ心配はない。火がおさまった後は、あたり一面が黒いオブジェの世界に変わる。

長い乾期の終わりを告げる雷鳴がとどろき、最初の雨がからからに乾いた地面をうるおすと、トウモロコシの播種《はしゅ》が始まる（写真6-4、

第Ⅱ部扉写真）。播種は女の仕事だ。クワを手にした女たちは、急斜面を上り下りしながら種をまく。地面に穴をうがち、そこに数粒のトウモロコシとカボチャやインゲンマメの種子を入れ、クワで土を寄せる。

播種後の重要な仕事は、除草と野獣の畑荒らしを防ぐ見張りだ。除草は女の仕事であり、見張りは男の仕事だ。畑地には簡単な出作り小屋がある。除草の合間、女たちはこの小屋で憩う。夜には若い男がブンドゥキ（スタンレー時代以来の旧式の先込め銃）を持って泊まりこむ。ブッシュバック（中型のカモシカ）やハリネズミ、野ブタは畑荒らしの常習者だ。

ドカーンと、夜の静寂を破るごう音が聞こえる。野獣への脅かしの一発だろうか。それとも弾丸は野獣に命中したのだろうか。もしかすると、明日うまいブッシュバックの焼き肉にありつけるかもしれない。

雨期の終わる四月末には、トウモロコシが実をつけ、地面には大きなカボチャがころがっている。プーンと香ばしい、もぎたてのトウモロコシを焼くにおいは乾期の訪れの前ぶれだ。しかし、収穫はトウモロコシが乾燥するまで待たなければならない。

湖岸の村に近づくにつれて、トウモロコシ畑はキャッサバイモ畑にとってかわる。キャッサバは、畑に盛り土をし、そこに一五センチ程に切ったイモの茎をさし込んで栽培する。ほぼ一年半たつと、土中に腕の太さほどもあるイモができる。トングウェの伝統的な作物はトウモロコシなのだが、後に導入されたキャッサバは比較的少ない労働の投下で多くの収穫が得られることもあって優勢になりつつある。しかし、山地帯ではもっぱらトウモロコシが栽培されている。キャッサバは貧しい土壌に対しては強いのだが、寒さには弱い。だから、山地帯では生長が遅く、主作物としては役に立たない。

トングウェの主食は、ウガリと呼ばれる一種の練り団子だ。乾燥したトウモロコシは、木うすで突いて粉にす

写真6-5　乾燥したトウモロコシを木うすで突くのは女の仕事だ。トントンという木うすを突く音で一日の日課が始まる。

る。キャッサバイモはあくが強いので、数日間つぼの中で水さらしして毒素を抜き、天日乾燥した後、うすで突いて粉にする（口絵9）。この粉を熱湯の中に入れ、長い柄のあるしゃくしでこねあげるとウガリができあがる。

　ウガリ用の粉を木うすで突きあげるのは、女たちの日々の日課だ。村の朝は、トントンといううすをつく音から始まる。

4　原野の生業——鉄砲“男の魂”の象徴　大型ネズミも重要な獲物

　ブンドゥキ（鉄砲）は、原野に住む男たちの魂の象徴だ。彼らは外出するとき、必ずこのブンドゥキを携行する。腰にアフリカスイギュウの毛皮でできたイベーティ（弾丸・火薬入れ）をつけ、肩にジャコウネコの毛皮を巻いたブンドゥキを担ぐ。ジャコウネコの毛皮は、ブンドゥキが草露や雨でぬれるのを防ぐ。

　木々の葉むらの間にチラリと動物の姿が見える。ブッシュバックだ。狩人は、風向きを確かめ、風下の方向からブッシュバックにアプローチする。木や草に身を隠してできるだけ音をたてないように気をつけて至近距離まで

写真 6-6　狩猟に出かけるトングウェの人たち

近づき、ブッシュバックの心臓に照準を合わせる。狩人は息をつめ、精神を集中して静かに引き金を引く。

ときには、男たち数人が組んで狩に出かける。目指す獲物は、アフリカスイギュウ・ローンアンテロープ（大型カモシカ）・ゾウなどの大物だ。地面に残った野獣の足跡を執ようにたどり、原野の奥まで追って行く。スイギュウやゾウは、手負いになれば本当に危険だ。ブンドゥキは一発ぶっ放せば、次の弾丸をこめるまでかなり時間がかかる。これらの大物が相手のときには、逃げ登る大木を確かめておいてから、引き金を引かなければならない。

山地の村ではこの鉄砲猟のほかに、締めワナや落しワナなど各種のワナによる狩猟も重要な副食獲得の生計活動だ。ワナ猟の場合も中・小型のカモシカが主要な対象だ。しかしいつもこのような動物がかかるわけではない。だからアフリカオニネズミやアシネズミのような、比較的ワナにかかる確率の高い大型ネズミの仲間も重要な獲物である。畑地や森の中にいくつもワナを仕掛け、毎朝、男たちはそれらを見回る。動物がかかっていれば、コン棒でなぐり殺すか、槍《やり》でとどめをさす。

湖岸の村や川の中流域にある村では、漁撈《ろう》が男たちの重要な生業だ。湖岸の村カソゲでは太陽が対岸のザイールの山並みに没するころ、男たちがくり舟にのって湖にこぎ出す。一〇〇メートルほどの刺網を水中に仕掛け、翌朝それをとり入れる。

くり舟乗りは一見簡単なようだが、私たちには実に難しい。腰がシャンと安定していなければ、たちどころにひっくり返ってしまう。私は何度かキボゴヨ（村のガキ大将）に教えをこうた。上手にカイをあやつりながら、キボゴヨはニヤニヤして私に注意する。「マコト、舟の中でダンスを踊っちゃだめだよ！」。私は苦しまぎれに答える。「いや、腰がひとりでに踊りだすんだよ！」。

写真6-7　タンガニイカ湖でとれた魚クーヘ、タイの味に似てうまい。

湖には多種類の魚がいる（口絵10）。イワシに似た小魚ダガー、タイの味に似たクーヘやサンマの味に近いムゲブカ、それにコブダイのように頭部が突き出たチャンボンコモもいる。ンシンガは、子供の背の高さほどもある脂肪の多い大ナマズだ。

私たちはクーヘの刺し身が大好物だった。この刺し身のために、わざわざ日本からしょうゆを少し持参してきている。もっとも肉や魚を生のままで食べる習慣のないトングウェたちから「日本人はなんと野ばんな人たちなんだ！」とひんしゅくを買ったのだけれど。

カベシ川のほとりのマヘンベ村ではコイ科の魚マタレが重要な副食源だ。村の男は、両端に棒のついた小さな刺網をもって川のふちに飛びこむ。水底にその刺網を固定し、そこにマタレを追い込む。乾期が進み川の水量が減ると岩の下に手をつっこんで手づかみでもとれるようになる。

もう一つの原野での重要な生業は、蜂蜜（ハチミツ）採集だ。彼らは、種類を厳選した大木を切り倒し、一メートルぐらいの長さに切ってその内部をくり抜き、蜂箱をつくる。この蜂箱は原野や山中の木に据えつけられる。雨期初めに、いっせいに開花するウッドランドの花の蜜は、質の良い蜂蜜の素材となる。

シテテの住人カシンボとカシンディエは、マハレ山脈第二の高峰シサガ山の頂上付近に多くの蜂箱をもっている。一二月初め、焼き畑の仕事が一息ついたころ彼らは山中にこもって蜂蜜を採集する。蜂が巣食った蜂箱を見つけると彼らは枯れ木を集めくすぶらせる。もうもうと立ちのぼる煙で蜂をいぶり出し、その間に急いで蜂箱を開けて蜜を採集する。ブンブンと音をたてて逃げまどう蜂が、攻撃をしかけてくる。しかし、甘い蜂蜜やそれを素材にして作る酒のことを思うと、刺痛や少々体がはれることは我慢しなければならない。蜂蜜はすばらしい原野の恵みだ。

5　あいさつ——年長者にはかしわ手　幼児期から厳しいしつけ

トングウェは、周囲の部族にはみられない特異なあいさつの様式を持っている。多様なあいさつ形式のうち、日常的によくみられるのはクシエシヤと呼ばれる型だ。クシエシヤは、一つの親族集団に属する年少者が年長者

写真 6-8　クシエシヤというあいさつの型。柏手を打つ女性

に対して行うあいさつである。

朝日と共に起き出した村人は戸外に出て、そこで出会う年長者に「ワラランポラ（おはようございます）」と声をかける。そしておもむろに腰を下ろし、ゆっくりと数回から一〇回程度柏手《かしわで》を打つ。相手の音を聞いた年長者は、威厳と親しみを込めた声で、例えば「エンディタ・マムジョンガ」と答える。「どうもありがとう。あなたの属する氏族はムジョンガですね」とでも訳せばよいだろうか。

このあいさつ行動を細かく観察してみると、色々と面白いことに気づく。例えば、年少者は視線を直接年長者に向けてはならず、伏し目勝ちな態度をとらなければならない。また、手の打ち方が男・女で少し違っている。人差し指から小指までの四本の指はくっつけ親指だけを離して柏手を打つのが男のやり方だ。女は五本の指をくっつけて打つ。だから、男の柏手はポンポンと澄んだ音だが、女のそれは少し音が込もって聞こえる。手早に五、六回で済ます人もいれば、ゆっく

写真 6-9　クパキラ。丁重なあいさつ。ひざをつき、手をついてあいさつする。

りと合間を取って一〇回以上柏手を打つ人もいる。本当に人さまざまだ。

カトゥルエと呼ばれる型は、姻族つまり結婚によって親せきになった人々のうち、義理の兄弟関係にある人々の間でみられる。お互いに向かい合って立ち、共に柏手を打って「カトゥルエ!」「カトゥルエ!」と言葉を交わす。カトゥルエは、ほぼ対等な関係にある人同士のあいさつ様式だといってよい。

クパキラというあいさつは、きわめて丁重なものだ。クパキラは永い間会わなかった父親および義理の父に対して行う。男はポンと一つ柏手を打った後、ちょうど腕立て伏せをするように体を伸ばして地面にはいつくばる。その間父親は柏手を打ち続け、最後に相手の氏族名を呼ぶ。女の場合には、両親に対してクパキラをする。柏手を一つ打った後、両手をそろえて指先を地面につけ頭を下げる。それは、日本女性が畳の上に三つ指をついてあいさつする姿によく似ている。

小さな子供が母親に言い含められ、チョコチョコと私たちの前に進み出て、ちっちゃな手を打ち合わせてあいさつする姿は本当にかわいい。トングウェ文化の一つの神髄ともいうべきこのあいさつ法は、幼い時からしつけられるのである。トングウェは、節度を重んじる礼儀正しい人々なのだ。

年長者が返答する時、相手の氏族名を呼ぶという慣習は、トングウェ社会の特質の一面を雄弁に物語っている。氏族のことをトングウェ語でムラヒロという。各のムラヒロには、その由来を説く伝承がある。例えば、ムジョンガ氏族の祖先は、湖と隔てたザイール国に住むタブワ族だという。山村のイルンビの人々は、タンガニイカ湖の南端部に接するザンビア国に住むベンバ族出身なのだという。トングウェ族の多くは、祖先がくり舟で湖をこぎ渡ってこの地にやって来たという伝承を持っていた。また、奥地に住むムラヒロは、トングウェの北方に住むハ族出身だと語る。

現在、言語的にも文化的にも一つのまとまりを示すトングウェ族は、もとをただせば周辺に分布する多くの部族の移住と混住の結果なのである。ムラヒロは、出身部族が同じだという意識によって相互につながりを感じる人々の集団であるといえよう。トングウェ社会は、このようなムラヒロの緩やかな連合体なのである。

広大な原野の中で互いに遠く離れて住む人々が出会った時、人々はまず相手のムラヒロを確認し自分と相手との社会関係の位置を知るのである。小規模で疎開した村に住むトングウェ族は、人と人との出会いをまとまりの基礎とした社会を持っているともいえる。かれらの多様なあいさつ型は、この人と人との出会いが様式化された結果であるといってよいであろう。

遠く日本の古代、有名な邪馬台国の女王卑弥呼について記した中国の史書「魏志倭人伝」は、また当時の風習を知る上できわめて重要な資料である。この「魏志倭人伝」が語るところによれば、古代日本人もまた柏手を打ってあいさつを交わしていたという（京都大学人文科学研究所・上山春平教授のご教示による）。とすれば、遠い異域での一見奇妙な習慣も私たちと全く無縁であるとは言い切れない。

現在私たち日本人は、神に対する畏敬《いけい》の念を表すために柏手を打つ。トングウェは年長者への敬意を込めて柏手を打つ。そこにも合い通じる感情の流れを見い出すことができるのではないだろうか。

6　精霊たち――近くの大木、石に宿る　供物ささげ心から敬う

トングウェの国は、また多くの精霊たちの住む国でもある。あるいは、自然と人と精霊たちが一体となって、トングウェの国をつくっているといってもよい。

原野の奥にあるどんな小さな寒村でも、私たちは人々と精霊たちが織りなす世界をかいま見ることができる。村の中に一歩入りこめば、これらの超自然的存在を象徴する建造物が、ひそやかにその存在を主張している光景に出合う。

写真 6-10　精霊カブエルグルをまつるムワミ

超自然的存在を示す多彩な象徴物は、より伝統的な生活を営む山中の村に行けば、典型的な姿で観察することができる。ここでは、ムレンゴ氏族のムワミ（首

長)・ルカンダミラの住むイルンビ村に焦点を合わせて解説することにしよう。

ムワミは、その領域内に住む精霊や代々の祖霊の司祭者であり、かつ一つの親族集団のまとまりの中心だ。トングウェ全体を統治する大首長のいない彼らの社会ではムワミの座は極めて権威ある地位であるといってよい。ムワミ自身を象徴するのは、立派なライオンの毛皮に、海岸部から交易でもたらされたイモガイをとりつけた王冠だ。ムワミは、さまざまな儀礼時にこの王冠をかぶる。また、ムワミの在所には、必ずその領域内で撃ち捕られたライオンとヒョウの頭がい骨を木に突き刺した象徴物ンソンゴーレがある。原野の野獣の王は、人間界の首長の座を象徴するのにふさわしい。

ムワミの家の前にはリャンゴンベがまつられている。ブウェジュエという黄金色の草を渦状にまきそこに鉄だけでできたやりが突き刺してある。リャンゴンベは精霊に似た守護霊であり、ムワミを危険から守ってくれる。かつて、ムワミの怒りに触れた者は、このリャンゴンベの前に連れ出され、ヤリで突き殺されたのだという。

村の中央部には、ムルンバ(イチジクの仲間)の大木が心地良い木陰をつくっている。この大木もムワミの座を象徴するものであり村を訪れた客人はまずこの木陰で憩う。村を訪れる人々を心から歓迎するのが、ムワミの重要な務めなのだ。

水くみ場に通ずる道のかたわらに、腕の太さほどもある丸太が九本並んで立っている。歴代のムワミの霊をまつるニンディニンディだ。現在のムワミ・ルカンダミラは、始祖から数えて一〇代目になる。

人々の住む家屋のそばには、ムワミ以外の祖霊が宿る家がある。枯れ草でできた小さな円すい形の家だ。祖先の霊は、その子孫と同じ村に住み、人々の行いをじっとみつめているのである。

ニンディニンディの後方には、白い細布が結びつけられたムルンバの木が立っている。この村の守護霊カブエ

写真 6-11　祖霊の家

ルグルをまつった聖なる木だ。カブエルグル自身は、村の東方にある小さな山に住んでいる。トングウェの精霊たちは、山・川それに大木や大石を住み家としているのだ。あるいは山、川そのものが精霊なのだといってもよい。カブエルグルをまつった木から少し離れた所にも、白い細布が結びつけられた木が数本立っている。ムワミ・ルカンダミラの領内に住む多くの精霊たちがここにまつられている。

人々は、機会あるごとにこれらの精霊や祖霊に供物をささげて祈る。焼き畑でできたトウモロコシの初穂は、まず精霊や祖霊にお供えする。トウモロコシが乾燥すれば早速それを石うすでひいて粉にしウガリをこねあげて供える。男たちの好きなトウモロコシ酒を醸した時も、まず精霊たちに飲んでもらう。

この村から他村に嫁入りした娘は、時折里帰りして、精霊や祖霊に嫁ぎ先での生活について報告しなければならない。長期の旅に出た若者も、妻となるべき女性に出会えば村に帰り、両親や親せき縁者とともに精霊や祖霊に報告しなければならない。

こうして人々が、精霊や祖霊を敬い、心をこめてまつり、日々営々と暮らすかぎり、これらの超自然的存在は彼らを守り、村が繁栄するのを喜んでくれる。

しかし、もし人々が自堕落になり、まつることを忘れたり、悪しき行為に走ったりすると、精霊や祖霊は、こらしめのために人に病などの不幸をもたらす。激しい病にかかった人は呪医《じゅい》を訪ね、病の原因について占ってもらう。こうして人は、自らの行いが超自然的存在の怒りに触れたことを思い知るのである。

心から回心した人々は、その意を伝えるため、ヤギと白布を供えて祈る。精霊や祖霊を象徴する木に結びつけられていた白布は、このような人々の祈りの結晶なのだ。

トングウェは、精霊や祖霊と喜怒哀楽を共にし、孤塁のような原野の村で生き続けてきたのだ。

7　邪術の世界——人を呪い殺すことも　邪術者〝人の心〟捨てた者

ひっそりと原野の村で生活を送るトングウェだが、その日常生活はいつも平穏無事に過ぎてゆくというわけではない。ときには大きな不幸が彼らを見舞い、人々を悲嘆の底に突き落としてしまうこともある。

野獣が畑を荒らし、あるいは畑の作物が実らず飢えに耐えなければならないときもある。副食源として不可欠な野獣がどうしてもワナにかからないこともある。妻となるべき女性にどうしてもめぐり会えない男、子宝に恵まれない夫婦、親しい者の死、大病・けがなど、彼らの生活もまた多くの不幸の積み重ねの上に築きあげられて

写真 6–12　人にかけられた呪いをとく呪医

いるのである。

不幸に見舞われた人は、なぜ自分がこのようになったのか、その理由を探し求める。トングウェにとって不幸は偶然の産物ではないのである。それは、何らかの超自然的存在が関与した結果なのだ。

「ムガボ（精霊）をまつらなかったためだろうか？」「祖霊の気にそまぬことをしてしまったのだろうか？」人々は自らの胸の内に問いかけるだろう。しかし、不幸の原因となる超自然的存在は多い。

精霊の中には、邪悪なものもいる。全身に湿しんができた女性には川の淵などに住む悪霊イシゴがとりついているのかも知れない。どうしても獲物を撃ちとることのできない狩人は、あるいは、森の中で、四つ足をもつという伝説的なヘビ、ムヒギに出遭ったのかも知れない。ムヒギのたたりは恐ろしい。

精霊や祖霊それに悪霊の怒りやたたりも恐ろしい。しかし人々がもっとも恐れるのは、邪術者たちだ。邪術者は現実の人間界を横行する、邪悪な心をもった存在だ。ねたみやしっとに狂った邪術者はさまざまな呪術《じゅじゅつ》を駆使して人に呪《のろ》いをかけ、病やけがをはじめ多くの不幸を人にもたらす。ときには人を呪い殺す。

邪術者の用いる邪術にはいろいろある。バナナの髄を切り取り、それで人形《じんけい》をつくる。呪いの言葉をつぶやきながら針でその人形を突き刺す。あるいは小型のカモシカの角の中に呪薬を詰め込み、ミニチュアのやりを何度もその角の中に刺し込み呪う。道に呪薬をしかける方法もある。また、ウガリ（彼らの主食）の中に呪いの言葉

写真6-13　明るく踊りに興ずるトングウェ族。しかしその背後には呪いの世界が潜んでいる。

と共に呪薬をしかけ人を呪い殺すこともある。

　邪術者の中には、ライオンやワニ、ヘビを飼育している者もいる。彼らは、これらの動物を自由に操って呪うべき人に差し向け、危害を加えることができるのだ。また、ハイエナを自由に乗り回しどんな遠い所へでも一日の内に往復することもできる。

　夜な夜な、これらの邪術者たちは集会をもつという。彼らは素っ裸で集い、酒を飲み、踊り狂い、次に呪うべき人について相談し合う。ときには、互いの邪術の腕前を競い合い、だれかれとなく人を屋外に連れ出し、人ぷんを食べさせたり、自分の畑に連れていって奴隷のようにこき使うこともあるとトングウェたちは語るのである。

　その気になればだれでも邪術者になれるのだが、邪術者は〝人の心〟を捨てた者でなければならない。邪術者を志願する者は、良心をもちあわせていないことを端的に証明するために、まず自らの親兄弟などの近親者を呪い殺さなければならない。恥を知らぬ邪術者は、平気で近親相姦《かん》を犯すという。

呪い殺された人は、死後ムクリ（死霊）となって、自分を呪い殺した邪術者にどこまでもつきまとい、復しゅうを企てる。しかし術にたけた邪術者は、このムクリをさえある程度自由に操ることができる。そして、自らの身代わりとして近親者を仕立て、その人にムクリをふり向けるのだという。もっとも、最終的には邪術者はムクリから逃れることができず、ムクリにとりつかれて死に致るというのだが…。

このような邪術の世界は、トングウェにとって不幸の一大源泉であり、いちはやく邪術者の悪意に気づかなければ事態はどんどんと悪化してゆく。だから人々は、例えば病の症状が激しくなると、その根本原因を求めて、呪医のもとを訪れる。呪医は、患者の依頼に応じて、その不幸の源を占いによって明らかにし、根本原因となっている超自然的存在の性質に対応して適切な処置をこうずる。

広大な原野の中でおおらかに営まれる日々の生活、礼儀正しく節度を重んずる社会生活の側面をトングウェ社会の表面とするなら、その裏面には、人を邪術者ではないかと疑う心がとぐろを巻いているのである。

8　呪医入門――特有の薬学、医術体系　志願認められ徹夜で儀礼

トングウェ文化の核心部に迫る一つのカギは、呪《じゅ》医の世界の中に秘められているのではないか？調査が進むにつれて、こんな思いが私の心の中に広がり始めていた。

トングウェ族を対象とした私の調査のテーマは、ウッドランド（乾燥疎開林）における自然と人との関係を明

らかにすることだった。この関係の基層部は、人と植物界とのかかわりにあるといってよい。「あの木の名前は何というんだい？」「あれはムキブだ」「何かの役に立つかい？」「ムキブは材質が柔らかく軽いけれど丈夫なんだ。だからくり舟に適しているし、座りいすなんかも作るよ」こんな会話を続けながら、私はトングウェの友人たちと森、山、原野を歩き回り、多くの草木のトングウェ名やその利用法について学んでいった。

トングウェ族の人々はすばらしい応用植物学者だった。彼らは野生植物を、食べ物や家の建材あるいは家財道具の原料として自在に利用していた。しかし、最もひんぱんに利用していたのは、ダワつまり薬物としてだった。ある木の根がダワとして利用されていると聞けば、当然それは何の病に効くのかという質問が続くだろう。こうして私は、トングウェが特有の薬学・医術の体系を持っていることを発見したのだった。

彼らは一人一人が、草根木皮をダワとして使いこなす知識を持っていた。しかし、だれよりも豊富にかつ体系的な薬物・医術についての知識を持っているのが呪医つまりムフモだった。〝自然と人との関係〟に対する私の関心は必然的にムフモの世界へと向かっていった。

一方、トングウェと生活を共にし、つき合いが深まるにつれて私の心は次第に彼らの精神生活にひかれていった。明るく大らかな原野での生活。節度を保ち礼儀正しく生きる人々。しかし他方、親しい人々が邪術者ではないかと疑うさい疑に満ち満ちた世界もあった。また、祖霊、精霊、悪霊が織りなす世界がある。この

写真6-14　ブフモ儀礼を行うムフモ

写真 6–15　野生のヤシの若葉でゴザを編む女性。トングウェは、野生の植物の性質を熟知している。

ような表の世界と裏の世界、現実と超自然的世界との間に脈絡をつける存在それがムフモだった。

こうした私の関心は徐々に自然と人、人と人、人と超自然的存在という諸関係の要に位置するムフモの世界へと収れんしていったのである。

調査が後半にさしかかったある日、私は思いきって、日ごろから親しくつき合っていたカソゲの呪医カソンタ老に呪医入門を志願したのである。

「あなたがたトングウェの呪医のもつ知識はすばらしい。さまざまな不幸の源を占う能力、多様な病の治療法、原野に自生する草木をダワとして用いる知識、これらすべてが、いうならば人類全体の貴重な財産なのです。でも、トングウェの社会は今大きく変わりつつある。もしかするとあなたの孫の時代には、昔から伝えられてきた知識や知恵が忘れ去られてしまうかもしれない。今、あなたがたはすばらしい知識を持っている。私にはそれを書き残しておく能力がある。私はあなたの知識を書き留めておくペンになりたい。私をあなたの弟子にして下さい」。わたしは熱情を込めて説いた。カソンタ老は話が一区切りつくたびに大きくうなずいた。そして「おまえの話はよくわかった。お前を呪医にするブフモの儀礼をやろう」と言ってくれた。

呪医を志願する者が正式にムフモとなる儀礼、それがブフモ儀礼だった。私はカソンタ老や多くのトングウェの友人たちの指示に従って、儀礼のための準備にとりかかった。儀礼に参加してくれる人々のための全食事を用意しなければならない。ムフモの象徴となる円い座いすや竹で編んだ薬かごも特別注文しなければならない。薬を入れるためのヒョウタンも探さなければならない。

とうとう儀礼の日がやってきた。夕日がタンガニイカ湖の向こうに沈むころカソゲの住人たちが続々集まってきた。今日のブフモ儀礼をつかさどるカソンタ老、補佐役を務める五人の女性のムフモが身支度を整える。私は、期待と不安の入り混じった甘酢っぱい思いが胸の中をよぎるのを感じた。

儀礼は、カソンタ老が諸精霊を歓迎し、その助力を願う口上を述べることから始まった。儀礼がおこなわれる家ムウィササに入ったムフモたちは、人びとの見守る中で白、赤、黒の三種の粉で地面に絵を描き、ムフモの教えを伝える。ガラガラを両手に持って振り鳴らし、太鼓を打ちならす。列席者はムフモの声に合せて大声で歌を歌う。儀礼が最高潮に達すると、ムフモに精霊が乗り移り、体を激しく震わせて踊る。こうして儀礼は、夜を徹して行われる。

9　呪医の教え——夜の明けるまで説教　呪薬を塗られムフモに

徹夜で行われるブフモ儀礼は、白、赤、黒の三色の粉で次々に地面に描かれる絵を軸として進行してゆく。トウモロコシを石ウスでひいて作った白い粉。ルカリという木の樹皮を原料とした赤い粉。多種類の草木を焼き、それを粉にひいて作った黒い粉。カソンタ老と他の呪医たちは歌をうたいながら、三色の粉でムフモ（呪医）の教えを説く絵柄を描きあげてゆく。私は、儀礼小屋の奥にしつらえられた円い座椅子に腰かけて、聖なるダワ（薬）で描かれた絵を注視し、その教えに耳を傾ける。

写真6-16　白・赤の斑点をつけて屋外に出、村人の祝福を受ける。

　ムフモに力を授ける精霊は、山の稜線から流れ落ちる川筋や、ところどころに形成される水たまりや淵《ふち》に住んでいる。

　ムフモは、自分を頼ってやって来た患者にひもじい思いをさせないように、精いっぱい畑を耕さなければならない。

　ムフモは力づくで女を犯してはならな

い。この教えを破れば、マンバヒリという恐ろしい毒蛇がムフモをかみ殺す。しかし、この教えを守り続ける限り、マンバヒリは、ムフモに危害を加えようとして近づいてくる邪術者を防いでくれる。

ムフモは、多くの植物を駆使して患者の治療を行わなければならない。ダワとなる植物のうちで最も重要なのは、ムニャンガラとルゴラだ。どんな病の治療にも欠かすことのできないダワだ。

色々な教えを守り、大きな畑を耕し、畑の周囲に柵をかこい野獣に荒されないように気を配るムフモの村は栄える。何かといえば薬にばかり走り、小さな畑しか耕さず、畑の周囲にも柵を囲わさない心がけの悪いムフモの村はさびれる一方だ。

雷が空で荒れ狂うと、タンガニイカ湖は波を立てて荒れる。雨が降り始めたら、ムフモはオノやナイフ、ヤリなどを木にうちこんでから隠れよ。そうすれば、隠れた場所に雷が落ちることはないだろう。

川が湖に流れこむ所はイハコと呼ぶ。ここには恐ろしいワニが潜んでいることがある。だから、ムフモはイハコを通過するときには十分に注意しなければならない。

こうして、夜が白み始めるまで説教は続くのである。

屋内での儀礼は最終段階を迎える。ムフモたちだけを残して他の人々は屋外に出る。ムフモたちは私に呪力を授け、屋外に出て村人たちの祝福を受けるための準備を整える。カソンタ老は、シニャルバレと呼ばれる聖なるダワを蜂蜜と共に飲みこむよう、私に指示する。このダワは、生涯私の体内に留まって私を守り、力の源泉となるのだという。

女のムフモの一人が、種々の呪薬の入った聖水で私の体を洗い清める。それから、白い石と赤い石とをすって作ったダワで、私の体全体に白、赤の斑点をつける。私の持ち物となる薬カゴ、円い座椅子、ヤリ、オノ、薬を入れるヒョウタン・ガラガラにも、それぞれ赤白の斑点が塗りつけられる。白赤の斑点は、精霊の恩寵《おんちょう》を象徴しているのである。

これで全ての準備が整った。女の呪医たちが、輪を描くようにして私の周囲を回り、踊りを舞う。

屋外で待機していた人々は、私の親代わりを務めてくれたアリマシを先頭に、歌をうたいながら入ってくる。「おおライオンよ、お前はそこでほえている。頼むから私の子供を食べないでおくれ！」

女たちは、女の呪医の踊りの列に加わる。カソンタ老は自らのクラウンをとりはずし、私の頭にかぶせる。どっと歓声があがる。カソンタ老を先頭に全員が屋外に出る。さんさんと降り注ぐ朝の陽光がまばゆい。ドーン・ドーン。ブンドゥキ（鉄砲）が火を吹く。祝砲だ！

写真 6-17　儀礼は地面に描かれる絵とともに進行する。右上の人形が良いムフモ、左下の人形が悪いムフモを示す。

私は、儀礼の行われた家に向かって座る。村人がグルリと私の周りを取り囲む。アリマシが、父親としての喜びの言葉を述べる。そして、子供も老人も全ての人々を心を込めて治療しなければならないこと。師であるカソンタ老を敬い、常に師の許に御機嫌うかがいに行かなければならないことなどを教えさとしてくれる。しめくくりには、私に〝ルレラ〟つまり〝知識ある人〟という名を与えてくれた。

アリマシに続いて長老たちが祝いの言葉を述べる。村人の全てが私の前にひざまづき、柏手を打ってアイサツする。

最後に、カソンタ老が威厳をこめた口調で、今日のこのブフモ儀礼が諸精霊の御加護のもとに進んだこと、ムフモの教えを忠実に守り心を込めて患者に尽くすべきことを、こんこんと説く。そして私の左手の掌にカミソリで少し傷をつけ、そこに聖なる呪薬を塗りこめる。占いの能力を授ける儀礼だ。

こうして、夜を徹して行われたブフモ儀礼の全過程が終了した。新しいムフモが一人誕生したのである。

10　呪医の治療法――〝サウナ〟で病毒除く　多様で底知れぬムフモ

ムフモ儀礼が終わった翌朝カソンタ老と、私の両親役を務めてくれたアリマシ夫妻がやって来た。私に占いを依頼するためだった。トングウェ公認の呪医《じゅ》となった私の初仕事だ。

アリマシの妻ザイナブが、私の前に五セント（約二円）硬貨を二枚置く。占い料だ。私はカソンタ老に教わった通りに、手順を進める。まず炉のところに行き、灰を左手首と左手の掌に塗りつける。屋内に戻り、今朝くんでおいた川の水を右手ですくい、左の掌にふりかける。そしてシロロと呼ばれる強い芳香を放つ草の根をかみくだき、それを左手にふきつける。

ザイナブは、近ごろ体の調子がおかしいのだがその原因はなんだろうと問うていた。私は頭の中で「もし祖先霊が原因なら、手よ止まれ」と念じ、左の手の平の上に右手を重ね、前後に何度もこする。師の教えでは、もし原因が祖先霊なら、数回こするうちに右手はピタリと止まるという。

ザイナブの場合は、祖先霊が原因ではなかった。私は次々に原因となる超自然的存在を頭にうかべ手をこする。

ついに右手は、カシンディエつまり逆子《さかご》の霊を思いうかべた時にピタリと止まった。私はおずおずとカシンディエが原因だと答えた。

アリマシとザイナブは〝あっ〟と驚きの声をあげる。ザイナブはかつて逆子を生んだことがあり、不幸にもその逆子は死んだことを私に告げた。トングウェは、逆子あるいは双子が精霊の生まれ変わりであると信じており、特別の価値を与えている。ザイナブは、死んでしまった逆子の霊のことを近ごろともすれば忘れがちであり、食物も供えていなかったと告白する。ザイナブの体調不良の原因がつきとめられたのだ。

続いて私は、アリマシの畑が近ごろ野ブタに荒らされる原因が、祖先霊をまつらないためだということや、師カソンタ老が近く旅に出るが、その旅は何事も困難に出合わずにすむであろうと占った。占いを行う間中、カソンタ老は弟子の振る舞いをじっと注視し、満足そうにうなずいていた。こうして私は、呪医の重要な仕事の一つである占いを、なんとかこなすことができるようになった。

もう一つの呪医の重要な仕事は患者の治療だ。私が師の助手を務めて、初めて本格的な治療を施したのは女性だった。彼女は右手上腕部に潰瘍《かいよう》を患っていた。ムフモの占いによると、それは、ある男が彼女に邪術をかけたせいだという。男は彼女を誘惑したのだが、拒否された。その腹いせに、邪術をかけたのだという。

治療は、太陽が真上にくる正午ごろ、集落の近くのヤブの中、大きなシロアリ塚のもとで行われた。占いによると、彼女が邪術をかけられたのは正午ごろだという。治療もこの時刻に合わせて行われる。シロアリ塚は邪術者のムワミ（首長）の座るイスであり、いわば邪術者のムワミに一言あいさつしてから治療をするという訳だ。

カソンタ老が行った治療は、主として三つの部分に分けられる。つまり、誘因の除去、根本原因に対する治療、それに上腕部の潰瘍そのものへの対症療法だ。

写真 6–18　サウナ療法（？）用の土ナベ。40 種程の薬草が入っている。

邪術者につけ入れられ、運悪く潰瘍を患うようになった一つの原因は、彼女の体内に悪運の源が巣食っているためだ。だから、この悪運の源を取り除かなければならない。このプロセスが、誘因の除去にあたる。カソンタ老は、水がいっぱい入った土鍋《どなべ》に多くの薬草を入れるよう、私に指示する。薬草は四〇種近くあっただろうか。それから、この土鍋を火にかけ、沸騰させる。沸騰した土鍋は、患者の足元に置かれる。土鍋を抱えこむようにして腰を下ろした患者に、すっぽりと大きな布をかぶせる。布の下で、患者は衣服を取り、薬の蒸気を全身に浴びる。一種のサウナ療法だといえるだろうか。汗と共に流れ出た毒素は、薬草の入った水で洗い清められる。

病の根本原因となった邪術者の呪《のろ》いは、黒い羽毛のニワトリを患者の身代わりにしたてて取り除く「このニワトリこそが患者自身なのだ」と、カソンタ老が呪文を唱え、土穴の中にニワトリを押しつけて殺す。その穴の中に、患者の髪の毛とツメを入れ上に黒い布を覆って土をかける。患者にかけられていた呪いを解いた後、カソンタ老は、患者の額や胸など数カ所にカミソリで傷をつけ、そこにカモシカの角に入っていた強力な呪薬を塗り込める。体内にまだ残っているかもしれない呪いに打ち勝ち、かつ再び邪術者の餌食《えじき》にならな

写真 6-19　患者にスッポリと大きな布をかぶせ、薬草の蒸気をあびさせる。右に立っているのはカソンタ先生

いようにするための呪薬だ。

こうして原野の中での治療が終わった後、カソンタ老は、数種の草根木皮から軟膏《なんこう》状の薬を作り、それを患者に手渡した。患者は対症療法の薬として毎日この軟膏を患部に塗りつけなければならない。呪医の仕事は多様であり、知らなければならない知識も多い。かけ出しの呪医にとって、ムフモの世界は深遠で底しれぬように思われる。

11　ゾウの悪霊払いの儀礼――歌や踊り一週間続ける一部始終を見守る土人形

狩猟が男の重要な生業の一つであるトングウェ社会にふさわしく彼らは真の狩人を意味するムジェゲと言う称号を持っている。しかし、ムジェゲは単に狩猟の上手な人に与えられる称号ではない。ムジェゲと呼ばれるためには、あの巨大な野獣アフリカゾウを撃ちとらなければならないのだ。

ゾウは恐ろしいムクリ（悪霊）を持っている。ゾウを撃ちとった狩人は、そのムクリにとりつかれないように、悪霊払いの儀礼〈ブジェゲ〉をとり行わなければならない。つまり、ムジェゲはブジェゲの儀礼を受けた人という意味でもあるのだ。

ゾウのムクリの魔力は強力だ。その力は、子々孫々にまで影響を及ぼすのだと、トングウェは語る。だから、一人のムジェゲが死ねばその子孫のうちのだれかが再びブジェゲ儀礼を行い、ムジェゲの地位を相続しなければならない。トングウェ社会には、ゾウを生まれてこの方一度も撃ちとったことのないムジェゲも数多くいるという訳だ。私たちが運良く参加して観察することができたブジェゲはこのムジェゲ相続のためのものだった。

ムジェゲはイコタ（司祭）と数人のムジェゲの称号を持つ人々によって進められる。儀式は、一週間も続く。儀式は、トウモロコシの粉に、発芽した雑穀を混ぜて醗酵させる酒づくりと共に進行する。その間、イコタやムジェゲたちはブフモ儀礼の時のように、地面に白・赤・黒の粉で絵を描き、ブジェゲの教えを説く。また、イコタたちは、ヤギの毛皮で作った飾りを腰に巻き、足には鈴をつけ、激しく打ち鳴らされる太鼓のリズムに合わせて踊り、歌をうたう。

しこんだ酒がころあいに醗酵するころ、儀式はクライマックスを迎え、徹夜で儀礼が行われる。近在の部落から大勢の人々が集まってくる。

西の空があかね色に染まる夕刻に徹夜の儀式は始まった。補佐役のムジェゲたちが、アシで編んだ台を肩にかつぐ。イコタがその台の上に立ち、高々と右手を上げる。続いてムジェゲを相続する人、親族の人々が台の上に立つ。初代のムジェゲがゾウを撃ちとった場面を、象徴的に再現しているのだ。ブンドゥキの弾丸がうちこまれ、致命傷を負ったゾウは、どっとばかりに倒れこむ。そのゾウの背中に狩人は誇らしげに立ち、この強大な野獣を征服したことを確認するのだ。

写真 6-20　初代のムジェゲと撃ち殺されたゾウを示す土人形

漆黒の闇の中に消えた補佐役のムジェゲたちは、儀礼の場に土でこねあげた人形を運びこむ。ジャコウネコの毛皮で隠されて人目にはわからないが、最初に持ちこまれたのは、初代のムジェゲと彼によって殺されたゾウを示す土人形だった。これらの土人形は、儀礼の場の奥に据えつけられ、この儀礼の一部始終を見守る。

補佐役のムジェゲたちは、次々に土人形を運びこむ。そして、その土人形を手にして、オオトカゲの革を張った太鼓から飛び出す音に合わせて勇壮に踊る。観客は、ありったけの声を張りあげて歌をうたう。

「原野に狩りに出かけたムジェゲの留守をねらって、ムジェゲの妻を誘惑しようとした不心得者がいた。あいにくその日、ムジェゲはいつもより早く帰宅し、この不心得者を見つけ、即座に弓矢をひいた」。矢を射ぬかれた頭を模した人形を前にして、イコタは面白おかしく口上を述べる。

ムジェゲが原野で野営するときには、必ず作らなけ

写真6-21 夕やみの中でアシで組んだ台の上に立つイコタ

ればならないカシプイプイと呼ばれる仮小屋。かつてのムジェゲの必携の狩猟具であった弓と矢。ムジェゲの格好の獲物なのだが、手負いになれば本当に恐ろしいアフリカスイギュウ。森で出合えば、だれかが必ず不幸に見舞われるという伝説上の動物リジョンブウェ。男女の性器。多彩な土人形を前にして、イコタはその由来を説く。猥雑《わいざつ》な語り口に、観客は腹をかかえて笑いこける。この笑いが、ゾウのムクリを追い払う何よりの薬なのだという。

深夜、この騒ぎを聞きつけた昔の有名なムジェゲ、カルンデがかけつけて、共に踊る。こうして一晩中、笑いとけんそうの中で儀礼は続く。

翌朝、新しくムジェゲになった人は、イコタたちと共に森の奥に出かける。そして、ブジェゲの聖なる木リブワジェの前で、ゾウと仲良くなるための薬クナミラを飲み、右手の人差し指に傷をつけられ、聖なる薬を塗りこめられる。鉄砲猟の名手となるための薬だ。

絢爛《けんらん》たるこのブジェゲは、ともすれば圧倒されてしまいそうな自然に立ち向う、トングウェの心意気を象徴した儀礼だといえないだろうか。

12　首長即位儀礼──長老らが心構え説教　まる2日間徹夜で厳粛に

トングウェたちは、ブワミつまり首長即位儀礼こそが、数ある儀礼の中の王者だという。長い間、私にとってブワミは幻の儀礼だった。というのは、一回目の調査時には、一年半も滞在したが、ついにブワミを見ることができなかったからだ。しかし、昨年機会を得て、トングウェの地を再訪し、短い調査期間にもかかわらず、待望のブワミ儀礼を観察することができた。

儀礼は、いわば私のホーム・グラウンドの一部を占めるマヘンベ村で行われた。知らせを受け、私は心の通い合ったトングウェ、サディとアリマシを伴ってマヘンベ村に向かった。雨期に入ったばかりのウッドランドの木々は美しく紅葉しており、さわさわと葉を揺らせながら吹き抜ける風はさわやかだ。通い慣れたマヘンベの道を歩む足どりは軽い。村には多くの旧知の人々が参集しており、私たちを大歓迎してくれた。

私たちが村に着いてから二日程して、有名なムフモ（呪医）のユスフ一行がやってきた。ユスフには、トングウェ中にその名を知られた強力な精霊ムラングワが乗り移る。マヘンベ村の氏神は、マハレ山脈第一の高峰ンクングウェ山だ。ムラングワは、ンクングウェのおじさんにあたる精霊なのだがおいの仕事の手助けにやって来たというわけだ。

女たちが歓声をあげ、ユスフ一行を村に迎える。ユスフにはすでに精霊が乗り移っている。白い布を全身に覆い、頭には白い頭布をかぶったユスフには、荘厳な気配が漂っている。村の一隅にあるアブラヤシの木陰に陣

写真6-22　他の氏族のムワミから祝福を受ける新ムワミ＝右から三番目

どったユスフいや精霊ムラングワのまわりに人々が集まりひざまずき、拍手を打ってあいさつする。ムラングワは人々のあいさつにこたえ、自分はおじンクングウェの手助けのためにやって来たことを告げた。

翌朝から儀式の当日まで毎日ユスフにムラングワが乗り移り、儀礼の進行についてさまざまな注意を与えた。人々は精霊のお告げに従い、準備を進める。

ついに儀礼の日がやってきた。ブワミ儀礼は今日から始まる二日間徹夜で行われるのだ。第一日は、ルカンガラと呼ばれる儀礼小屋を造ることから始まる。若いトングウェたちが、小屋の建材を取りに山に向かう。儀礼小屋に用いる木々は伐採した後、決して地面に倒してはいけない。倒れる寸前の木を肩に抱え、そのまま運ぶ。一列に並び、木を運んで来た若者を、女たちはわいせつな歌をうたい踊りを舞って迎える。若者たちも負けずに猥歌《わいか》でこたえる。日ごろは慎み深いトングウェなのだが、今日は自分たちのムワミが即位する祭りの日だ。日常的な価値は逆転し、人々は興奮に酔

写真6-23　一日がかりで作り上げられたルカンガラ

う。こうして若者たちは何度も山に通い、夕やみが迫るころ立派な儀礼小屋が出来上がった。

ブワミの中核部を占めるルカンガラの儀礼は秘儀だ。ムワミの候補者とその妻、三人の付き人、それに儀礼をつかさどるイコタ（司祭）とその補佐役しか参加できない。私は許しを得て、補佐役の一員に加わった。

私たち補佐役は、夜陰に乗じて昨日までに森の中で集めておいた聖なる木の根をルカンガラに運びこむ。根を束ね、上に、ルカンガラの中でほうむったヒツジの皮をまきつけムワミの座イスを作る。ムワミに霊力を与える座イスだ。そして、ムワミ一行をルカンガラに迎え入れる。すでに真夜中だ。

一晩中、イコタたちはルカンガラの中で踊り狂い、ただ沈黙して座るムワミ候補者に向かって入れ代わり立ち代わり説教する。「ムワミになったからといって、横暴になってはいけない。ムワミは、人々あってのムワミなのだ。人々には寛容の心を持って接し、村を訪れる客人はすべて歓迎し食事をふるまわなければならない。ムワミというのはほかでもない、人民自身のことなのだ」何度も繰り返される説教の内容は、すべてこんな内容だった。

夜が白み始めたころ、イコタたちはムワミ一行をひそかにルカンガラから出し、特別にしつらえた小屋に閉じこめる。こうして次の夜が来るのを待つのだ。

二日目の夜は大きな家に座を移し、人々が共に参加し、イコタたちの踊りに合わせ歌をうたってすごす。この場でも、イコタたちや長老たちは何度も昨晩と同じような説教を繰り返す。

明け方近く、ムワミとイコタたち一行は森の中に消える。そして真のムワミとしての装束を整えるのだ。ムワミ候補者は川の水で身を清め、頭髪はそり落とし、全身に精霊の恩ちょうを示す白・赤の班点が塗りつけられる。頭にライオンの毛皮でできた冠をつけ、手には鉄のみでできたヤリを持つ。まる二日間忍耐のいる儀礼に終始沈黙して耐えたムワミ候補者はこうして立派なムワミとして生まれ変わる。そして、ブンドゥキ（鉄砲）の祝砲と、人々の歓声に迎えられて村に帰る。

太鼓を打ち鳴らし、大声で歌い踊りを舞って新しいムワミを迎えるトングウェたちの雑踏の中で、私はたたずむ。心の底からわいてくる、人間にとって〝真の豊かさ〟とは何であるのかという問いかけをかみしめながら……。

第7章　サブシステンス・社会・超自然的世界
——トングウェ族の場合

1　序

トングウェ族は、タンガニイカ湖東岸部から東方にひろがるウッドランド（乾燥疎開林）に住み、焼畑農耕・狩猟・漁撈・蜂蜜採集などの生業を営む人びとである[1]。彼らの生活形態の特質を端的に示すのは、一平方キロメートルあたり〇・七三人というきわめて低い人口密度と、戸数にして二～一〇戸、人口ではせいぜい五～四〇人といった小集落が、距離を隔てて広大な原野に点在する疎開した居住様式である。この特有な居住様式と極度に低い人口密度は、基本的には、焼畑農耕を中心とし、強く自然に依存した生業形態に規定されているように思われる（掛谷　一九七四）。しかし、伊谷が〝（人口密度や居住様式にみられる）この風通しのよさと、かれらの精神構造との間には、何らかの関係がある〟（伊谷　一九七一）、と指摘したように、この特質は、所与の環境における生業形態の反映であるという枠組みを越えて、彼らの社会組織や超自然的世界とも深いかかわりをもっているのである。

本論の主題は、自然に強く依存した生活をおくるトングウェ族を対象として、彼らのサブシステンス、社会および超自然的世界を記述分析し、これらの三つの側面が相互に密接な関係を保持しており、その総体が、人口密度・居住様式を規定しつつ彼らの生活を支えている姿を描き出すことにある。

2　サブシステンス

約二万平方キロメートルのひろがりをもつ乾燥疎開林がトングウェのテリトリーであるが（図7-1）、生活の場としての環境という視点でみるならば、それは実に多様な内容を包含している（図7-2）。地形・植生等の相違にもとづく自然環境の類型と、そこで人びとが主食・副食を獲得する様式を指標にして、彼らの生活環境の類型化を試みると、表7-1のようになる。各類型の代表として、筆者が調査対象とした集落の人口構成は、表7-2に示した。ひとつの集落は、二～一〇戸、七～三七人といった小規模なものであり、トングウェ族の集落の一般的な特徴を明瞭に示している。

彼らは、衣・食・住という生活の基本要素のうち、衣は交通の要路にある小店舗に依存してはいるが、食と住

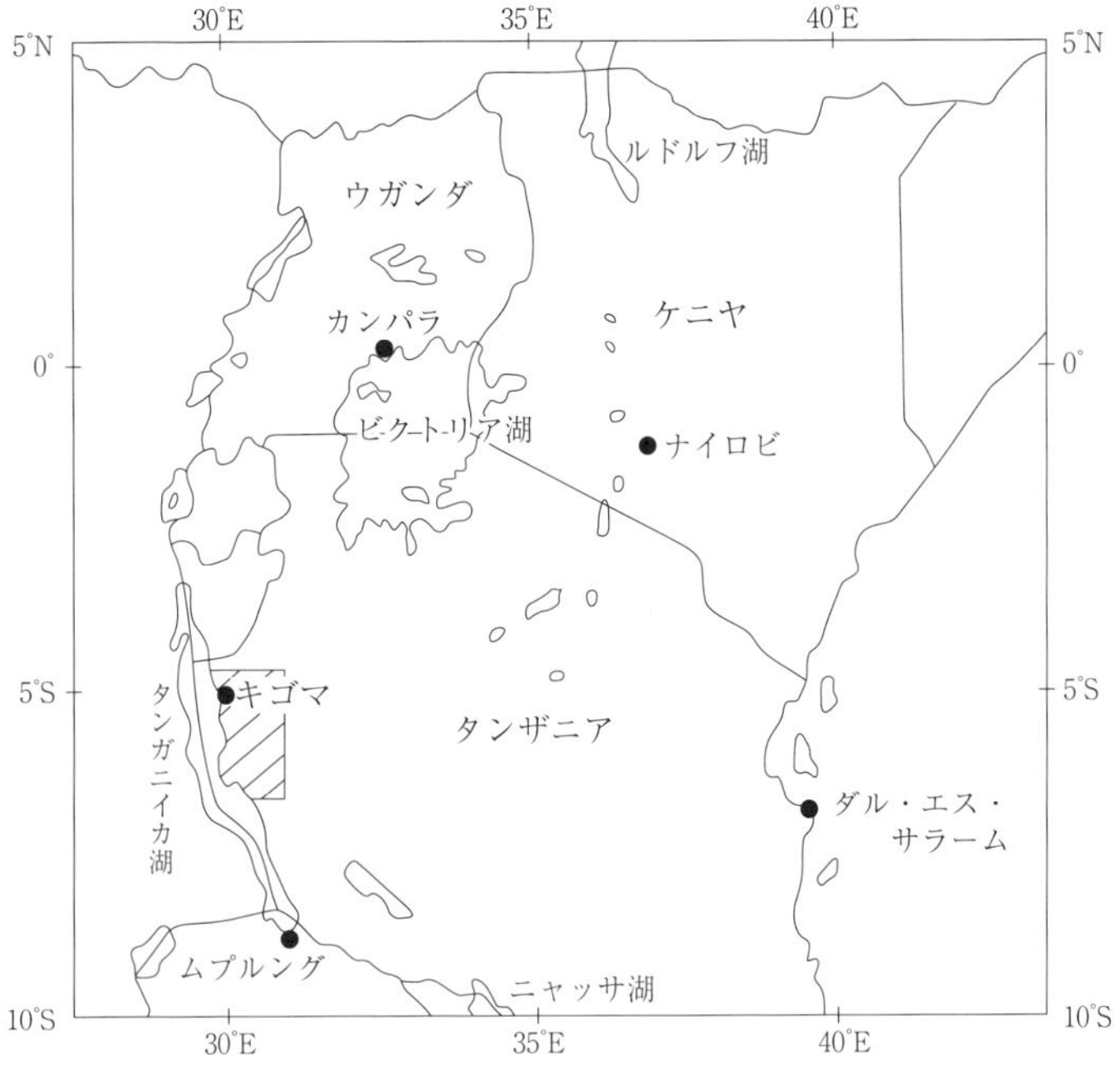

図7-1　東アフリカ

は原則的に自給によっている。したがって、各集落におけるその生活環境への適応の実態は、日々の食生活の内容に表現されているといってよい。主食（図7-3）は、主としてその集落が位置する高度に規定され[2]、山地帯ではトウモロコシ、湖岸地帯ではキャッサバへの依存度が高く、中高度地帯ではこの二作物をほぼ均等に主食として利用している。これらの主食用作物の生産量を、集落ごとに、その耕地面積から推定した値は、住民の推定年間消費量ぎりぎりか、あるいはそれを大幅に上まわることのない程度の収量を示していた。副食の分析結果（表7-3、図7-4）は、それぞれの生活環境の特色を明瞭に示している。山地帯では、ブッシュバックを中心とする中・小型の哺乳動物の肉が、イルンビで五八・六パーセント、シテテで四七・四パーセントを占めていた。中高度地帯は河川の中流

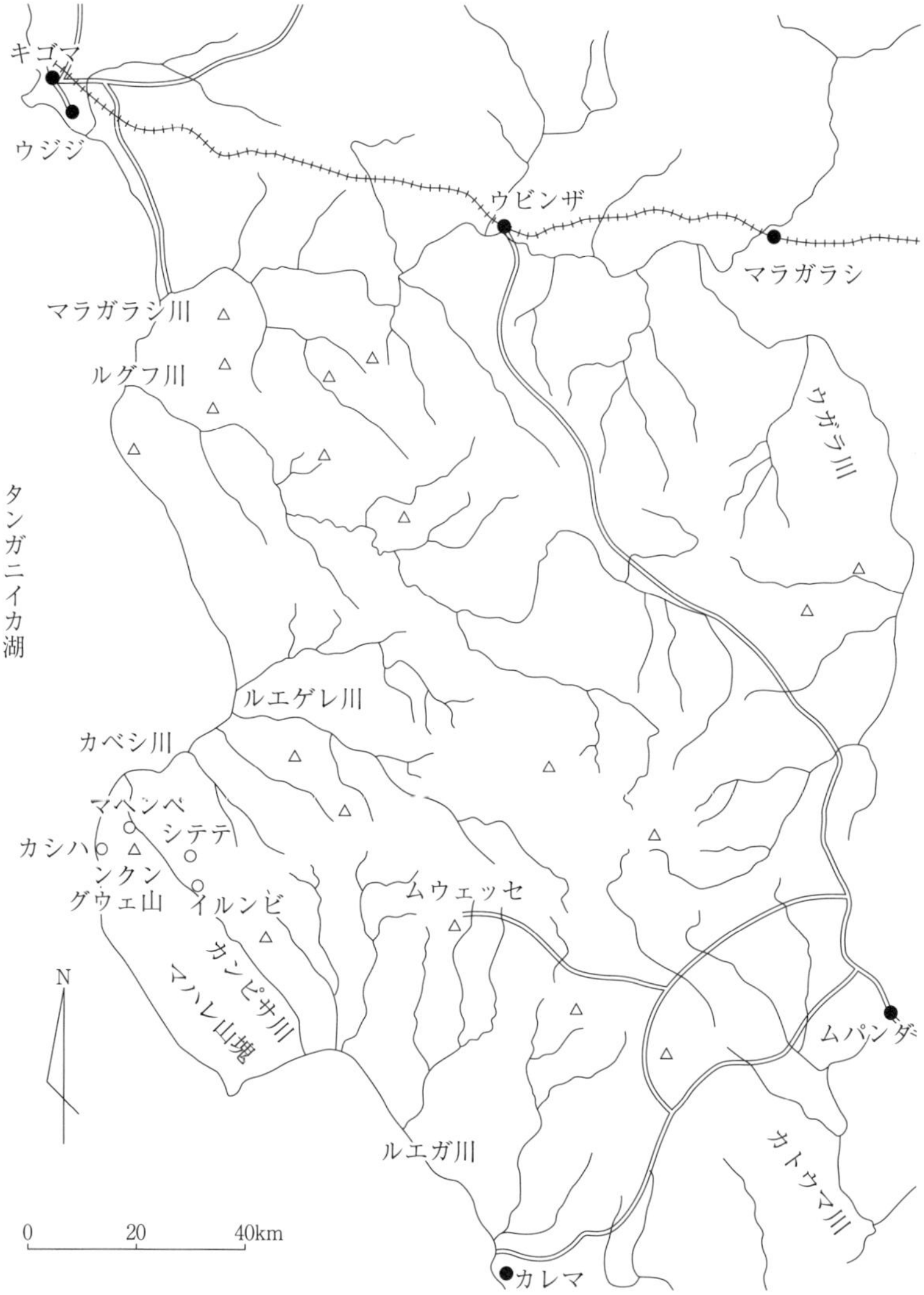

図 7-2　トングウェ・テリトリー

表 7-1　生活環境の類型

高度（海抜）	河川流域	植生		主要作物	主要副食獲得法	調査対象とした集落	タイプ
		オープンランド	森林				
湖岸地帯							
770 m 〜 900 m	下流域 三角州地帯	S-1 G-2 Sw-1 Sw-2	F-1	（ドミナント） キャッサバ （サブドミナント） トウモロコシ	湖魚の漁撈	カシハ	L
中高度地帯							
900 m 〜 1,300 m	中流域	W-1 W-3 G-2	F-1	（ドミナント） トウモロコシ （サブドミナント） キャッサバ	川魚の漁撈 大型獣の狩猟	マヘンベ ＊	M-1 M-2 M
山地帯							
1.300 m 〜 2,000 m	上流域 源頭域	W-2 S-2 G-1 G-2	F-1 F-2 F-3	トウモロコシ	中・小型獣の狩猟	シテテ イルンビ	H

＊筆者の調査対象とならなかった地域

（トングウェ・テリトリーの植生区分）

(i)　森林（Forest）
- F-1, 川辺林（Riverine forest）
- F-2, 山地林（Montane forest）
- F-3, 高地性竹林（*Arundinalia*** bamboo forest）

(ii)　オープンランド（Open land）

a）ウッドランド（Woodland）
- W-1, *Brachystegia, Isoberlinia* and *Julbernardia* woodland
- W-2, *Brachystegia-Uapaca* mixed woodland
- W-3, *Oxytenanthera* bamboo bush

b）サバンナ（Savanna）
- S-1, *Acacia* savanna
- S-2, *Diplorhynchus-Combretum* savanna

c）グラスランド（Grassland）
- G-1, 高地草原（Montane grassland）
- G-2, 二次性草原（Secondary grassland）

d）スワンプ・ベジテーション（Swamp vegetation）
- Sw-1, *Papyrus* swamp
- Sw-2, "Mbuga" vegetation

** 編者注：現在、*Yushina*

表 7-2　4 つの集落の人口構成

	カシハ				マヘンベ				シテテ				イルンビ			
	所帯*	男	女	計	所帯	男	女	計	所帯	男	女	計	所帯	男	女	計
高年齢層	10	2	3	5	4	2	0	2	6	0	2	2	2	1	1	2
青壮年層		13	15	28		4	6	10		9	8	17		3	2	5
幼年層		2	2	4		0	0	0		4**	6	10		0	0	0
計		17	20	37		6	6	12		13	16	29		4	3	7

*　所帯は生計単位と考えて算出した。
**　このうち 2 名は、1 歳未満の乳児。

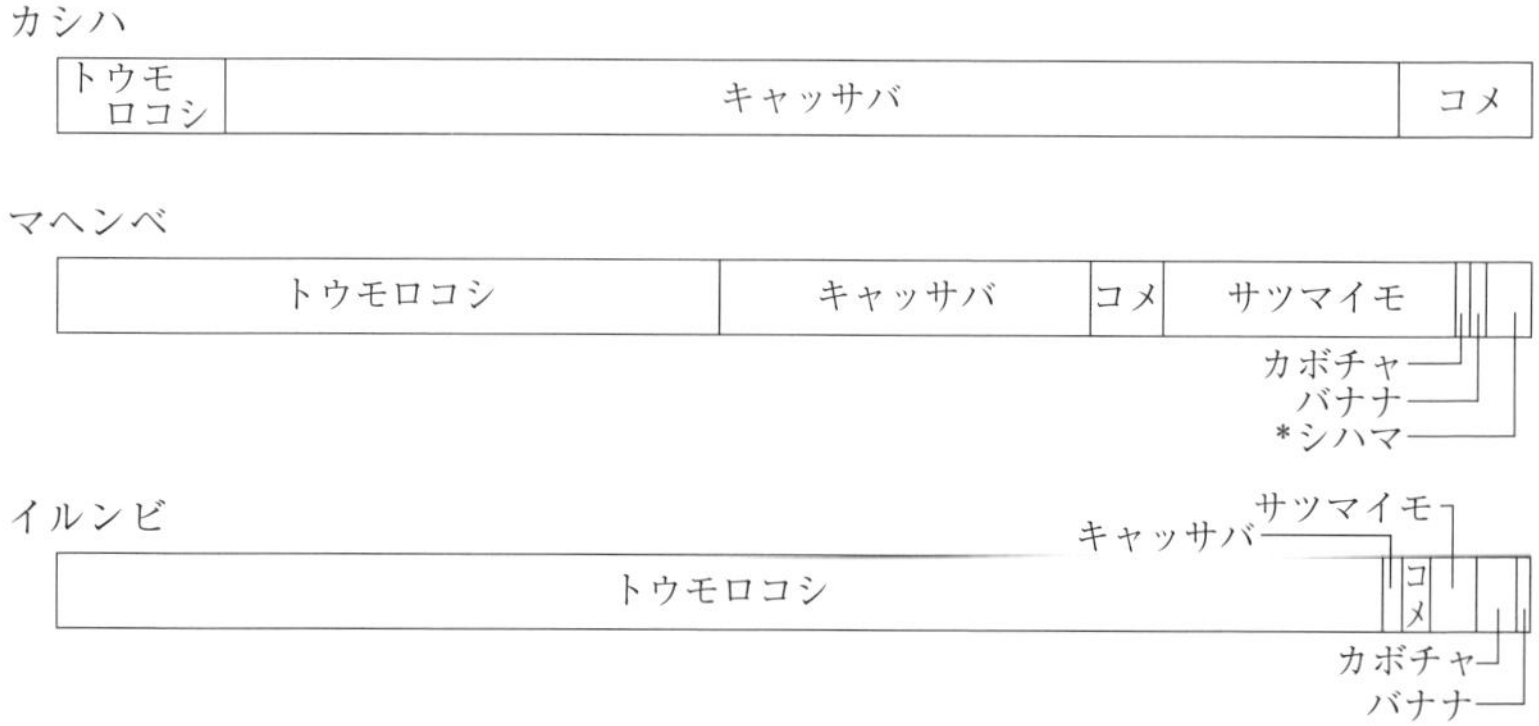

*　野生のヤムイモ

図 7-3　主食材料別頻度（1972 年 5 月〜 8 月）

域にあたるために川魚への依存度が高く、六五・六パーセントの値を示し、湖岸地帯では実に九五・三パーセントもの高率で湖の魚が利用されていた。彼らは、副食としては肉類をもっとも好み、中高度地帯や湖岸地帯でも、手間をかければ野生動物の肉の入手は不可能でないはずなのであるが、これらの地域では入手の容易な魚に強い依存を示しているのである。主食・副食の獲得は、日常生活におけるもっとも基本的な要請であり、彼らは身近かな環境において、できるだけ少ない努力で安定した食物を確保しようとする傾向性、いいかえれば最小努力の傾向性を示しているといいうるであろう。

表 7-3　副食の分析

副食群	各副食群の内訳	カソゲ		マヘンベ		シテテ		イルンビ	
		A (%)	B (%)	A (%)	B (%)	A (%)	B (%)	A (%)	B (%)
肉類	野生動物								
	ブッシュバック	0.6	100.0	0.0	0.0	15.2	26.5	36.5	52.4
	スニ	0.0	0.0	0.0	0.0	8.1	14.2	0.0	0.0
	アカコロブス	0.0	0.0	0.0	0.0	7.0	12.1	0.0	0.0
	アフリカオニネズミ	0.0	0.0	0.0	0.0	3.5	6.0	13.5	19.4
	その他	0.0	0.0	6.1	30.6	13.6	23.5	8.6	12.3
	小計	0.6	100.0	6.1	30.6	47.4	82.3	58.6	84.1
	家畜・家禽								
	ヤギ	0.0	0.0	6.7	33.3	1.5	2.6	9.8	14.1
	ニワトリ	0.0	0.0	7.3	36.1	8.7	15.1	1.2	1.8
	小計	0.0	0.0	14.0	69.4	10.2	17.7	11.0	15.9
	計	0.6	100.0	20.1	100.0	57.6	100.0	69.6	100.0
魚類	川魚								
	itale	0.0	0.0	63.6	90.1	0.0	0.0	0.0	0.0
	nkuli, lwankamba	0.0	0.0	2.0	2.8	0.0	0.0	0.0	0.0
	小計	0.0	0.0	65.6	92.9	0.0	0.0	0.0	0.0
	湖魚	95.3	100.0	5.0	7.1	3.4	100.0	0.0	0.0
	計	95.3	100.0	70.6	100.0	3.4	100.0	0.0	0.0
植物性副食	栽培種								
	インゲンマメ	0.8	20.0	0.6	6.1	19.3	52.4	15.1	49.4
	キャッサバの若葉	2.5	60.0	5.6	60.6	7.7	21.0	0.0	0.0
	カボチャの若葉	0.8	20.0	1.7	18.2	1.6	4.3	11.7	38.4
	インゲンマメの若葉	0.0	0.0	0.0	0.0	5.2	14.2	1.8	6.1
	ヒユの一種	0.0	0.0	1.4	15.1	0.0	0.0	0.0	0.0
	その他	0.0	0.0	0.0	0.0	0.6	1.7	0.0	0.0
	野生種 musogho	0.0	0.0	0.0	0.0	2.4	6.4	1.8	6.1
	計	4.1	100.0	9.3	100.0	36.8	100.0	30.4	100.0
その他	lunpanti*	0.0	0.0	0.0	0.0	1.8	80.0	0.0	0.0
	蜂蜜	0.0	0.0	0.0	0.0	0.4	20.0	0.0	0.0
	計	0.0	0.0	0.0	0.0	2.2	100.0	0.0	0.0
総計		100.0	—	100.0	—	100.0	—	100.0	—

A：副食中で占める割合　　B：各副食群中で占める割合
*　カミキリムシの幼虫

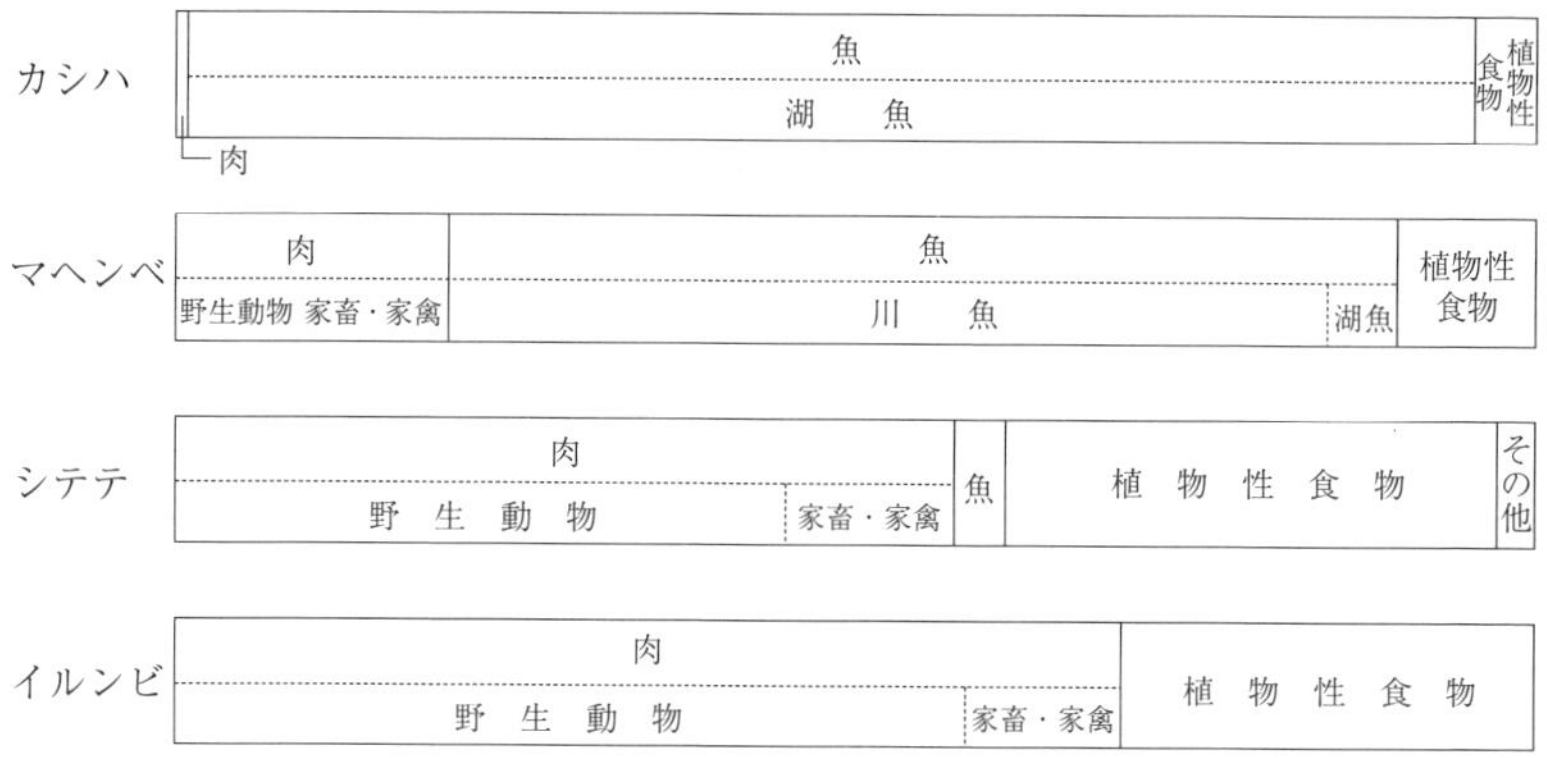

図 7-4　副食の分析（1972 年 5 〜 8 月の全食事）

食物生産は、ひとつの集落が自己完結的な単位となるが、分配・消費はより広い社会的なひろがりをもっている。トングウェの社会は、散在した小集落のネットワークとしてとらえることができ、サブシステンスのレベルでは、隔離した小集落の間をつなぐ人びとの往来（*kujáta*）[3]と、集落間の相互扶助の機構が重要である。人びとは、さまざまの動機で集落間を頻繁に往来する。トングウェ社会には、集落を訪れる客を歓待し、食事や宿を提供し接待するという伝統的な慣習があり、ときには、これらの客が消費する食物量は、その集落における全食物消費量の四〇パーセントにも達することがある。しかし、客の接待のために費した食物量は、その集落の住民が旅（*kujáta*）に出かけることによって、ほぼ帳消しにされるというのが常態である。

ところが、常にこの微妙な平衡関係が保たれているわけではなく、ときにはその均衡がくずれ、主食用食物が欠乏した集落の住民は、貯えをもった近隣の集落を訪れて食物を乞うことになる。つまり、集落間には、このような主食用食物をめぐる相互扶助機構の存在を見い出すことができるのである。しかしどの集落も、それほど多量の余剰食物を保持しているわけではない。貯えを分け与えた集落の人びとは、後になって彼ら自身が主食の欠乏をきたし、さらに他の集落に食物を乞いに行かなければならないという事態もおこるのである。

このネットワークの機能を食物の流れとしてみるならば、食物は常に各集落間を流動して、平均化する傾向性をもっているといってよい。このような、食物獲得をめぐる最小努力の傾向性と、その消費における平均化の傾向性との間には、相互に密接な関係を認めることができる。前年の余剰に頼って当年の耕作を放棄した集落の住民が、他集落の人びとに貯えを分け与えたために貯えが底をつき、今度は他集落に食物を乞わなければならなくなったとき、「結局は、他人のために大きな畑を耕したようなものだ」と嘆いたという例は、この関係をよくあらわしている。また、ある野菜は、人びとに好まれているにもかかわらず、彼らがそれを積極的に栽培しようとしない理由は、「結局は他の人びとに乞われて全部もっていかれてしまい、なんのために栽培したのかわからなくなるからだ」と語られた。つまり、誰もが栽培しているものを栽培するのが一番よいのだという観念が彼らのなかにあるのだが、これも生産と消費の間の微妙な関係を示しているといってよい。

3　社　会

トングウェ族の社会組織の特質は、社会的な統合度の低さにあるということができる。彼らの社会は父系制で、一五を越す *mulahilo* と呼ばれるクランの連合体からなっており、トングウェ全体を統合するようなパラマウント・チーフは存在していない。政治的にはせいぜいクラン段階の統合が機能しているにすぎない。各クランは、*sihugho* と呼ばれる領地と、そのクランの守護霊である精霊（*mughabho*）、それから、クランの出自を説く伝承を

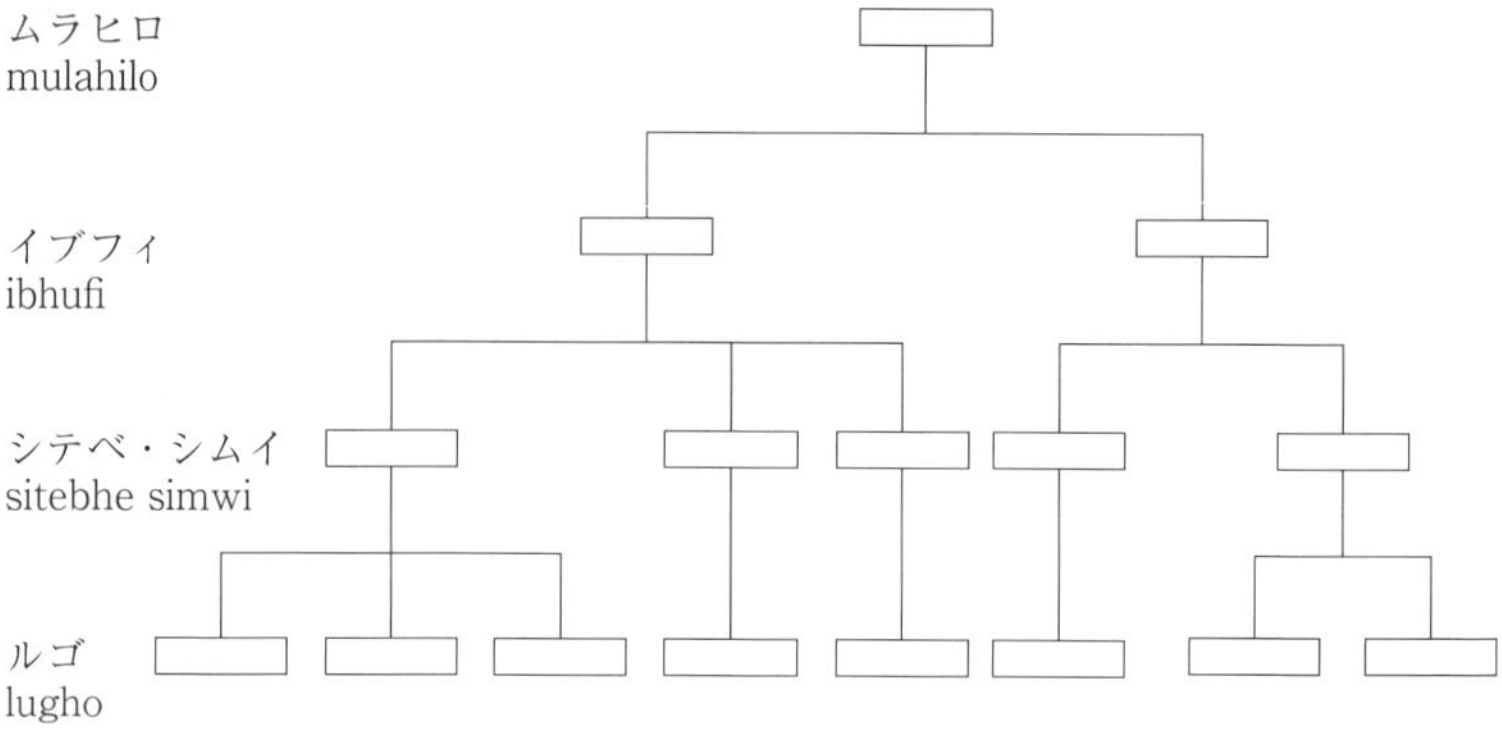

図7–5　ムラヒロの構造の模式図

もっている。ひとつのクランは、複数のメジャー・リネージ（*ibhufi*）からなり、各 *ibhufi* には相互に系譜関係を認知しあった二〜三のマイナー・リネージ（*sitebhe simwi*）が含まれている。このマイナー・リネージの長が、*mwami* あるいは *mutwale* と呼ばれる。通常はマイナー・リネージの長が *mutwale* であり、彼が *bhwami* と呼ばれる儀礼を経て *mwami* となる。ひとつのマイナー・リネージの人びとは、ひとつの集落（*lugho*）を形成している場合が多いのであるが、ときには複数の集落に分かれて生活していることもある（図7–5）。

　トングウェ社会の特徴を象徴的に示すものとして、彼らに独特の挨拶の様式をあげることができる。彼らは、大別すると五型の社会関係のあり方によって異なる挨拶様式をもつのであるが、ここではもっとも頻繁に観察することができる *kusiyesiya* と呼ばれる様式を解説しておこう。この挨拶は、同じメジャー・リネージ内の系譜上の年長者、および姻族の年長者に対するもので、目下の者が目上の者にその日初めて出会ったとき、腰をかがめ、相手から目をそらし、ゆっくりと数回から一〇回程度柏手をうつ。目上の者は、その柏手の音を聞きながら、たとえば〝*Endita mamulengo*〟と答える。*Endita* は、お聞きしましたの意であり、*mulengo* は目下の者の所属する *mulahilo*（クラン名）である。[4]

この型のほかに、同世代の姻族に対する挨拶、長期間会っていない父親および義理の父に対する挨拶、マイナー・リネージの長である *mwami* に対する挨拶、それに、とりわけ密接な関係にない人への言葉だけによる挨拶がある。これらのこみいった挨拶の様式は、基本的には、ひとつの出自集団であり、外婚の単位でもある *ibhufi*（メジャー・リネージ）を同じくする人びと、および姻族の系譜関係の認知を基礎にしたものなのであるが、これらの認知の根底に、*mulahilo* が存在しているのである。

mulahilo の出自伝承はそのおのおのが、タンガニイカ湖を隔てたザイールの諸部族や北方のハ族等の他部族に由来するという内容をもっている。ひとつの *mulahilo* とは、窮極的には、出身部族を同じくする人びとの総体を指すのである。因みに、主要 *mulahilo* の出身部族を表7-4に示しておいた。すなわち、多くの部族のこの地域への移住とそして混住とが、今日のトングウェ族を形成したということになる。

表7-4　主要ムラヒロの出身部族

ムラヒロ	出身部族
カリンダ	カランボ
ムジョンガ	タブワ
ムレンゴ	ベンバ
ムロンガ	ホロホロ
ンゲラ	ルングー
ンパホ	ベンベ
ニエンダ	クハ
カブジェ	ハ
ルベンデ	ハ
ルヒンダ	ハ
ムクワラ	ハもしくはフィパ
ムタヒヤ	ハ

筆者が確認しえた *mulahilo* の分布は、図7-6のようになる。この図は、部族形成の過程において、大局的には各 *mulahilo* がそれぞれの領地（*sibugho*）を住み分けてきたことを示している。そして、彼らにとっての領地とは、その土地の精霊（*mugabho*）や祖先霊（*musimu*）への忠誠のあかしとして、保有しつづけてゆかなければならぬものなのである。かつては、領地をめぐる *mulahilo* 間の激烈な戦いがあったという伝承をも併せて考えるとき、*mulahilo* の住み分けは、*mulahilo* 間の潜在的な緊張関係をも示すといってよいであろう。しかし、この *mulahilo* も、少

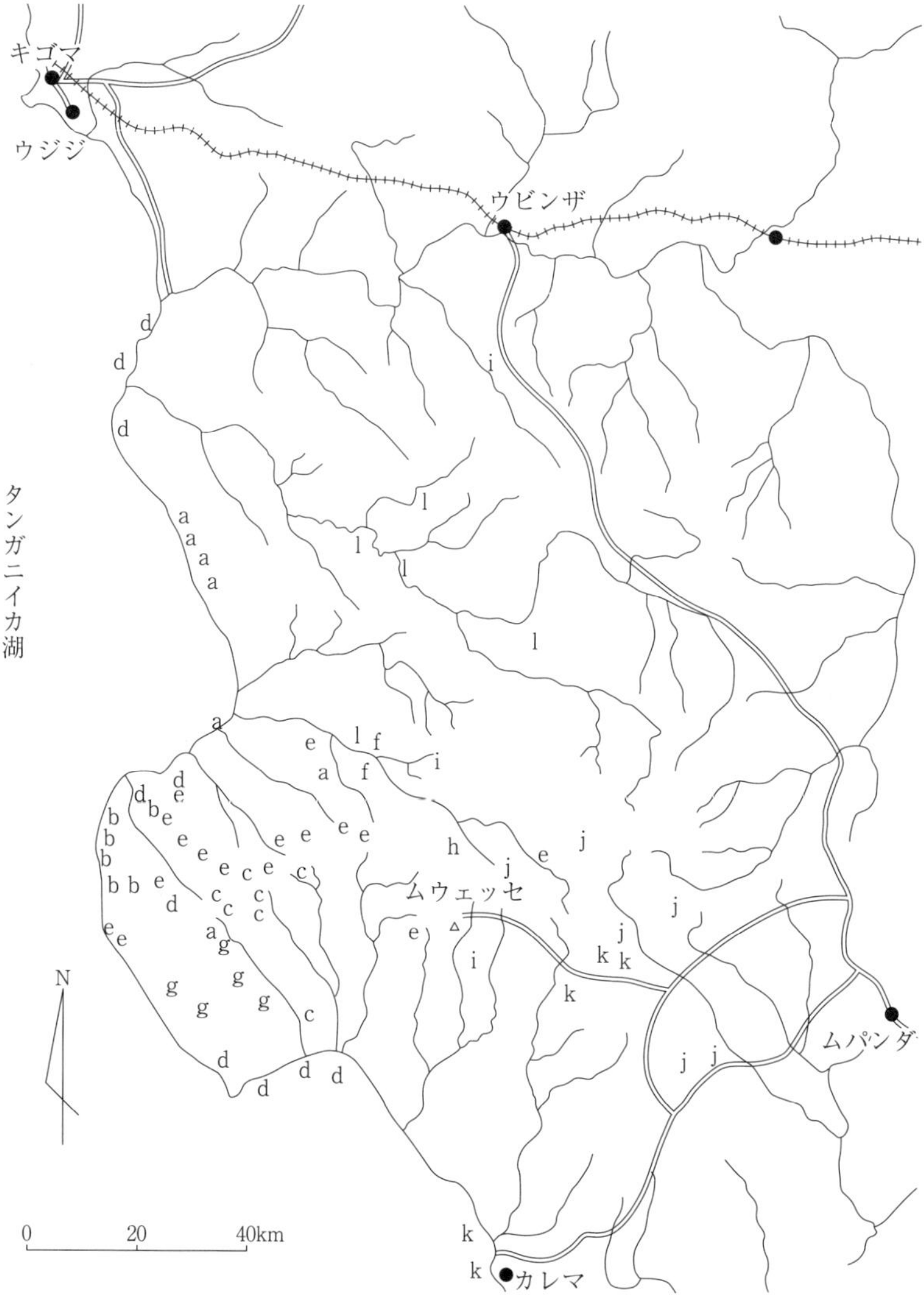

図 7-6　ムラヒロの分布

a：カリンダ　b：ムジョンガ　c：ムレンゴ　d：ムロンガ　e：ンゲラ　f：ンバホ
g：ニエンダ　h：カブジェ　i：ルベンデ　j：ルヒンダ　k：ムクワラ　l：ムタヒヤ

なくとも今日では必ずしも内部的に統一されているわけではなく、みずからの領地内の精霊や祖先霊の祭祀を司る *mwami*、*mutwale* を中心としたマイナー・リネージのいくつかを内包したメジャー・リネージの、比較的ゆるい連合体なのである。

彼らに独特の挨拶の様式は、トングウェ社会のもうひとつの特徴を示している。先に、疎開して点在する小集落間をつなぎ、彼らの社会の維持にとっては重要な行動様式である *kujāta* について述べた。彼らの社会は、遠く離れて住む人びとが *kujāta* によって出会うことを前提とした社会であり、その出会いの様式化されたものが多様な挨拶行動だと考えることができる。人と人との出会いは、小規模なトングウェ社会を支える人間関係の結節点であり、彼らの社会は、出会いを基礎にして統合されている社会だといってもよいであろう。

4　超自然的世界

原野の中に小集落を形成して営々と生きるトングウェは、多くの超自然的存在にとり囲まれ、それらと密接な関係を保ちながら生活している。その多彩な超自然的世界は、集落の一隅にある多様な象徴物や、種々の儀礼(5)、そして彼らの日々の行動や会話の中などにも、示されている。

一見平隠な生活をおくる彼らがもっとも恐れるのは、さまざまな不幸である。生活の諸側面にわたる平常状態からの逸脱が、彼らの不幸である。たとえば、作物の不作、野獣による畑荒し、妻となるべき女性にめぐり会えないこと、子孫や財産に恵まれないこと、怪我や病気等々である。しかし彼らにとって、不幸は偶然の結果では

表7-5　トングウェ族における超自然的存在

1	ムングー munghu	
2	ムガボ mughabho	
	2-1	ムガボ mughabho
	2-2	ムガボ・グウェジミロ mughabho ghwejimilo
	2-3	ムガボ・グワ・クパキラ mughabho ghwa kupakila
	2-4	カシンディエ kashindye
	2-5	マハサ mahasa
	2-6	ムティミ mtimi
	2-7	リャンゴンベ lyangombe
	2-8	イシゴ isigho
	2-9	ムグンバグウェスク mughumbeghwesuku
	2-10	イジーニ ijini
3	ムシム musimu	
	3-1	ムシム musimu
	3-2	イシナ・リャンフコ musimu lya nfuko
	3-3	ムシム・グワ・ムトゥワレ musimu ghwa mutwale
	3-4	ムシム・グワ・ムワミ musimu ghwa mwami
	3-5	ムシム・グワ・ムフモ musimu ghwa mufumo
	3-6	ムシム・グワ・ムジェゲ musimu ghwa mujeghe
4	イニュウェレ inywele	
	4-1	ムクリ・グワ・ンソフ mukuli ghwa nsofu
	4-2	ムヒギ muhighi
	4-3	リジョンブウェ lijombwe
5	ブロシ bhulosi	
	5-1	ムロシ mulosi
	5-2	ムクリ mukuli
	5-3	イスワ iswa
6	イガンボ ighambo	
	6-1	ンシガ nsinga
	6-2	イラジ ilaji

ない。それは、ほとんどの場合、なんらかの超自然的存在の意志のあらわれなのである。

不幸に見舞われたとき、彼らはその原因を求めて呪術医（*mufumo*）を訪れる。呪術医は、占いによってその原因を探しだす。彼らは、さまざまな不幸の原因を体系的に認知しており、呪術医は、その体系に沿って占い、治療をおこなう。その体系は、大まかにいって六つの部分に分けることができる（表7-5）。

一　*munghu*（神）：古来の太陽崇拝の信仰が、イスラム教やキリスト教などの浸透によって変容したものと考えられる。それは、唯一至高神といった存在ではなく、また種々の超自然的存在の中で、確とした地位をもってはいないように思われる。むしろ、それは〝運命〟といったニュアンスを表現しているといった方がよいかも知れない。古老は、毎朝、朝陽に向かって以下のような意味をもつ呪文を唱える。〝太陽が今日も昇った。太陽は言う。生まれる者はいでよ、死ぬる者は死ね、病む者は病め、治る者は治れ〟（西田　一九七三）。この慣習や、呪術医となる儀式（*bhufumo*）等の際、地面に儀礼的に描かれる絵の中で、しばしば太陽が表現されることから見て、*munghu* は、太陽崇拝の変形と考えてよいように思う。

二　*mughabho*（精霊）：一般に、山・川・大石・大木などに住むと信じられている。ひとつの *sitebhe simui* の領地内には多くの精霊が住んでおり、*muami* あるいは *mutwale* の在所にはそれらの精霊が祀られている。これらの精霊のなかで、とくに、*mughabho ghwejimilo* および *mughabho ghwa kupakila* と呼ばれる二体の精霊が重要である。前者は、ひとつの *sitebhe simui* の守護霊であり、後者は、前者の父といわれ、*ibhufi* の守護霊と考えておそらく間違いのない精霊である。ともに、*mutwale* が *muami* となる *bhwami* の儀礼において、重要な位置を占める。

彼らは、逆子および双生児を精霊の生まれかわりと信じており、それぞれ *kashindye*、*mahasa* と呼ばれ、逆子や双生児が生まれると盛大な儀礼がおこなわれ、それぞれに特有の象徴物が集落の一隅につくられる。

これらの精霊のほかに、*mutimi*、*lyangombe*、*isigho*、*mughumbaghwesuku*、*ijini* と呼ばれる精霊が存在するという。*mutimi* は原野に住む巨人の精霊であり、ゾウを飼いならしており、野獣・薬草などの管理者としての役割をもつと考えられている。*lyangombe* は、精霊に似た存在であり、原野などで危険に出会った際、これに助けを求めるのだという。*isigho*、*mughumbaghwesuku* は、ともに川の淵や水溜りに住む精霊であり、水汲みなどに来た女性にとりついて、不妊などの病の原因になるという。*ijini* は、土着化したイスラム教に由来すると思われる精霊で、人にとりついて病の原因になるという。この *ijini* がとりつくと、スワヒリ語やコーランを知らない人でも、スワヒリ語で喋りだし、コーランを唱えるともいわれる。

三　*musimu*（祖先霊）：一般に、父系リネージの祖先霊が信仰の対象となるが、母方をたどる祖先霊もその対象となることがある。どの集落にも、特定の枯草で作られた、小さな円錐形の祖先霊の住む家が祀られている。それをつくらなかったり、供物が捧げられなかったりすると、祖先霊は、不満の意を伝えるために人に不幸をもたらすという。トングウェは、孫が祖父母の名（*isina lya nfuko*）を継承する慣習をもつが、自分の名が継承されなかった祖先霊が不幸をもたらすことがあるという。また代々の *mwami* および *mutwale* の祖先霊は他の祖先霊と区別され、*sitebhe simui* の人びとが共通に崇拝している。とくに、*mwami* の祖先霊（*musimu ghwa mwami*）は、*nindinindi* と呼ばれる腕の太さほどある丸太の杭で象徴され、特別の崇拝を受けている。*mufumo*（呪術医）および *mujeghe*（後述するように、ゾウを撃ちとった狩人）の資格は、子孫によって相続されなければならない。それをおこたると、さまざまな不幸を介して、その意志が彼らに伝えられるという。

四　*inywele*（動物）：トングウェ・ランドに住む多くの動物のうち、とくに、ライオン・ヒョウ・ゾウ・エランド・パイソンなどは、特別の力をもつと考えられている。ライオンやヒョウは、*mwami* の権威を象徴する動物である。*mwami* の在所には、木の枝にライオンやヒョウの頭蓋骨を突き刺した象徴物、*nsongole* があり、また *mwami* のかぶる王冠（*npasi*）は、ライオンの毛皮に、海岸からもたされた貝をとりつけてつくられる。

ゾウ・エランド・パイソンを殺すと、その狩人は、それらの悪霊（*mukuli*）にとりつかれないようにするために、ある種の儀礼的行動をとらなければならない。とくに、ゾウの悪霊（*mukuli ghwa nsofu*）は強力であり、ゾウを撃ちとった狩人は、*ikota* と呼ばれる司祭の采配のもとで、一週間も続く *bujeghe* という特別の儀礼をおこなわなければならない。*bujeghe* の儀礼をおこなった狩人は、*mujeghe* と呼ばれ、真の狩人として尊敬される。*mujeghe* も、その子孫によって相続されなければならない。それを怠ると、さまざまな不幸がもたらされるという。

森には、*mubighi* と呼ばれる四つ足をもったヘビのような動物（おそらく仮空の動物）が棲んでおり、これに出会うと不猟が続いたり、病気に見舞われたりするという。これに出会った人は、特定の種類の枯草でつくった造型物を祀り、供物を捧げなければならない。*mubighi* も、その子孫が代々相続しなければならない。また、森には *lijombue* という恐ろしい動物（おそらく仮空のもの）が棲んでおり、これに出会うと、死などの大きな不幸に見舞われるという。

五　*bhulosi*（邪術）：これまで述べてきた超自然的存在と少し異なった存在に、邪術者（*mulosi*）がいる。現実の人間界に跋扈《ばっこ》する存在であり、呪う、呪われるという呪詛の世界にかかわる邪術者は、薬（*muti*）[6]を自由に駆使して他人を呪って重い病気をもたらし、ときには死に至らしめることができる。一人前の邪術者になるには、まずみずからの近親者を呪い殺さなければならないという。こうして邪術者となった者は、夜ごとに素裸で集会を開き、呪いをかける人について相談し、ときには寝ている人を外にひきずり出して働かせたり、人糞を食べさせたりといったいたずらをする。このような邪術を、彼らは夜の邪術（*bhulosi bhwa bhufuku*）と呼ぶ。邪術者は、自由に、ハイエナやワニ、ヘビ、ときには *bangombe* を操り、それらを差し向けて他人に危害を加えることができるという。また、小型レイヨウの角に薬を入れて、呪いの言葉をつぶやきながら、角にミニチュアの槍を突き刺して人を呪ったり、バナナの木の髄で作った人形に針を突き刺して呪うこともあるという。薬を自由に操ることのできる邪術者は、呪詛の念をこめて道端に薬を仕掛けたり、食物に混ぜたりして人を呪うという。これらの邪術は、昼の邪術（*bhulosi bhwesyibha*）と総称される。

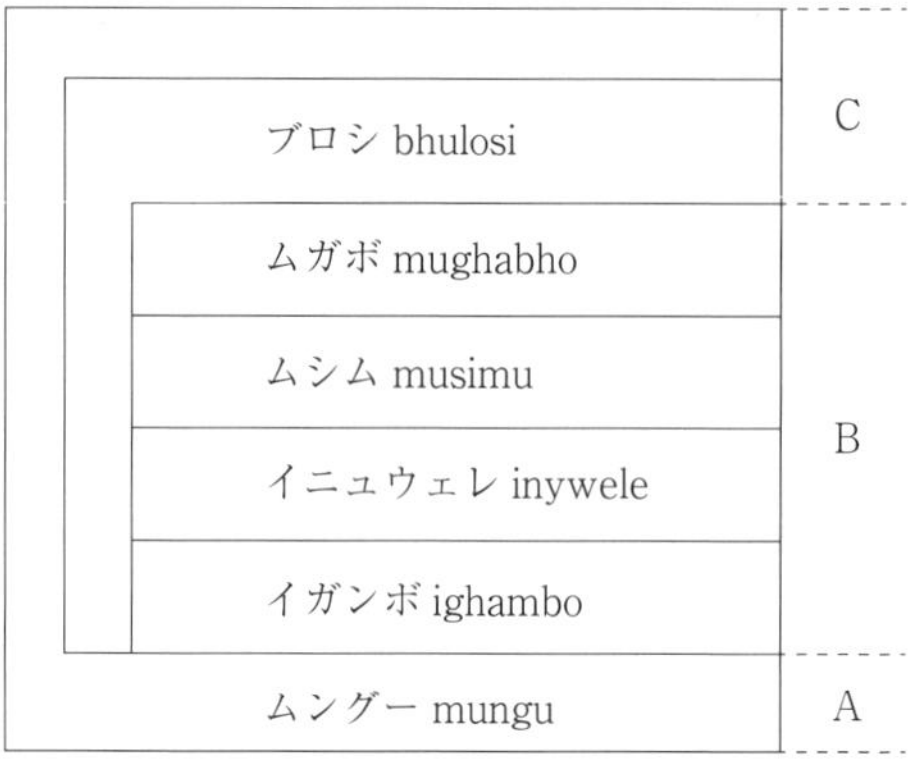

図 7-7　病気の原因

A：軽い病気　B：激しい症状を呈するが、一定期間後、快癒する病気　C：長期にわたる病気や死に至る病気

このような邪術によって呪い殺された人は死霊（*mukuli*）となり、みずからを呪い殺した邪術者につきまとい、その邪術者を死に至らしめて報復する。しかし、熟達した邪術者は、この *mukuli* をさえある程度自由に操ることができ、自分にとりついた *mukuli* を、みずからの近親者にふり向けることもできるという。熟達した邪術者も、終局的には *mukuli* から逃げきることはできず、破滅のみが待っているのだと、人びとは語るのである。

邪術者は、ある人を呪い、他の人びとには死んだように見せかけてかわりに木などを置いておき、その人を連れ去って働かせることができる（*isua*）。*isua* もまた、人にとりつくことがあるという。

六　*ighambo*（言葉）：トングウェ族の社会には、E・E・エバズ＝プリチャード（Evans-Pritchard 1937）のいう妖術者（witch）は存在しない。しかし、妖術者に類するものとして、以下のものをあげることができる。

非常に立腹した人（通常は年長者）が、人のいない片隅で、ぶつぶつと恨みごとをつぶやいたとき、この恨みごとが対象の人にとりついて病の原因になることがある（*nsigha*）。また、*mwami* や *mutwale*、および年長者が立腹したり、それらの人びとの遺言を守らなければ、ときに不幸に襲われることがあるともいう（*ilaji*）。

このように、トングウェ族は、多彩な超自然的存在にとり囲まれて生活しているのであるが、さまざまな不幸のうちとくに恐れられている病をめぐり、彼らがその原因と考えるシステムについて考察してみたい。

彼らは、病を症状によって三つの状態に区分している（図7-7）。一時的な腹痛や風邪など、比較的軽い病（A）については、彼らは神（*mungu*）の病と呼び、とりたてて問題とはせず、常識として知っている草根木皮を薬として服用し、快癒を待つ。しかし病が長びき、あるいは症状が激しくなると、彼らは呪術医を訪れ、その原因を占ってもらうのである。その場合、結果的に見て、長期にわたる病や死に至る病（C）は、邪術（*bhulosi*）のせいにされるのが通常である。その他、激しい症状を呈しても、一定期間を経て快癒する病（B）については、邪術の場合もあるが、精霊や祖先霊などに原因が帰せられることが多いようである。

病の原因の三区分は、超自然的存在のもつ社会的機能を分析する上でも重要である。*mungu* は、この世で起こるさまざまな現象を窮極的に受け入れる原理であり、先に述べたように、〝運命〟といったニュアンスに近い。精霊や祖先霊等を含むカテゴリーBに属する存在は、出自集団の統合、ときによっては、それらの間の反目の根拠となるものであるといってよい。精霊は、基本的には一定の土地と結びついており、彼らはそれらの精霊を守護霊とすることによって、*sitebhe simui*、*ibhufi* ときには *mulabilo* などの出自集団の統合を強めていると考えられる。祖先霊は、その系譜関係の認知にもとづいて、*sitebhe simui* の人びとの統合を象徴するものであるといってよいであろう。

日常的生活において、もっともまとまりのある *sitebhe simui* の人びとは、精霊や祖先霊への信仰によって、その統合を強めているといえる。しかし、*ibhufi*、*mulabilo* と集団が大きくなるにつれて、精霊や祖先霊は、その下位に含まれる集団間での統合の象徴であると同時に、反目や緊張の根拠ともなるのである。

inywele は、それ自体としては、*sihugho* などの一定の地域や、特定の出自集団と不可分な関係をもつわけではな

い。しかし、ここに述べた動物とともに、他の動物一般にまで拡大して考えるとき、社会的機能と結びつくのである。すなわち、一人の *mwami* あるいは、*mutwale* が宰領する領域内に住む動物は、司祭としての *mwami*、*mutwale* が、精霊や祖先霊の加護のもとで管理するものと考えられており、野獣や魚がとれないとき、彼らが怒っているのではないかと推察されることもある。また *igbambo* は、出自集団内での、年齢による秩序を支えていると見ることができるであろう。

Cのカテゴリーに属する *bhulosi* は、とくに、*sitebhe simwi* の人びと、よく顔を合わせる近隣の人びと、それに姻族に属する人びとなど、通常は、彼らの社会のまとまりの核になる人びととの間で、頻繁に跋扈する存在である。トングウェたちは、周囲の人びとから邪術者と見なされないように、あるいは邪術をかけられないように、人から嫌われたり妬まれたりする行動を避ける。*bhulosi* は、このような回路を通って、集団の秩序維持機能という側面をもつのであるが、顕現化した *bhulosi*、あるいは *bhulosi* ではないかという猜疑は、Bのカテゴリーに属する超自然的存在のもつ統合機能とは逆に、集団を緊張させ、分散させるように働くのである。

このような社会的機能をもつ多彩な超自然的存在と、疎開した分布様式を示す小集落をベースとした、社会的統合度の低いトングウェの生活様式との間には、不可分の関係があるといえるのである。

5　結　論

トングウェ族は、広大なウッドランドの中で、トウモロコシ・キャッサバを主作物とする焼畑農耕を営み、狩猟・漁撈・蜂蜜採集など、強く自然に依存した生活をおくる人びとである。その生活形態の特質は、一平方キロメートルあたり〇・七三人というきわめて低い人口密度と、戸数で二〜一〇戸、人口では五〜四〇人といった小集落が疎開して分布する居住様式に示されていた。これらの特質は、彼らの生活環境と、一定の技術システムを媒介とした生業様式に深く規定されていたのであるが、彼らの社会組織、および超自然的世界とも不可分な関係をもっていたのである。それらは、直接的に、あるいは間接的に、人口密度および居住様式に深い影響を与えていたといってよいであろう。

彼らのサブシステンス・エコノミーに見られた最小努力および平均化の傾向性といった特徴は、結果的には、余剰が大量に蓄積することをおしとどめ、低い社会統合のレベルを維持させてきたであろう。また逆に、部族形成の歴史を背景とした小さな出自集団間の拮抗が、これらのサブシステンス・エコノミーの特徴を支えてきたともいえるのである。

さまざまな超自然的存在は、たとえば精霊や祖先霊などがマイナー・リネージの団結を保証する一方、より高次な集団のレベルでは、その下位に含まれる出自集団間の拮抗の根拠となっていた。また *bhulosi* は、日常的なまとまりの単位である居住集団や、近隣の人びと、姻族などに緊張と分散化をもたらしていた。*bhulosi* は、それへの畏怖を媒介として、サブシステンス・エコノミーに見られた特質を裏面から支え、窮極的には、彼らの社会組織の形態をも規定しているのである。また、彼らの重要な行動様式である *kujāta* は、それにともなう物質的な動きという点から見れば、最小努力および平均化の傾向性を助長するものであったが、一方、散在する小集落をつなぐ重要なコミュニケーションの機能をももっていたのである。そして、この *kujāta* の動機には、超自然的世界が深く関与しているのである（掛谷　一九七四）。

このように、トングウェ族のサブシステンス・社会・超自然的世界は、相互に、正の、ときには負のフィードバックとして働きながら、全体として、人口密度や居住様式に示された生活形態を規定し、ウッドランドに住むトングウェの生活を支えているのである。

注

(1) 本論稿のもとになった調査は、ウエンナー・グレン財団の基金を得て、一九七一年から一九七二年にかけて行なわれたものである。
(2) キャッサバは、貧栄養土壌に対する耐性は強いが、低気温に対する耐性が弱く、栽培可能な高度は、海抜一三〇〇メートル前後である。
(3) 本論稿中のトングウェ語は、全てイタリックであらわす。
(4) トングウェ族社会は父系制であり、子供は全て父親の *mulahiio* を継承する。女性は、結婚しても *mulahilo* 名を変えず、終生、父親の *mulahilo* 名を継承する。
(5) 多様な象徴物や儀礼については、それらの写真とともに、他のところで簡単に紹介した（伊谷・西田・掛谷　一九七三）。
(6) トングウェ族の薬（*muti*）の概念は、病気治療のための薬という意味とともに、いわゆる毒薬にあたるものを含んでいる。

第8章　伝統的農耕民の生活構造
——トングウェを中心として

1　はじめに

焼畑農耕は、サハラ砂漠以南の熱帯アフリカに生きる人びとの生活を支える、長い伝統に裏づけられた重要な生業である。しかし近年に至って、焼畑農耕は、飢餓に代表される現代アフリカの苦悩と困難の原因の一つを象徴する生業とみなされ始めたかにみえる。粗放的で生産力が低く、また森林破壊の元凶でもあるというのが、その理由である。しかし私には、それが、個別の自然・社会・文化の特性や生活者の論理を軽視した、偏った議論であるように思われてならない。少なくとも、アフリカが抱える困難を克服する道は、トラクターなどの大型農

図 8-1　トングウェとベンバの居住地

業機械や大規模灌漑の導入、化学肥料や農薬の大量投入などの簡単な処方箋で尽くせるものではない。農業の近代化が重要な課題であるとしても、その根底には、アフリカ農民のもつ社会・文化的特質と、生活の場となる自然についての十分な理解が基礎になっていなければならない。

この章では、私がこれまで長くつきあってきたトングウェ族を取り上げ、いわば生態系の一員として暮らしを立ててきた焼畑農耕民の生活構造を描き上げたい。とくに焼畑農耕そのものについては、新たに調査を開始したベンバ族とも対照しつつ、その特徴の検討を試みたい（図8−1）。

2　ウッドランドにおける焼畑農耕

タンザニア国の西端部に、南北に長く横たわるタンガニイカ湖がある。その湖畔部から東部に広がるウッドランド（乾燥疎開林）がトングウェの居住域である。ジャケツイバラ亜科（マメ科）に含まれるブラキステギア、イソベルリーニア、ジュルベルナルディアの三属の樹木を主要な構成種とするこの疎開林は、これらの樹木を総称するミオンボの名前をとって、ミオンボ・ウッドランドとも呼ばれる。木の高さは二〇メートルを超すことは稀であり、木と木の間は三～五メートルの間隔がある疎林帯だ。年間が、五月から一〇月の乾季、一一月から四月までの雨季に分かれ、総雨量は八〇〇～一〇〇〇ミリメートルに達する。雨が集中して降る雨季には、木々がさわやかな緑を繁茂させ、林床部は背丈を超えるイネ科の草本が覆う。乾季には多くの木々が葉を落とし、林床部の草も枯れ、枯れ草は野火によって焼き払われる。

大局的にみれば、コンゴ盆地を中心とした熱帯多雨林帯の外縁部に展開するウッドランドは、より乾燥したサバンナ帯への移行植生だと考えてよい。その領域は、西タンザニア、ザンビア、マラウィ、モザンビーク、それにザイール（現在、コンゴ民主共和国）南部からアンゴラにかけて広がり、じつにサハラ砂漠以南のアフリカ大陸の四分の一を占める。つまり、ウッドランドはアフリカを代表する植生帯の一つとして位置づけることができるのである。

このような広さのゆえに、ウッドランドに花開いた数多くの社会・文化は多様であり、その農耕形態もヴァラエティに富んでいる。ここでは、トングウェの焼畑農耕と、チテメネ・システムと呼ばれる特異な焼畑システムを発展させた北部ザンビアに住むベンバ族のそれとを対照させ、ウッドランドにおける農耕の特徴を概観しておきたい。

ウッドランド帯に属するトングウェ・ランドは、その内部に、標高二四六二メートルの最高峰ンクングウェ山をはじめとして、二〇〇〇メートルを超す山々が連らなるマハレ山塊を含んでいる。この山塊に源を発する大小の河川は複雑な水系を形成し、その水系に沿って河辺林が分布している。また、山地には豊かな山地林が発達し

写真 8-1　焼畑にトウモロコシを播種する。

ている。トングウェの国は、細部についてみると、ウッドランドと森林がモザイク状に組み合わさった植生を示している。

伝統的な山住みのトングウェは、このような植生のうち、山地林や河辺林などの森林を焼畑の対象としていた。男たちは、乾季が進んだ七月になると、あらかじめ選定しておいた森に通い、山刀で蔓を刈り払い、斧で木を伐り倒す。伐採した蔓や樹木はそのまま放置して乾燥させる。乾季も終わりに近づいた頃、人びとはそこに火入れをして焼畑を造成する（写真8-1、第Ⅱ部扉写真）。雨季が始まると、女性は勾配の急な斜面を登り降りしながら鍬で穴を掘り、トウモロコシとインゲンマメ、カボチャなどの種子を植え付ける。主食用のトウモロコシの収穫は、雨の勢いが衰える四月まで待たなければならない。このような焼畑は、ときに二〜三年耕作することもあるが、原則的には毎年開墾し、そのあとは放棄して休閑地とする。湖岸部の近くに住むトングウェは、主として二次性草原を開墾して、栄養の乏しい土壌でもよく育つキャッサバを栽培する。

山がちなトングウェ・ランドとは異なって、なだらかな高原状のウッドランドに住むベンバは、チテメネ・システムと呼ばれる、疎林そのものを開墾する焼畑農耕を営んでいる。雨季が終わる四月から男たちは焼畑農地用に選んだ疎林に通い、木によじ登って、斧一本ですべての木の枝を切り落とす。危険な仕事のように思えるが、彼らは「これがベンバの男の仕事だ」と胸を張る。もちろん、細い木や、登るのが困難な木は膝の高さで伐り倒す。このように木を伐ることをベンバ語でクテマと呼ぶ。チテメネはこのクテマに由来する名称である。伐採した木の枝は一ヵ月間放置して乾燥させ、こんどは女がその枝を頭上に載せて、伐採域の中心部まで運び、一メートルほどの高さに積み上げる。一回の運搬量は二〇キログラムを超すが、女は黙々とこの作業をこなす。こうして、ほぼ円形をした、枯れ枝の堆積物が出来上がる。雨季の訪れる直前に、人びとはそこに火を放ち、ウブクラと呼ばれる焼畑を造成する。ウブクラの面積は四〇アール程度だが、木の枝はその六倍以上の伐採域から集められる。雨季が到来し、厚い灰の層が十分に水を吸い込むと、人びとはまずキャッサバを植え付け、そのあとシコクビエを播種する。シコクビエは、ベンバの伝統的な作物であり、チテメネ・システムはこのシコクビエ耕作と深く関係づけられている。焼畑には、他にウリやカボチャの種子を播き、焼畑の辺縁部には畝を立てて、モロコシやサツマイモを栽培する。さらに焼畑の周囲に野獣よけの柵を立てる仕事が続く。シコクビエは翌年の四～五月に収穫される。二年目の焼畑にはラッカセイが植え付けられ、三年目にラッカセイの収穫、そしてキャッサバの収穫と続く。つまりこの焼畑は、輪作を基本として、少なくとも四年間は継続して耕作される。もちろん、シコクビエ用に、毎年新しいチテメネが開墾される。

同じウッドランドの住人なのだが、トングウェとベンバは焼畑耕地の選択や農法に大きな違いを示す。トングウェは森林および森林後退後の二次性草原に耕地を限定し、トウモロコシやキャッサバなど新大陸起原の作物を栽培する。一方のベンバは、森林が未発達であるという条件を背景としつつ、より労働集約的な農耕システムによって疎林を開墾し、アフリカ起原のシコクビエに強く執着する。ともに、ウッドランドで練り上げられた農法であり、広大な樹林帯、低い人口密度、それに自給的な生活を前提としているかぎり、それぞれがきわめて合理的な環境利用のシステムであるといってよい。そこには、各々の文化・社会の特性や部族形成の歴史に沿って理解されるべき〈原野の知恵〉が秘められている。

私たちは、低生産性や森林破壊の元凶だとして焼畑農耕を非難する前に、それが合理的な根拠をもっていた伝統的な生活の総体を十分に理解しなければならない。以下の節では、より調査の進んでいるトングウェ族に的を絞り、生活の諸相とその相互関係について述べていきたい。

3　トングウェ族の生計経済

多様な生活環境と暮らし

トングウェの集落は、せいぜい二〜一〇戸、人数にして五〜三〇人が住む小規模なものであり、それらの集落が互いに距離を隔てて広大な疎林帯の中に散在している。彼らの居住域はほぼ二万平方キロメートルであり、そこに二万人足らずの人びとが住んでいる。つまり、一平方キロメートル当たり一人以下という稀薄な人口密度に特徴づけられている。

原野の中にひっそりと埋もれるようにして存在する集落を根拠地として生活するトングウェは、先に述べた焼畑農耕のほかに、マスキット銃や多種類の罠による狩猟、タンガニイカ湖や河川での漁撈、それに蜂蜜採集などの生業活動に従事している。焼畑農耕を生活の重要な基礎としつつも、狩猟・採集・漁撈など自然に直接的に依存した生業活動も不可欠なのである。自然利用のジェネラリストとしての生き方こそ、彼らの基本的な存在様式

表8-1　生活環境の類型

高度（海抜）	河川流域	主要作物	主要副食獲得法	調査対象とした集落
湖岸地帯 770 m 〜 900 m	下流域 三角州地帯	キャッサバ	湖魚の漁撈	カシハ
中高度地帯 900 m 〜 1,300 m	中流域	キャッサバ トウモロコシ	川魚の漁撈	マヘンベ
山地帯 1,300 m 〜 2,000 m	上流域 源頭域	トウモロコシ	中・小型獣の狩猟	シテテ、 イルンビ

なのである。ただ、ウッドランドには家畜や人に眠り病を媒介するツェツェバエが分布しており、それゆえウシの飼育には適していない。集落では、少数のヤギやヒツジ、それにニワトリが飼育されるのみである。

このように概括できるトングウェの暮らしだが、その生活環境は変化に富んでいる。たとえば集落が位置する高度についてみれば、海抜七七〇メートルの湖岸部から、海抜二〇〇〇メートルを超す亜高山地帯にまで広がっている。より具体的に彼らの生活構造を明らかにするために、生活環境を湖岸地帯・中高度地帯・山地帯の三類型に分けて検討してみよう（表8-1）。それぞれの類型は、河川の下流域もしくは三角州地帯、中流域、および上流域・源頭域に対応する。生活様式の指標として、焼畑での主要作物と、主な副食獲得法をあげた。各生活環境の類型を代表する集落の位置、および集落の戸数・人口は図8-2および表8-2に示してある。

湖岸地帯に属するカシハは、マハレ山塊の霊峰ンクングウェ山の西麓にある。京都大学の野生チンパンジー観察基

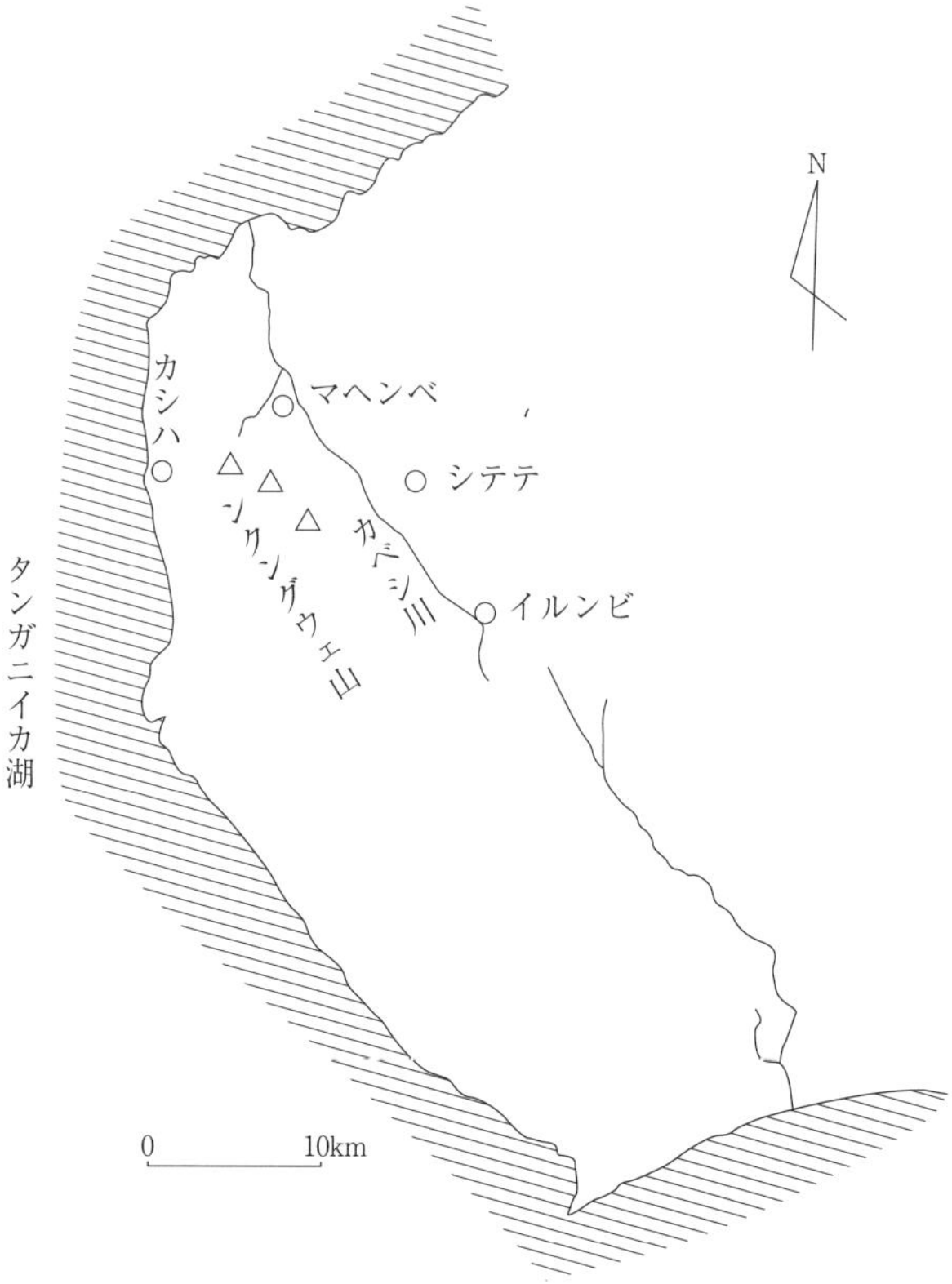

図 8-2　4 つの集落の位置

表 8-2　4 つの集落の人口構成（1972 年現在）

	カシハ				マヘンベ				シテテ				イルンビ			
	所帯	男	女	計	所帯	男	女	計	所帯	男	女	計	所帯	男	女	計
高年齢層		2	3	5		2	0	2		0	2	2		1	1	2
青壮年層	10	13	15	28	4	4	6	10	6	9	8	17	2	3	2	5
幼年層		2	2	4		0	0	0		4	6	10		0	0	0
計		17	20	37		6	6	12		13	16	29		4	3	7

地の所在地であり、私の調査の根拠地でもあった。住民は、主食用にキャッサバを栽培し、副食には湖から獲れる魚に大幅に依存している。町で購入してきたナイロン製の刺網による漁や、刳《く》り舟を操っての流し釣りや底釣り、竿釣り、あるいは大型のモンドリによるオオナマズ獲りなど多様な漁法があるが、住民は自家消費用の漁撈を行なうにすぎない。キャッサバの粉を熱湯で練り上げた主食のウガリと、スープの入った煮魚の組み合わせが住民の標準的な食事である。私は、一九七二年の五月から八月にかけて、各集落での主食・副食の内容を調査したのだが、カシハでの副食はじつにその九五パーセントまでが湖魚であった。一見単調な食事内容にみえるが、たとえばタイの味に似たクーへや脂肪ののったサンマのようなムゲブカなど魚の種類は多彩であり（口絵10）、焼いたり、煮たり、ヤシアブラで空揚げしたり、調理法にもヴァラエティがある。魚が入手できないときには、キャッサバの葉を煮たカシンボがおかずになる。ときに、罠にかかったブッシュバックの肉が手に入る場合もある。

マヘンベは中高度地帯の集落であり、水流の多いカベシ川とマヘンベ川の合流点にある。山間の静かなたたずまいの集落だ。主食には、キャッサバとトウモロコシのウガリがほぼ半分ずつを占めている。副食は、体長二〇センチメートル前後のコイ科の魚マタレや、体長一〇センチメートルほどのルワンカンバなどの川魚が六五パーセントを占めていた。男は、両端に棒をつけた小さな網をもって川の淵にもぐり、川床に網を立て、そこに魚を追い込む。あるいは、女や子供も加わって、シロアリの幼虫やキャッサバの団子を餌にして、釣り竿で魚を釣り上げる。

シテテとイルンビは山地帯に属する集落で、主食はトウモロコシのウガリである。シテテは、山地帯の集落としては人口が多い。青・壮年層の男たちはマスキット銃を担いで狩猟に出かけ、ブッシュバックやブルーダイカーなどの中・小型のレイヨウ類や、アカコロブスなどのサルを仕留めてくる。ときにはアフリカスイギュウやローンアンテロープなどの大物を狙って、集団で猟に出かけることもある。マスキット銃はトングウェの男の誇りを象徴しており、外出する男はつねに銃を携行し、野獣に遭遇すればただちにハンターに早がわりして動物を追う。

イルンビは、トングウェの数多くの氏族のなかでも由緒の正しいムレンゴ氏族のムワミ（首長）が住む集落である。集落の一隅には、ヒョウやライオンの頭蓋骨をかけた木や、精霊の依代《よりしろ》となるムジモの木、代々のムワミの霊を祀るニンディニンディと呼ばれる杭の列など、そこがムワミの在所であることを示す象徴物がある。しかし、住民は老首長を含めて七人ときわめて少人数である。ここでの副食獲得法は、罠による中・小型動物の狩猟である。トングウェは二〇種類を超える罠の猟法を駆使するが、ここイルンビでは、生木の弾性を利用した跳ね罠や、小型の圧し罠、それにブッシュピッグ用の仕掛け槍が中心だ。跳ね罠にはブッシュバックやブルーダイカー、圧し罠にはアシネズミやアフリカオニネズミなどの小型動物がかかる。狙う獲物によって罠を置く場所は異なるが、レイヨウ類やアシネズミの場合には畑の周辺部や二次草原に、アフリカオニネズミの場合には河辺林や山地林の中に仕掛ける。

四ヵ月間の副食内容を調べてみると、シテテでは四七パーセントが、イルンビでは五九パーセントが野生動物の肉で占められていた。なかでも中・小型のレイヨウの割合が多く、狩猟効率が比較的に高いアカコロブスやアフリカオニネズミがそれを補完していた。湖岸部に住むトングウェは、アカコロブスやアフリカオニネズミを忌み嫌い、「あれはマハレ（山地帯）の食べ物だ」と語るのだが、それらは山地帯の副食の安定性を保証する重要な獲物なのである。

トングウェがより伝統的だと認める作物はトウモロコシであるが、各集落ごとの記述から明らかなように、高度が下がるにつれてキャッサバへの依存が強くなる。キャッサバは単位面積当たりの収穫量が多く、また収穫までに必要な労働量も少なくてすむ。しかし、寒さには弱く、その生育限界は海抜一三〇〇メートルと推定される。このような生態学的な理由のほかに、作物の選択には文化的要因も強く働いている。多くの儀礼や祖霊・精霊への供物としてトウモロコシは欠かすことができず、伝統指向の強い山住みのトングウェほど、トウモロコシに執着する傾向がみられる。

「最小生計努力」

彼らの生計経済の基礎を支えるものとして、日々のエネルギー源となる畑作物の生産量を知る必要がある。私は、シテテおよびイルンビでの焼畑耕地面積と、単位面積当たりの収穫量から生産量の推定を試みた。その結果、それぞれの集落での生産量は、住民が一年間に消費するであろう推定量ぎりぎり、あるいはそれを若干上回る程度であることがわかった。

このような主食生産についての特徴は、前に各集落ごとに記述した副食の内容とも共通する。トングウェは一般に、副食として肉類、魚類、野菜の順に好む。しかし、カシハ、マヘンベではそれぞれ副食の九五パーセント、六六パーセントを湖魚と川魚が占めていた。これら二つの地域内にもけっして動物は少なくない。かなりの労力をかけさえすれば、好物の肉が入手できるのである。しかし人びとは、もっとも手近で入手が容易な副食に強く依存する。そして、それが副食供給の安定性を保証しているのだといってよい。

主食と副食の獲得は、もっとも基本的な日常生活における要請であるが、彼らは身近な環境内で、できるだけ少ない生計努力によって、安定した食物を確保しようとする傾向性をもっていると結論できる。つまり、彼らの生計経済の根底には「最小生計努力」の傾向性が潜んでいると考えられるのである。

「食物の平均化」

疎林帯に散在するトングウェの集落は、食物生産についてはほぼ自給的な単位とみることができる。しかし、食物の消費については、より広い社会的ネットワークを前提として考える必要がある。

原野の中に埋没して孤立しているかにみえるトングウェの集落だが、そこで暮らしてみると、じつに多くの人びとの往来があることに気づく。集落を訪れた客人は、食事の饗応を受け、宿舎を提供される。私も大いにその恩恵にあずかったのだが、原野の集落には、人々の往来を支える洗練された接客の文化が息づいている。

しかし、前に述べたように、各集落では、村人が年間に必要とするぎりぎりの量の作物しか生産していない。だから、客人に提供する食事の量も無視しえない。私は試みに、乾季の三ヵ月間、イルンビを訪れる客人の記録をとった。この期間に客人が食べた食物量は、全食物量の四〇パーセントにも達していたのである。しかし一方で、集落の住民も旅に出て、客人の消費量に見合う程度に、他集落で食事を得ている。客人と集落の住民の出入りはうまくバランスがとれており、食物の供給量もそれによって調節されていることになる。

もっとも、このようなバランスがつねに保たれるわけではない。ときにはそれが崩れ、食物が欠乏した集落の人びとは、近隣や親族の住む集落を訪れ、援助を乞う。蓄えのある集落の人びとは、それを拒否することはできない。集落間には、このような食物についての相互扶助の機構が働いている。

食物の消費をめぐるこれらの特性は、「食物の平均化」の傾向性として捉えることが可能である。つまり、食物はつねに各集落間を流動して平均化する傾向性をもっている。人びとの往来による食物の消費は、その均衡の細かな動きであると捉えることができよう。

トングウェの生計経済には、「最小生計努力」と「食物の平均化」の傾向性がみられることを指摘したが、この二つの基本的傾向性が相互に関連していることも重要である。

シテテの住民は、私が初めて調査に入った年には焼畑をつくらなかった。その前年に大きな焼畑を開墾し、翌年の分まで十分に蓄えがあると考えたからである。しかし、近隣や親族の人びとがその蓄えを頼って頻繁に援助を乞い、ついに蓄えが底をつき、今度は彼らが他集落に頼ることになってしまった。住民の一人は、「大きな焼畑をつくったが、結局は他集落の人びとのために苦労したようなものだ」と語った。

野菜が欠乏しがちな調査生活で、私たちがたいへん好んだ野菜にイボテボテがある。柔らかく味のよい野菜であり、トングウェたちもそれを好む。しかし積極的に栽培しようとはしない。その理由について問うと、「一軒だけが栽培すると、結局は他の人びとに乞われて、ほとんど全部食べられてしまう。トングウェの地では、誰もが栽培しているものをつくるのが一番良いのだ」という答えが返ってきた。

これらの事例が端的に示しているように、食物生産についての「最小生計努力」の傾向性と、食物消費についての「平均化」の傾向性は、相互に他方の傾向性を前提としているのである。そして、トングウェの社会・文化の諸側面が、直接的に、あるいは間接的に、これらの生計経済にみられる基本的特徴と微妙な関係を保持しているのである。

4　柏手《かしわで》を打つ社会

トングウェ社会の特徴は、日常的に人びとが交わす挨拶の様式のなかに読み取ることができる。それは、社会関係の特質に応じていくつかのヴァラエティをもっており、挨拶の仕方で、大まかな社会関係を推定することができる。

もっとも頻繁に交わされる挨拶は、クシエシアと呼ばれる型である。同一親族あるしは姻族の年長者に対するもので、年少者は腰をかがめ、相手から目をそらせ、うつむきかげんの姿勢をとり、ゆっくりと数回から一〇回ほど柏手を打つ。年長者はその柏手の音を聞き、たとえば「エンディタ・マムジョンガ」と応答する。それは「ありがとう。あなたはムジョンガ氏族ですね」といった意味を含んでいる。つまり年長者は、挨拶のなかで、彼らがムラヒロと呼ぶ氏族名を確認するのである。

婚姻によって義理の兄弟姉妹となった人びとは、向かい合って互いに柏手を打ち合う、カシンデと呼ばれる型をとる。もっとも丁寧な挨拶はクパキラである。長い間会っていない父母や義父母（トングウェは類別的な親族名称体系をもっており、父の兄弟、母の姉妹も社会的な父・母となる）への挨拶であり、地面に手をついて長く寝そべり、あるいは腰をかがめ両手を地面につける。ムワミ（首長）に対しては、恭順の意を表して靴などの履き物を脱ぎ、十分に腰を落とし、丁重に柏手を打って挨拶する。とくに親族関係をもたない人びとは、状況に応じた挨拶語を交わし合う。

このような挨拶の様式は、彼らの社会が、父系原理によって結びついた親族の集まりである集落、親族・姻族のネットワーク、集落のいくつかを治めるムワミ制度、ムラヒロ（氏族）への所属意識などをまとまりの核としていることを示している。

それぞれのムラヒロの由来を説く伝承を集めてみると、共通の特徴をもっていることに気づく。それは、たとえばタンガニイカ湖を隔てたザイール国のタブワ、ベンベ、ホロホロの諸部族や、トングウェの北方に住むハ族などの他部族の出身であることを語る起原伝承をもつことである。山奥の集落イルンビのムワミ一族は、はじめにトングウェと比較してその焼畑農耕の特徴を述べたベンバ族の出身だという。

ムラヒロはその内部に、いくつかの、ムワミを長とする小規模な親族集団であるシテベ・シムイ（ムワミの座を象徴する、円い座椅子《シテベ》を共有する人びとを意味する）を含む。ムワミの継承についての伝承は、ほぼ一〇代を限度としている。つまり、大雑把に推定すれば、一五〇〜二〇〇年前に、異なった部族の出身者がトングウェの地に移住し、混住化してトングウェ族が形成されたと考えることができる。その歴史的な記憶が、ムラヒロとして刻印されているのである。

トングウェ社会は、分散した集落を生活単位とし、精霊や祖霊への強い信仰に裏づけられた、ムワミを長とするシテベ・シムイの連合体であり、異なった出身部族と歴史的移住の記憶に根拠をもつムラヒロの認知を介して緩やかに結びついているのである。

このように、トングウェ社会は社会的・政治的統合度が低く、分散化の傾向を強く内包した社会であるが、他方では、頻繁な人の往来によって集落間が緊密な結びつきを保つ社会でもある。それは、いわば人びとの離散と集中の平衡の上に成立した社会である。あるいは、移動と出会いを前提とした社会であるといってもよい。その特性が、多様な挨拶の型として様式化したと考えることができるのである。

5　「呪い」の社会学

原野で生きるトングウェたちの暮らしは質素でつつましやかだが、男たちはトングウェとしての誇りをもち、女たちは明るく陽気である。しかし一方で、彼らの生活もまた、多くの不安や不幸の積み重ねの上に築かれているのである。

一生懸命に開墾した焼畑が、十分に作物を実らせないかもしれない。豊作が期待されたのに、ブッシュピッグなどの野獣に荒らされることもある。日々の副食としてあてにしている魚や野獣が獲れない日々が続く。もう結婚をして一家を構えてもよい年頃なのだが、いっこうに妻となるべき女性に巡り会えない。結婚しても子宝に恵まれない。亭主の浮気沙汰が絶えない。複数の妻をもった男は、妻たちの嫉妬に悩まされる。大病や大怪我が何よりも恐ろしい。

死に至る病を中心としたさまざまな不幸に見舞われた人は、その原因を求めて、ムフモ（呪医）のもとを訪れるのである。ムフモは、自らに憑依するムガボ（精霊）の加護と助力を得て、患者たちの不幸の源を占い、その原因を取り除く儀礼や、病の治療を施す。

不幸の原因はさまざまだ。しかし、そのいずれもが何らかの形で神秘的存在と関連していることが、彼らの病や不幸についての説明体系の基本的な特徴である。

トングウェの集落なら、その片隅には必ず、草でできた小さな祖霊の家や、ムガボを祀る木や石の象徴物を見出すことができる。彼らの領土内にある川や山、大木や大石には精霊が住み、祖先たちは死後もその子孫たちを見守り続けている。ムガボや祖霊は、人びとが彼らを丁重に祀り、いさかいもなく平穏な日々を送るかぎり、人びとを守り加護を与える。しかし人びとが、これらの神秘的存在を忘れてないがしろにしたり、常軌を逸した行動をとると、その不満の意を伝え、人びとに懲罰を加えるために不幸をもたらす。川の淵などに住む悪霊イシゴは、水汲みなどにやって来た女性に取り憑いて、不妊の原因となることがある。ゾウやエランドやニシキヘビはムクリ、つまり悪霊をもっている。それらの動物を撃ち殺した狩人は、特別の儀礼的行動をとらなければ、悪霊に取り憑かれてしまう。

しかし、彼らがもっとも恐れるのは、他者からの呪いである。妬みや恨みを抱いた人が、その思いを制御できずに、ムロシ（邪術者）に変じて呪いをかけ、病や他の多くの不幸をもたらす。とくに、親族の者や隣人など、日常的に密接な関係をもつ人びとがムロシとなることが多い。ときには、妻あるいは夫がムロシになる場合もある。

一人前のムロシになるためには、親兄弟などの身近な親族を呪い殺さなければならない。ムロシは恥知らずであり、平気で近親相姦を犯し、夜には全裸で集会をもつ。自在にダワ（呪薬）を駆使して人を呪い、重病に陥れ、ついには死に至らしめることもある。邪術に熟達したムロシは、ハイエナやダルマワシを手なずけて乗り物とし、どんな遠いところへでも飛んで行ける。――ムロシについて問いかけると、トングウェは真剣な語り口で答えてくれる。

自然に密着して生きるトングウェの生計経済が、「最小生計努力」と「食物の平均化」の傾向性をもつことを前に指摘したが、これらの特質は、ムロシや他の神秘的存在と深く関係している。人よりも抜きん出て大きな畑をつくり、豊かな生活を送る者は、妬みの対象となり、食糧の蓄えがあるのに他者に分与しない人は、人から恨みをかうことになる。妬みや恨みこそ呪いの源であり、ムロシが跋扈《ばっこ》する温床である。このような「呪い」への恐れが、彼らの生計経済にみられる特質を裏面から支えているのである。

集落を往来する人びとの動機も、ムガボや祖霊を祀るために参集したり、遠くに住む名高いムフモに占いや治療を依頼するために旅に出るなど、これらの神秘的存在とかかわりをもった例が多い。あるいは、同じ集落に住む親族の一人がムロシではないかと疑いをもった人が、その攻撃を避けるため、他集落に移り住むこともある。

ウッドランドに小さな集落が散在する居住様式は、焼畑農耕を中心に据えた生業形態とともに、精霊や祖霊などの神秘的存在やムロシとの諸関係をも反映していることになる。そして、それらのダイナミズムが、人びとの離散と集中として表現され、トングウェ特有の居住様式と結びついているのである。

6　呪医の世界

呪医入門

私の調査テーマは、〈ウッドランドにおける自然と人との関係〉を明らかにすることだったが、トングウェとの暮らしになじむにつれて、そのテーマは精霊や祖霊、ムロシなどと深く結びついていることに気づき始めていた。自然と人、人と人、人と神秘的存在の諸関係が、複雑に絡み合った暮らしこそが原野の生活だった。これらの諸関係の全体を、トングゥェのコスモスと呼んでもよいであろう。不幸や病は、いわばこのコスモスの歪みの表現であった。そして、コスモスの歪みの原因を解読し、それを解消する役割を担った存在が呪医《ムフモ》であった。トングウェ社会の深奥に至る鍵は、ムフモの世界にある。そう思い詰めた私は、第一回目の調査（一九七一〜一九七二年）が後半にさしかかった頃、思いきって呪医に入門しようと心を決めた。幸いカソンタ老という良きムフモとの出会いがあり、私の願いがかなえられることになった。

私の呪医入門儀礼＝ブフモは、カソンタ老の住む湖岸沿いの集落シンシバで開かれた。儀礼は夕刻から始まり、夜を徹して行なわれる。夕陽がタンガニイカ湖の彼方に沈み、夜のとばりが降りる頃、儀礼用に指定された家屋は周辺の住民たちで一杯になった。導師となるカソンタ老を助ける数人のムフモもやって来た。私は不安と期待の入り混じった複雑な思いを抱きながら、円い座椅子《シテベ》に腰を下ろす。

カソンタ老がムガボや祖霊に呼びかけ、儀礼が始まった。白、黒、赤の粉で次つぎに地面に描かれる絵と、それぞれの絵柄にまつわる歌、踊り、さらに絵についての教示を中心に儀礼は展開する。山と川筋を描いた絵は、ムフモに加護を加えるムガボの所在地を示している。ムニャンガラやルゴラなどの強力なダワ（呪薬）についての教えや、ムフモとしてつねに用意しておかなければならない諸道具も示される。ムフモが守るべき道徳律も教示される。——ムフモは、ムガボをはじめとする諸々の神秘的存在の加護と助力を願い、タブーを守り、治療に精をだし、畑の耕作も忘れず、患者のために働かねばならない——それがブフモの教えのエッセンスである。真夜中には、集まったムフモに次つぎとムガボが乗り移り、祝福の踊りを披露する。人びとは太鼓やガラガラを懸命に鳴らして拍子をとる。

翌朝、私は精霊の恩寵を示す白、赤の斑点を体につけ、朝陽がまばゆい屋外に出て、村人から祝福を受ける。

写真 8-2　精霊や祖霊と共に人びとは暮らす。

最後にカソンタ老は、私の左手の手のひらに傷をつけ、そこに占いの能力を付与する聖なるダワを塗り込めた。こうして、一人の新しいムフモが誕生したのである。この入門儀礼を無事に終えたあと、私は機会を見つけてはカソンタ老のもとに通い、呪医としての修業に励んだ。

治療の方法と論理

ムフモにはいろいろな仕事があるが、その本領は、悪霊やムロシなどの邪悪な存在に対抗して、患者の治療にあたる場面で発揮される。

ムフモは、たとえば患者の病因が川の淵に住む悪霊イシゴなら、患者を川岸に連れ出す。あるいはムロシの呪いが原因なら、ムロシの集合場所だとされるシロアリ塚を治療の場に選ぶ。村から持参したバナナの株を立て、地面に人形《じんけい》を描き、呪文を唱えてそこが悪霊やムロシの帰るべき場所であることを示す。水の入っ

写真 8-4　ブジェゲのクライマックスは、深夜、司祭たちが人形や道具を手に踊りまくるシーンだ。

写真 8-3　ブフモ儀礼の核心部は、地面に絵を描いてその教えを説く過程にある。写真は諸精霊の祝福を受けているムフモ（筆者）を表現している。

た土鍋に多種類のダワを投入して沸騰させ、その蒸気を患者の体にあてて病因を取り除く。患者の体に剃刀で傷をつけ、そこに強力なダワを塗り込める。こうして除去された病因は、患者の分身である爪や髪の毛、身につけていた下着、供物として捧げた黒い羽毛のニワトリや黒い布とともに、土鍋で覆って封じ込めてしまう。村では、それぞれの病の症状に応じて、対症療法用のダワを調合し患者に手渡す。

ムフモは、ムガボや祖霊が共に治療に参加して助力を与えてくれるよう祈り、呪文を唱え、多彩な象徴的所作によって目に見えない病因を操作して除去し、多種類のダワを駆使して治療にあたるのである。

ムフモが駆使するダワについては、も

写真8-5　ブジェゲは、ゾウの絵が描かれたカメの中でお酒が醗酵する過程とともに進行する。

う少し詳しく解説しておく必要があろう。ダワの基本はムティ、つまり植物の草根木皮である。私が調べえた範囲内でも三〇〇種ほどの植物がムティとして用いられている。このムティを活性化するダワが動物性の呪薬、シコメロである。その素材は環形動物や昆虫から鳥類、哺乳類それに人骨までじつに多彩であり、種類は一〇〇を超える。ムロシの持物と疑われそうな素材も含まれているが、治療には少量ではあるが欠かすことができない。

それぞれの素材は、独特の理由によって選ばれる。たとえばカゴボレの木（*Zizyphus abyssinica*）は、バラのように鋭いトゲをもっており、このトゲが服を引っかけるように、病根を引っかけてひきずり出す。その名は、ゴボラ、つまり「引っかける」という動詞の派生語である。ムトゥングル（*Pseudolachnostylis maprouneifolia*）は、樹皮がパッチ状に剥げており、つるつるとして滑りやすい。だから、病根も体内から滑り落とすことができる。木の名は、トゥングルラ、つまり「滑り落ちる」という動詞に由来している。ムティの論理は、植物の形態や生態とその名前、および病の性質や治療目的とを連合させる象徴の論理なのだ。シコメロについても、ほぼ同様の論理が働いている。

このようにして選ばれたダワのなかには、すでに薬学的な効用が確認されたものもある。しかしダワは、自然科学的な分析の対象としてのみ意味があるのではない。多様なダワは、経験と時の試練を前提としつつ、緻密で具体的な自然観察と野生の思考とが結びついた結晶であり、彼らのコスモスを背景とした自然観の産物なのである。

7　原野の儀礼

トングウェは、彼らの心象世界を投影したいくつかの儀礼をもっている。その代表的なものは、前節で取り上げた呪医入門儀礼＝ブフモ、ゾウの悪霊払い儀礼＝ブジェゲ、それに首長即位儀礼＝ブワミ、の三儀礼だといってよい。トングウェの社会・文化を支える三本の柱にもたとえられるこれらの儀礼は、原野の暮らしのエッセンスを伝えてくれるメッセージだ。以下で、ブジェゲとブワミ儀礼について概観しておきたい。

ゾウの悪霊払い儀礼——ブジェゲ

狩猟はトングウェの男たちの重要な生計活動の一つであり、彼らはマスキット銃を肩に担いで、原野の奥まで野獣を追う。獲物の種類は多いが、際立った大物はゾウである。ゾウは強力なムクリ（悪霊）をもつと信じられており、彼らの動物認識のなかでも特別の位置を与えられている。ゾウは、恵みと災厄をもたらす自然、あるいは野生を象徴する動物なのだ。このゾウを撃ちとった狩人は、そのムクリを鎮めるための儀礼、つまりブジェゲを受けなければならない。儀礼を終えた狩人はムジェゲと呼ばれ、真の狩人として人びとから尊敬される。

ムジェゲは一族の誉れなのだが、彼の死後、誰かがその地位を相続しなければ、一族に多くの不幸がもたらされる。私が司祭を補佐する助手の一員として参加し、つぶさに観察しえたのは、このムジェゲを相続するブジェゲ儀礼だった。

ブジェゲは、ゾウの姿やその目を描いた壺に仕込まれたトウモロコシ酒の醗酵とともに進行する。酒が頃合に醗酵した日の夕刻から、ブジェゲの本番が始まった。補佐役のムジェゲたちが、原野で採集してきたダワを一杯載せた戸板を担ぐ。一人のムジェゲが戸板の上に立ち、右手を高く掲げる。ゾウを仕留め、槍でとどめを刺す場面の再現だ。

日はとっぷりと暮れ、儀礼小屋には大勢の人が集まった。太鼓が勇壮なブジェゲのリズムを鳴らす。夜陰に乗じて、助手たちは、昼間にブッシュにこもって作り上げておいた祖霊のムジェゲとゾウの人形を、布で覆って運び込む。今夜一晩、ムジェゲとゾウの祖霊は、人びととともにブジェゲを楽しむのだ。

司祭たちは手にさまざまな人形を持って登場し、激しく踊る。それぞれの人形には特有の歌と口上がともなう。ハゲタカやウサギのように、動物の生態やそれにまつわる俗信の場合もあるが、大部分は猥歌や猥談なのである。

棒切れを持ったムジェゲが、体を微妙にくねらせて踊り、歌う。「わたしに突き刺さった棘を抜いてしまおう。ムバンガの木の枝かしら、それともカセメレの棘かしら……」。ムジェゲは女たちの前に進み出て、口上を述べる。「おっかさんたちよ。男と一戦を交えるときは、必ず男の一物の長さを確かめなさいよ。そうしなければ長い一物が背中にまで突き抜けてしまうかもしれないよ。だから、ムバンガの枝が突き刺さったのかしらと歌ったのさ」「これがブジェゲだ。踊り、太鼓を叩き、猥歌をうたう」。こうしておおらかな猥歌や猥談が続き、人びとは笑いころげ、儀礼小屋には熱い興奮が渦巻く。この笑いと興奮こそ、ムジェゲの祖霊やゾウのムクリを宥め、不幸の源を断ち切るダワなのだ。真夜中には、助手たちが変装し、昔のムジェゲのムワミや、伝説的な美女のルサガリカになって登場し、儀礼を盛り上げる。儀礼は早朝まで、延々と続く。

徹夜明けの夕方、あらかじめ親族のなかから選ばれた人がムジェゲを相続する。新しいムジェゲは、白、赤の斑点を体につけ、頭には王冠をかぶり、手に槍をもって屋外に出る。人びとは歓声をあげて迎え、新しいムジェゲの誕生を祝福する。

翌日も朝から儀礼が続く。この日のハイライトは原野での儀礼である。原野に出かける前に、儀礼小屋では祖霊のムジェゲとゾウの絵が描かれる。司祭たちは、絵を描いたダワを丁重に集め、ジャコウネコの毛皮に包み、原野の中の聖なる木、カンクンドゥを目指して出発する。ムジェゲを相続した一族の人びとも後を追う。カンクンドゥの木の前で、新しいムジェゲたちは大地に口をつけて、クナミラと呼ばれるダワを飲み、肩と手に秘薬を塗り込めてもらう。彼らは、狩猟の能力や、原野で生き抜く力を付与されたのだ。

最後に司祭たちは、藪をかき分けてシロアリ塚に向かい、ムジェゲとゾウの祖霊を描いたダワを埋葬する。こうして、大勢の人が集い、祖霊のムジェゲとゾウが再生して参加し、歌と踊りと太鼓の音が鳴り響き、笑いと興奮が渦巻いたブジェケは終わった。

ブジェゲは、自然と人と祖霊の融和をおおらかに謳い上げ、その活性化をはかる原野の儀礼だった。

首長即位儀礼――ブワミ

ブワミは、トングウェ社会の秩序を支える要に位置する首長（ムワミ）の即位儀礼である。ムワミは、親族集団の長として守護霊を祀り、代々のムワミの霊を守らなければならない。その座が長年にわたって空位を続ければ、諸霊はその一族に不幸をもたらし、ムワミ即位を促す。

私が参加しえたブワミは、住民と親しくつきあった山間の集落マヘンベでのムワミ即位儀礼だった。ブワミは準備がたいへんだ。知らせを受けてマヘンベに移ってから一週間は、種々の段取りを整えるために過ぎていった。高名な精霊ムラングワが憑依するムフモのユスフが到着して、ようやく儀礼は動きだした。

一族の者すべてが集い、皆が納得する形で新しいムワミを選び、定まった順序で儀礼が展開しなければならない。毎朝夕、人びとは精霊のムラングワにお伺いを立て、その指示に従って行動する。

ブワミの中心は、儀礼小屋ルカンガラでの秘儀である。当日の朝、男たちは山へ行き、木を伐り出して来て、一日がかりでルカンガラを建てる。山から戻って来た男たちを迎え、女たちは露骨に男の性を揶揄する歌をうたう。男たちも負けずにやり返す。あたかも日常的な慎みや価値が転倒したかのような情景だ。

ルカンガラの中にはムワミ候補者とその妻およびお付きの者、それに司祭団のみが入る。一晩中、太鼓の音が鳴り響き、司祭たちは踊り狂い、粗末な着物をつけてただ沈黙して座るムワミ候補者に説教する。いろいろな比喩を使って語られるのだが、そのテーマは一貫している。「ムワミは大人物なのだから、気前よく人に振舞い、もてなさなければならない。ムワミだからといって、威張ったり、横暴なことをしてはならない。本当のムワミは、じつは、人びとのことなのだ」。ときには罵倒され、馬鹿呼ばわりもされるのだが、ムワミ候補者はそれに耐えなければならない。それが権力を付与される者の条件だ。

翌日、今度はムワミ候補者の家に場所を変え、参集した人びとも参加して、ほぼ同様の儀礼が繰り返される。明け方近く、司祭たちはムワミ候補者を森の中に連れ去り、そこで念入りに新ムワミとしての装束をこらす。頭髪は剃り上げ、体を川の水で清め、白、赤の斑点をつける。腰には真新しい布を巻き、頭にはライオンの毛皮でできた王冠をかぶり、手には鉄製の槍を持つ。

新ムワミの一行は隊列を整え、村へ向かう。マスキット銃の祝砲が原野にこだまし、人びとは歓声をあげて迎え入れる。遠くから集まって来た仲間のムワミたちが歓びの挨拶を述べ、長老たちが次つぎに祝辞を述べる。人びとは新しいムワミに敬意を表し、腰をかがめ丁寧に柏手を打って挨拶する。「エンディタ・グワムワミ（ありがとう、ムワミの子供たちよ）」応答する新ムワミの声は威厳に満ちている。精霊や祖霊たちも、新ムワミの誕生を祝福しているにちがいない。

8　おわりに

原野に息づくトングウェの世界は、自然・社会・文化の諸側面が相互に深く浸透しつつ、しなやかなシステムを形成して維持されてきた。その世界は、自然開発を最小限にとどめ、自然の改変を極小に抑えることによって存続してきたといってよい。それは、自然の一員としてのヒトという位相の上に築かれた世界であった。

今、トングウェ社会も、他のアフリカの社会・文化と同様に、大きな変化のただ中にある。変化の目指す方向が、「開発と進歩」であることも同様である。しかし、ささやかながら、トングウェ文化の分析によって示したように、アフリカの諸文化は、深くその大地の影響を刻み込んでいる。この伝統にしっかりと根ざした〈開発〉の道こそが模索されねばならないだろう。苦悩するアフリカ大陸は、そのことを訴えているのではないだろうか。

第Ⅲ部——ベンバの伝統生活と変化

ベンバのチテメネ農業は樹上伐採からはじまる。斧を肩に引っかけた男たちは木にのぼり、細い枝だけを切り落としていく。女性たちはその枝を拾い集めて、一箇所に積み上げていく。(1988年)

第9章 ザンビアにおける生態人類学研究上の諸問題

——予備調査報告

1 はじめに

私たちは、アフリカのウッドランド（乾燥疎開林）における生態人類学的研究の展開を意図して、新たにザンビア国をフィールドに定め、その調査研究の可能性を探るため、一九八二年七月から一〇月にかけて予備調査を実施した。日本の人類学者が、ザンビア国で本格的な調査を進めるのは初めての試みであり、調査対象や調査地域の選定と現状の把握、調査許可取得をはじめとする現地研究所・政府の外国調査隊の受入れに関する方針と実状の確認、および研究協力の可能性の打診などが予備調査の目的であった。

現地における外国人研究者の受入れ機関は、ローズ・リビングストン研究所（Rhodes-Livingstone Institute）のあとを受けついだザンビア大学アフリカ研究所（Institute for African Studies）である。R. Serpell所長や私たちのカウンター・パートであり、Technology and Industry Research Unitのコーディネーターをつとめる P. Hayward博士をはじめとする研究所のスタッフは、温かく私たちを迎え入れ、積極的に私たちの計画を支持してくださった。そのおかげで、二ヵ月余りの予備調査はほぼ順調に進み、一九八三年度に予定している本調査の見通しを得ることができた。

この小論では、私たちが企画した「ウッドランド帯における生態人類学的研究」の重要性の指摘とその位置づけを簡単に記したあとで、予備調査の結果をふまえ、「ザンビアにおける自然と人」の概況と、本調査で予定している課題に関して、その現状と問題点の分析を試みたい。

2　ウッドランド研究の必要性

ウッドランドは、熱帯降雨林とサバンナ・半砂漠といった、極度の湿潤地帯と乾燥地帯の中間に位置するエコトーン帯（生態的推移帯）であり、アフリカ大陸のほぼ四分の一を占めている。ウッドランドは、アフリカを代表する生態ゾーンの一つであり、きわめて特徴的な民族・文化を内包している。

ここ一五年の間に、日本の研究者によって多くの生態人類学的研究が蓄積され、その対象地域はアフリカ大陸における主要な生態ゾーンのほとんどをカバーするにいたった。ウッドランドにおいても、タンザニア国の焼畑農耕民トングウェ族（Kakeya 1976; Takeda 1976）、ザイール国の焼畑農耕民トゥンブウェ族（松井　一九七七）や狩猟採集民ムボテ族（Terashima 1980）の研究があるが、その蓄積はまだ浅く、とくに体系的な研究が欠如しているといわなければならない。アフリカ大陸を代表する生態ゾーンの一つであり、かつてホミニゼーション（ヒト化）の舞台となったと考えられるウッドランドのもつ、ヒトの居住域としてのポテンシャルを明らかにする努力がさらに積み重ねられなければならないゆえんである。

3　ザンビアの自然と人——その研究上の問題点

概　要

今回の予備調査では、レンタカーやローカル・バスを駆使してほぼ七〇〇〇キロメートルを踏破したのであるが、それはいまさらながらザンビアがミオンボ・ウッドランドの国であることを再確認する旅であった。ジャケツイバラ亜科（Caesalpinioideae）に含まれる *Brachystegia*、*Julbernardia*、*Isoberlinia* の三属の樹木を主要樹種とすることの植生は、筆者が、西部タンザニアのトングウェ・ランドで見なれたそれと全く同じものであった。

A　自　然

もちろん、七五万平方キロメートル余りの広さを有する国土の植生は、その地形・地質（図9-1）や気候の特性、人為の影響の程度に応じて、図9-2に示したように、森林とウッドランドそれに草原・スワンプと多彩

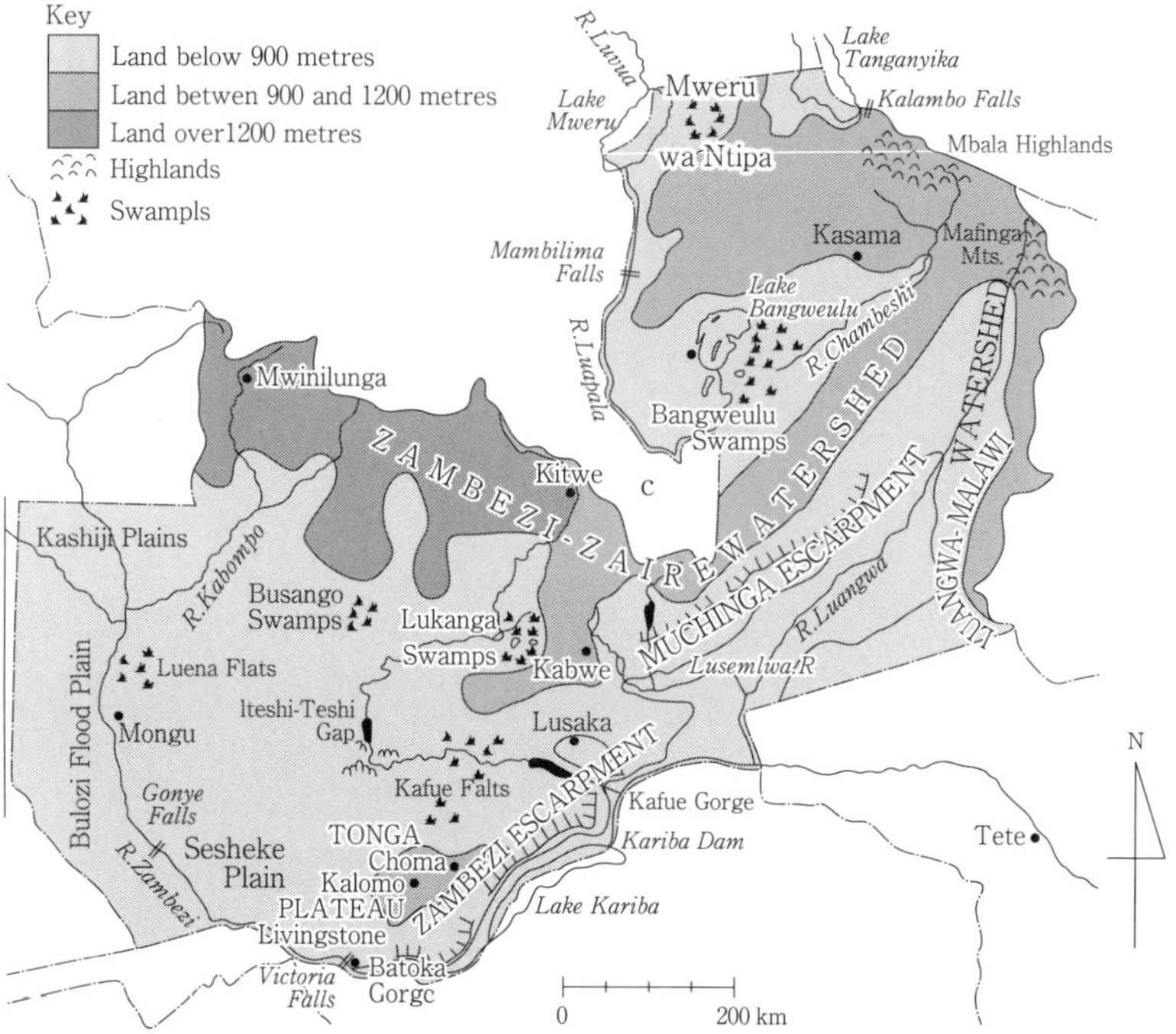

図 9-1　ザンビアの地形概況
（Naidoo & Mumbwe 1981: 3 より引用）

な内容を含んでいる。それぞれの植生タイプの特徴は、主要構成樹種を中心に表９-１にまとめた。

つぎに、ザンビアの地形（図９-１）と気候特性について簡単にまとめておきたい。

国土の大半は標高九〇〇メートルから一五〇〇メートルの高原地帯に属している。雨量は北から南に向うに従って減少する傾向性を示すが、大部分は年間八〇〇〜一二〇〇ミリメートルの降雨量帯に入る。この雨は、一一月から五月にかけての雨期に集中して降る。年間は明瞭な三つのシーズンからなり、五月から八月初旬にかけての冷涼乾期、八月中旬から一〇月にかけての暑熱乾期、それに一一月から五月まで続く雨期にわかれる。

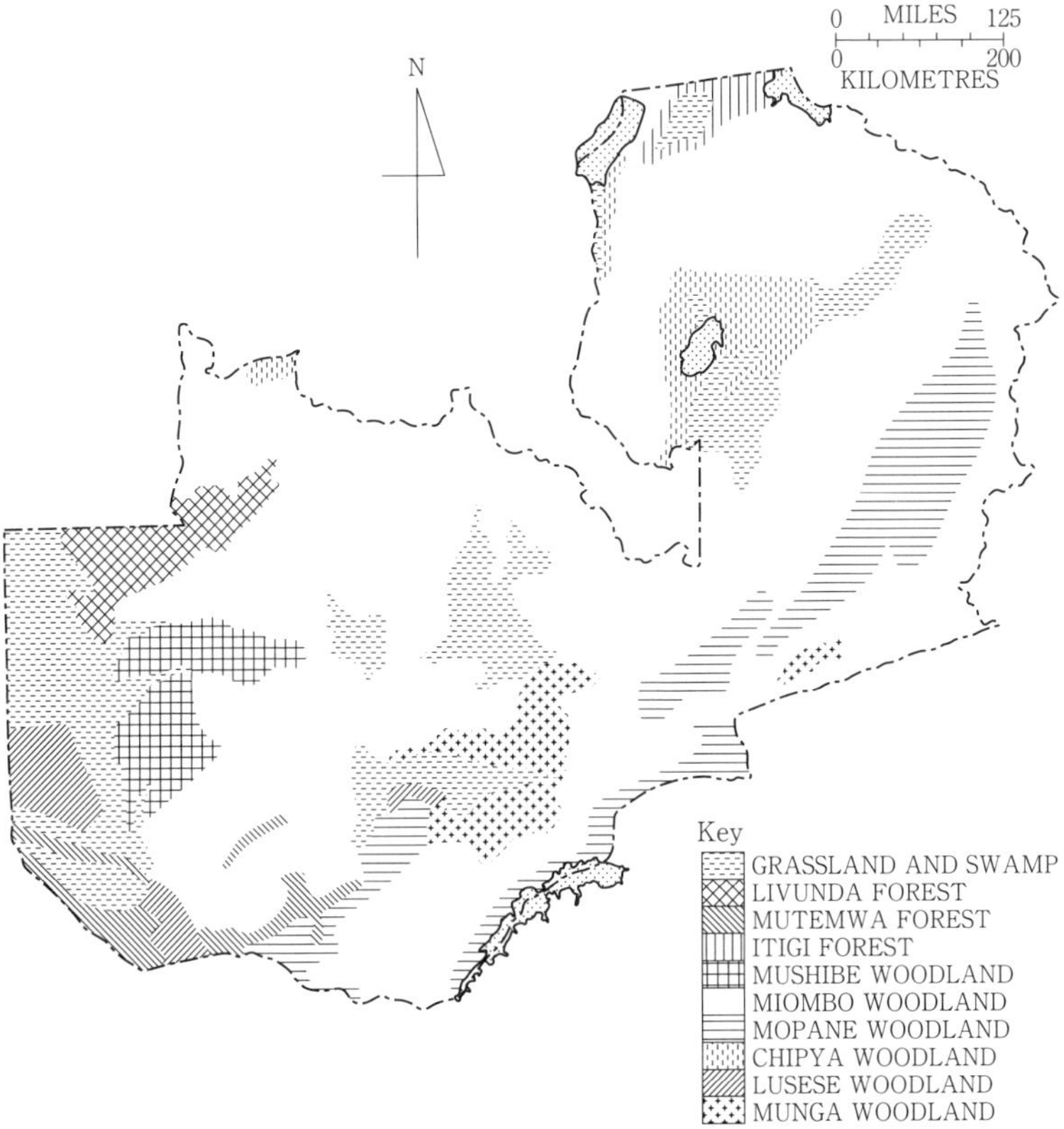

図9–2　ザンビアの植生分布
（Davies 1971: 25より引用）

表 9-1　ザンビアの植生

植生タイプ	主要構成樹種	備考
Forest		
Livunda Forest	*Cryptosepalum pseudotaxus* ('livunda')	常緑のロー・フォレスト
Mutemwa Forest	*Baikiaea plurijuga, Pterocarpus antunesii*	カラハリ土壌に限定される落葉樹林
Itigi Forest	*Bussea massaiensis, Baphia massaiensis, Combretum* spp.	タンザニアのイティギ・シケットと共通
Woodland		
Mushibe Woodland	*Guibourtia coleosperma* ('mushibe'), *Burkea africana*	カラハリ土壌に特有
Miombo Woodland	*Brachystegia, Julbernardia, Isoberlinia* spp.	ザンビアの代表的植生
Mopane Woodland	*Colophospermum mopane, Kirkia acuminata, Parinari curatellifolia*	ザンベジ・ルアングワ峡谷に発達
Chipya Woodland	*Burkea africana, Dialium englerianum, Baikiaea* spp.	高い草本類をともなった植生
Lusese Woodland		より開けた草本性のウッドランド
Grassland and Swamp		
Grassland and Swamp	*Loudetia* sp., *Hyparrhenia* spp., Papyrus	氾濫原およびスワンプに発達

（Naidoo & Mumbwe 1969; Davis 1971; Fanshawe 1971 を参照して作成）

図9-3　ザンビアの部族分布
(Davies 1971: 35 より引用)

B　人

ザンビアの人口は、一九七六年の国連推定によれば、五一四万人を数える。世界第二の銅産出国であるザンビアは、いわゆるコッパー・ベルトを中心に都市化の進展が著しい。地方の住民も近代化の波を受け、大きな変化の時代に生きてはいるが、今もなお伝統的な自給農耕に依存する人々も多い。

伝統的な部族分布（図9-3）は、Murdock (1959) の分類に従えば、北部にベンバ族 (Bemba) をはじめとする Central Bantu 群が住み、南・西部にはイラ (Ila)、トンガ (Tonga)、ロジ (Lozi) などの Middle Zambezi Bantu が住む。ともに農耕に基礎をおいた部族群であるが、前者はツェツェバエの分布域とも重なって牛飼養を営まず、後者は牛飼養民であることが特徴的である。

これらの両バンツー群は、アンゴラからザンビア、モザンビークにかけて中央アフリカを帯状に広がる、いわゆる母系地帯に属することで有名である。多くの部族は、ルンダ・ルバ王国からの移住民であることを物語る伝承をつたえている。伝統的な社会統合の様相は多様であるが、特にベンバ、ロジなどは一人のパラマウント・キングを擁する強大な王国を形成したことで知られている（Murdock 1959; Roberts 1976; Aldridge 1978）。

一般的に、アフリカ民族学においては、言語や文化要素の共通性を指標として、ザンビアの諸部族民を、①フィパ族（Fipa）グループ、②ベンバ族グループ、③イラ（Ila）、トンガ族グループ、④ロジ族グループの四つに分けて論じることが多く、Daryll Forde の編集した Ethnographic Survey of Africa シリーズでも、この類別に従って民族誌の概説書が出版されている（Willis 1966; Whiteley 1950; Jaspan 1953; Turner 1952）。

これらバンツー諸族についての記載の中に、トゥワ（Twa）と呼ばれるピグミー系あるいはブッシュマン系に由来すると思われる種族について断片的な報告を見出すことができる。予備調査に際して、筆者らの関心の一つは、このトゥワ系の人々の所在とその実態を確認することにあった。この問題については次の章でとりあげることにしたい。

このような部族構成を反映して、ザンビアにおける言語状況も多彩である。それぞれの部族は固有の部族語を保持してはいるが、現在、国語として認められているのは、ベンバ、カオンデ（Kaonde）、ロジ、ルンダ（Lunda）、ルバレ（Luvale）、ニヤンジャ（Nyanja）、トンガの七言語と英語である。

以上、ザンビアにおける自然と人について概観した。現地踏査をふまえ、より具体的に生態人類学的な諸課題を検討する以下の章では、まずトゥワ問題をとりあげたあと、ハビタットと生業を組み合わせ、スワンプの漁撈民とウッドランドの農耕民に言及したい。

西部ザンビアに広がるザンベジ川上流のフラッド・プレーンに居住するロジ系の農牧民は、かつて有名な王国を形成した人々である。肥沃な氾濫原と王国という社会システムの関係は、生態人類学的にみても興味深い問題を多く含んでいるのであるが、当面の私たちの課題からはずれるので、ここでは省略したい。

トゥワ問題

多くの民族誌や部族分布図は、ザンビアにおけるピグミー系、ブッシュマン系の人々の存在を報告している。彼らはトゥワと呼ばれているが、例えばLangworthy（1971: 34）は次のように記載している。「興味深い部族グループであるトゥワは、中央および北ザンビアのカフエ・フラット（Kafue Flats）と、ルカンガ（Lukanga）やバングウェウル（Bangweulu）のスワンプに、大部分が生息している。遺伝的には、ブッシュマンとピグミーの中間形質を保持していると考えられており、バンツー語族の到来とともに、僻地に追いやられた。今日、トゥワはスワンプの漁場を共有する隣人たちの言語に強く影響されて、バンツー語を喋っている」。ザイール国のイトゥリ・フォレストに住む狩猟民ムブティ・ピグミーを彷彿とさせる記述に、私たちは強い関心を抱いていたのである。

上記のトゥワの分布域のうち、私たちはルカンガおよびバングウェウルのスワンプを訪れた。きわめて短期日の調査であり、速断を避けなければならないが、形質的に明確なトゥワ・グループと判断される集団は、少なくとも現在は見出しがたく、むしろその生活様式や他部族民との関係に焦点を合わせて、トゥワ問題に接近すべきであるという結論を得た。

ルカンガ・スワンプは首都ルサカの北方に位置し、またコッパー・ベルトにも近く、ザンビアにおける重要な魚の供給地の一つである。これまでの民族誌によると（例えばJaspan 1953）、この地域には少数のトゥワとともにレンジェ族（Lenje）が土着し、また他地域から漁撈を目的とした移住者が多く住みついている。スワンプにアプローチする拠点の一つであるワヤ（Waya）周辺、ワヤからスワンプにわけ入る水路ぞい、およびスワンプの北東部にあるチルワ島（Chilwa）を踏査したが、明瞭にトゥワと認められる人々は観察しえなかった。人々に尋ねると「トゥワというのはブトゥワ（Butwa）のことで、土着の漁撈民のことだ」という答えが返ってくる。どのような経緯がその背後にあるのかは別にして、ルカンガ地方ではレンジェ族などの漁撈を主生業あるいは専業とする土着の人々をブトゥワと呼んでいる。

ルアプラ州に位置するバングウェウル・スワンプ域の諸部族民について記した民族誌（Whiteley 1950）によれば、現在このスワンプ域の大半に分布するウンガ族（Unga）が一八世紀頃に到着する以前から、トゥワはこの地域に住みついており、一九三三年には少なくとも一四八〇人の人口が確認されているという。

筆者らは、スワンプの西端部を流れるルアプラ河岸を踏査し、近隣の農耕民などからトゥワの村と称されているヨンゴロ（Yongolo）およびムウェレラ（Mwelela）の両村を訪れた。両村の住民には、ピグミー的な形質特性を認めることができなかった。彼らは砂質土壌を盛り土にして小規模なキャッサバ畑を耕作してはいるが、漁撈を主生業とする人々であった。村人は自らをトゥワと称することはなく、隣接して住む農耕民であるカベンデ（Kabende）名を名乗っている。トゥワは、「本格的な農耕を知らず漁撈に専業的に従事する遅れた人々」という意味内容を含みながら、周辺の他部族民から侮蔑の念をこめて称せられる部族名であった。

近年、カフェ・フラットにおけるトゥワについて論じたLehmann（1977）は、小さな集落に散在して住んでいたトゥワが、植民地政府の圧力のもとで、イラ族のチーフの勢力下に組みこまれ、変容していった様相を推定している。ごく一部の集落に、ピグミー・ブッシュマン的形質を保持した集団が現在も存続していることが示唆されてはいるが、カフェ・フラットでもその大半は消滅あるいは変容してしまったようである。

このように、今日、ザンビアにおいて明確なピグミー・ブッシュマン的身体形質をもったトゥワ集団を見い出すのは、きわめて困難であるといえるのであるが、生態人類学的観点からいえば、トゥワ問題は重要な課題を提示している。とくにバングウェウル・スワンプ域に住むトゥワに典型的に示されているのであるが、農耕に適さないハビタットで、強く自然に依存した漁撈を主生業とし、周辺の農耕民から蔑視されつつも彼らと共生関係を保持しつつ生活する集団が存続しているという事実である。

ハビタットと生業様式、それに隣接する他部族との関係といった諸点に注目すれば、狩猟・採集を生業とする点でザンビアのトゥワとは異なっているが、イトゥリ・フォレストのムブティ・ピグミー（原子　一九七七、丹野　一九七七、市川　一九七八、一九八二）、ルアンダとブルンディの山地帯に住むトゥワ（伊谷　一九六一）、ケニアのドロボー（市川　一九八〇、Ichikawa 1980）、ザイールのウッドランドに住むムボテ（Terashima 1980）などと共通した特性を指摘することができる。つまり、アフリカ大陸の広範な地域にわたって、狩猟・漁撈―採集も加えて採取者（forager）と表現できる―といった強く自然に依存し、動物蛋白源を供給する生業を営む人々が存在し、主として農耕を営む部族民と生活域を住みわけつつ共生関係を保ち生活しているという事実である。それは、foragerという生態的地位（ecological niche）を設定し、耕作者（cultivator）という生態的地位との相互関係から、アフリカの地域社会の特性を捉えなおす必要があることを示しているのではないだろうか。

前述の論文の中でLehmannは、トゥワの起源についてTobias（1966）やJeffreys（1951）の論を採用しつつ、①

かつての狩猟採集民の残存説、②権力の追跡から逃れた人々や、逃げだした奴隷が奥地に住みついたとする説、③さらに近年の言語学的研究から示唆される説にもとづいて、バンツーの進出に先立って南下したスーダン系の言語をもった初期鉄器時代人の残存である可能性を検討し、これらの説を相補的に捉え考えるべきだと主張している。

ここではトゥワの起源について十分に論ずることはできないが、少なくとも、forager・cultivator という生態的地位をめぐる部族形成史という視点が有効性をもつことを主張しうると私たちは考えており、このような立場で、トゥワ研究を進めていきたい。

スワンプの漁撈民

今回の予備調査で、もっとも強く印象に残ったハビタットはスワンプであった。私たちは、上述のトゥワ調査との関連でルカンガとバングウェウルのスワンプを訪れたのであるが、ここではルカンガでの観察を中心に論述したい。

広大な沼沢地を縫うように走る水路には、その流れがゆるやかであることを示すように、スイレン（*Nymphaea* sp.）の花がそこここに群生している。人々はカヤツリグサ属の植物（*Cyperus* spp.）やアシ（*Phragmites* sp.）などからできた浮き島（floating island）の上に、一～五戸の草葺きの家屋を設置して住み、漁撈活動に従事する。原則として男のみの生活集団である。今日では、刺網・小型地曳網による漁法が中心である。人々の生活用具は、漁具を除けば、カヌー・薪・トウモロコシの粉・調理道具それに寝具でほぼ尽きる。

他のスワンプ域でも同様であるが、他地域から来住して乾期に集中的に漁をし、雨期に入ると陸にあがる季節移住型の漁民と、前述したチルワ島などに住むレンジェ族の人々を中心とした定着型漁民の二型を認めることができる。

主食用のトウモロコシの粉と薪を購入しなければならない漁民は、魚を売ることによって生活を成り立たせているのであるが、その販売法にはかなりのバラエティがある。生魚で売る場合もあれば、乾燥魚を一定量蓄積してから売る場合もある。商人が船でやってきて買いつけることもあれば、漁民自らがワヤの港まで、あるいは都市域まで運搬して販売することもある。商人にも、都市から車でやってきて大規模に買いつける者もあれば、小規模な取り引きをする単独の女性の場合もある。

生魚は、主としてコッパー・ベルトからやってくる商人に売り渡す。筆者らは、一日、このような商人の船に同乗して、スワンプ内を回遊した。朝七時一五分にワヤを出発し、昼の一二時二〇分に帰港するまでの間に、商人は出会ったカヌーの漁民や立寄った浮き島に住む漁民と個別に交渉して、生魚を買いつける。この日の取引総額は三五一クワチャ（約九万五千円）であった。商人は、これらの生魚を持参した氷とオガクズで覆い、その日の内にコッパー・ベルトまで車で運搬する。

スワンプの漁民の生態はそれ自体、これまで私たちが研究対象とすることがなかった特異な環境への適応様式を示すものとして、生態人類学的に解明しなければならない。同時に、トゥワ問題で論じたように、マージナルな生態的地位の特性調査は、アフリカ大陸における forager と cultivator の相互関係とその進化という重要な問題に光を投げかける可能性を秘めている。また、スワンプにおける漁撈は不可避的に現金経済化にまきこまれる強い契機を内包しており、市場システムをどのように形成し、それによって漁撈活動がいかに変容してゆくかという、きわめて現代的な課題も提起している。それは、市場経済にまきこまれつつ近代化の道を歩み始めたアフリカの地域社会の実態を、ビビッドに映し出す研究テーマとなろう。

私たちは、他の研究課題や地域との有機的な関連づけから、バングウェウル・スワンプのトゥワおよびウンガ族に焦点を定めて、調査を進めたいと考えている。バングウェウル地域では、舟の上から叩き棒で水面を打ち、魚を網に追いこむクトゥンプラ（kutumpula）漁など、ルカンガとは異った漁法もあり、またトゥワのように河川沿いに住んで漁撈に従事する人々や、浮き島に陣どる漁民、それに島に住む漁民もあり、ルカンガと共通した側面をもちつつも、独自の漁撈世界を展開している。そのインテンシブな調査は、興味ある成果を生み出してくれるであろう。

ウッドランドの農耕民

広大なザンビアのウッドランドに住む人々の伝統的な主生業は、チテメネ・システム（citemene system）と呼ばれる焼畑農耕である[1]。このシステムは、いくつかのバラエティを含んでいるが、大まかにいって小サークル・チテメネと大サークル・チテメネの二つのタイプに分けられる（Allan 1965）。ザンビアの農耕システムを生態学的に分析したTrapnell（1953）は、前者を南部チテメネ、後者を北部チテメネと呼んでいる。

小サークル・チテメネは、固い大木を除いて、すべての木をほぼ胸の高さに伐り倒し、それらの木や枝や葉を直径六〜九メートルの円状に積み上げ、雨期の直前に火を放って焼畑とする。ララ族（Lala）やビサ族（Bisa）など、南部ザンビアに住む人々の間で一般的な耕作法である。

大サークル・チテメネは、ベンバ族の居住域を中心とする北部ザンビアに広がっており、人々は原則として木を伐り倒さず、木にのぼって枝を伐り払い、それらの枝や葉を耕地に集める。枝を集める範囲は、耕地の広さの五～二〇倍にも達するという。

コンゴ・ザンベジ川流域に限定して発達したチテメネ・システムは、土壌が貧栄養で土地生産性が低いとされるウッドランドへの適応形態であると考えられるが（Allan 1965）、一般的にいって、それは稀薄な人口密度と広大な樹林帯を前提とした農法であると言ってよいであろう。

筆者らは、小サークル・チテメネをカオンデ族・ララ族の居住域で、大サークル・チテメネをベンバ族の居住域で観察した。カオンデ族の小サークル・チテメネは、高く盛りあがった白アリ塚のある場所が特異的に選択されており、その周囲に伐採した樹木が円周状に積みあげられ、火を放たれた焼畑であった。ベンバ族の大サークル・システムは、枝を払われて林立する樹林の中にあった。ともに、ウッドランドで練りあげられた農法であることを強く印象づけられた。一見粗放にみえる焼畑農法であるが、植生や土壌の選択などに、伝統的なウッドランド農民のエスノサイエンスに裏うちされた、細やかな配慮と努力を読みとることができる。

ザンビアのウッドランドにおける農耕のもう一つの特徴は、アフリカ大陸固有の雑穀栽培が、今も脈々と受けつがれている点にある。もちろん他地域と同様に、キャッサバやトウモロコシなどの新大陸起源の作物も広く栽培されてはいるが、とくに都市域から離れた地方では、シコクビエ・モロコシ・トウジンビエなどの雑穀栽培が重要な位置を占めている。

筆者は、西部タンザニアのウッドランドに住む焼畑農耕民トングウェの調査を続けてきたが、彼らはウッドランドを農耕の対象とはせず、比較的よく発達した河辺林を焼畑耕地として選択し、トウモロコシ・キャッサバを主要作物として植えつける農法を営んでいた。このように、ウッドランドには、多様な適応様式と文化伝統が存在しているのである。比較研究の視座から、ザンビアに展開する、チテメネ・システムと雑穀栽培が組み合わされた農耕様式の特性を明らかにすることが、本調査の重要な課題の一つとなる。

このような農耕によって支えられてきた伝統的社会システムは、基本的に母系制社会であるという共通の特質をもつが、一方でカオンデ族のように分散した居住様式をもつ小規模な首長制社会から、ベンバ族のように一人のパラマウント・キングを擁する王国まで、多様である。ベンバ王国は、アラブ人との交易に基礎を置いていたといわれるが、それを可能にした生業や社会・文化がどのような構造特性をもっていたのか、そしてそれらの特性が現代にいかに引きつがれているかという問題は、ウッドランドにおける自然と社会の関係というテーマのもとでの比較研究に、新たな視角を提示しうるであろう。

これまで、ウッドランドの農耕民社会の伝統的側面に注目して述べてきたが、このような特性をもった伝統社会が、現在、近代化の波をかぶりながら大きく変容しつつある状況にも注目しなければならない。前述したように、稀薄な人口密度と広大な樹林地帯、それに自給的生業などの諸条件を前提として、自然環境との間にバランスを保ち得ていた伝統的農耕民社会は、近代化による人口圧・経済圧それに経済発展を目指す国家政策などの影響を強く受け、農地の規模拡大や休閑期間の短縮などによって、森林荒廃や土壌の疲弊化という深刻な環境問題に直面している。都市に近いウッドランド帯では、都市の燃料源として不可欠な木炭生産の増大もあって、森林荒廃が著しい。農地の大規模化が進展する一方で、僻村では、コッパー・ベルトなどへの出稼ぎのため男性の基幹労働力に欠け、安定した農耕を維持できなくなるという現象もある。かつては狩猟によって確保されていた動物性蛋白も、野生動物の減少や禁猟政策もあって、安定した供給源をなくし、慢性的な蛋白欠乏症の現出という事態をまねいている（アフリカ研究所、P. Hayward 博士説）。上述した青年男子の出稼ぎは、また、婚資労働を伴った伝統的な婚姻制度の存続をあやうくし、キリスト教の浸透やさまざまな近代化要因もあいまって、母系制を含めた伝統的秩序は大きな変容を受けつつある（Whiteley 1950; Schneider 1981）。

環境問題の深刻化を重視した政府は、森林保護のキャンペーンやその適性利用の指導に力を注ぎ、パイロット・ファームや長期農業振興政策の策定などによって、農業の近代化をはかろうとしている。しかし、例えば、ベンバ・ランドの中心地であるカサマ周辺域では、常畑化した耕地に化学肥料を投入し近代的農業に従事してきた農民が、土壌や肥料の流出のために採算が合わず、チテメネ農耕に回帰する現象もみられるという（ザンビア大学地理学科、S. H. Phiri 博士談）。伝統と近代化という現代アフリカが抱える相克は、ザンビアでもさまざまな問題を生みだしているのである。

私たちは、主としてベンバ族を対象にしてザンビアのウッドランドに住む農耕民の特性を探る生態人類学的研究を計画しているが、それは変化のただ中にある現代のアフリカ農民が抱える問題の根源にも切りこみうる研究でなければならないと考えている。

4　ローズ・リビングストン研究所の遺産

ザンビアで人類学的な調査研究を計画する者には、かつてのローズ・リビングストン研究所が残した膨大な研究業績をどのようにふまえるかという課題がある。その研究は、ザンビア全土にわたり、きわめて良質な民族誌とともに、理論的にも多彩な成果が蓄積されているのである。例えば、ロジ王国に関するグラックマンの研究（Gluckman 1941など）、ンデンブー（Ndembu）に関するターナーの研究（Turner 1957, 1967など）、ベンバに関するリチャーズの研究（Richards 1939など）、グウェンベ・トンガに関するスカッダーの研究（Scudder 1962）等々、枚挙にいとまがない。それぞれは、一級の民族誌的研究であると同時に、アフリカ王国論や葛藤理論の古典（グラックマン）、象徴論の最先端を切りひらいた研究（ターナー）、生態人類学の先駆的な業績（リチャーズ、スカッダー）でもある。

一九八三年に着手する本調査において、私たちはバングウェウル・スワンプの漁撈民と、北部州のベンバ族およびそれに関連する農耕民を研究対象とする予定でいるが、これらの諸族については、ブレルスフォールド（Brelsford 1946）や、前述したリチャーズの業績がある。また、ザンビアにおける農耕システムの体系的研究として、今や古典となったトラップネル（Trapnell 1953など）の著作や、その前文をグラックマンが執筆しており、人類学的にもすぐれた業績といえるアラン（Allan 1965）の研究書がある。

これまでの論述の過程で示唆したように、私たちは変容しつつある現代アフリカの様相を、生態人類学的な視点から捉えることを一つの目的としている。この立場に立つなら、主として一九三〇〜一九四〇年代の部族社会の実態を把握した良質の民族誌の存在は、変化の原点をおさえるという点でも、積極的な意味をもってくる。

5 「変化」を正面にすえた研究——むすびにかえて

ウッドランドにおける生態人類学的研究の展開を意図して、新たにザンビアにフィールドを求めた私たちは、ハビタットと生業の組み合わせでいえば、トゥワを含むスワンプの漁撈民、およびウッドランドの農耕民の研究に焦点をあわせることになった[2]。

この研究は、あくまでもウッドランドを舞台にしたヒトの適応と進化のあとをたどるという基礎的テーマにそったものであるが、同時に、大きく変容する現代アフリカをも視野に入れ、いわば「変化」を正面に据えた調査として展開されるはずである。変化する相と不変の相とを識別しつつ、自然・社会・文化の相互関係に留意したダイナミズムを捉えうる生態人類学的研究の模索であるといってもよい。それは、「変化」の中にみえ隠れする対象社会の本質を見据えるという方法意識であるとともに、伝統と近代化の狭間で相克している地域社会の将来を展望するために、いささかでも役立ちうる基礎資料を提供できればという、私たちのひそやかな願望のあらわれでもある。

各方面からの御助言と御批判をたまわりたい。

謝辞

本稿のもととなった予備調査は、一九八二年度文部省科学研究費補助金（海外学術調査）を得て実施された。

序にも記したように、ザンビア大学アフリカ研究所のR. Serpell所長とP. Hayward博士には大変にお世話になった。在ザンビア日本国大使館、ＪＯＣＶルサカ事務局の中垣長睦氏と後藤俊男氏、三菱商事ルサカ事務所の吉村省三氏と曾宮強氏からは、適切な御助言と多大の御助力をたまわった。記して謝意を表したい。

注

（1）チテメネ・システムについては、矢内原（一九八〇）が簡潔に紹介している。

（2）本調査では、比較の意味もあって、ザイールのウッドランドに住む狩猟採集民ムボテとザイール川の漁撈民をも含める。

第10章　ザンビアの伝統農耕とその現在
——ベンバ族のチテメネ・システムの現況

1　はじめに

「今度はアマレ（シコクビエ）が豊作だったから、新しいチテメネ（焼畑）は小さなやつしか切っていないよ。今年は休息の年だね」。旧知の間柄であるベンバ族の青年、アレックスは村の農作業の現況について、大らかな顔つきで語ってくれた。一九八五年の八月に、ザンビア国の北東部に住むベンバ族の生態人類学的調査を継続するために再訪したムレンガ＝カプリ村での会話である。

「飢える大陸」についての深刻な現状を伝えるニュースに接していただけに、村人の報告を聞いて、ほっと緊張感がとける思いであった。当然のことではあるが、アフリカは多様な社会・文化を内包する大陸であり、生活実情もまた多様であることを今さらながらに実感したのである。

その一方で強調しておかなければならないのだが、飢餓に象徴されるようなアフリカの危機とザンビアが無縁だというわけではない。ザンビアは、ＦＡＯが発表したアフリカの食糧不足国のひとつであった。私がザンビアに入国した七月末から八月にかけて、重油やガソリンの供給が停止し、経済活動にも影響が及びはじめていた。一〇月半ばには、通貨のクワチャが一ドル＝二・一クワチャから一ドル＝六・二クワチャへと大幅に切り下げられた。国家レベルで捉えれば、ザンビアも他のアフリカ諸国と同様に多くの困難を抱えこんでいるのである。

危機に瀕する国家経済や、国レベルでの食糧事情の悪化という状況は深刻ではあるが、一方で、根太い伝統農法に依拠してしたたかに生きる小農たちも健在であった。しかし彼らの暮らしも、現在、大きく揺れ動きつつある。―それが、今回の調査を通じて得た感触であった。

この小論は、チテメネ・システムと呼ばれる特異な焼畑農耕を発展させてきたベンバ族をとりあげ、フィールド・ワークの結果を踏まえつつ、その伝統と現在の姿を描き出す試みである。

2　ベンバ族の生態人類学的調査

ザンビアは七五万平方キロメートルの面積をもつが、その国土の大半はミオンボ・ウッドランドと呼ばれる植生帯が占めている。ミオンボと通称される、ジャケツイバラ亜科（マメ科）に属する樹木が優占しており、樹高はせいぜい二〇メートル、木と木の間が三〜五メートルの間隔をもつ疎林帯である。コンゴ盆地の外縁部に広がるこの植生帯は、湿潤な熱帯降雨林帯と乾燥したサバンナの中間にあり、実にサハラ砂漠以南のアフリカ大陸の四分の一を覆っている。あまり知られてはいないが、ミオンボ・ウッドランドはアフリカを代表する植生帯のひとつなのである。ベンバ族は、このミオンボ・ウッドランドを生活の場とする焼畑農耕民である。

私たちは一九八三年から三ヵ年計画で、ベンバ族の生態人類学的研究に取り組んできたのであるが、その主たる関心は以下に要約する諸点にあった（掛谷・市川　一九八三）。

（1）チテメネ・システムと呼ばれるベンバの焼畑農法は、コンゴ・ザンベジ川流域に限定して発達した農法であり、ウッドランドそのものを開墾対象とした集約度の高い焼畑農耕である。ウッドランド農民の環境利用、サブシステンス・ストラテジーの比較研究という視座に立てば、不可欠の研究対象である。

（2）彼らは、アフリカ起源の雑穀であるシコクビエ栽培の伝統を現在も継承する人々である。もちろん他の地域と同様に、トウモロコシやキャッサバなどの新大陸起源の作物も広く栽培されてはいるが、もっとも重要な主作物はシコクビエである。

（3）彼らの社会は母系制原理を核として構成されており、かつては一人の最高首長を擁した強大な王国を形成していた。土壌が貧栄養であり、土地生産性が低いといわれているウッドランド帯で、焼畑農耕に基礎を置きつつ、いかにして王国形成が可能であったのかという問題は、きわめて重要な人類学的課題である。

（4）ウッドランドへの高度な適応様式であったチテメネ・システムは、その低生産性や自給農耕にとどまっているること、森林荒廃の元凶のひとつであるなどの理由で、強い批判にさらされている。その現状の解析は、

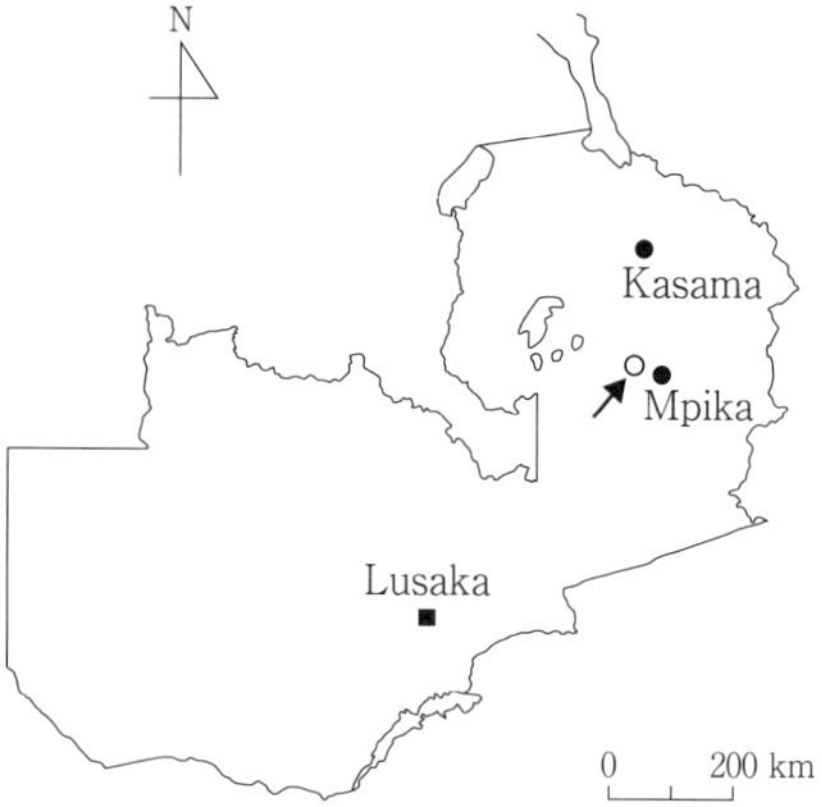

図 10-1　調査地
→：ムレンガ＝カプリ村

「伝統と近代化の相克」にあえぐアフリカの地域社会の実態と問題点を浮きぼりにできる可能性がある。

このような問題意識をもちつつ、私たちは、ザンビア国北部州ムピカ県の県都ムピカから西方へ二六キロメートルの地点にあるムレンガ＝カプリ村に住み込み、小さなベンバの村でのインテンシブな調査を開始した（図10-1）。

ムレンガ＝カプリ村は、戸数が一二戸、人口が五〇人（一九八三年一〇月）の小村である。県都のムピカに通ずる道路沿いにあり、ビサ族の首長の住むコパ方面とを結ぶバスが週に二回往来する。村人は、自転車で一日の内にムピカまで往復することができる。県都の郊外にある小村で、その生活実態を深く掘り下げ、チテメネ・システムの基本的な特性を把握し、同時に変化の諸相とそれをもたらす要因を押さえることを意図したのである。

当初は、県都郊外の村ゆえに現金経済にまきこまれ、大きく近代化による変容をこうむっていると予想していたのであるが、村人はほぼ伝統的な形態を保ったチテメネ・システムに強く依存した暮らしを営んでいた。

3　チテメネ・システム

ベンバ・ランドは、標高九〇〇メートルから一五〇〇メートルの間にある高原地帯である。年間は明瞭な三つの季節に分かれ、五月から八月初旬の冷涼乾季、八月中旬から一〇月まで続く暑熱乾季、そして一一月から四月まで続く雨季からなる。農作業は、必然的にこの季節に対応して展開することになる。

伐採と運搬

ウッドランドの木を伐採し、焼畑耕地を造成するのは、五月から一〇月までの乾季の仕事である。男たちは、あらかじめ選定しておいた疎林に通い、斧一本を肩にかけ、大木によじ登って全ての枝を伐採する。この木に登って枝を伐採する方法が、ベンバの焼畑農法の大きな特徴のひとつである。具体的な観察結果によれば、ほぼ胸高直径一五センチメートル以上の木の枝がこの方法によって伐採され、それ以下の木は腰の高さの前後で切り倒される。一本の木によじ登り、全ての枝を伐採するのに要する時間は、胸高直径が二五センチメートル程度の大木でも、一〇分以下である。こうして木を伐採することをベンバ語でクテマ（kutema）と呼ぶ。チテメネ（citemene）という名称は、この言葉に由来している。

男たちは、木から降りると、下に落ちた枝を適当な大きさに切り、枝の切り口を伐採域の中心部に向けておく。

表10-1　チテメネ耕地と伐採域（1983年）

世帯番号	チテメネ耕地（アール）	伐採域（アール）	比率
1	34	192	5.6
2	34	?	?
3	23	126	5.5
4	29	184	6.3
5	44	306	7.0
6	63	386	6.1
7	—	—	—
8	54	434	8.0
9	72	486	6.8
10	—	—	—
11	56	351	6.3
12	28	197	7.0
2, 7, 10を除く平均	45	296	6.6

日によって男たちの作業時間は変わるが、朝七時前後に村を出て、二〜四時間かけて木を伐採し村に帰るというのが平均的である。

伐採した木の枝は、三〜四週間そのまま放置して乾燥させた後、女たちによって伐採域の中心部まで運搬される。女たちは、頭上に折り重ねた布を乗せ、その上に二〇キログラム前後の枝をかつぎ、上手にバランスをとりながら運ぶ。単調で厳しい作業だが、女たちは黙々と働く。この仕事も、強い陽光と温度上昇のゆえに、午前一一時頃まで続けるのが精一杯である。こうして、中心部に高さ一メートル程度に木の枝を積み重ね、円形状の堆積物をつくりあげてゆく。

このように、広い伐採域から焼畑耕地となる中心部に枝を集めることが、チテメネ・システムのもうひとつの大きな特徴である。ちなみに、一九八三年に開墾された所帯ごとのチテメネの伐採域と耕地部分の面積、およびその比率を示したのが表10-1である。平均的な値でいえば、一戸あたり四五アールの耕地面積をもち、その伐採域は耕地面積の六・六倍もの広さになる。

焼畑造成の根幹をなす木の枝の伐採と運搬は、夫婦を核とした所帯が単位となるのが原則である。しかし、ときにシコクビエで醸造した酒を用意して共同労働を依頼し、あるいは石ケン・衣服・干し魚などの物品やお金を支払って人を雇うこともある。それは、とくに寡婦の所帯にとって、重要な労働力確保の方法である。

火入れ・播種・柵作り・収穫・貯蔵

雨季が間近になる一〇月末、人々は円形に積みあげられた木の枝の堆積に火を入れる。火は一気に燃え盛り、またたく間に枯れ枝を焼きつくす。こうして厚い灰の層に覆われた焼畑ができあがる。人々はこの焼畑をウブクラと呼ぶ。かつては、まずチーフのチテメネが火入れさせ、人々がそれに続くという形態をとっていたが、今日では、それぞれの所帯の判断で火入れをおこなう。

火入れ後、一～二回の雨が降り、地面が十分に湿り気をおびる頃に作物の植え付け作業が始まる。鍬を手にした女たちは、キャッサバを植えつけ、ウリ・カボチャ・トマトなどの野菜の種子を播く。一二月下旬、クリスマスを迎える頃、人々は共同してそれぞれのウブクラを回り、主作物のシコクビエを播く。一月以降も、人々はウブクラの周囲に畝を立て、サツマイモを植えつけ、モロコシやトウモロコシの種子をまく。収穫期前には、男たちは野獣除けの柵を張りめぐらす作業に精を出さなければならない。

二月に入ると、キュウリなどの野菜がみのりはじめる。シコクビエは四月から七月にかけて収穫する。女性がナイフで穂刈りをし、刈り取ったシコクビエは天日乾燥した後に、木を組み草で周囲を囲った穀倉に収めておく。

輪作体系

チテメネ・システムのもうひとつの特徴は、システマティックな輪作によって、四〜五年間、焼畑耕地が継続して耕作されることである。標準的な輪作体系は以下のような形で展開される。

二年目には、耕地内に残っているシコクビエの稈を焼き、降雨後すぐに落花生を植え付ける。翌年に落花生を収穫した後は、十分に成長したキャッサバを必要に応じて掘り起こし、日常食として食用に供する。四〜五年目には、畝を立ててインゲンマメを植え、周囲の柵を焼いてそこにカボチャやキュウリを栽培する。それらの作物を収穫したあとで焼畑は放棄され、一五年〜二〇年と推定される休閑期に入る。

出作り小屋

村の大半の人々は、村の周囲にチテメネを開墾するが、一部の人々は村から離れた遠隔の地にチテメネ適地を求め、ミタンダと呼ばれる出作り小屋をつくり、伐採・運搬期にはそこに移り住む。一九八三年、ムレンガ＝カプリ村では、五所帯の人々が村から六キロメートル離れた地にミタンダをつくり、そこでチテメネを開墾した。ミタンダに移り住んだ人々は、しかし、日曜日にはキリスト教会でのミサに出席するために、あるいはシコクビエの酒を飲むために、しばしば村との間を往来する。作物の植え付け期や収穫期には、毎日、ミタンダに通う。つまり、ミタンダは村から一日の内に往復して作業ができる程度のところに設けることが基本的条件のひとつである。それゆえ、村から歩いて六キロメートル前後、時間にすれば一時間半程度の距離が、その設営地の限界であると考えてよい。

ミタンダへの一時的移住は、原則的にはより良いチテメネ適地を求めての行動であるといえるのであるが、ときに社会的な葛藤の回避としての側面をもつことも指摘しておく必要がある。それが分村化の契機となるという報告もある（Harries-Jones 1963）。一〇年～三〇年単位で、集落そのものを移すベンバの居住様式と合わせて、生態学的および社会学的な視点から、十分に検討されるべき問題である。

生産・分配・消費

チテメネ・システムに強く依存するベンバ社会の生計経済については、目下、資料整理と分析を進めている最中であり、ここではその全体像を呈示することはできないが、いくつかの重要な特質について言及しておきたい。

まず、五人の構成員をもつ平均的所帯を想定して、その生産と消費の様相を簡単に検討しておこう。チテメネ耕地面積は、表10-1で示したように、四五アールとなる。この耕地から得られるシコクビエの収穫量は、計測の結果、一アールあたり三〇・八キログラム前後と推定できる。つまり、平均的所帯は、ほぼ一四〇〇キログラムのシコクビエを産出することになる。ねり団子状の主食（ウブワリ）として使用されるシコクビエの量は、一週間あたり三〇キログラムを越える。単純に計算すれば、この平均的所帯は一年間で一六〇〇キログラム前後のシコクビエを必要とする。つまり、シコクビエの生産量は、必要とされる消費量を下まわることになる。そのうえシコクビエは、ベンバが愛飲する酒の原料としてかなりの量が消費される。

一九三〇年代に、詳細なベンバ族調査をおこなったリチャーズ（Richards 1939）は、一月から三月にかけては主食が欠乏し、ハンガー・シーズンとなることを指摘した。当時のチテメネの面積は、ほぼ一エーカーであったというから、私たちが得た現代のベンバの村での結果とほぼ等しい。つまり、シコクビエの生産と消費に関する限り、その状況はほとんど変化していないといえるのである。しかし、現代のベンバの村では、主食についていえば、ハンガー・シーズンは存在しない。それは、チテメネの輪作体系に組みこまれたキャッサバが、シコクビエの不足分を十分に補っているからである。リチャーズの調査当時には、チテメネでのキャッサバ栽培は、ほとんど普及していなかった。つまり、一九三〇年代以後の農耕内容の大きな変化のひとつは、キャッサバ栽培の導入である。ベンバはシコクビエに強く執着し、シコクビエこそベンバの主食だと語るのであるが、その食生活への貢献度からみて、キャッサバの重要性は強調しておく必要がある。

ベンバのサブシステンス・ストラテジーの特長のひとつは、数年の幅でそのチテメネ面積の増減を検討することによって得られる。一般的にいえば、彼らは、それぞれの所帯構成員の数と質、その社会的条件、それにはじめに紹介した村人の言葉が示すように、前年度のチテメネの収穫量などに応じて、耕地面積を調整しているのである。

伝統的な制度と関連した事例をとりあげて少し説明を加えておこう。

ベンバの村の社会構成は母系制を原理としており、かつ結婚後の少なくとも数年間は、夫が妻方の集落に住む妻方居住の形態をとる。夫はそこで、義理の父母のためにチテメネの伐採などの仕事に従事する。いわゆる婚資労働である。婚資労働中の所帯は、より大きなチテメネを開墾する傾向がある。現在では、この制度も変容しつつあるが、ムレンガ＝カプリでは今も根強く継承されている。

比率はそれほど高くはないが、彼らの社会は一夫多妻制をとる。妻方居住の原則のゆえに、通常、複数の妻たちはそれぞれ別の村に住む。男は一定期間ごとにその居住する村を替え、それぞれの妻の村でチテメネを開墾しなければならない。このような所帯では、年ごとの耕地面積のばらつきが大きい。私たちの眼には、無理が強いられる制度のようにみえるが、それは祖先信仰と深く関わっており、死亡した母系親族の男の妻を相続する制度によって複数の妻をもつことになった事例が多いことを指摘しておこう。

先にも少し述べたが、酒造りとその消費について、少し詳しく検討を加えておきたい。それはシコクビエの消費という側面で意味があるだけでなく、ベンバの社会・文化特性を浮きぼりにするという点でも重要なのである。シコクビエ酒は、現在も根強く存続している成女儀礼・婚礼・相続儀礼などの儀礼時や、クリスマス・新年の祝いなどに欠かすことができない。木の枝の伐採・運搬など、チテメネ開墾のために共同労働を依頼する場合にも不可欠である。女性（とくに寡婦）にとって、重要な現金収入源でもある。また日常的な楽しみとして、とくに週末などに好んで飲酒される。

シコクビエ酒には、カタタとチプムの二種類がある。ともに仕込み始めてから発酵するまで二週間はかかる。基本的には同じ醸造過程を経るのだが、その最終段階で造り分けられる。カタタは色の濃いビール状のどぶろくであり、これは現金での売買の対象となる。チプムは発酵したシコクビエそのものをヒョウタンや壺などの容器に入れ、そこに湯を加え、中空のアシや細い鉄パイプで吸飲する酒である。チプムは、共同飲酒用であり、無料で村人に提供される。車座に坐った村人の輪の真ん中にチプムの入った容器が据えられ、人々は順次交替して吸飲する。そこはにぎやかな談笑の場となり、雰囲気が盛りあがってくると、人々は太鼓をもち出し、歌い踊る。それは村の共同性を象徴する場であるといってよい。

女たちは現金を得るためにカタタを醸造するのだが、その場合、ほとんど例外なしにチプムもつくる。人々は、「どんな場合でも、カタタだけをつくるのは非常に悪いことだ。なぜなら人々に酒を分け与えない（クタナ）ことになるからだ」と語る。

クタナ（分け与えない）という言葉は、ベンバ社会を理解する重要なキー・ワードのひとつである。それは、物が関与するあらゆる場面で頻発される言葉である。クタナを忌み回避することは、村レベルでの生計経済や社会生活の根幹を支える行動原理なのである。

チプムは、いわば伝統的なベンバ文化の存続を象徴しているのである。

4　変容する農耕システム

これまで、チテメネ・システムの記述と分析を通して、現代にまでひきつがれているベンバ社会の伝統的側面を概観してきた。しかし、ベンバ社会も大きく変わりつつある。農耕生活でいえば、その変容の様相は、化学肥料を投入した常畑で、換金作物用のトウモロコシ（ハイブリッド種）を栽培する実態によく示されている。彼らはこの常畑をファームと呼ぶ。英語に由来する言葉である。

一九八五年の調査時には、ベンバ・ランド全体を対象にした広域調査を実施した。それは、ファームによるトウモロコシ栽培が、ここ数年の内に深くベンバ社会にくい込みつつあることを確認する旅であった。北部州の州都であり、ベンバにとっても経済・行政の中心地であるカサマ、および最高首長が居住するチティムクル周辺で

表10-2　トウモロコシ生産量の推移

単位：90 kg 袋

年	ザンビア全土	北部州	ムピカ県	ルチェンベ領	アルニ・デポ
1980	4,247,404	159,264	16,434	227	23
1981	7,703,794	328,273	28,996	423	65
1982	5,671,613	648,273	38,030	1,490	245
1983	5,901,824	648,590	54,007	2,610	219
1984	6,347,637	750,552	63,172	3,878	519

Kaunga et al. 1983; Ministry of Agriculture and Water Development (Zambia), 1985; IRDP 提供の資料による

は、すでにチテメネを放棄した集落も多い。私たちが住み込み調査の対象としたムレンガ＝カプリ村は、もっとも伝統色の強い村であることを印象づけられもした調査行であった。

ムレンガ＝カプリ村でも多くの住民が少量のトウモロコシ（在来品種）を栽培しているが、それはイバラと呼ばれる畝立て耕地での、化学肥料を投入しない方法による。イバラは規模が小さく、村のすぐ近くの草地に造成されることが多い。雑草をすき込みながら耕起するクフンディキラと呼ばれる作業によって開墾され、畝替えや、表層土壌の反転などによって七年程度は継続して作付けされる。ファームによるトウモロコシ栽培は、隣接するンドナ村も合わせて、三人が試みているにすぎない。

ここでは、統計データー、ムピカ―コパ道路沿いの村々でのセンサス調査、ムレンガ＝カプリ村の西方、約二〇キロメートルのところに位置するアルニ村での調査体験にもとづいて、ファーム耕作の進展状況と、その変化の機構について考察しておきたい。

トウモロコシ生産量の変遷

表10-2は、一九八〇年から一九八四年までの、ザンビア全土、北部州、

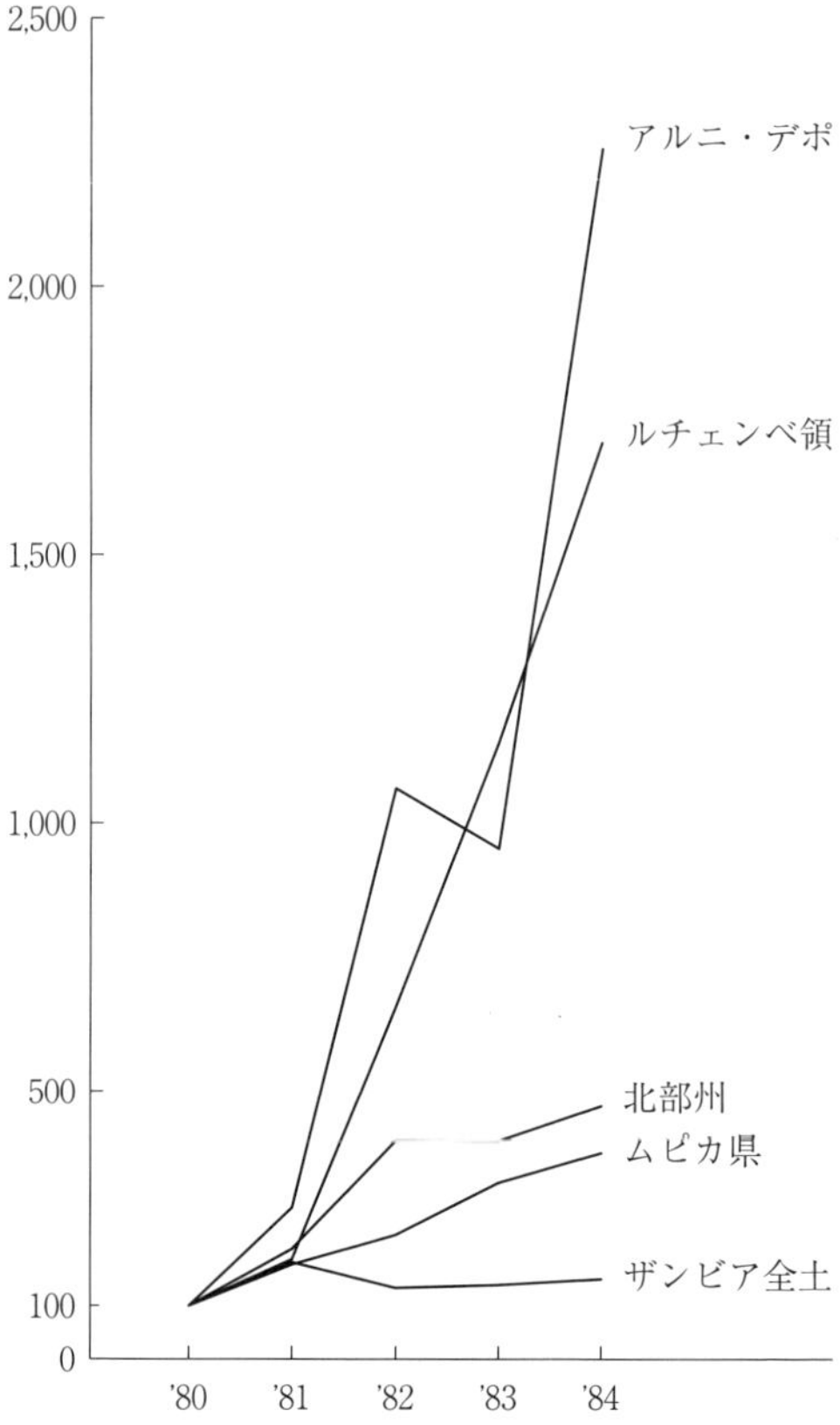

図10‒2　トウモロコシ生産量の推移（指数表示）

ムピカ県、ルチェンベ領、およびアルニを含むデポ地点のそれぞれにおける集荷されたトウモロコシ量の推移を示している。一九八〇年を一〇〇として指数表示し、それをグラフに描いたのが図10‐2である。

ザンビア全土のトウモロコシ生産動向とその要因については、アジア経済研究所とザンビア大学との共同研究報告（Kaunga et al. 1983）が、完結で的確な分析結果を呈示してくれている。私たちのフィールドでの状況を分析する背景として、簡単に要約しておこう。

一九八〇年およびその前年（一九七九年）は、トウモロコシ生産が大きく落ち込んだ年であった。それは、生産者からの買い取り価格が低迷し、また総体的な経済危機が反映した結果である。一九八一年の生産量の増大は、主として買い取り価格の値上げを含む新たな農業政策の効果のあらわれであると考えられる。一九八二年以降の生産量の減少は、主要生産地で干ばつの影響があらわれたためであるという。

北部州レベルでは、一九八一・一九八二年に生産量が伸び、その年以降はゆるやかな上昇傾向を示す。ムピカ県レベルでは、年を追うごとに順調な高上昇の傾向性を示す。

ルチェンベ領およびアルニ・デポのレベルでは、特に一九八二年以後の急激な増大傾向が顕著である。一九八二年の政府買い取り価格は、九〇キログラム袋あたり一六クワチャであり、その前年の一三・五クワチャとくらべると、一八・五パーセントの値上げであった。一九八〇年時点での絶対量の低さを考慮に入れたとしても、農業政策の影響が劇的にあらわれた結果であると考えてよいであろう。

村レベルでは、上述してきたトウモロコシ生産量の増大は、ファーム耕作者の増加としてあらわれる。ムピカ—コパ道路沿いの村を対象としたセンサス調査で明らかになったことは、大部分の住民がファームを耕作する村と、ほとんどの住民がチテメネとイバラにのみ依存してファームを耕作しない村とに、明瞭に分かれるという事実であった。ファームでトウモロコシ栽培を始めた年を尋ねると、その大部分が一九八〇年以降であり、特に一九八二年および一九八三年に耕作を開始したと答える住民が多かった。

ファーム耕作受容のメカニズム

コパ道路に沿った村々では、アルニがいち早くトウモロコシ栽培を始め、年々、生産量を増やしている村として知られている。アルニでの聞きとり調査によると、この村でトウモロコシ栽培を始めた先駆者はアルベルトといい、ザンビア独立後に、都市部からこの村に帰郷し、まずキャッサバのイバラを耕起した後に、トウモロコシの植えつけを始めたという。当初、村人たちはアルベルトの行動を無視し、あるいは馬鹿にしていたのであるが、トウモロコシが金になるのを見て、一九七〇年頃から彼に追随する人が少しずつあらわれ始めたという。多くの村人がファーム開墾を始めたのは一九八〇年頃であった。IRDP(1)がコマーシャル・ファーマーと定義する農民、つまり九〇キログラム入りの袋を三〇袋以上産出する人は三人程度であるが、小規模なファーム耕作者は、ここ一～二年に急増しつつある。

バシラザロは、一九八二年にファームの開墾を始め、一九八三年には一八袋、一九八四年には五一袋、そして一九八五年には三五袋のトウモロコシを出荷した。彼は、一九八三年と一九八四年にはチテメネ耕作を放棄し、ファームの耕作に専念している。シコクビエもこのファームで耕作した。基本的には今後もファーム専門でやっていきたいと彼は語っていたが、一九八五年には再びチテメネも開墾している。

大部分の人が、伝統的なチテメネとイバラにのみ依存するタイプの村は、私たちが住み込んだムレンガ＝カプリで代表させることができる。前述した三名のファーム耕作者の一九八五年における出荷量は、一〇袋以下であった。

これらの地域で、ここ五年の内に顕著な動きを示しはじめたファームでのトウモロコシ栽培者の増加現象は、ベンバ社会における生活の変容過程を動的に把握するという課題にとって、格好の研究対象となる。現在、資料の整理中であり、詳細なデータで裏づけながら論を展開することはできないが、ここでは調査中に考えていた、変容のメカニズムについての仮説を呈示しておきたい。

村レベルでファームの開墾を促す要因は、基本的に村内での要因（内因）と、生産者からの買い取り価格などを含む国・地方レベルでの農業政策、社会・経済的要因（外因）とに分ける必要がある。大まかにいえば、内因の熟成と外因とが同調したときに、村レベルでの変容が急速に進展するというのが、私の考えである。

チテメネ・システムを支えるサブシステンス・ストラテジーのところで強調したように、ベンバの村社会の根幹を支える原理として、ウクタナ（他人に分け与えない）を忌避する行動様式が重要であった。かつて私は、西部タンザニアのウッドランドに住む焼畑農耕民トングウェの研究で、彼らの生計経済の根元に「平均化の傾向性」が存在することを指摘した（掛谷　一九七四、一九七七）。トングウェ社会では、食物が個人間・集落間を移動して、常に平均化しようとする傾向性をもつ。それはまさに「ウクタナ」を忌避する行動様式のあらわれである。この行動様式は、村レベルでの物がかかわる局面において、常にレベリング・メカニズム（平準化機構）として働き、ひいてはそれが、個人の突出した行動を制御する機能をもつことになる。トングウェの場合には、その機能は邪術への恐れによって裏うちされていた。ベンバの場合には、邪術が強く顕在化することは少ないのだが、やはり邪術への恐れが常に伏在していると考えてよい。

イノベーションが普及するためには、まずこの「レベリング・メカニズム」の制御を突き破る必要がある。このとき重要なのは、いわばマージナル・マン（境界人）の存在である。たとえば、ムレンガ＝カプリおよびンドナ村でトウモロコシ栽培を始めた三人は、いずれもマージナル・マンとしての性格をもっていた。一人は、ムレンガ＝カプリの娘と結婚した男であり、彼の居住地はンドナにある。彼は、たとえば両村の人々が集まっておこなう網による共同狩猟などには全く参与しない。居住地のンドナには、母系をたどる親族は一人あるのみである。もう一人の男は、かなり意欲的に新しい農作物栽培を実験的に試みているが、それらの知識はかつて農業訓練所で学んだという。また彼は、カソリックの準牧師としてのトレーニングを受け、村のミサを担当することもある。一九八五年には九袋のトウモロコシを出荷し、三名の内ではもっとも多かった。しかし、彼は病気がちであり、ある村人が、彼は邪術にかけられていると、私に耳うちしてくれたことがある。三人目の男は、ムピカの町でレストランを経営している親族の人に頼まれて、牛の委託放牧を請負っていた。それがきっかけとなって、数年前に村から離れたところに居住するようになり、三年前からファームの開墾を始めたのである。

このように、マージナル・マンは細々ながらもイノベイティブな行動をおこし継続する。他の村人は、日常の濃厚なつきあい関係の文脈の中で、彼らの行動を子細に観察し、イノベイティブな行動の経過と結果について直接的に見聞することになる。

そして、このような状況がある一定年間続き、村人はそのイノベイティブな行動がプラス価値をもつことを納得しはじめる。それが内因の熟成である。

こうして内因が熟成しはじめたまさにその頃に、たとえば生産者価格の値上げなどの外因が同調すれば、今度は一気にイノベーションが村中に広がることになろう。先に述べたアルニ村は、このような経過をたどり、村中でファーム開墾が押し進められることになったのではないか、と私は考えている。

5　おわりに

この小論では、変容のただ中にあるベンバの農耕システムをとりあげ、その伝統的な側面をチテメネ・システムによって概観し、変化の相をファーム開墾によるトゥモロコシ栽培の展開過程によって検討してきた。

ベンバは、森林の未発達という条件のもとで、ウッドランドそのものを開墾して、労働集約的な焼畑システムを練りあげてきた。そのチテメネ・システムは、広大な疎林と低い人口密度、それに自給的な暮しを前提とするなら、きわめて合理的で健全な農法であるといえる。

しかし現在、状況は大きく変わりつつある。人口圧や経済圧、それに政府による諸々の近代化政策などがあいまって、チテメネ・システムは批判の矢面に立たされている。ベンバの人々は、化学肥料を投入した常畑経営によって、換金作物のトウモロコシを栽培する方向へと舵を取ろうとしている。

今後のベンバの農耕システムが歩むであろう道は、チテメネ・システムとファームの共存の方向であろう。一方でトウモロコシの栽培を押し進めつつも、他方で、乾燥に強く、干害に対する耐性の高いシコクビエやキャッサバの耕作が自給用として持続され、それによって食糧の安定的確保の方策が模索されることになろう。そしてベンバの多くの人々は、当面の間は、慢性的なインフレや肥料を含む物価の高騰への対処として、チテメネ・システムの温存・継承をはかることになるであろう。伝統に根ざしたしたたかさこそ、彼らの重要な生存戦略であるのだから。

注

（1） Integrated Rural Development Project の略。地方の農業振興を総合的に図る計画。各国の援助を受けて推進されている。筆者らは Mpika の I. R. D. P.（英国の援助）のスタッフと情報を交換しつつこの研究を進めた。

第11章　中南部アフリカ・疎林帯におけるベンバ族の焼畑農耕

――チテメネ・システムの諸相

1　はじめに

アフリカ大陸の中南部、東北ザンビアのウッドランド（乾燥疎開林）に住むベンバ族は、チテメネ・システム（*citemene* system）[1]とよばれる特異な焼畑農耕によって、アフリカ起源の作物であるシコクビエを耕作し、それに強く依存した生活を続けてきた。チテメネ・システムは、原則として大木を切り倒さず、木に登って枝を伐り取り、それらの枝を中心部に集め、火を放って焼畑耕地とする農耕様式である。土壌が貧栄養であり、土地生産性が低いといわれているウッドランド帯で、チテメネ・システムに生産の基礎をおきながら暮しを立てるベンバは、か

図11-1　調査地域
↗：ムレンガ・カプリ村

つて一人のパラマウント・チーフを擁する強大な王国を形成していたことでもよく知られている。しかし、ウッドランドの王国を支えてきたチテメネ・システムは、現在、その生産性の低さや自給農耕にとどまっているがゆえに、また森林荒廃の元凶として、強い批判にさらされている。

私たちは、一九八三年以降、ベンバ族を対象とした人類学的調査を続けているが、その調査の眼目は、現代のベンバの生活実態を生態人類学的に明らかにすることによって、一方でウッドランドの王国の生態学的基礎を探り、他方で、伝統と近代化の狭間で相克している地域社会の問題を動態的に捉えうる研究を模索することにある。この論文は、上述の問題意識を踏まえつつ、ベンバの生計活動の根幹部を支えるチテメネ・システムをとりあげ、その社会生態学的な特性を明らかにする試みである。一九八三年から三年間にまたがる調査によって得た資料の整理を進めつつあるが、ここでは主として一九八三年の八月から一二月にかけて実施した第一回の調査結果にもとづいて、論述することにしたい。

調査の主要対象地は、ザンビア国北部州（Northern Province）、ムピカ県（Mpika District）、チーフ・ルチェンベ領（Chief Luchembe）にあるムレンガ＝カプリ（Mulenga=Kapuri）という小さな村である（図11-1）。この調査地は、一九八二年の予備調査（掛谷・市川　一九八三）、および一九八三年八月後半におこなったムピカ周辺域での広域調査によって選定した。この年の調査は、ムレンガ＝カプリでのチテメネをめぐる諸活動とその結果の分析に集中する方針で進めた。小さな村での実態をより深く掘り下げることによって、チテメネ・システムの基本的な特性を把握し、その問題点を探り出すことを狙いとしたのである。

2　調査地の概要

地形・気候

北部州に広がるベンバ・ランドは、その大半が標高九〇〇メートルから一五〇〇メートルの間の高原地帯に属している。多くの支流をもつチャムベシ（Chambeshi）、ルバンセンシ（Lubansenshi）、カンチビヤ（Kanchibiya）などの河川は複雑な水系を形成し、バングウェウル・スワンプ（Bangweulu Swamp）に流れこむ。河辺林はあまり発達せず、とくに支流沿いにはダンボー（*dambo*）とよばれる季節的な氾濫原が展開し、独特の草原景観を示す

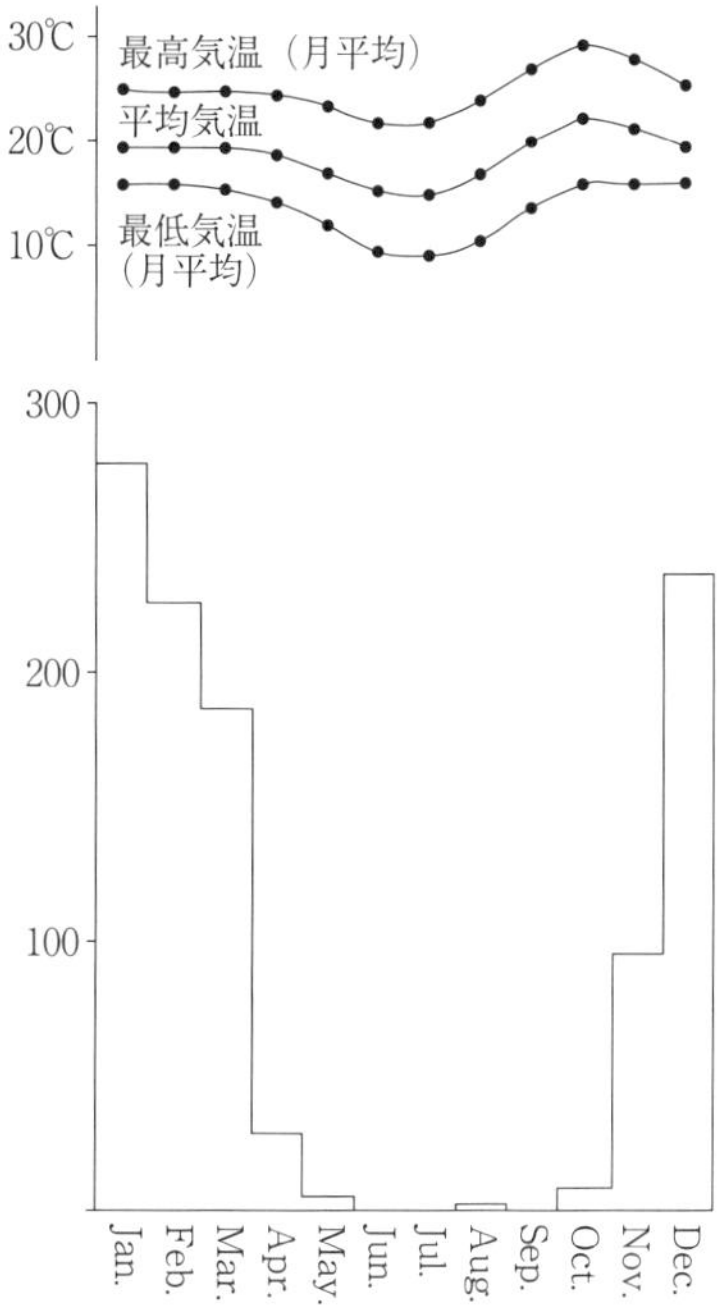

図11-2　ムピカにおける気温および降雨量
（Meteorological Department 1971 による）

ことが多い。これらの川と川の間には、ウッドランドが広がっている。

年間は明瞭な三つの季節に分かれ、五月から八月初旬にかけての冷涼乾季、八月中旬から一〇月にかけての暑熱乾季、そして一一月から四月まで続く雨季からなる。調査地に近いムピカ県の県都ムピカにおける月ごとの温度・雨量を示したのが図11-2である。雨は雨季に集中して降り、ムピカでは年間降雨量は一〇六五ミリメートルに達する。一般に雨量は北から南に向かうに従って減少傾向をみせるが、ベンバ・ランドは、ほぼ年間八〇〇ミリメートルから一二〇〇ミリメートルの間にはいる。

ミオンボ・ウッドランド（Miombo Woodland）

ベンバ・ランドは典型的なミオンボ・ウッドランドに覆われている。それはジャケツイバラ亜科（Caesalpinioidea）に含まれるブラキステギア（*Brachystegia*）、ジュルベルナルディア（*Julbernardia*）、イソベルリーニア（*Isoberlinia*）の三属の樹木（ミオンボと総称される）を主要樹種としている。木の高さは二〇メートルを越えることがまれで、樹間距離は三～五メートル程度である。ミオンボ・ウッドランドは、その構成種によって、多くの亜型に分かれることが知られている（Trapnell 1943; Fanshawe 1969）。

生態学的研究の基礎でもあり、またチテメネ・システムはこの疎林を開墾の対象としているので、ここではムレンガ＝カプリ村の西方、約二〇キロメートルのところにある森林保護区（Forest Reserve）での調査にもとづいて、その植生分析の結果を呈示しておきたい。この森林保護区は、少なくともここ三〇年間は伐採の対象となったことはなく、調査地域でのミオンボ・ウッドランドの極相を代表すると考えることができる。調査は、一〇メート

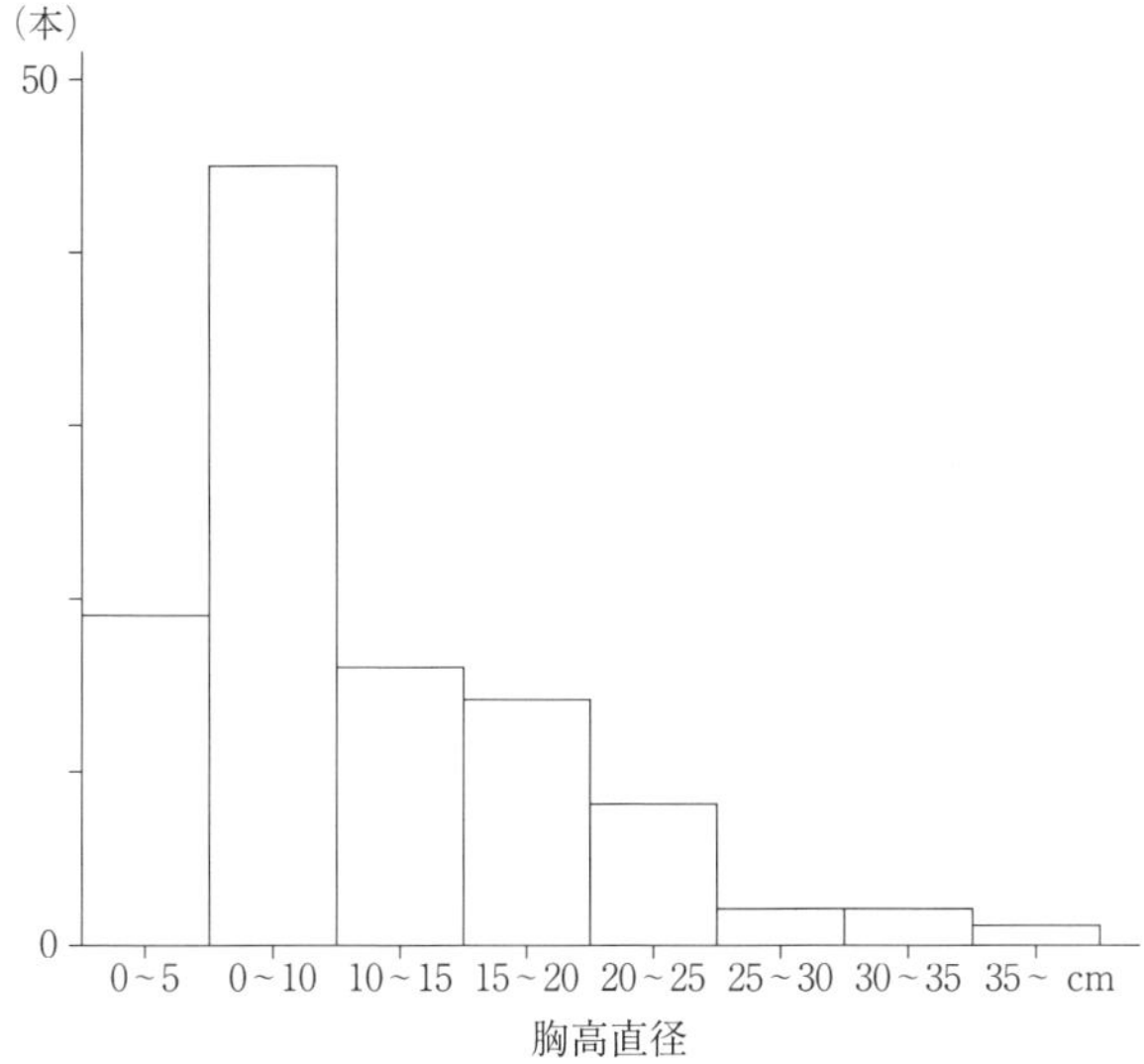

図 11-3　森林保護区における樹木の胸高直径

ル四方のクオドラートを一〇か所設定して、実施した。[2]

表11-1には、胸高直径[3]が二・五センチメートル以上の樹木について、その樹高[4]分布と樹種構成を示した。この疎林の構成は、樹高七メートル以上の高木層と、それ以下の低木層に分けることができる。高木層では *Brachystegia floribunda* が圧倒的に多く、*Julbernardia paniculata*、*Brachystegia utilis* と続く。一部が高木層に含まれる *Brachystegia longifolia* の樹木数の多さも特徴的である。低木層では、*Uapaca kirkiana*、*Ochna schweinfurthiana*、*Faurea saligna*、*Monotes africana* などが代表的な樹種となっている。総括すれば、この地域のミオンボ・ウッドランドは、*Brachystegia*—*Julbernardia paniculata* 型であるといえる。

この森林保護区での胸高直径の分布を図11-3に示した。

五～一〇センチメートルの胸高直径をもつ樹木数をピークとする分布であり、最大は *Brachystegia utilis* の木で、三五センチメートルの値を示した。なお樹木の

表 11-1　森林保護区における樹高および樹種構成

樹種（学名）	（方名）	樹高（m）															計	原著表記
		1	2	3	4	5	6	7	8	9	10	11	12	13	14	15		
Brachystegia floribunda	musompa					1				2	2	2	5		4	4	20	
Julbernardia paniculata	mutondo							1				4	1		1		7	
Brachystegia utilis	musaka									2	2				1	1	6	
<u>*Pericopsis angolensis*</u>	mubanga					2		1	1				1				5	*Afromosia angolensis*
Burkea africana	kapanga							1								1	2	
<u>*Ochthocosmus gillettiae*</u>	munponbwe							1									1	*Ochthocosmos gillettiae*
Brachystegia longifolia	mwombo	1	2		1		4	1	2	3	1						15	
Uapaca kirkiana	musuku			2	1	2	2										7	
Faurea saligna	saninga		3	2			1										6	
Ochna schweinfurthiana	munawe		1	1	3		1										6	
<u>*Monotes africana*</u>	cimpampa		2	1	1	1											5	*Monotes africanus*
Protea sp.	musoso		2		2												4	
Not identified	musolo			1		1	1										3	
Not identified	mupangwa			1		1		1									3	
<u>*Byrsocarpus orientalis*</u>	kapululambushi	2															2	*Brysocarpus orientalis*
<u>*Pavetta schumanniana*</u>	sweba						2										2	*Pavetta schummaniane*
<u>*Parinari curatellifolia*</u>	mupundu		1														1	*Parinari uratellifolia*
Syzygium guineense	musafwa				1												1	
Not identified	—					1											1	
Anisophyllea boehmii	mufungo						1										1	
計		3	11	8	9	9	12	6	3	7	5	6	7	0	6	6	98	

編者注：下線付きの学名は、現在の分類に従って修正。原著の表記は右端に示した。

総数が樹高の場合（表11-1）と異なることに注意しておきたい。胸高直径は、胸の高さのところで枝分かれしている場合には、それぞれの枝を一本と数えて計測し、樹高は独立木を単位として計測したことに由来する相違である。

ムレンガ＝カプリ村――その歴史と住民構成

私たちが住み込み調査の対象としたムレンガ＝カプリ村は、県都のムピカの西方、約二六キロメートルのところに位置する、戸数一二戸人口五〇人の小さな村である。すぐ東隣りには、ンドナ（Ndona）とよばれる村が接している。村は、ムピカとビサ族（Bisa）のチーフの住むコパ（Kopa）を結ぶ道路沿いにある。道路は舗装されてはいないが、週二便のバスがムピカとコパ方面とを往復する。村人はムピカまで、自転車に乗って一日のうちに往復することができる。つまりムレンガ＝カプリは、県都ムピカの郊外にある農村であるといってよい。

この村は、最長老のムレンガ・カプリ（村名はこの長老の名前に由来している）が、ザンビア最大の鉱工業地帯であるコッパー・ベルト（Copper-belt）から戻って、一九五八年ごろに興こしたのがはじまりである。当時は、現在の村から少し離れたところに位置していたという。その村跡は、現在は畑となっている。ムレンガ・カプリがムウィネムシ（*Muinemushi*：村長）となり、一〇人の親族を集め、チーフ・ルチェンベの許可を得て定着したのである。ザンビアが独立した一九六四年に、ムレンガ・カプリの弟であり、現在のムウィネムシである3―h（図11-4）がコッパー・ベルトから帰郷し、その二年後、つまり一九六六年に現在の村に移動したという。

住民の性・年齢別構成、および親族関係を示したのが表11-2と図11-4である。ベンバは、母系原理をひとつ

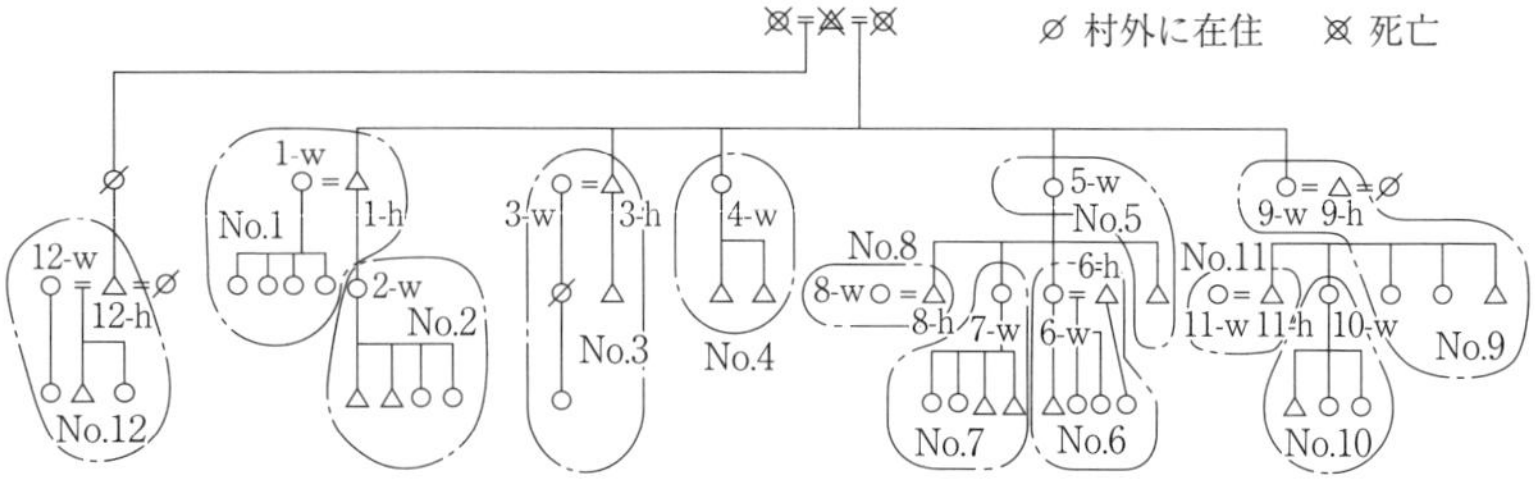

図 11-4　ムレンガ=カプリの親族関係

表 11-2　村の性・年齢別構成

年齢	男性	女性	計
60 歳以上	2	0	2
20—59	6	12	18
15—19	2	2	4
1—14	10	14	24
1 歳未満	1	1	2
計	21	29	50

の柱とする社会構造をもつことで知られているが、この村も創建者（1―h）のシブリングを中心とした構成となっている。

ベンバは伝統的に妻方居住婚（uxorilocal residence）を基本とし、結婚後は少なくとも数年間は、夫は妻方に住み、妻の両親のために働く婚資労働の義務を負っている。子供が一人か二人生まれた後に、夫は諸種の条件や好みに応じて、そのまま妻方に住むか、あるいは自分の村に帰って住むかを選択する。このような婚資労働の制度は大きく変容しつつあるのだが、今もその影響力をもち続けている。

9―hは、1―hと同じコッパー・ベルトの町に住んで働いていた。ちょうど1―hのところに同居していた9―w（1―hの妹）と知り合って結婚し、一九五九年に妻とともにムレンガ=カプリ村に帰り、そのまま住みついている。6―hは婚資労働の最中であり、8―hは婚資労働を終えて一九八三年にこの村に帰ってきた。11―hは、隣り村のンドナに住む娘と一九八一年に結婚し、婚資労働の最中であるが、住居は自分の村に構えている。2―w、4―w、5―wは寡婦であり、7―wと10―wは最近、夫と離別した。

ベンバ社会には一夫多妻婚の制度がある。ムレンガ＝カプリ村では、9－hと12－hが二人の妻をもっている。ともに、男の母系親族のメンバーが死亡した際にその妻を相続する、ウブピャーニ（*ubupyani*）とよばれる制度によって、二人目の妻をもつにいたったのである。しかし、母系原理をひとつの柱とするベンバ社会では、複数の妻は同じ村に住まず、その兄弟とともに住むのが原則である。9－hと12－hのもう一人の妻は、ムレンガ＝カプリ村から離れた別の村に住んでいる。

3　チテメネ・システム

ムレンガ＝カプリ村における生業の基盤は、何よりもチテメネ・システムにある。その年間の農作業の内容を通して、このシステムの特徴を概観するのがこの章の目的であるが、その作業内容はかつてリチャーズ（Richards 1939）が記載した当時のものとほとんど変わっていない。それゆえ、ここでは次章の分析を理解するのに必要な最小限の記載にとどめることにしたい。

チテメネ・システムはシコクビエの栽培と不可分な結びつきをもつのであるが、そのほかにキャッサバも主作物とよんでよい位置を占めている。日々の食生活の維持という観点に立てば、キャッサバをはじめ他の作物についても検討を加えなければならないが、ここでは方名を付した主要作物リストを掲げるにとどめておきたい（表11－3）。また、以下に述べる内容をまとめ、農耕暦として図11－5を呈示しておく。

表 11-3　主要作物

和名	英名	学名	方名	原著表記
＜穀類＞				
シコクビエ	Finger millet	*Eleusine coracana*	*amale*	
ソルガム	Sorghum	*Sorghum bicolor*	*amasaka* *sonkwe* *kancebele* *cisale*	
トウモロコシ	Maize	*Zea mays*	*nyanje*	
＜根茎類＞				
キャッサバ	Cassava	*Manihot esculenta*	*kalundwe*	
サツマイモ	Sweet potato	*Ipomoea batatas*	*cumbu*	
＜豆類＞				
ラッカセイ	Ground nut	*Arachis hypogaea*	*mbalala*	
インゲンマメ	Bean	*Phaseolus vulgaris*	*cilemba*	
ササゲ	Cow pea	*Vigna unguiculata*	*lilanda*	
エンドウマメ	European pea	*Pisum sativum*	*ntongwe*	
キマメ	Pigeon pea	*Cajanus cajan*	*luponso*	
＜野菜類＞				
カボチャ	Pumpkin	*Cucurbita* sp.	*cipushi*	
ヒョウタン（食用）	Edible gourd	*Lagenaria* sp.	*mungu*	
キュウリ	Cucumber	*Cucumis sativus*	*cibimbi*	
	Small cucumber	*Cucumis* sp.	*mankolobwe*	
オクラ	Okra	*Abelmoschus esculentus*	*cilunguntanda*	
—	Not identified	?	*lubanga*	
—	Chinese lettus	?	*leepu*	
トマト	Tomato	*Solanum lycopersicum*	*tomato*	*Lycopersicum esculenta*

編者注：下線付きの学名は、現在の分類に従って修正。原著の表記は右端に示した。

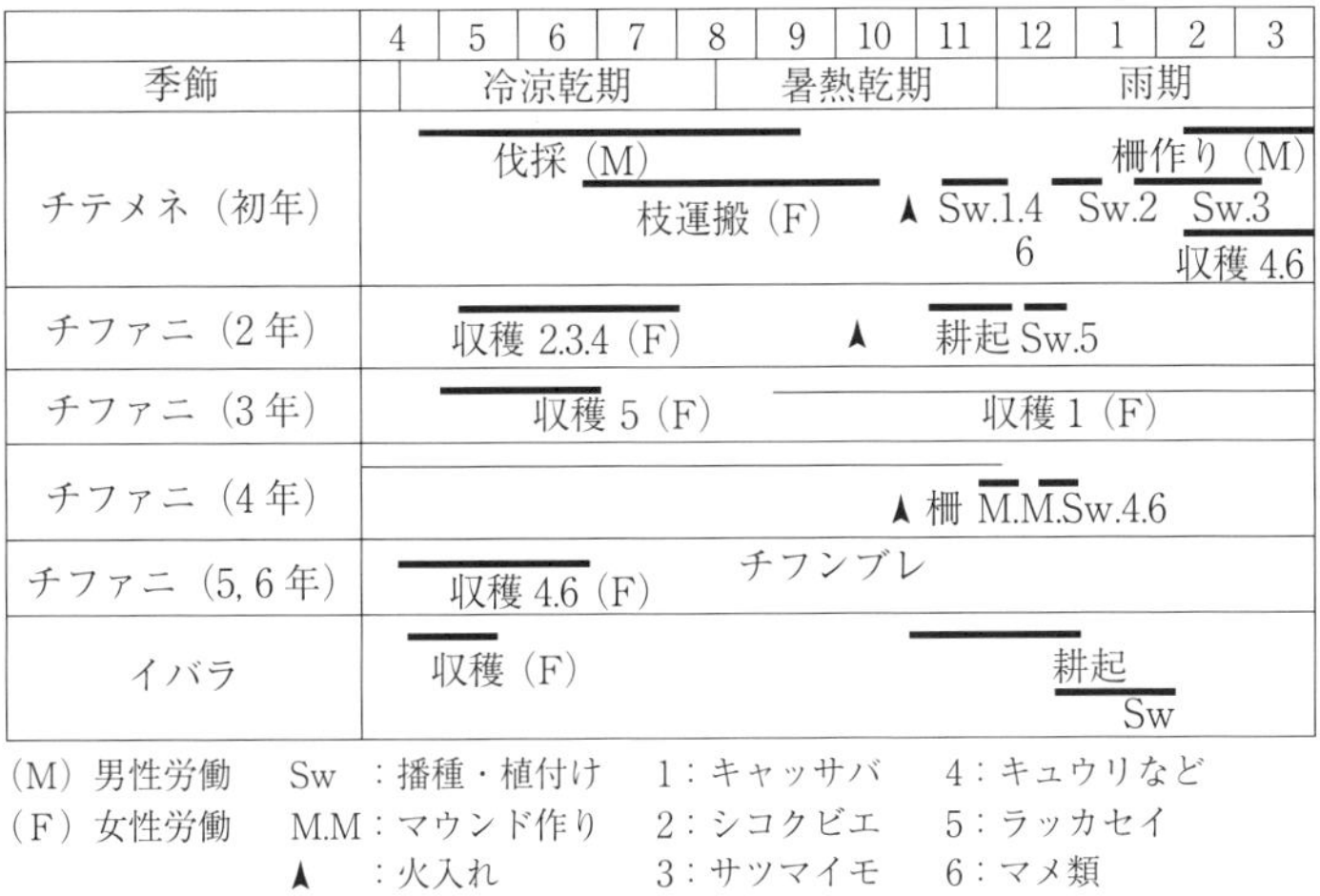

図 11-5　農耕暦

木の伐採（*kutema*）

乾季がはじまるころ（四月～五月）、男たちはあらかじめ選定しておいたチテメネ候補地に向かう。作業は木に登ることからはじまる。履き物を脱ぎ、肩に斧をかけ、木によじ登る。枝の形状に応じて足場をかえ、一本の手で体を支え、他方の手で斧を使い、木の枝のすべてを伐り取る（写真11-1、第Ⅲ部扉写真）。太い木でよじ登るのが困難なときには、彼らは丸太を木に立てかけて登る。あるいは、丸太に削り目を入れた簡単なハシゴを作り、それを使う。また細い木は、ほぼ腰の高さで切り倒す。このようにして木を切ることを、ベンバ語でクテマ（*kutema*）とよぶ。チテメネ（*citemene*）という呼称はこの言葉に由来している。

ムパーピ（*Mupapi, Securidaca longipedunculata*）やムレベ（*Mulebe, Ximenia americana*）など刺のある木、ナカブンブ（*Nakabunbu, Lannea discolor*）のように水分の多い木、それに葉を落としてしまった木は切らず、そのまま放置しておく。

写真 11-1　木の枝の伐採作業

木に登って枝を伐採する作業は、伐採者の身体的能力や経験、木の種類・高さ・太さ、枝の形状、それに斧の鋭さなど多くの要因によって左右されるが、胸高直径が三〇センチメートル未満の木なら、一〇分以下で作業を完了する。

こうして枝を伐り終えた後、地面に降り、今度は地面に落ちた枝を適当な大きさに切り整え、枝の切り口をチテメネの中心部に向けて置く。それは、女性が枯れ枝を運びやすくするための作業であり、クサンクラ（*kusankula*）とよばれる。

日によって男たちの作業時間は変わるが、朝七時前後に村を出て、二～四時間かけて木を伐採し村に帰るのが一般的である。労働自体の厳しさとともに、朝一〇時をすぎると強い陽光がさしこみ、温度が急上昇することも、その作業時間を規定する要因であると考えられる。この伐採作業は九月末まで続く。

枝の運搬（*kuanse fibula*）

伐採された木の枝は、三～四週間そのまま放置して乾燥させた後、女性によってチテメネの中心部に運ばれ、積み重ねられる。女性は、折り重ねた布を頭に乗せ、枝の前後の長さを調整してバランスをとり、平均すれば一回で二〇キログラム程度の枝をかつぎ、中心部まで運ぶ（写真11-2）。枝の切り口を中心に向けて、ほぼ一メートルの高さに積み重ねてゆき、円形状の枝の堆積物をつくりあげる（写真11-3）。この作業は、クアンセ・フィ

写真 11-2　木の枝の運搬作業

写真 11-3　伐採域中心の枝の堆積

ブラ（*kuanse fibula*）とよばれる。この仕事も、強い陽光と温度上昇のゆえに、午前一〇時ごろまで続けるのが精一杯である。

枝の伐採とその運搬は、原則的にいえば、夫婦を単位として成立する作業であるが、ときにシコクビエの酒を用意して共同労働を依頼し、また石ケン・衣服・干し魚などの物品やお金を支払って、人を雇用することもある。

火入れ（*kuoca*）

厚い雲が空を覆い、雨季の到来が間近かになったころ、人びとはチテメネに火を入れる。かつては、この火入れの日を定めるのはチーフの重要な仕事であったが（Richards 1939）、現在では、各自が自らの判断で実行する。とはいっても、各所で火入れの煙が立ちのぼり、あるいは村人の一人が火をつければ、その情報はたちどころに村人の間で共有され、結果的に、ほぼ同時期に火入れがはじまる。

人びとは、束ねた枯草に火をつけ、それを手にもってチテメネの周囲をまわり、何ヵ所にも火を放つ。火はたちまちの内に燃えさかり、二〇分もすれば炎の勢いが弱

写真 11-4　チテメネへの火入れ

まってくる（写真11-4、口絵11）。充分に火がいき渡ったことを確認したあと、人びとは家々に戻る。こうしてチテメネは厚い灰の層に覆われた焼畑となる。人びとはそれをブクラ（*bukula*）とよぶ。残り火は、ときに一週間も燃え続けることがある。途中、雨によって中断されることなく、完全に燃え尽きることが望まれる。

植え付け・播種

一～二度雨が降り、地面が充分に水を吸いこんだ後に、植え付け・播種がはじまる。降雨直後にトマトや他の野菜の種子を植え付け、焼畑の周縁部にカボチャやウリの種子をまく。そして焼畑内都にキャッサバを植え付ける。キャッサバの植え付けは、まず土を一鍬掘り起こし、そこに、一〇センチメートルほどの長さに切ったキャッサバのステムを二本並べ、土をかける。この植え付け作業は、おもに女性がおこなうが、男性も手伝う。

主作物のシコクビエは、クリスマスのころから播種をはじめる。このときには集団を組み、順次に焼畑をまわり、共同労働で播種することが多い。焼畑内部に棒で線を引いて区画に分け、それを目安にし、全体に種子がうまく散布するように配慮して、習熟した人が種子をまく。その後を他の人びとがたどり、鍬で軽く土をかけてゆく。

一月に入ると、焼畑の周囲にムポンボロケ（*mponboloke*）とよばれる畝を立て、そこにサツマイモやトウモロコシ、モロコシなどを植え付ける。

柵作り

チテメネをめぐる一連の農作業の中で、しめくくりとなる大仕事のひとつが、野ブタやダイカーなどの野獣除けの柵作りである。植え付け作業が終わり、二月末から三月にかけて、男は太い支柱用の丸太を、女は支柱間に積みあげる横棒用の丸太を集め、柵作りをはじめる。その一部にはチパタ（*cipata*）とよばれる、出入り用の扉を設ける（写真11-5）。ほぼ一ヵ月はかかる作業である。

写真11-5　柵と扉

収穫

二月に入ると、キュウリなどの野菜がみのりはじめる。主作物のシコクビエは、五月から七月にかけて収穫する。女性がナイフで穂刈りをし、天日乾燥した後に、木を組み草で囲った簡単な穀倉に収め、あるいは木組みの上に土壁を塗り、草葺き屋根のある穀倉に貯蔵する。収穫はもっぱら女性の仕事であり、この収穫期に男たちは新しいチテメネの伐採をはじめる。

シコクビエを収穫した後の、二年目以降の焼畑はチファーニとよばれ、一定の輪作システムに従って作付けされる。

チファーニ（*cifwani*）

二年目には、耕地内に残ったシコクビエの稈を焼いた後、雨季に入ってすぐにラッカセイが播種される。三年目に、このラッカセイを収穫した後は、腕の太さ程度に成長したキャッサバを必要に応じて掘り出し、食用に供する。四年目もしくは五年目には、焼畑の周囲にめぐらした柵を焼き、カボチャやキュウリを播き、畑の内部には畝を立ててインゲンマメを播く。五年目（あるいは六年目）にそれらを収穫したあと、チファーニは放棄される。放棄された耕地はチフンブレ（*cifumbule*）とよばれ、一五年〜二〇年と推定される休閑期に入る。

出作り

村の周辺部にチテメネ適地が少なくなってくると、人びとは村から離れたところに開墾地をもとめ、その地にミタンダ（*mitanda*）とよばれる出作り小屋を造り、五月から一〇月の間、そこに移り住んでチテメネ耕作にはげむ。ムレンガ＝カプリでは、一九八三年には、五所帯の人びとが村から六キロメートル離れたところにミタンダを設け、その年のチテメネを開墾した。

クリスチャンである村人たちは、日曜日ごとに教会でのミサに出席するために、あるいは週末ごとに醸造されることの多いシコクビエ酒をもとめて、しばしば村との間を往復する。チテメネづくりを終え、雨季に入る前に人びとは再び母村に戻る。植え付け期にはミタンダへ通い、作業を進める。収穫後は、その作物を村まで頻繁に運搬することが必然化されてもいる。このような条件のゆえに、村から六キロメートル前後、歩いて一時間半程度の距離がミタンダ設営地の限界となる。

イバラ（*ibala*）

これまでに概観してきたチテメネのほかに、人びとは村の周辺部にイバラとよばれる畝立て耕作地をもっている。ムレンガ＝カプリでは、道路をへだてたかつての村跡にイバラがある。イバラは、二次草原あるいは二次林の木を除去した土地に、円形や長方形の畝を立ててつくる。雑草をすき込みながら耕起するクフンディキラ（*kufundikila*）という作業によって開墾し、畝替えや表層土壌の反転などによって、七年程度は継続して作付けされる。

人びとはこのようなイバラ耕作のことを、「*kulima panshi*」つまり「地面を耕す」と表現する。多くの村人は、「ベンバの農耕というのはチテメネのことだ」という。そして地面を耕すイバラ耕作は骨が折れる単調な仕事だといって、それほど積極的には開墾しない。

ベンバ・ランドで展開する近年の動向として、化学肥料を投入し、換金作物のトウモロコシを植え付ける常畑耕作が増大しつつあることも指摘しておかなければならない。この常畑のことを人びとはファーム（*faamu*）とよぶ。ムレンガ＝カプリの住民も、このファーム耕作に関心を示すのであるが、現在のところは、伝統的なイバラ耕作を続けるのみである。その理由について、村人は、化学肥料が高価で、また入手が困難であることをあげる。しかし、たとえばムレンガ＝カプリの西方一六キロメートルのところにあるアルニ村では、多くの住民がファーム耕作に力を入れ、トウモロコシ栽培を促進している例もみられる。変容するベンバ農耕という視点に立てば、このファーム耕作の実態は重要な研究課題となるが、その詳細は、別稿にゆずることにしたい。

4　チテメネ耕地の生態学的諸特性

この章では、これまでに概略を述べてきた農作業によって開墾されたチテメネ耕地について、その生態学的な特性のいくつかについて検討を加えておきたい。

チテメネ周辺の疎林の樹木構成

チテメネ適地として選択される疎林の特徴を、村周辺のチテメネとミタンダでのそれとを比較しつつ分析してみよう。前に述べた森林保護区の資料をコントロールとして採用し、樹木の個体数と樹高および胸高直径の分布を指標として検討を試みたのが図11-6および図11-7である。

樹木の個体数は、森林保護区─ミタンダ─村周辺の順に増大し、とくにその値は胸高直径における個体数表示で顕著である。それは、村周辺部に近づくにつれて、独立木の個体数が増大するのみならず、枝分れした樹木が

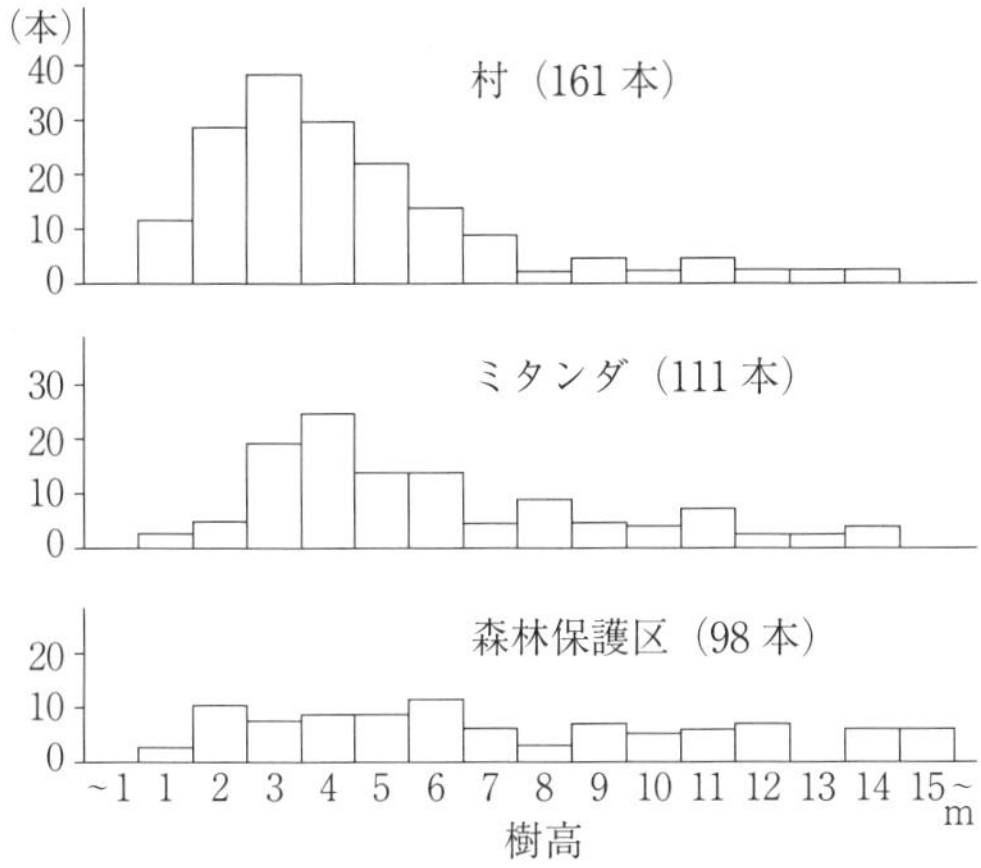

図 11-7　チテメネ付近のウッドランドにおける樹木の樹高

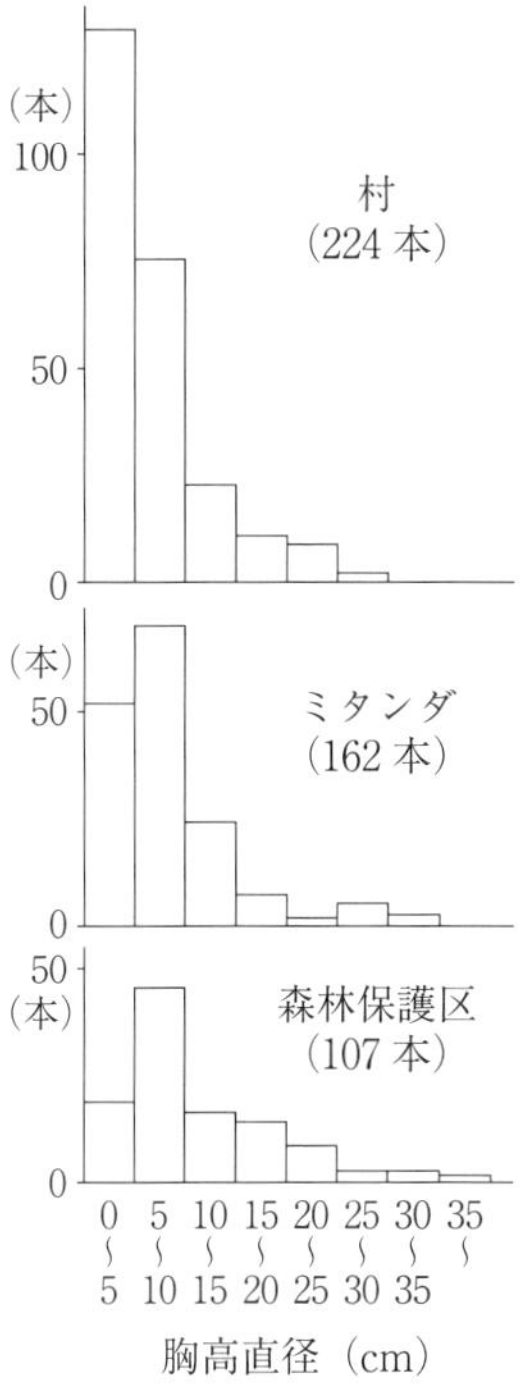

図 11-6　チテメネ付近のウッドランドにおける胸高直径

増すことを示している。

樹高は、森林保護区では一メートルから一五メートルの間でほぼ一様に分布し、ミタンダでは四メートル台の樹木がピークをなし、村周辺部では三メートル台がピークとなっている。胸高直径では、村周辺に移るに従って一〇センチメートル未満の樹木数が顕著にふえ、とくに村周辺部で五センチメートル未満の樹木数がめだつ。

これらの値は、村周辺部に近づくに従って樹高が低く、胸高直径も小さく、また枝分かれした樹木が顕著に増すことを示している。つまり人びとは、疎林が極相に達する以前にチテメネとして伐採し、また村に近づくに従ってより早い遷移

表11-4　チテメネ耕地と伐採地面積

世帯番号	面積（アール）		比率
	チテメネ	伐採	
1	34	192	5.6
2	34	?	?
3	23	126	5.5
4	29	184	6.3
5 (M)	44	306	7.0
6 (M)	63	386	6.1
7	—	—	—
8 (M)	54	434	8.0
9 (M)	72	486	6.8
10	—	—	—
11 (M)	56	351	6.3
12	28	197	7.0
平均（2, 7, 10を除く）	45	296	6.6

(M)：ミタンダ

（サクセッション）の段階で、チテメネ対象地として利用していることを物語っている。

焼畑耕地と伐採域

チテメネ耕作の特徴のひとつは、焼畑となる耕地よりも広い領域から木の枝を伐採し、それを中心部に集める点にある。表11-4は、ムレンガ＝カプリの住民が、一九八三年に造成したチテメネについて、その耕地の広さ⑸と伐採域の関係を示している。

チテメネの耕地面積は、二三アールから七二アールまでの幅があり、その平均地は四五アールとなる。枝の伐採域とチテメネの広さとの比率は、五・五倍から八倍までの範囲内にあり、その平均は六・六倍ということになる。

村周辺部とミタンダでのチテメネを比較してみると、村周辺部では二三アールから三四アールの耕地面積で、比率は五・五倍から七倍の範囲内にある。

ミタンダでは四四アールから七二アールの耕地面積で、比率は六・一倍から八倍の値を示す。これらの値から、ミタンダでのチテメネ耕地を選択するおもな理由のひとつは、より広大な疎林域で広いチテメネを造成することにあると考えられる。

クテマの対象となる樹木

チテメネ耕作のもうひとつの大きな特徴は、木を根元から切り倒さず、木に登って枝を伐採するクテマ作業にある。それでは、どのような木が、どのくらいクテマされるのであろうか。

図11-8は、一九八三年に開墾された村周辺のチテメネをとりあげ、伐採された木の樹高を計測した結果を表示している。図において、二メートル以上の樹高をもつ木々が、クテマの対象となったと考えることができる。一〇〇〇平方メートルの計測域の中で、クテマされた木は一八本を数えた。つまり、一〇〇平方メートルあたり、一～二本の木がクテマの対象とされたことになる。

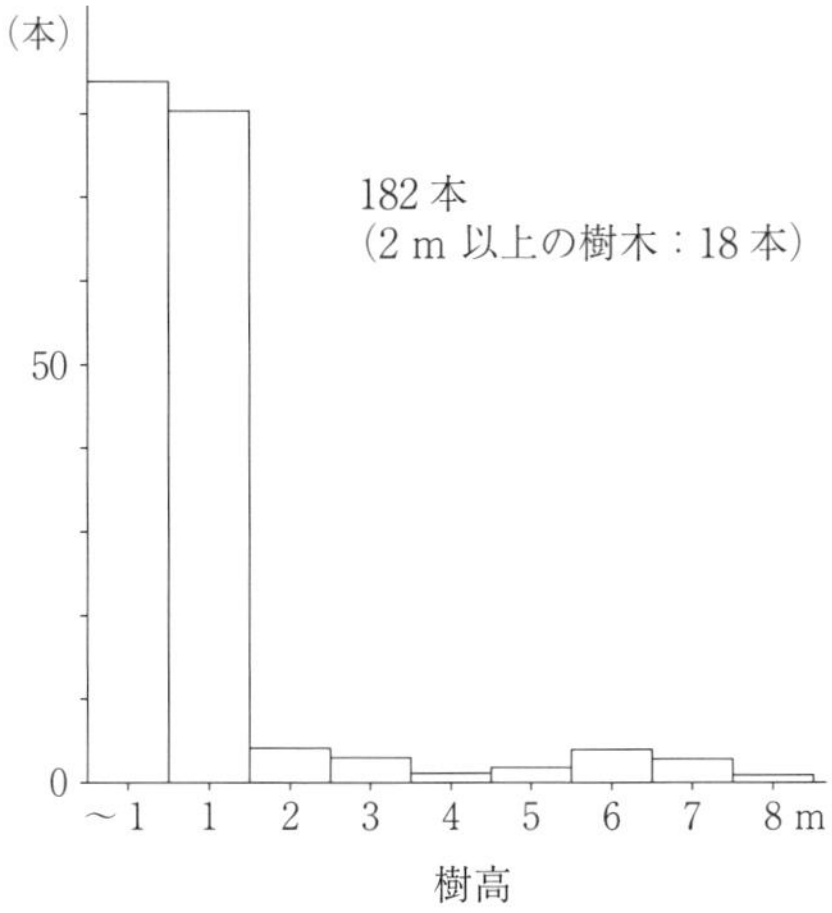

図 11-8　チテメネ伐採地における樹高

図11-9は、同じチテメネ内での、二メートル以上の樹高をもつ木の胸高直径の分布を示している。この資料はクワド

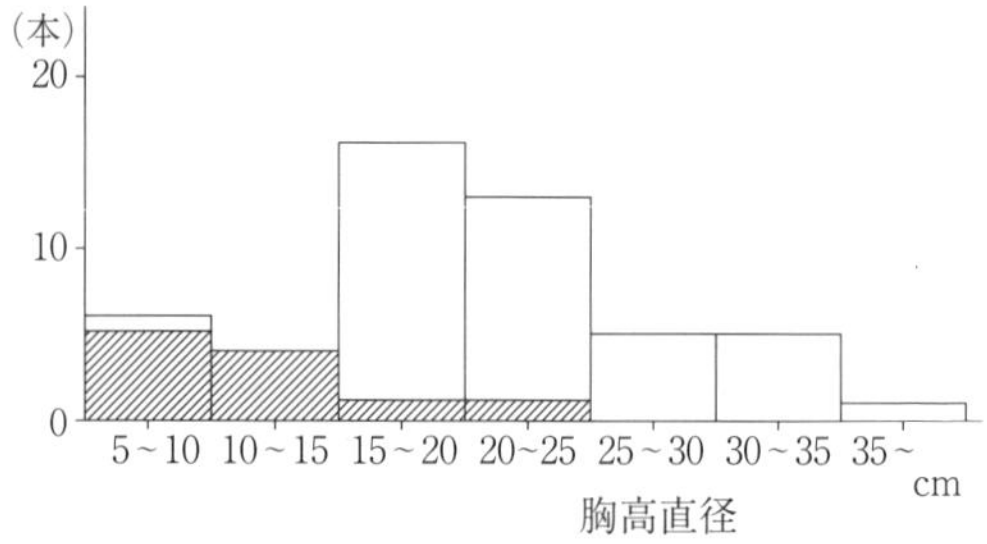

図 11-9　クテマされた樹木の胸高直径

ラート法で収集したものではなく、伐採域内の立木五〇本を順次に計測して得たものである。図中、斜線をひいた部分は、棘や水分の多さ、それに葉が枯れてしまったために伐採されなかった立木である。この図から、立木に登ってクテマされた木は、胸高直径が一五センチメートル以上のものであり、このチテメネでは一五〜二〇センチメートルの胸高直径をもつ木が、もっとも多くクテマされていることがわかる。もちろん、クテマ作業は、開墾される疎林の樹木構成や伐採者の個性や好みに対応してバラツキを示すのであるが、この事例はほぼムレンガ＝カプリでの典型例にあたると考えてよい。

5　生計戦略としてのチテメネ耕作

村人の日々の食事は、通常、シコクビエやキャッサバを粉にし、それらを熱湯でこねあげたウブワリ（*ubwali*）とよばれる主食と、一品の副食からなる。このうち主食、つまり摂取エネルギーの大部分は、チテメネから産出される農作物に負っている。この章では、食糧エネルギーを確保する戦略という視点から、ムレンガ＝カプリ村におけるチテメネ耕作をとりあげ、その社会生態学的な分析を試みたい。

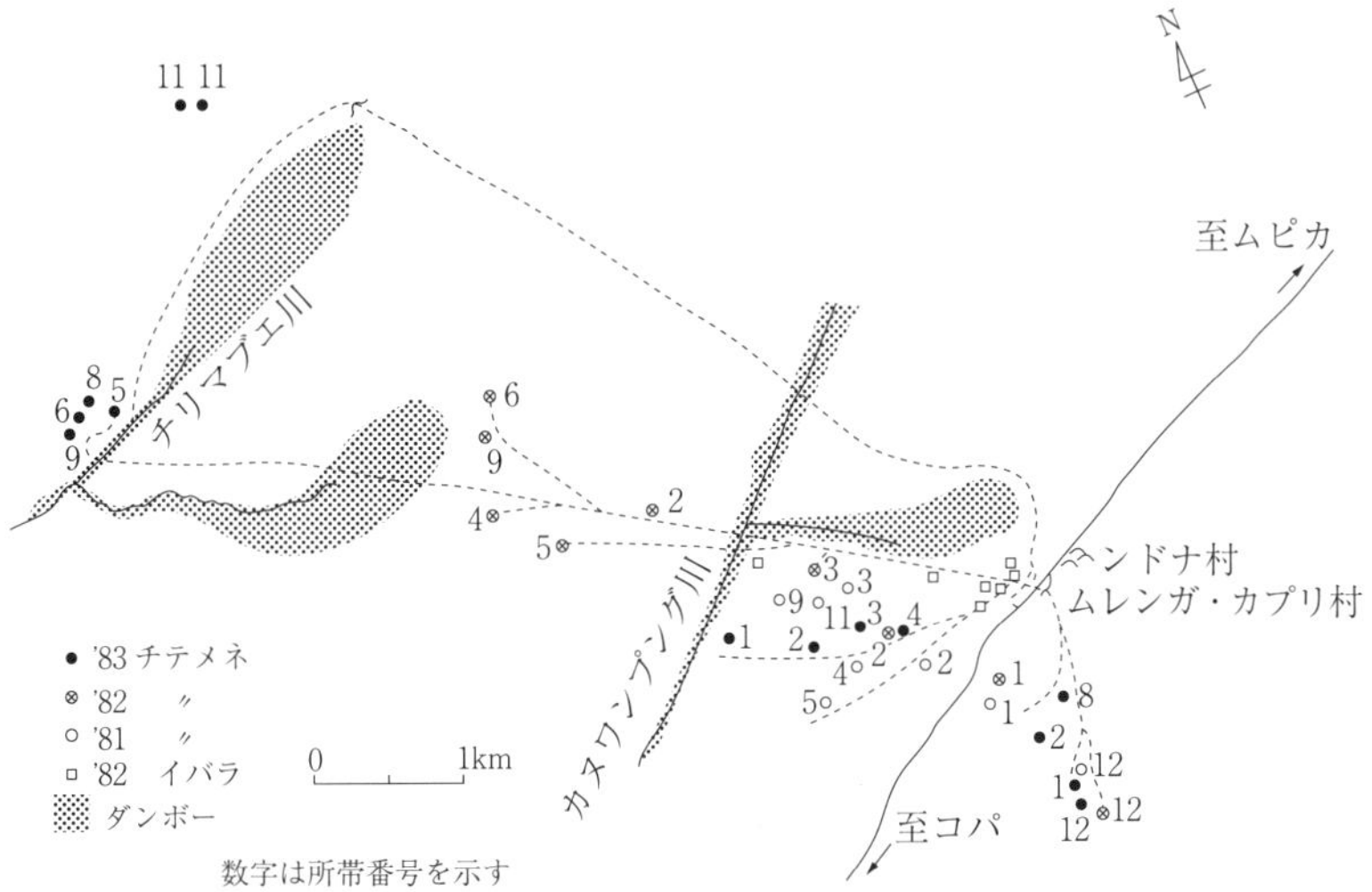

図11-10　チテメネの位置

チテメネ耕地の選択

図11-10は、一九八一年から一九八三年の間に、ムレンガ＝カプリの住民が開墾した全チテメネ、および一九八二年に作付けしたイバラの位置を示している。

一九八一年には、チテメネ耕地は、カヌワンプング川（Kanuwanpungu）までの、村からほぼ二キロメートルの範囲内で選択されている。しかし、一九八二年には、カヌワンプング川を越えて四キロメートル域にまでのび、一九八三年には、チリマブエ川（Chilimabwe）を越えて六キロメートルの地点にミタンダを造り、そこでチテメネを耕作する村人があらわれた。

三所帯（No.1、No.3、No.12）は、この三年間、すべて村から二キロメートル以内にチテメネ耕地を選択している。それらは、前のムウィネムシおよび現在のムウィネムシを含む年長者たちの所帯である。一九八三年に、ミタンダに移住して出作り耕作に従事したのは、年少者の所帯であった。これらの所帯（No.5、No.6、No.9）は、一九八二年に、すでに四キロメートル域にチテメネ耕地をもとめている。No.8の所帯は、一九八三年に村に戻ってきた所帯であり、村近辺に小さなチテメネ（カクンバ（*kakumba*）とよばれる）を耕作したが、主耕地はミタンダにある。二つの寡婦所帯（No.2、No.4）は、一九八二年には四キロメートル域にチテメネを耕作したが、一九八一年および一九八三年には二キロメートル域内に耕地を選択している。

村人たちは、「チテメネ耕地は各自が自由に選択する」と語るのであるが、とくに村からの距離に関するかぎり、その耕地選択には、年齢（とくに夫の年齢）および所帯員の構成にもとづいた社会的要因が働いていることがうかがえる。

チテメネ耕地面積と所帯規模

ベンバの人びとは、主食用のウブワリの素材として、シコクビエが不可欠であると考えており、シコクビエのウブワリの味のよさ、腹もちの良さについて自慢する。今日では、ウブワリは、シコクビエとキャッサバの粉を混合して練りあげるのが普通であるが、シコクビエの比率が少なくなり、あるいはキャッサバ粉のみのウブワリが続くと不満をもらす。いわばキャッサバは、つなぎ粉として用いられるのであり、彼らの価値観からすれば、主食用としてはシコクビエが最上なのである。だから、彼らは、可能ならば一年中、シコクビエを主素材としたウブワリを食べることを望むのであるが、一〇月の終わりごろには、穀倉の中のシコクビエが底をつきはじめる所帯が多い。結果的にみれば、一一月以降、人びとはキャッサバに強く依存することになる。つまり、一九八三年の調査時点では、大まかにいえば、人びとは一九八二年のチテメネから産出するシコクビエと、一九八一年のチテメネ（チフアーニ）から掘りだすキャッサバを主食源としていたことになる。

このような視点から主食確保の生計戦略を検討するために、一九八一年と一九八二年のチテメネ耕地面積、各所帯ごとの成員構成および実質構成員数（実質的な食糧消費成員数）を示したのが表11-5である。参考のために、一九八三年のチテメネ耕地面積も付記してある。実質構成員数については、リチャーズらの古典的な栄養調査（Richards and Widdowson 1937: 9, 177）に合わせ、「一四歳以上の男には一・〇、一四歳以上の女に〇・八、六歳から一四歳の子供に〇・七、それ以下の子供には〇・四」の値を与えて合計したものを採用している。

表中、四所帯のチテメネ耕地が欠落印を付されている。No.6の所帯の夫は、婚資労働のため、一九八一年は自らのチテメネを開墾せず、No.5のチテメネの伐採を手伝っている。世帯No.7の妻は、他部族出身の男と結婚したが、彼は村には住まず、実質的には寡婦所帯となり、シコクビエなどについては彼女の母親の世帯（No.5）に全面的に依存している。No.5とNo.10は、一九八三年に夫と離別し、村に戻ってきた女の所帯である。それゆえ、No.5—No.6—No.7およびNo.9—No.10は、それぞれひとまとまりの消費単位としてあつかった。No.8は、前にも記したように、一九八三年にこの村に戻ってきた所帯であり、基本的な主食は前に住んでいた村から運んできている。

表に示したように、簡単な試算によれば、成人一人あたり二年間で二〇アールのチテメネが開墾されていることになる。特別な例、つまり妻の家族が隣り村に住み、婚資労働の期間にあるNo.11と、上述したNo.8の所帯を除けば、成人一人あたりの値は一八アールとなる。つまり、この村での標準的な生活水準を維持するためには、年間、成人一人あたり九～一〇アール程度のチテメネ面積が必要であるということになる。

表 11-5　チテメネ面積と世帯規模

世帯番号	'82 C.F.	'81 C.F.	計 (1)	世帯成員の構成 14 歳以上 (男)	(女)	6～14 歳	6 歳以下	乳児*	実質構成員数 (2)		(1)/(2)	'83 C.F.
1	36a	36a	72a	1	1	2	2	—	4.0		18	34a
2	42	36	78	1	1	2	1	—	3.6		22	34
3	34	30	64	1	1	2	—	—	3.2		20	23
4	35	30	65	1	1	0	1	—	2.2		30	29
5	27	65	92	1	1	—	—	—	1.8			44
6	70	—	70	1	1	1	2	1	3.3	8.5	19	63
7	—	—	—	0	2	2	1	1	3.4			—
8	—	—	—	1	1	—	—	—	1.8		—	54
9	38	35	73	1	2	2	—	—	4.0	6.0	12	72
10	—	—	—	0	1	0	3	—	2.0			—
11	76	52	128	1	1	—	—	—	1.8		71	56
12	20	32	52	1	1	1	2	—	3.3		16	28
計	378	316	694	10	14	12	12	2	34.4		20	437
計 (No.8, 11 を除く)	302	264	566						30.8		18	327

C.F.：チテメネ面積　　＊乳児は世帯人員数から除いた

このような平均値とくらべると、No. 11がとびぬけて高い値を示し、No. 9とNo. 12が平均を下まわる値を示す。No. 11は、すでに述べたが、ごく最近に結婚した若いカップルであり、夫は村中で一番若い既婚男性である。その住居は夫方にあるが、彼らのチテメネは図11-10で明らかなように、ムレンガ＝カプリ村のミタンダから離れた、別のミタンダにある。そこは、妻方の村人が開墾したミタンダなのである。これらの事情が示すように、No. 11は、若いカップルであることに加え、夫が婚資労働中であり、それらが高い値を示す理由であると考えられる。

No. 9とNo. 12は、その夫が二人の妻をもつ所帯である。村の人口構成のところで述べたように、ベンバ社会では、複数の妻たちは別個の村に住んでおり、夫はそれぞれの妻のためにチテメネを開墾しなければならない。これら両所帯のチテメネ面積は、このような事情を反映していると考えてよい。No. 9については、その娘が夫と離別して村に戻ってきたという状況も考慮に入れておかなければならない。

農作業のそれぞれの過程に投入される労働インプットの質と量、およびそのアウトプットについての検討が必要であるが、これまでの記述・分析から、とくにチテメネ耕地面積は所帯構成員の内容に強く相関していることが明瞭であろう。一見、特別な例のようにみえる寡婦所帯の生計維持の実態は、この観点からいえば、きわめて興味深い。

ムレンガ＝カプリでは、チテメネを耕作する寡婦所帯は、No. 2、No. 4、No. 5である。このうち、No. 5には未婚の成人した息子が一人おり、彼がチテメネ伐採に従事する。No. 2とNo. 4の所帯では、ときに、親・兄弟や近くに住む既婚の息子の援助を受けることもあるが、チテメネ伐採は、主としてシコクビエの酒を用意して共同労働を依頼したり、ニワトリや服などの物品および現金によって、人を雇用して得る労働力に依存することになる。物品や現金は、自らシコクビエ酒を醸造してそれを売り、あるいは都市に出て働いている子供たちの仕送りによって得る。このようにしてチテメネを伐採（クテマ）する男の労働力が確保できれば、その他の農作業は、自前で進めることができる。

チテメネ耕作に関するかぎりでいえば、共同労働や親族員の援助を含むゆるやかな相互扶助システムを背景としつつも、所帯単位を原則として、木を伐採する男の労働力と、その他の農作業をになう女の労働力を確保し、それらをどのように運用するかが、その経営の核心部を支えているのである。

表11-5には、一九八三年のチテメネ耕地面積も合わせて提示してある。三年間にわたるチテメネ耕地面積と比較してみると、たとえばNo.1のように、毎年ほぼ同じ規模の耕地面積をもつ場合と、No.9に典型的に示されているように、年ごとの耕地面積に大きなバラツキを示すものとがあることが注目される。

人びとは、個人的な履歴や社会的位置の特質を含む所帯構成員の質と数に応じて、数年次にわたりチテメネ耕地面積を調整することによってサブシステンス・レベルを維持してゆく基本的戦略をとっているといえる。

生計戦略と酒造り

ベンバの人びとがシコクビエに強く執着するもうひとつの理由は、それから造るウブワールワ（*ubwalwa*）とよばれる伝統的な酒の存在にある。ウブワールワは、今も存続している成女儀礼・婚礼・相続儀礼や、クリスマス・新年の祝いなどに欠かすことができない。あるいは、木の伐採や運搬などで共同労働を依頼する際にも不可欠である。また、日常的な楽しみとして、とくに週末などには好んで飲酒される。そして、女性（なかでも寡婦）にとって、重要な現金収入源でもある。

表11-6　シコクビエ酒の醸造回数（1983年9～12月）

世帯番号	9月	10月	11月	12月	計
1	1	1	0	0	2
2	0	2	2	1	5
3	1	0	0	0	1
4	1	1	1	0	3
5	0	1	1	0	2
6	0	1	1	0	2
9	0	1	1	0	2
計	3	7	6	1	17

ウブワールワ造りは女性の仕事であり、ほぼ二週間を要する複雑な醸造工程を経る。ウブワールワには二種類あり、それぞれカタタ（*katata*）およびチプム（*cipumu*）とよばれる。ともに、基本的には同じ醸造工程をとるが、その最終段階で造り分けられる。

カタタは色の濃いビール状のどぶろくであり、現金での売買の対象となる。カタタを売る家に人が集まり、買ったカタタを他の人びととふるまい合って飲む場合もあるが、通常は私的に買ったカタタをごく親しい人びとのみが寄り合って飲むことが多い。

チプムは、発酵したシコクビエそのものをヒョウタンや壺などの容器に入れ、それに湯を加え、中空のアシや細い鉄パイプを差し込んで吸飲する。チプムは共同飲酒が原則であり、無料で村人に提供される。村人はチプムの入った容器をとり囲んで坐り、順次交代して吸飲する。そこはにぎやかな談笑の場となり、雰囲気が盛りあがってくると、人びとは太鼓をもちだして歌い踊る。

A　酒造りの回数と量

表11-6は、九月一日から一二月一七日（一九八三年）まで、筆者らが村に滞在していた間に造られた酒の回数を、家単位で集計した結果を示して

いる。月別にみると、一〇〜一一月に頻繁に酒造りがおこなわれていることがわかる。この月は、チテメネの農作業が一段落ついた、いわば農閑期にあたる。ミタンダに住んでいた人びとも村に帰り、村は活気づく。

それぞれの家では、この三か月半の間に、一〜五回のウブワールワを造っており、平均すれば二・四回となる。一回のウブワールワ造りには、穂づきのまま計量して、一二〜二二キログラムのシコクビエが用いられ、平均すると一九・四キログラムとなる。

前に、人びとはできるならば年間を通してシコクビエを主素材としたウブワリを食べることを望むが、一〇月末には、シコクビエの貯蔵が底をつきはじめることを指摘した。それでは、酒用のシコクビエは、もしウブワリとして食されるのなら、どの程度のエネルギー源になるのだろうか。

シコクビエをウブワリ用の粉にする過程では、五回の観察の結果、重量にして一三・五パーセントが廃棄されることが明らかになった。ウブワリ用のシコクビエは、一〇〇グラムあたり三三六カロリーの熱量をもつ（F.A.O. 1968）。つまり、熱量に換算すれば、一回の酒造りに用いられるシコクビエの量は、約六万五〇〇〇カロリーになる。かりに成人一人あたりの一日のエネルギー摂取量を二〇〇〇カロリーとするなら（Richards & Widdowson 1937を参照しつつ、少し多めに見積もった）、それは三三人分の主食量にあたる。三ヵ月半の期間に、平均値でいえば、二・四回の醸造回数を示すのであるから、それによって八〇人分の主食量が消費されたことになる。

年間を通してみれば不足しがちなシコクビエが、このように多量の酒の素材として消費されている実態は、彼らの生計経済を根底で支える原理の特質を示唆するとともに、チテメネ（チフアーニ）で産出するキャッサバが補助用の主食源として重要な位置を占めることをも示している。

B　現金収入源としての酒と共同飲酒

酒造りは重要な現金収入源でもある。それはカタタを醸造して売ることを意味している。しかし、筆者らが観察しえた一二例の酒造りのうち、儀礼用にチプムのみを作った場合が二例あるが、カタタのみを造った例は皆無であった。それは、現金を得る目的でカタタを作った場合にも、必ずチプムを造らなければならないことを意味している。

表11-7は、酒の量を計測しえた五事例をとりあげ、チプムとカタタに共通の原料〔ミメナ（*mimena*）とよばれる〕が、それぞれに、どの程度配分されたかを示している。この結果から、ミメナの半量以上をチプムにあてる場合が多く、最小の場合でもその三七パーセントをチプム用にまわしていることがわかる。

表 11-7　チブム・カタタへのミメナ配分

事例	チブム		カタタ		計
	kg	%	kg	%	kg
1	5.8	51.3	5.5	48.7	11.3
2	4.9	53.3	4.3	46.7	9.2
3	6.0	66.7	3.0	33.3	9.0
4	3.6	46.2	4.2	53.8	7.8
5	2.5	37.3	4.2	62.3	6.7
平均	4.6	52.3	4.2	47.7	8.8

カタタの醸造には常にチプム造りがともなうことについて、人びとは、「どんな場合でも、カタタのみを造るのはひじょうに悪いことだ。なぜなら、クタナ（*kutana*）——人びとに分け与えないでおく——することになるからだ」と語る。つまり、現金収入を得るためにのみ酒を造ることには強い社会的規制がかかっており、それゆえ常に無料で共同飲酒用に供されるチプムの醸造がともなうのである。

一回の酒造りで、ほぼ三三人分の生食となりうるシコクビエが使われるが、それは現金を得たいと望む女性、とくに寡婦にとって重要な現金収入源であり、同時に、共同飲酒の機会をも提供することになるのである。

6　総括と討論

チテメネ・システムの基本的特徴

ベンバのチテメネ・システムについては、これまでにRichards（1939）やTrapnell（1943）、Allan（1965）に代表される、すぐれた研究がある。この論文が目的としたのは、これらの諸研究を踏まえつつ、現代のベンバの村に徹底的に参与して、そのチテメネ・システムの諸特徴を捉え直すことにあった。

チテメネ・システムの基本的特徴は、ムレンガ＝カプリ村での観察にもとづいて述べれば、以下の三つに要約できる。

①一〇〇平方メートルにつき一〜二本ある、胸高直径一五センチメートル以上の大木によじ登ってすべての枝を伐採し、あるいは胸高直径一五センチメートル以下の木を切り倒す。
②所帯単位の平均焼畑面積は四五アールであるが、その六・六倍の伐採域から木の枝を集める。
③シコクビエ、キャッサバを主作物とし、システマティックな輪作体系によって、五年間は継続して作付けされる。

これらの特徴をもつチテメネ・システムは、森林の未発達という自然条件のもとで、ウッドランドそのものを開墾の対象とした、労働集約性の高いユニークな農耕システムである。それはたとえば、西タンザニアのウッドランドに住む焼畑農耕民のトングウェが、森林および森林由来の二次性草原のみを焼畑の対象とする事例とくらべれば明瞭である（掛谷　一九七四）。

木を切り倒さず枝のみを伐り取るクテマは、疎林の回復を促進する。また広い伐採域から枝を一ヵ所に集中させる作業は、森林にくらべて樹木の密度が低く、また土地が貧栄養であるウッドランドに対応した知恵であり、いわゆる焼土効果や乾土効果を充分におりこんだ農耕であるといってよい（Stromgaard 1984: 久馬　一九八四）。

このような特性をもつチテメネ・システムは、広大なウッドランド、稀薄な人口密度、それに自給的な農耕という条件のもとでは、きわめて適応性の高い耕作システムであるといってよい。

移動耕作としてのチテメネ・システム

焼畑農耕は、毎年のように耕地を移動させることを、ひとつの本質的属性としている。それゆえ、移動農耕（shifting cultivation）ともよばれるのである。より労働集約的で、焼畑耕地が輪作によって五年間は作付けされるチテメネ・システムも、この点では例外ではない。人びとは村の近辺に、毎年、新しいチテメネ耕地を開墾する。また、村人の一部は、村から一日の内に往復できる範囲内であるが、より遠くにチテメネ適地をもとめ、そこに出作り小屋を造って一時的に移住する。

チテメネの出作りは、基本的には、より広大な疎林域で、広いチテメネを開墾することを目的としていると考えられるが、一方で、社会的な葛藤の回避という機能をもつことも指摘しておく必要がある。

一九八三年の時点では、他の集落のミタンダ調査でこの社会的機能を強く印象づけられたのであるが、その後ムレンガ＝カプリ村でも、それを裏づける出来事が起こった。一九八三年にミタンダでチテメネを開墾したNo.9の世帯は、村のムウィネムシとの確執が顕在化したことを契機に、一九八四年にムレンガ＝カプリを離れ、遠隔の地に自らの小さな集落をつくって移り住んだのである。

かつて一九三〇年代にリチャーズが調査した村を（Richarrds 1939）、一九六二年に再調査したハリス＝ジョーンズらは、その間の村社会の動態を詳しく追跡した論稿を発表している（Haris-Jones & Chiwale 1963）。その中で、ミタンダへの移住が分村化の契機となった事例を報告している。また、集落の分裂や移転（一般にベンバは、一〇年〜三〇年の単位で、村そのものを移転させる）が、疎林の減少などの生態的要因よりも、個人間の感情の軋轢に起因する可能性が高いことを主張している。

チテメネ耕地や集落の「移動」は、生態的および社会的なプロセスの複合化された現象なのである。また集落の移転については、ムウィネムシの死などと関連する可能性も高い。社会生態学的な視点が重要であるゆえんである。

シコクビエをめぐる生計経済

チテメネ・システムは、シコクビエの生産と不可分な関係をもっている。シコクビエは、ときに魚や塩と交換され、また都市部の市場に売りに出される場合もあるが、彼らの日々の主食と伝統的な酒の原料として消費されるのが原則である。

人びとは、シコクビエのウブワリの味が良く、また腹もちが良いことを自慢する。シコクビエ酒は、日常的な楽しみであるのみならず、重要な儀礼時や、チテメネ開墾の共同労働を依頼する際に不可欠であり、また女性にとっての重要な現金収入源でもあった。チプムの共同飲酒は重要な情報交換の機会であり、ひいては村社会の連帯を確認し、強化する場でもあった。つまりシコクビエは、人びとの嗜好と生理に深く根をおろし、ベンバの伝統文化と深く結びついた作物なのである。

人びとは、それぞれの所帯構成員の数と質、その社会的条件に応じ、数年の幅でチテメネの広さを調整しつつ、サブシステンス・レベルの維持につとめる。しかし、こうして得られるシコクビエの生産量は、消費量に比して不足ぎみであること、つまり「過少生産」（サーリンズ　一九八四）の傾向性をもつことに注意を向けておく必要がある。

ベンバ社会における生産―分配―消費の間の微妙な相互関係は、シコクビエ酒を醸造する場面に象徴的に示されている。女たちが現金を得るためにカタタを醸造する場合、つねに、無料で提供される共同飲酒用のチプムの醸造がともなっていた。それはクタナ（人に分け与えないこと）を忌避する強い社会的規制力が働いていることを示している。

クタナという言葉は、物が関与するあらゆる場面で頻発される。それは、村レベルでの生計経済や社会関係を理解するためのキー・ワードであるといってよい。クタナを回避する社会的規制は、分配と消費の局面で、「レベリング・メカニズム」（掛谷　一九七四、一九七七ａ）として働き、ひいてはシコクビエの「過少生産」とも連動している可能性が高い。この問題については、全体的な生計維持機構のより詳細な検討が必要であるが、かつての強大な王国システムを支えた経済的機構を考えるうえで、きわめて興味深い示唆を与えるものであるといってよいであろう。

7　おわりに

自給的な生活を前提とする限り、きわめて合理的な農耕様式であったチテメネ・システムも、はじめに述べたように、大きな転換期を迎えつつある。ベンバの多くの農民は、化学肥料を投入し、換金作物であるトウモロコシを植え付ける常畑（ファーム）耕作にも力を注ぎはじめている。一九八五年の調査時に、私たちはベンバ・ランド全体を対象としたエキステンシブ・サーベイを試みたのであるが、それはファーム耕作の展開を確認する旅であり、同時に、私たちが主たる調査地としたムレンガ＝カプリが、もっとも伝統的な生計システムをとる村であることを知る旅でもあった。北部州の州都であるカサマ郊外や、パラマウント・チーフの居住地であるチティムクル周辺部では、すでにチテメネを放棄した村も多い。

このような農耕システムの変容と、ここで分析を試みた伝統的な側面との諸関係を明らかにすることを、今後の重要な研究課題のひとつとしたい。

謝辞

この研究は、昭和五八年度および昭和六〇年度の文部科学省科学研究費補助金（海外学術調査）による調査隊「中央アフリカ・ウッドランド帯における狩猟採集民、農・牧民の社会生態学的研究（研究代表者：掛谷誠）」に参加して得た資料にもとづいている。

現地においては、ザンビア大学アフリカ研究所の前所長R. Serpell博士、および現所長のS. Moyo博士、主任研究員のP. Hayward博士、研究協力事務官のI. Mwanza女史をはじめとするスタッフの皆さんの温かい支援のもとで調査を進めることができた。ザンビア大学生物学教室のP. Phili博士には、植物標本の同定をお願いした。

在ザンビア日本大使館、ＪＯＣＶルサカ事務所、三菱商事ルサカ事務所とM. M. D. Co. Ltd.をはじめ、在ザンビアの日本人の皆様からもいろいろと御助力いただいた。記して謝意を表したい。

注

(1) 初出のベンバ語は、イタリック体でその綴りを示す。ベンバ語の名詞は、*icitemene*のように、その直後に続く音節の母音を語頭に接辞することを原則とするが、ここでは、慣例的な用法以外は、通常の辞書の用法に従い、語頭の接辞母音を除いて示す。

(2) 以下、特別に記載しないかぎり、植生調査は、このクオドラート法によって実施した。

(3) 胸高直径は、直径曲尺によって計測した。

(4) 樹高は、デンドロメーターによって計測した。

(5) 耕地面積などは、トランシット・コンパスを用いて計測した。

第12章　ベンバ族

1　疎開林で焼き畑農耕――植民地化前は強大な王国

ベンバの居住地は、アフリカ中南部ザンビア国の北東域を占めるウッドランド（乾燥疎開林）に広がっている。ベンバは、この疎開林そのものを開墾の対象とした特異な焼き畑農耕のシステムを熟成させ、植民地化以前には広大な領土をもつ王国を形成していた。

ウッドランドは、ジャケツイバラ亜科（マメ科）に属する木々を主要な構成樹種とし、木々の高さが一五～二〇メートル、木と木の間隔が三～五メートル程度にすけた疎開林である。年間が、総雨量にして八〇〇～一二〇〇〇ミリメートルの降雨がある雨期と、ほとんど雨の降らない乾期とに二分される。それゆえ、湿潤な熱帯雨林と乾燥したサバンナの特性をあわせもつ。乾期の終わりには木々が美しく紅葉し、ふと、日本の秋の山を歩いているような心地よい気分にひたらせてくれる。しかし、疎開林の土は、風化の進んだ赤土が主体であり、貧栄養の土壌であるという。また、眠り病を媒介するツェツェバエの分布域でもあり、牛の飼養には向いていない。

図 12-1

このように、一般には農業的な生産力が低いとされるウッドランドで、ベンバはチテメネ・システムと呼ばれる焼き畑農法を練り上げてきた。チテメネ・システムは、後に述べるように、見事に疎開林の生態に適合した農耕であるが、それはあくまで自給的な生産を前提とした農耕であり、強大な王国とは結びつきがたい。どのような歴史的条件がベンバ王国の形成を促したのであろうか。

口頭伝承を基本的な資料としたベンバの歴史研究によれば、彼らの祖先は、現在のザイール国南部の地に栄えたルバ王国の後裔であり、無人地帯であった現在のベンバの地に一七世紀頃に移り住んだのだという。もっとも無人地帯という表現は、人口の希薄な地帯、あるいは強力な社会・政治体制をもった集団の不在と理解しておくべきであろう。なぜならチテメネ・システムは、この地域でのみ特異的に発達した農法であり、ルバの地からの移住者は、先住者からこの農法を受け継いだ可能性が高いからである。

それ以後ほぼ二世紀にわたって、ベンバは徐々に周辺の諸族を侵略し、その領土を広げていったのであるが、一九世紀後半に至ってベンバ社会は急激に拡大し、チティムクルと呼ばれる最高首長を中心とする強大な王国体制を築き上げたのである。その重要な契機の一つは、インド洋岸を根拠地として内陸部に進出していたアラブ商人や、彼らと手を組んだスワヒリやニャムウェジ系のアフリカ人との長距離交易である。これらの商人は、象牙と奴隷を求めて奥地深くまで商路を開拓し、一八六〇年代に入ったころから、ベンバの首長たちと直接的な取り引きを開始したのである。商人たちがもたらしたのは、木綿布やビーズ玉、それに鉄砲であった。

写真12-1　ベンバの伝統的な地方首長の即位式

ベンバの首長たちの権威は、精霊や首長の祖霊の加護を背景とした霊力を大きな源泉としており、それは「聖なる王」の特性を濃厚にもつ最高首長チティムクルの権威に収斂してゆく。このような宗教的な権威に加えて、ベンバの首長たちは、交易によって得た木綿布やビーズ玉を配下の者に分配して世俗的な権威を増大させ、また鉄砲の導入によって軍事力も強化され、その領土を一気に拡大していったのである。

長距離交易は、首長の権威を肥大化させる威信財と破壊力の強い鉄砲をもたらしはしたが、彼らの社会を支える生業構造や技術の変革に連動することはなかった。ベンバ王国は、焼き畑農耕を基礎とする生計経済と威信経済との二重経済システムのもとで存続してきたのである。

二〇世紀の初頭に、英国統治下の植民地政府によってベンバ王国は実質的に平定され、植民地の行政機構の中に組み入れられる。そして激しい経済・社会・文化的な変容にさらされる。チティムクルは地方官吏の役職を与えられて名目的な最高首長の地位は保ち、ベンバ王国の政体は継続してゆくのであるが、ベンバ・ランドは開発から取り残され、周辺的な後進地域へと押しやられてゆく。

一九六四年のザンビア国独立以後も、ベンバ王国の政体は地方行政機構の中で温存されるのだが、後進地域としての状況は変わらず、村レベルでは伝統的な生活様式が維持されてゆく。王国が国家に変わりはしたが、ある意味で、生計経済と威信経済の二重経済システムは現在も続いているといえるのかもしれない。

2　過剰な開発を制御——伝統的なチテメネ耕作

新しいチテメネ（焼き畑）を開墾する農作業は、雨期明けの五月から始まる。村の男たちは、前もって選んでおいた疎開林に通い、木に登って、斧ですべての枝を伐採する。木を根元から切り倒さず、枝だけを切り落とす方法がベンバの焼き畑農法の大きな特徴なのである。

この作業をベンバ語で「テマ」と呼ぶ。チテメネという名称はこの語に由来している。樹上での危険な作業だが、ベンバの男なら誰でもこなさなければならない仕事であり、大木でも一〇分足らずで枝を切り落としてしまう。この後、地面に落ちた枝を適当な大きさに切り分け、三週間余り放置して乾燥させる。女たちは、こうして乾燥した枯れ枝を中心部まで運搬する。折り重ねた布を頭上におき、その上に二〇キログラムほどの枯れ枝を乗せ、バランスをとりながら黙々と運ぶ。ベンバの女の定めだが、手足や肩に生傷が絶えず、腰や首が痛む重労働だ。

これらの農作業は断続的にではあるが九月末まで続き、中心部に円形の枯れ枝の堆積物ができあがる。焼き畑耕地の六倍以上に達する伐採域から木の枝を集めることも、チテメネ耕作の重要な特徴なのである。

雨期が到来する直前の一〇月末、人々は枯れ枝の堆積物に火を放ち、厚い灰に覆われた焼き畑を造成する。そして、一～二回の降雨の後、作物の植えつけが始まる。もっとも重要な作物はアフリカ起源のシコクビエだが、その他にキャッサバ・在来種のトウモロコシ・ウリ・カボチャ・トマトなどを混作する。雨期の後半からウリやカボチャなどを食べはじめるが、主作物のシコクビエは五月から七月にかけて収穫する。

写真12-2　木の上に登って斧で枝を伐採するベンバの男性

システマティックな輪作によって焼き畑耕地に継続して作付けすることも、チテメネ耕作の特性の一つである。二年目には、シコクビエの茎を焼いた跡にラッカセイを植え、三年目には、腕の太さほどに育ったキャッサバを掘り出して食べる。四年目には畝を立て、インゲンマメを植えつける。こうして一連の耕作過程を終え、一五～二〇年の休閑期に移行する。

これらの農法がもつ生態的な効果について概説

しておこう。それは、広い伐採域から枝を集めることによって、樹木の生息密度の低さを補い、樹幹を切り倒さずに残すことによって疎開林の更新を促進する。大量に積み上げた枯れ枝に火を放って、木に蓄積された栄養分を土に還元し、乾土効果や焼土効果によって土壌中の栄養分の活性を高め、雑草の種子を取り除く。混作と輪作は、時間的・空間的に焼き畑を有効利用する農法であり、また、育成過程の違う作物が常に地表を覆うことによって、乾期の強烈な陽光や雨期の激しい降雨による土壌の侵食を防ぐ。土中に残った根は、土壌の流出を抑える。

チテメネ・システムは、疎開林のもとで熟成されてきた農法であり、その生態への適応を通して持続可能な生産を維持してきたのであるが、同時に、それを支えてきた伝統的な生活についても言及しておかなければならない。

ベンバの村社会では、生産はなによりも世帯員の要求を満たす活動であり、それに見合った焼き畑を開墾することを原則としている。人よりも大きな焼き畑を開墾し、多くのシコクビエを収穫した世帯は、シコクビエ酒を醸造して村人にふるまわなければならない。食料が欠乏した親族の者がやってきて、シコクビエの分与を懇願することもある。

人よりも多くをもつ者は、気前よく人々に分与することが重要な社会倫理であり、それに従わない者には非難が集中する。ときには、人よりも突出した財をもつ者への妬みや、分与を拒否する者への恨みが呪いとなって噴出し、あるいは祖霊・精霊の懲罰がおりるときもある。

伝統的な生活には、人々の生存に必要な量をはるかに超えるような生産を抑制し、生産物が人々との間で平準化することを促す社会・文化的メカニズムが埋め込まれているのである。こうして過剰な環境開発が制御され、自然と社会の再生産が保持されてきたのである。

3　焼き畑の放棄迫る政策——〝近代的〟半常畑も問題多い

英国の著名な人類学者リチャーズは、一九三〇年代に、ベンバ社会について詳細な調査を行い、いまや古典といってよい見事な民族誌を残している。それから五〇年経過して、私たちはベンバの村に入った。この間に、植民地支配からザンビア国の独立に至る歴史的な変化があり、近代化の潮流は地方の村々にまで及んできた。貨幣経済が浸透し、病院や学校の普及にともなって集落は主要道路沿いに集まり、人口増の傾向もあいまって、集落の周辺では焼き畑の適地が減少しつつある。しかし、休閑期間が短縮するなどの歪みを潜在させつつも、地方の村々では、基本的にはリチャーズが記録した時代と変わらない焼き畑農耕を存続させてきたのである。

こうして営々と続いてきた焼き畑農耕が現在、岐路に立たされている。焼き畑農耕が「森林破壊型の農業」であり、「低い生産力にとどまる自給農業」であるとして放棄を迫る政策のもとで、ベンバがファームと呼ぶ「近代的な」農業が、これらの村々にもしだいに広がりはじめたのである。ファームは、農場を意味する英語の借用であるが、半常畑耕作と呼んでよい農耕形態をとる。樹木の根も取り除いて整地した畑に化学肥料を投入し、換金作物のハイブリッド種トウモロコシを単作栽培する農業である。

ザンビア国でのトウモロコシ栽培は、銅鉱山開発などの植民地経営にともなった都市人口の増大に対応して、生産を拡大してきた歴史をもつ。一九六四年の独立以後は、ハイブリッド種のトウモロコシが本格的に導入され、

写真 12-3　現在では多くのベンバはキリスト教徒であり、日曜日にはミサに出席する。

その生産を拡大する農業政策がとられてきたが、それは主として、銅搬出のために敷設された鉄道沿いや大都市周辺の地域など、既存の生産地域を対象としていた。

ベンバが居住する北部州など、地方の農業総合開発政策が先進国の援助のもとに推進されるのは、一九七〇年代の後半に入ってからである。それは、銅生産に圧倒的に依存していたザンビア経済が、その生産性の低下や国際価格の低迷状況のあおりを受け、下降傾向が顕著になりはじめた年代であり、農民からの低い買い取り価格のゆえにトウモロコシ生産が大きく落ち込んだ年代でもある。

一九八一年に、政府は農民からのトウモロコシ買い取り価格を二〇パーセント上げるなど緊急の対応を示した。ほぼこの頃から、地方のベンバの村々にファーム耕作が浸透しはじめたのである。

しかし、ベンバの地でのファーム耕作の普及は、多くの問題点をはらんでいる。もっとも重大な問題点は、この耕作形態が地域の生態系に適合し、持続可能な生産が保持されるかどうかである。木の根を除去して整地した畑や、トウモロコシの単作栽培などのファーム耕作の条件は、乾期の強烈な陽光と、雨期の激しい降雨のもとでは、土壌の流出・侵食を助長することにつながる。疎開林の土は、風化が進み、有機質の含有量に乏しい赤土が主体である。そこでのトウモロコシの連作は過剰耕作の傾向性をもつことになり、土壌劣化をともなった急激な生産性の低下を招きかねない。実際、数年もたたないうちに地力が衰えてしまい、放棄された畑地も多い。ザンビア大学の研究者から得た情報によれば、より早くファーム耕作を導入した「先進地」で、土壌や肥料の流出のために採算が合わず、焼き畑に回帰する現象もみられるという。

ザンビア国は、他の多くのアフリカ諸国と同様に、慢性的な経済危機の状況にあり、トウモロコシの代金払いが遅れたり、播種用のトウモロコシの種子や化学肥料の供給が遅延することもある。あるいは常態化したインフレのゆえに、政府のトウモロコシ買い取り価格の相対的低下や、化学肥料の高騰などの事態がおこる可能性も高い。また、自給的なシコクビエ生産から換金作物のトウモロコシ生産への転換は、急激に商品経済に巻き込まれてゆくことでもあり、伝統的な価値観や行動様式との間に深刻な摩擦が生じかねない。

しかし、多くのベンバ農民は、ファーム耕作の導入を試みながらも、焼き畑でシコクビエやキャッサバを耕作し、最低限の自給を確保する戦略を模索しつつあるかに見える。疎開林でのチテメネ耕作が育んできた根太い伝統は、いま、試練のただなかにある。

第13章　焼畑農耕社会の現在
――ベンバの村の一〇年

1　はじめに

私たちは、一九八三年以来、ザンビア共和国の北部のミオンボ林（疎開林）帯に居住する焼畑農耕民ベンバの村で調査を続けてきた。ミオンボ林は、木の高さがせいぜい二〇メートル、木と木の間隔が三～五メートル程度に透けた疎開林である。この疎開林を構成する主要な樹種は、マメ科のジャケツイバラ亜科に属しており、それを代表する樹木は、方名でミオンボと通称されている。この植生帯では、年間が乾季と雨季に明瞭に分かれるが、半年も続く乾季のゆえに乾燥疎開林と呼ばれることもある。ベンバは、このミオンボ林を開墾して、チテメネ

写真 13-1　ミオンボ林（疎開林）の景観

（焼畑）耕作と呼ばれる特異な焼畑農耕を営み、植民地化される以前には強大なベンバ王国を形成していたことで知られている。

一九八三年に調査を開始した当時には、村々では、シコクビエやキャッサバを主要な作物とするチテメネに依存して生計を立てていた。しかし、一九八六年ごろから、調査地の村々でベンバがファーム（半常畑）耕作と呼ぶ「近代的」な農業が急速に普及し始めた。それは、樹木の根も取り除いて整地し、化学肥料を投入して、換金作物のトウモロコシ（ハイブリッド種）を栽培する半常畑耕作である。多くの村人は、チテメネ耕作を保持しながら、ファーム耕作を積極的に導入していったのである。

一九九〇年代に入って、ファーム耕作は、さらに普及していき、ほとんどの世帯が自給用のチテメネ（焼畑）と換金作物用のファーム（半常畑）を耕作する安定した農耕体系を形成していった。しかしながら、調査地の村々のような遠隔地でのトウモロコシの栽培は、きわめて厳しい経済的な条件に晒されつつある。冷戦終結後の世界的な情勢を背景にして、ザンビアでは、政治の民主化や経済の自由化が急激に進行し始めたのである。トウモロコシ栽培については、生産者価格の自由化や化学肥料への補助金の撤廃などの政策が推進され、遠隔地での小規模なファーム耕作の基盤が大きく揺らぎ始めた。焼畑農耕民ベンバは、ふたたび重大な岐路に直面しつつある。

私たちは、当初、チテメネに基盤を置いた生活と自然との関係に深い関心をもっていた。しかし、次第に、激動する現代のアフリカに生きる焼畑農耕民の社会が変容していく過程を明らかにすることが、緊急の課題になってきた。本章では、このような研究の進展に即し、チテメネに依存した伝統的な村の生活を踏まえながら、その変容の過程と現状の分析を試みる。

このように、変化を正面に据えた調査とともに、女性の視点からベンバの社会の特性を解明する調査を続けてきたこと、および農学者との共同研究によってチテメネの生態の解明を目指したことも、私たちの研究の大きな特徴である。〔注　田中二郎・掛谷誠・市川光雄・太田至編　一九九六『続　自然社会の人類学』アカデミア出版会　の〕九章の杉山の論文〔注「農業の近代化と母系社会―焼畑農耕民ベンバの女性の生き方」〕は、その成果の一つであり、「近代化」に直面したベンバの女性の生き方について論じている。また一〇章の荒木の論文〔注「土とミオンボ林―ベンバの焼畑農耕とその変貌」〕は、土とチテメネとの関係を克明に追い、ミオンボ林における焼畑の課題を指摘している。

私たちは、これらの論考によって、ミオンボ林帯に生きる現代の焼畑農耕民ベンバの実態と動向の解明を目指す。

2　チテメネと伝統的な生活

チテメネの村

調査の拠点になったのは、ムレンガ・カプリという小さな村だった。ムレンガ・カプリ村は、北部州のムピカ県の県都であるムピカから西方に伸びる道路沿いにあり、県都からほぼ二七キロメートル離れた郊外の村である。それは、涼しげな木立の中にある、静かなたたずまいの村だった。

ムレンガ・カプリ村は、一九五八年に、先代の村長が出稼ぎ先のコッパー・ベルト（銅鉱業地帯）から故郷に戻り、兄弟姉妹を中心にした母系の親族を集めて創設した村だった。一九八三年の当時は、戸数が一三戸、人口が五三人であった。一三世帯のなかには、四戸の母子世帯（女性世帯）が含まれている。九章で杉山が検討しているが、母系制を基本にするベンバの社会では、夫婦の紐帯が不安定で、離婚が頻発し、母子世帯（女性世帯）も多い。

この村に隣接して、戸数が約三〇戸のンドナ村があり、それらの村は、地域的なまとまりを形成していた。ムレンガ・カプリ村とンドナ村は、県都のムピカまで自転車で一日のうちに往復できる距離にある。また、村人の多くは、コッパー・ベルトや都市部での生活を経験していたが、村の暮らしは、チテメネに依存し、自給的な生計に基盤を置いていた。

五月から始まる乾季の間に、村の男性たちは、あらかじめ選定しておいたミオンボ林に通い、木に登って斧一本ですべての枝を切り落とす。ベンバ語で「クテマ」と呼ぶ作業である（写真13-2、第Ⅲ部扉写真）。チテメネという焼畑の呼称は、この動詞に由来している。危険な作業だが、男性たちは、「これがベンバの男の仕事だ」と胸を張る。女性たちは、三～四週間放置して乾燥させた枝葉を、伐採地の中心部に運ぶ。一回の運搬量は、二〇キログラムを超すが、女性たちは黙々と働く。枝葉は、耕地の六倍の広さの伐採地から集めなければならない。そして、雨季が始まる直前の一〇月末に、ほぼ円形状に積み上げられた枯れ枝に火を放つ。こうして、厚い灰に覆われたチテメネ（焼畑）が造成される。

チテメネで栽培される主要な作物は、アフリカを起源地とする雑穀のシコクビエと、一九三〇年代以降に救荒作物として導入されたキャッサバである。これらの作物とともにラッカセイ、インゲンマメ、キュウリ、カボ

写真 13-2　木に登って枝を伐採するベンバの男性

チャ、トマトなどの多様な作物を、混作と輪作を組み合わせて四～五年間作付けし、その後に焼畑を放棄して休閑地にする。シコクビエの生産のために、毎年、新しい焼畑が造成されるが、二年目以降の焼畑も重要な食料の供給源である。村人は、このようなチテメネのほかに、村の近くに小規模な畝立て耕地をもっている。草を埋め込んで畝を立て、在来種のトウモロコシやモロコシ、サツマイモなどを作付けし、チテメネの収穫期を迎えるまでの端境期に備

えるのである。

チテメネ耕作はミオンボ林で練り上げられ、その生態に適合した農法である。その詳細は一〇章で荒木が検討しているが、基本的な特徴は、次のように整理することができる。それは、大木の樹幹を残して枝葉のみを切り落とし、広い伐採地から枝葉を集めることによって樹木の生息密度の低さを補いながら、ミオンボ林の自然更新を促す農法である。また、中心部に集積した大量の枝葉を燃やして土壌に木灰を添加し、高温で土を焼き、乾燥させることによって土壌中の有機物の活性を高める。除草や防害虫の効果も上がる。混作と輪作は、耕地の多面的な利用を可能にし、多様な自給用の作物を供給する。樹木の根は地中に残り、つねに作物が地表を覆う状態を保持することによって、乾季の強い陽光や雨季の激しい降雨による土壌の浸食を防いでもいる。

人々は、村の周辺にチテメネを開墾する疎開林を求めるが、その適地が少なくなれば、村から歩いて一〜二時間程度の場所に出作り小屋を建て、約半年間、そこに移り住んでチテメネを耕作する。また、ベンバの社会では、五〜二〇年の間隔で、村そのものを移動させてもきた。このような移動と分散を前提にした暮らし方が、ミオンボ林を薄く広く利用することにつながり、自然の再生産が維持されてきた（掛谷　一九九〇）。

ミオンボ林の恵み

村での日々の食事は、ウブワーリと呼ばれる主食と一品の副食が原則である。シコクビエやキャッサバの粉を沸騰したお湯の中に入れ、木の杓子で掻き混ぜれば、ウブワーリができあがる。副食の素材は、植物性の蛋白質や脂肪に富んだインゲンマメやピーナッツ、ササゲやオクラや在来野菜のルバンガ（アブラナ科）、それにキャッサバ、インゲンマメ、カボチャ、サツマイモの葉など、主としてチテメネから収穫される畑作物が基本である。また、現金で購入する干し魚、ニワトリなどの家禽類、それに野生の動物と植物も、主要な副食源になる。ミオンボ林は、そのような野生の動物と植物の狩猟や採集の場でもある。

乾季になると、村人は、週末に共同の狩猟に繰り出す。ミオンボの樹皮を剥ぎ、その内皮で編み上げた網による狩である。持ち寄った網をミオンボ林の中に、ほぼ一直線状に張り、槍や斧を持った数人の男性たちが、網の近くの木陰などに身を潜める。そのほかの男性と女性、それに子どもたちは、勢子になって動物を網に追い込む。うまくいけば、半日の猟で一〜二頭の羚羊（ダイカー類）が得られる。

青年や壮年の男たちは、犬を連れ、槍と斧を持って狩に出かけることがある。木の空洞に住む原猿類のギャラゴを捜し出し、犬が追い詰めたケーンラットやノウサギを仕留めたりする。途中で野生の蜂の巣を見つけ、蜂蜜を採集することもある。ときに、隠しておいた先込め銃を取り出し、懐中電灯を持って夜の狩を行なう者もいる。モグラに似たモール・ラットの狩に行けば、かなりの確率で副食が確保できる。鍬で数ヵ所、モール・ラットの通り道に穴を開け、その穴を忍び足で見回る。そして、顔をのぞかせたモール・ラットを専用の細い槍で突き刺す。二〜三匹の太ったモール・ラットが手に入れば、夕食のおかずに供することができる。

乾季が進み、川の水量が減ったころ、村人は、集団で魚毒漁に出かける。時期も漁に出る機会も限定されているが、村人は、魚毒用のウブーバ（テフローシア属の小木）の種子をチテメネに播いて育てている。川の中に木杭を立て並べて梁《やな》を造り、アシで編み上げた筌《うけ》を仕かける。その上流部でウブーバの葉を杵で打って摺り潰し、土と混ぜて川に流し込む。人々は川に入り、痺れて水面に漂う魚を手摑みする。

食用の昆虫は、ミオンボ林帯に住むベンバの重要な副食源である。とくに、乾期と雨期の端境期に採取するイ

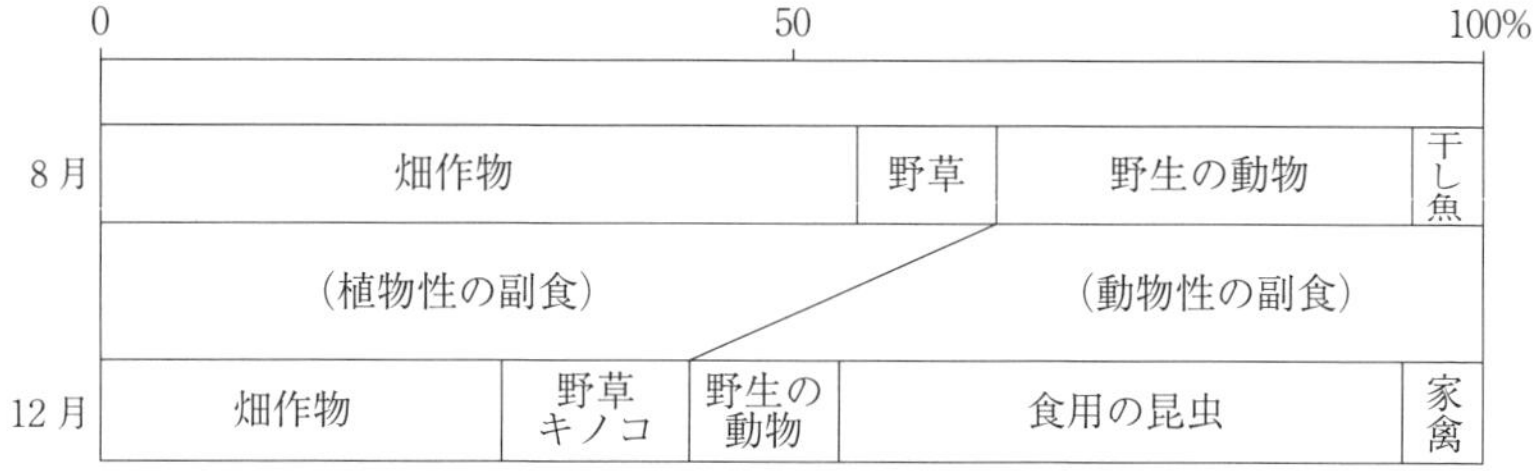

図 13-1　副食の素材の比率（1984 年）
（Sugiyama, 1987: 21 を改変）

モムシは、人々の大好物であり、動物性の蛋白源として欠かすことができない。雨が降り始めるころ、ムトンド（*Julbernardia paniculata*）の木々に、チプミと呼ばれるイモムシが発生する（口絵12）。人々は、村の周囲で、あるいは遠くの森林保護区に泊まりがけで繰り出し、親指大に成長したチプミを採取する。指先で内臓物を押し出し、薪のおき火の上に乗せて乾燥させれば、保存が利く。塩茹でした乾燥イモムシは、干しエビのような味がする。イモムシは、貴重な現金の取得源でもある。大発生の年には、商人が買い付けにやって来て、都市の市場にもイモムシが大量に出回る。この地域では、チプミを含めて一二種の食用のイモムシが知られている。また、雨季の盛りの二月には、食用のコウロギが採取される。このほかに、羽化したシロアリやカミキリムシの幼虫なども食用になる（杉山　一九九三）。

木の実や野草の採集も、重要な生計活動である。柿の味に似たムスクや甘酸っぱいムフンゴの果実は、乾季のミオンボ林の味覚である。五種ほどの、ムレンブウェと総称される野草は、日常的な副食の素材である。杵で搗《つ》き、木灰の灰汁《あく》を混ぜて煮れば、オクラのように粘り気が出て、主食のウブワーリによく合う。雨季になると、多くの種類のキノコが採集できる。

こうした野生の動物と植物が副食に占める割合を、乾季の八月と雨季の一二月の例で示す（図13-1）。資料は、一九八四年の五月から一九八五年の三月にかけて、ある世帯に依頼した食事日誌の記録である（Sugiyama 1987）。八月には、植物性の副食の素材が六〇パーセント以上の比率を占めているが、そのうち一〇パーセント程度はムレンブウェなどの野草である。また、四〇パーセント弱を占める動物性の副食の大半は、野生の動物の肉である。一二月には、植物性の副食が四〇パーセント程度であるが、キノコの季節を迎えて、野草の比率は一〇パーセントを超える。動物性の副食は、六〇パーセント以上の比率であるが、イモムシ（昆虫）が実に四〇パーセント強を占めている。

ベンバの人々の村での暮らしは、ミオンボ林を開墾するチテメネ耕作とともに、ミオンボ林の野生の恵みにも支えられている。

生計経済と社会的、文化的な背景

各世帯の生計の基礎になるチテメネは、世帯員の構成、夫や妻の年齢などに応じて二〇アールから七六アールまでの広さがあり、平均すれば、一世帯当たり約四〇アールになる。チテメネの主要な作物であるシコクビエは、ベンバの伝統的な主食源であり、そのウブワーリは味が良く、腹持ちが良いと人々は自慢する。しかし、収穫前の数ヵ月間は、シコクビエが不足がちになり、キャッサバへの依存が高くなる。シコクビエは、さまざまな儀礼のときや週末の楽しみとして欠かすことができない酒の原料でもある。シコクビエ酒の醸造は、女性の仕事であり、とくに母子世帯の女性にとっては、貴重な現金の取得源になる。西方のバングウェウル・スワンプ地域に広がる漁民の村まで赴き、シコクビエの粉との交換で干し魚を手に入れ、それを道路沿いの村々や町で売れば、かなりの儲けになる。しかし、チテメネでの生産は、なによりも世帯員の食料を確保する活動であり、村人は自給を大幅に越えるような生産を志向しない。

チテメネでの生産物が村人の間で平準化する分配や消費の機構が保持されていることも、ベンバの社会の伝統的な生計経済の特徴である。それは、たとえば、酒を巡る社会関係に映し出されている。母子世帯の女性たちは、しばしばシコクビエ酒を醸造し、販売して現金を手に入れる。しかし、原料の半分は、共同で飲酒する特別の酒造りにまわし、村人に無料で提供するのが慣習である。干し魚の行商などでお金を稼いだ男性たちは、人々に要求されて酒を振る舞う。特別の利益を得る者や、人より多くの物を持つ者は、気前良く他者に分与することが求められるのである。

平均的な規模を上回るチテメネを耕作する青年や壮年の世帯の男性たちは、シコクビエとの交換で干し魚を手に入れ、それを売って得た現金で酒を買って飲む。母子世帯（女性世帯）の女性たちは、酒の代金で得たお金で近隣の男性たちを雇い、チテメネの伐採を依頼する。そして、ほかの農作業は自前でこなし、そこそこの収穫を確保する。こうして、チテメネでの生産の差異は平準化され、村の人たちは、ほぼ同じ水準の生活を維持していく（掛谷　一九九四）。

このような自給志向の生産と平準化の機構は、互酬と共存を原則にする生計経済の表現である。しかし、その背後には、多くの物を持つ村人への妬みや、分与を拒む者への恨みに起因する呪いへの恐れが潜んでいる。また、ベンバの社会では、かつての首長の祖霊に対する信仰が強く、それへの畏れが互酬と共存の原則を補強しているのである。

祖霊への信仰は、ミオンボ林の持続的な利用を支える秩序の源泉の一つでもある。男性たちが木に登り枝を伐採する作業は、チテメネ耕作の大きな特徴である。男性は、この作業を通じて、祖霊の領域であるミオンボ林を切り拓き、チテメネを開墾することを祖霊に伝え、その許しを得る。網による集団猟は、ときに、祖霊と交流する機会になる。村に重大な事件や事故が生じたときや収穫の儀礼などの際には、集団猟に出かけ、捕獲された羚羊の性別によって祖霊の意向を占う。食用のイモムシの成虫である蛾は、祖霊の化身とされ、その捕獲は禁じられている。また、食用のイモムシの本格的な採取は、祖霊にイモムシを供える儀礼を村長が執り行なって、初めて可能になる。

ベンバの生活は、ミオンボ林に強く依存しており、ミオンボ林の持続的な利用は、ベンバの社会の存続の条件であった。それは、ミオンボ林の生態に根差した焼畑農耕の技術とともに、経済や社会や文化が相互に深く関与した機構によって維持されてきた。

3　新しいファーム耕作の普及

農業政策の動向

一九八三年に調査を開始した当時には、ムレンガ・カプリ村とンドナ村では、大部分の村人がチテメネ（焼畑）耕作に専念しており、三人の村人が、小規模なファーム（半常畑）でトウモロコシの栽培を試みているのみであった。しかし、ムレンガ・カプリ村とンドナ村の前を通る道路沿いにあるいくつかの村々では、すでに大半の村人

写真 13-3　ファームの開墾に精を出す夫婦

がファーム耕作に従事していた。ザンビア政府が先進国の援助を得て着手した地方の農業総合開発の政策が、調査地の周辺地域にも影響を及ぼし始めていた。

ザンビアにおけるトウモロコシの栽培には、銅鉱山の開発などの植民地経営に伴った都市人口の増加に対応して、生産を拡大してきた歴史がある。その主要な生産地は、銅の搬出のために敷設された鉄道沿いや大都市の周辺地域であり、生産者も大農場を経営する白人と一部のアフリカの農民に限られていた。一九六四年にイギリスの統治から独立して以後も、カウンダ政権は、社会主義的な理念を掲げながら、さらに、トウモロコシの生産を拡大する政策を採った。そして、一九七〇年代半ばごろまで、トウモロコシの生産に従事するアフリカ人の小農民は、徐々に増えていったが、それは、ほぼ既存の生産地域に限られており、遠隔地にまで及ぶことはなかった。しかし、一九七四年の第一次石油危機を契機に、銅の国際価格が下落し、銅の生産に圧倒的に依存していたザンビアの経済は、深刻な危機に陥った。トウモロコシの生産も、そのころから低迷し始め、外国からの輸入が増加していった。

こうした経済危機のもとで、農業部門の重要さが増し、農業政策も大きく転換していった。一九七〇年代の末ごろから八〇年代初頭にかけて、トウモロコシの生産者価格が引き上げられ、また、先進国の援助によって国営農場を拡大し、北部州などの地方の農業総合開発を進める政策などが打ち出された。一九八五年には、世界銀行や国際通貨基金（ＩＭＦ）から融資を受けるために、経済の自由化を柱にする構造調整計画を受け入れた。それは、都市での食糧暴動や激しいインフレーションを惹き起こし、遠隔地の村々の生活にも大きな影響を与えた。それ以後、一時的に構造調整計画を放棄するなどの動揺期が続き、ついに一九九一年の政権交代へとつながっていく（児玉谷　一九九五、Wood 1990; Goldman & Holdsworth 1990）。調査地の周辺地域でのファーム耕作の普及は、このような国家の政治や経済の激動と連動していた。

平準化の機構と「変わり者」

一九八五年に、私たちは、道路沿いの村々の実態調査を行なった。そして、村人の大半がファーム耕作を受容するような大きな変化が進むためには、地方や国の政治的、経済的な条件とともに、村での条件が熟成する過程が必要なことが明らかになった。それは、人々の突出した経済的な行動を調整し、結果的に変容を押し止めがちな平準化の機構の制御を突き破る過程である。その突破口になるのは、「変わり者」とでも表現できる村人である。少数の「変わり者」が先駆的にファーム耕作の導入を図る。小規模なファーム耕作を細々と続ける限りでは、他の人々の妬みや中傷の対象になることは少ない。むしろ、村人は、日常的な付き合い関係のなかで、「変わり者」の行動の経過と結果を仔細に見聞することになる。ある程度の年月、このような状況が継続すれば、その間に多くの村人が新しいファーム耕作の意味を理解するに至る。それが村での条件、あるいは内因の熟成である。このような内因の熟成と、農業政策などの外因の変化とが同調したとき、変化を押し止める機能をもっていた平準化の機構は、逆に、変容を急激に推し進める機能をもつことになる（Kakeya & Sugiyama 1987; 掛谷　一九九四）。

ムレンガ・カプリ村やンドナ村で、一九八二年から八三年にかけて、ファーム耕作を始めた三人の村人は、この「変わり者」であった。Aは、小学校を卒業してから、首都のルサカに住む親族のもとで暮らした。Aは、キリスト教の敬虔な信者であり、村のミサを受けもつこともある。また、かつて農業訓練所で学んだ経験があり、ダイズなどの新しい農作物の栽培を試みてもいる。Bは、年長者であるが、ンドナ村から二キロメートル離れた所に住んでいる。Bは、ムピカの町で食堂を経営する親族の者に頼まれて、ウシの委託放牧を請け負っていた。このウシが村の周辺の畑を荒らすので、現在の居住地に移り、それを契機に小規模なファームを開墾した。Cは、ムレンガ・カプリ村の娘と結婚し、婚資労働を済ませた後も、村に住んでいる。干し魚の行商や炭焼きなどに熱心で、それで稼いだお金で化学肥料を買い、ファーム耕作を始めた。一九八五年には、A、B、Cの三人は、九〇キログラム入りで、それぞれ九袋、三袋、七袋のトウモロコシを出荷している。

ムレンガ・カプリ村とンドナ村の人々は、身近な村人が始めた小規模なファーム耕作の動向を直接に見聞し、道路沿いの他村で、九〇キログラム入りで三〇袋以上のトウモロコシを出荷してお金を稼いだ人の噂を耳にする。このころ、村を取り巻く状況が大きく揺れ動き始めたことを実感させる情報が伝わってきた。村の近くに国営農場が建設されるというのである。実際に測量や線引きも始まった。その予定地の南端は、村から三キロメートルの地点にまで迫っている。ファーム耕作に手を付けていない者は、国営農場が完成すれば、強制的に移住させられる、などという噂が広まったこともある。また、物価が急激に上昇し始めたことも、村人の生活に影響を与えたに違いない（Sugiyama 1992）。こうして、村内にファーム耕作を受容する気運が醸成されてきたと考えられる。

ファーム耕作の導入と普及

一九八六年は、ムレンガ・カプリ村とンドナ村の人々にとって、大きな変化の年になった。ムレンガ・カプリ村では、この年に病人が続出し、また、幼児の死亡が相次ぐなど不幸が重なった。その不幸の原因を巡って、村内では、呪いへの疑惑などが渦巻き、紛争が深刻になっていった。そして、年長者の前村長や現村長、それにほかの数人が村を去り、残りの半数の村人は、隣のンドナ村に移り住んだ。

ムレンガ・カプリ村の「消滅」とほぼ同じ時期に、この地域にも、化学肥料やトウモロコシの種子を貸与する貸付制度の導入と普及が図られた。青年や壮年の男性を中心にした六人の村人は、この貸付制度に積極的な対応を示し、農業普及員の指導も受けながら、ファーム耕作を導入した。それを契機にして平準化の機構の制御が突き破られ、一気にファーム耕作が村中に普及していった。

自費で化学肥料やトウモロコシの種子を購入し、ファーム耕作を始めていたA、B、Cの三人の村人は、まるで先駆的な役割を果たし終えたかのように、一九八七年以降には、むしろトウモロコシの収穫量が低減する傾向にある。Aは、一九八六年に二六袋（九〇キログラム入り）の収穫を得たが、その年に開始された貸付制度には登録しないで、自力でファーム耕作の継続を試みた。しかし、化学肥料を入手できなくて、トウモロコシの栽培を放棄している（表13-1）。また、そのころ、国営農場を建設するための道路がAのファームを横切ることになるとの噂が立ち、Aは、別の場所に新しいファームを開墾しなければならなかった。その後は、ダイズの栽培を

表13-1　ファームにおけるトウモロコシの収穫量の年次変化
（青年層や壮年層および都市からの帰郷者の事例）（単位：90 kg 袋）

個人	年齢（1986年当時）	収穫年次									
		1985	1986	1987	1988	1989	1990	1991	1992	1993	1994
A	30	9	26	0	0	0	6	17	0	31	23
D	37			16	15	12	20	10	5	14	18
E	35			8	19	10	25	17	12	27	26
F	33			10	22	25	13	10	11	6	15
G	32			15	19	18	27	30	43	25	15
H*	25	(21)	(0)	(15)	(7)						
				6	8	0	114	0	40	114	90
I	19			3	30	40	1	0	0	27	47
J	54			12	15	26	20	22	27	?	?

*（　）は、妻方の村での収穫量

試みたり、自費で化学肥料を購入して細々とトウモロコシを栽培していたが、一九九二年からは、貸付制度を利用してファーム耕作を続けている。高齢者であるBは、トウモロコシの栽培をあまり拡大しないで、ファームでインゲンマメやラッカセイなどの多角的な作物の栽培を試みている。もう一人のCは、一九八八年に離婚する前後から、ファーム耕作を放棄し、数年間はほとんどファーム耕作に従事しなかった。

それに対して、積極的に貸付制度に対応した六人の青年や壮年の男性たちは、一九八六年にファームを開墾して、八七年に初めてトウモロコシを収穫し、それ以降も収穫を拡大する努力を続け、ファーム耕作の普及を推し進める役割を果たしてきた。それらの青年や壮年の事例を取り上げ、一九八七年から一九九四年までの収穫量の変遷を追ってみよう（表13−1）。

一九八六年の当時、三七歳のD、三五歳のE、三三歳のFは、当初の数年間にファームの開墾に力を入れ、収穫を伸ばしてきた例である。一九九〇年代に入って、

DとFの収穫量は低迷しているが、Eは、一九九一年と一九九二年に収穫量が低下する時期を経た後に、ふたたび着実な伸びを示している。後に述べるが、一九九三年に村で農業クラブが結成されたとき、Eは、その代表に選ばれている。一九九一年と一九九二年には、この三人の収穫量が同じように落ち込んでいるが、それは、トウモロコシの種子や化学肥料の遅配、降雨の不順、それにファームの耕起の遅れなどが影響した結果であると思われる。

Gも、精力的にファームの耕地面積を拡大し、降雨が不順であった一九九一年と一九九二年にも、早くからファームの耕起を進めていたことが幸いして、高い収穫量を得ている。一九九二年には、九〇キログラム入りで四三袋を出荷している。Gは、そのトウモロコシを販売して得たお金の一部で自転車を購入した。そして、西方のスワンプ地域との間を往来し、トウモロコシの粉との交換で干し魚を手に入れた。Gは、その干し魚を報酬にして村の女性を一時雇用し、ファーム耕作を進めていた。しかし、一九九三年と一九九四年の収穫量は、かなり落ち込んでいた。

Hは、一九八五年に、妻方の村でファーム耕作を始めている。Hは、コッパー・ベルトの上級学校で学んだ後に、村に帰って結婚し、婚資労働のために妻方の村に住んでいた。一九八七年と一九八八年には、妻方の村とンドナ村とを往来し、ンドナ村でもファームを開墾した。一九八九年に、ンドナ村に移り住んでからは、西方のスワンプ地域、あるいはコッパー・ベルトやタンザニアとの国境の町に出かけて、干し魚や石鹸、布などを購入し、それを報酬にして村の女性たちや少年たちを一時的に雇い、ファームを拡大していった。そして、一九九〇年には、九〇キログラム入りで一一四袋ものトウモロコシを出荷した。その次の作付け期には、生産者価格の低迷を予期し、また、連作を避けてインゲンマメを栽培している。多くの村人は、Hの商才に一目を置いているが、と

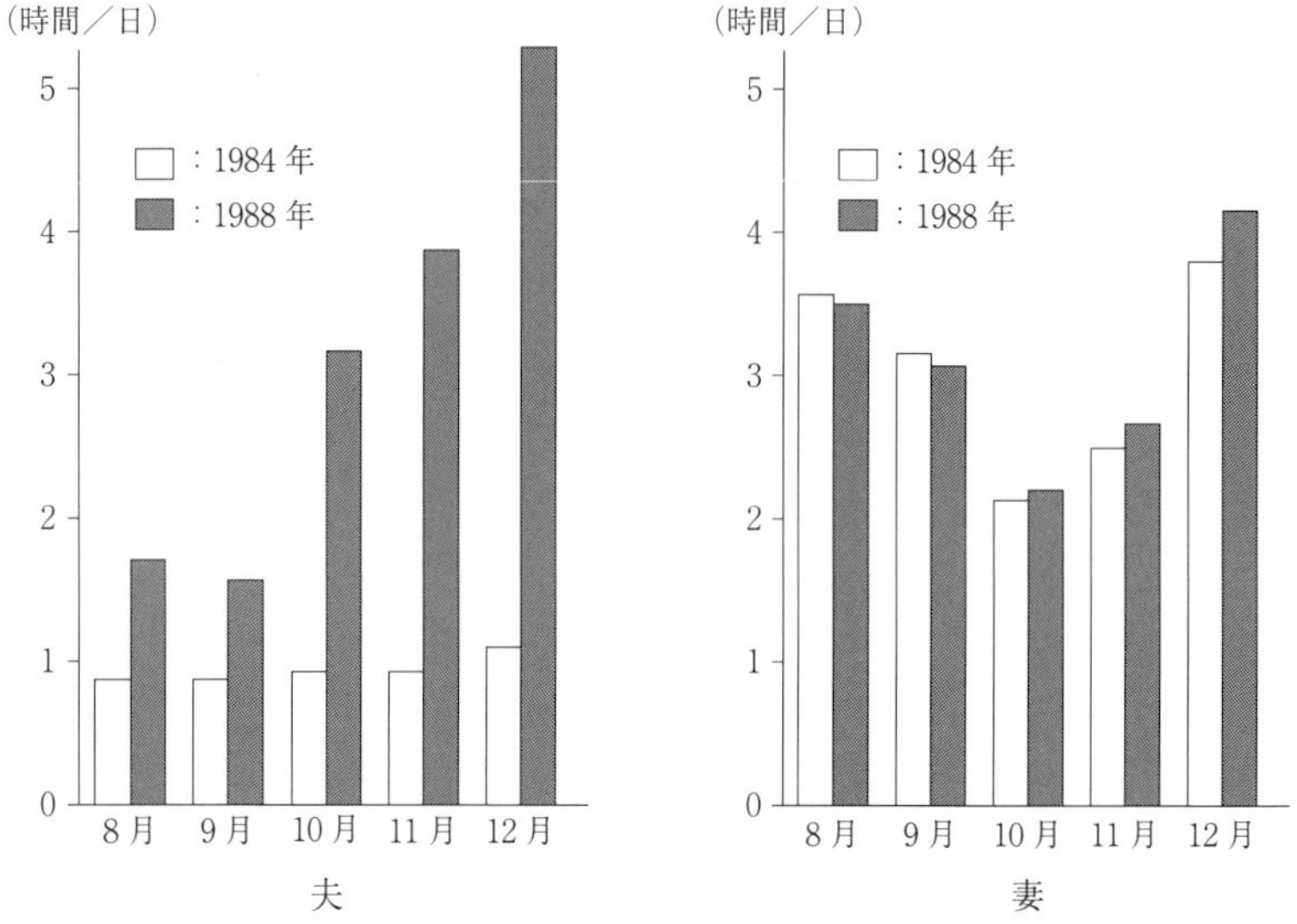

図 13-2　世帯における農業への従事時間（月別の平均）の変化
(Sugiyama 1992: 187-188)

きに奇矯な行動をとる特異な人物と見なしていた。

Ｉは、一九八六年からファーム耕作を始めた村人のなかでは最も若く、当時、一九歳だった。その年に、村内の女性と結婚し、婚資労働でチテメネ耕作に力を注ぎながら、ファームの開墾も始めた。一九八八年と八九年には九〇キログラム入りで三〇袋を超える収穫量を上げたが、一九八九年の収穫後に病気になり、それからの三年間は、ほとんどトウモロコシを栽培していない。しかし一九九一年と九二年には、ファームをピーナッツ畑に切り替え、その後、ふたたびトウモロコシの栽培に力を注ぎ、一九九四年には九〇キログラム入りで四七袋の収穫量を上げた。Ｉの夢は、ファーム耕作でお金を稼いでウシを買い、ウシによる犂《すき》耕作に精を出し、将来はトラクターで耕作を始めることである、という。

ファーム耕作の進展は、このような青年や壮年の男性たちが、チテメネ耕作の時代よりも格段に多い時間を農作業に費やすようになった成果であると言える。たとえば、Gは、チテメネのみに依存していた一九八四年には、平均すると、一日に一時間前後、農業に従事していたが、一九八八年には、農業に従事する時間が大きく増えており、一二月には、一日に五時間以上に達している（図13‐2）。そして、その大半の時間は、ファーム耕作に当てられている。しかし、Gの妻が農業に従事する時間は、ほとんど変化がなく、しかも、チテメネ耕作が中心である。

世代の交代と都市からの帰郷者

こうして、一九八六年の当時、一九歳から三七歳までの六人の青年や壮年の男性たちは、それぞれの見通しと世帯の状況に対応しながら、ファームを拡大していった。それは、ほぼこの時期に、村の男性たちの世代の交代が進んだことを背景にしている。一九九二年に試みた村の人口調査の結果が、そのことを明瞭に示している。この年には、旧ムレンガ・カプリ村の新しい村長の候補者が首都のルサカから戻り、かつての村人が徐々に集まって、村が再興される過程にあった。また、ンドナ村でも、移住者や離婚して村に戻って来た者も多く、ムレンガ・カプリ村とンドナ村を合わせた総戸数は五一戸であり、人口は二三〇人であった。五一戸のうち、母子世帯（女性世帯）は二一戸を数える。図13‐3は、その性別と年齢別の人口構成である。図13‐3から明らかなように、五〇歳代の男は一人のみで、村の男性の多くが五〇歳以下であり、一九六四年のザンビア共和国の独立以降に学校教育を受けた青年層や壮年層が大半を占めている。ムレンガ・カプリ村の新しい村長の候補者は四六歳であり、一九九〇年に亡くなったンドナ村の村長の後継者は四三歳である。イギリスが統治していた植民地時代から、ベンバの社会は、コッパー・ベルトでの鉱山労働者の供給源であり、多くのベンバの男性たちが都市部に移住した

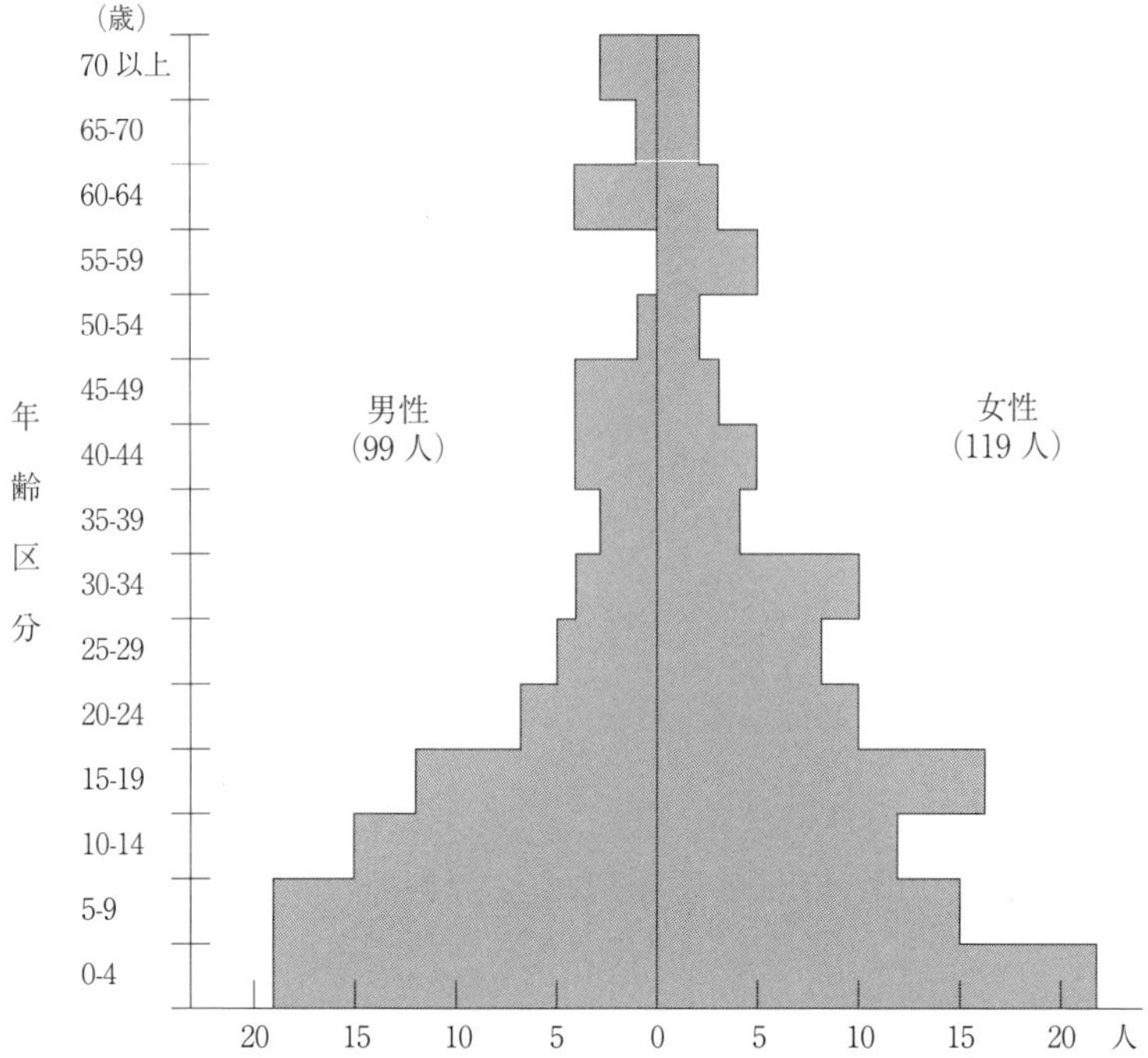

図 13-3　ムレンガ・カプリ村とンドナ村における人口構成（1992 年）
（年齢を確認できなかった男性 8 人、女性 4 人を除く）

歴史がある。しかし、青年層や壮年層の男性たちの多くは、一時的にコッパー・ベルトや都市部に滞在した経験はあるが、銅の生産の低迷や経済危機のために都市部に定着しないで、村に戻って来て結婚し、チテメネ耕作に従事してきた。ムレンガ・カプリ村の「消滅」や、ファーム耕作の急激な普及は、このような世代が村の主要な構成員になった時期と重なる。

ファーム耕作の普及を推し進めてきたもう一つの要因として、コッパー・ベルトや都市部での仕事を退職し、村に移住して来た世帯が果たした役割も重要である。それは、当時、ザンビア政府が推進していた、帰郷と営農を勧める政策に呼応する動きでもあった。表13-1のJの世帯が、その典型的な例である。Jは、二七年間、コッパー・ベルトで大工の専門職人として働き、一九八六年に退職した。退職前に夫婦でしばしばンドナ村を訪れて、チテメネやファームの開墾の準備を始め、一九八七年、Jが五五歳のときに村に移住した。Jは、退職金で購入した服や石鹸、料理用の油などを報酬にして村の男性を雇ってチテメネを開墾し、村の女性を雇用してファームの耕地面積を広げていった。Jのほかにも数人の退職者が村に移住し、着実にファームを開墾していった。

こうして、青年層や壮年層の男性と都市からの帰郷者が中心になって、ファーム耕作が急速に普及していったが、それは、世帯間の経済的な格差が拡大していく過程でもあった。とくに、成人の男性の労働力を欠く母子世帯（女性世帯）では、ファームの開墾を進めることができないので、むしろ他の夫婦世帯のファームを拡大する労働力として一時的に雇用された。しかし、九章で杉山が詳細に検討しているように、母子世帯（女性世帯）の女性たちは、新しい酒造りの方法を導入して再び現金の環流の活性を高めて、あるいは母系制を基盤にした母と娘の社会的な紐帯を駆使して、徐々にファームの開墾を進めていった。それは、ファーム耕作の時代に適応する新しい平準化の動きであった。

ファーム耕作の危機

一九九〇年代に入ると、ファーム耕作は、さらに普及していき、ごく小規模なものも含めると、ほとんどの世帯がファーム耕作に従事するようになった。しかし、村人たちは、自給用のチテメネ耕作も続け、二つの耕作が併存する安定した農耕体系を形成しているようにみえた。このような状況のなかで、村人たちは、農業普及員の働きかけもあり、化学肥料の安定した供給の重要さなどを自覚して、一九九三年の四月に、男性と女性がそれぞれ農業クラブを結成した。男性たちのクラブ名は「ゆっくり会」、女性たちのクラブ名は「えっちらおっちら会」。どちらも、それぞれの思いを託した名称である。

男性たちのクラブの会員は二七人である。男性たちは、チテメネの伐採やファームの耕起を共同で請け負い、基礎資金の貯蓄に努めている。週末の一日を共同の労働日に定め、約二時間の農作業に精を出し、一〇〇〇クワチャから二〇〇〇クワチャ（日本円で一五〇円から三〇〇円程度に相当）の報酬を得る。こうして積み立てられた金額は、約五万七〇〇〇クワチャ（日本円で八五〇〇円に相当）になり、このお金を、トウモロコシの種子や化学肥料を貸与してくれる信用貯蓄組合に預金している。女性たちのクラブの会員は二五人で、そのうち、母子世帯の世帯主が一四人いる。女性たちの農業クラブでも同様に、チテメネで伐採した枝葉の運搬やファームの耕起、作物の収穫の農作業を共同で請け負い、あるいは、シコクビエ酒を醸造し、それを販売して得たお金を積み立て、約七万クワチャ（日本円で一万円に相当）の預金を持っている。

しかし、このような村人たちの努力にも拘らず、ここ数年にわたって続く降雨の不順や、トウモロコシの種子や化学肥料の配布が遅れがちなこともあり、トウモロコシの安定した収穫量を確保することは容易ではない。また、ザンビア共和国の政治や経済は、大きく揺れ動いており、遠隔地でのファーム耕作は危機に直面している。

ザンビア国では、冷戦終結後の国際情勢を反映して、複数の政党制による政治の民主化への要求が高まり、ついに、一九九一年の総選挙で、独立以来のカウンダ政権が大敗し、新政党を率いるチルバ政権が成立した。そして、チルバ新政権は、構造調整計画を積極的に受け入れ、経済の自由化の政策を推進し始めた。農業部門では、化学肥料や輸送費への補助金が廃止され、トウモロコシの生産者価格も自由化された。その政策は、貸付制度の改変などとも連動する。村人は、自分たちが加入している信用貯蓄組合の買い取り価格が低いことを理由に、一九九四年度には貸付の返済分のみ信用貯蓄組合に納めることにした。しかし、信用貯蓄組合では、その年の貸付の返済率が七五パーセントを下回る者には、次年度の貸付を認めない方針を提示した。信用貯蓄組合の方針に従えば、男性と女性の農業クラブ会員の三分の二は、貸付の返済率が七五パーセントに達しないので、次年度の貸付を受け取ることができなくなる。その打開策を求めて、農業クラブの代表者たちは、信用貯蓄組合と交渉を重ねていた。急激な経済の自由化政策の下で、ムレンガ・カプリ村やンドナ村のような遠隔地でのトウモロコシの栽培は、きわめて困難な情況に追い込まれている。

4　おわりに

村人は、ファーム耕作の普及期にもチテメネ耕作を維持し、チテメネ耕作のみに依存していた時代とほとんど変わらない耕地面積を保持し続けてきた。その、したたかな対応の意味が、このような情況のなかで、くっきりと浮かび上がってきた。

このチテメネ耕作は、広いミオンボ林のもとで植生が自然更新することによって存続してきた。しかし、その基盤が、村の近くで進みつつある農業開発計画の影響などを受けて、大きく揺らぎ始めている。かつての国営農場の計画は中断されたが、中国の援助で敷設されたタンザン鉄道沿いの地域を開発する計画が新しく浮上してきた。資金のある入植希望者に土地を譲渡し、大規模な農地を開墾する計画である。その予定地は、村の近くまで伸び、場合によっては、チテメネ耕作の適地になるミオンボ林から村人が排除されてしまうかもしれない。それゆえ、遠隔地での農業開発計画が経済の自由化政策の下で、どのように展開するかは、きわめて重要である。

ベンバの村の内部にも、いくつかの課題がある。たとえば、道路沿いの村への集住化と定着化、それにファーム耕作の普及に伴う人口の増加が、休閑期間の短縮を助長することである。かつては、村から離れたミオンボ林に出作り小屋を建て、チテメネを耕作し、ミオンボ林を薄く広く利用していたが、現在では、村の近くにあるファームの耕作のため、出作り小屋での耕作に従事する世帯が減少している。ミオンボ林の持続的な利用を支えてきた祖霊信仰が、世代の交代とともに衰退し始めていることも挙げられる。祖霊と交流する機会でもあったミオンボ林での集団猟は、狩猟監視官による密猟の取り締まりの強化もあり、一九九〇年代にはまったく行なわれなくなった。

しかし、移動を前提とした暮らしや、村人たちが状況に応じて離合集散する「伝統」が、ファーム耕作を巡る情況によって、再び活性を高める可能性もある。また、祖霊信仰を中心にした、共同体としての村のまとまりは、農業クラブの創設のように、現代的な姿で受け継がれてもいる。

ある村人は、「もし、ファーム耕作が続けられなくなれば、また、チテメネ耕作一本で行くだけだね」と語った。その語り口には、ある種の諦念が漂っているようにも思えた。同時に、チテメネは、ベンバの誇りとアイデンティティ（自己同一性）の源泉であり、それを強化することによって、さまざまな時代の困難を乗り越えてきた歴史（Moore & Vaughan 1994）の重みが表現されているようにも思えた。実際、ベンバは、軸足をしっかりとチテメネ耕作に置きながら、他方の足で時代の変化に対処する道を探ってきた。ファーム耕作の導入も、そのようなベンバの生き方の表現であろう。ミオンボ林に根差し、チテメネ耕作によって自給を確保する「伝統」は、時代に適応して変革を取り込む柔軟さを具えているのである。この、「したたかな伝統」の研究は、まだまだ続けなければならないだろう。

第Ⅳ部——生態人類学とアフリカ農耕民研究

エチオピア南部に暮らすコンソは、急な斜面に石を積んでつくった狭い畑で、さまざまな作物を集約的に栽培していた。（1998 年）

第14章　環境の社会化の諸相

1　民族文化と環境問題

この論集〔注　掛谷誠編　一九九四『講座　地球に生きる2　環境の社会化』雄山閣〕に執筆している人類学者たちは、各自のテーマをもち、それぞれのフィールドに長期間滞在して調査をつづけてきた。日本の縄文時代の生存戦略をさぐる研究者や、琵琶湖での環境問題にとりくむ研究者の参加を得て、比較の視野は大きくひろがったが、研究対象とする人びとの生活が狩猟採集・漁撈・農耕・牧畜などの、強く自然に依存した生業に基礎をおいている点は共通している。人びとが生活の基盤とする自然環境は、熱帯多雨林、疎開林、サバンナ、半砂漠、あるいは海にかこまれた島々、温帯の森林帯や湖畔域などと多彩であり、文化の諸側面にわたって自然とのかかわりが色濃くきざみこまれている。その多様性をうきぼりにしつつ、人間と自然の関係が照らしだす生存の論理と自然認識について考えることを、この論集は意図している。

民族文化がねりあげてきた自然とのかかわりにテーマをしぼり、多くの人類学者が論議を深めるにいたった背景には、それぞれのフィールドで環境破壊や自然保護、開発問題について考えこまざるを得ないような現実の動きや状況がある。たとえばアフリカでの現状である。市川が論文〔注「森の民の生きる道」〕中で述べている熱帯多雨林における状況は、その典型的な例の一つであろう。近年になってアフリカの熱帯多雨林でも木材の伐採が盛んになり、また、人口の増加・集住化や商品作物の栽培などにともなって耕地が拡大し、森林が急速に減少しはじめている。狩猟採集民のムブティ・ピグミーが住むイトゥリの森では、砂金採集ブームがその傾向に拍車をかける。他方で、森林の動植物を保護するために自然保護区や国立公園の設定をもとめる運動も活発になってきたが、なかには森の住民である狩猟採集民を森林から排除することにつながる計画もある。森の民は、開発と自然保護のはざまに追いこまれつつある。

あるいは、森林や疎開林に住む焼畑農耕民の例をあげることもできる。彼らの生活を支える伝統的な焼畑農耕は、しばしば、森林破壊型の農業であり、自給レベルにとどまる「生産性」の低い農業として論難される。そして、ごり押しの農業近代化政策や偏狭な自然保護主義の圧力にさらされることになる。アフリカの極乾燥地帯は、ウシ・ラクダ・ヒツジ・ヤギなどの家畜とともに生きる牧畜民の世界である。しかしそこは、干ばつによる飢饉や砂漠化の進行など、深刻な環境問題に直面する地域でもある。そしてここでもまた、牧畜民が放つ野火や家畜の過放牧などがとりあげられ、その「後進性」に非難の目がむけられる。

フィールドでの調査が進むにつれて、人類学者は、ときに環境破壊として非難される人びとの営みも地域の生態に根ざし、その社会と自然の再生産を可能にしてきたことをみいだす。

森の動物や植物に強く依存して暮らすムブティ・ピグミーは、四、五千年前からイトゥリの森を居住地としてきた歴史をもつが、大局的には植生を破壊せず、動物の個体群もほとんど劣化させることがなかった。森の中にキャンプをつくるさいには中・小木を切り倒すが、この程度の小規模な植生の撹乱は、むしろ植生の多様化をもたらし、有用植物の成育をうながす効果をもつ。森林や疎開林の木々を切り払い、火を放って耕地を造成する焼畑は、熱帯の気候や土壌の条件に適合した農法であり、自然の遷移をくりこんだ合理的な耕作システムとしての特徴をそなえている。牧畜民は野火を放つ時期と場所について適切な知識をもっており、それによって良質の草の再生をうながす。また、多くの家畜の保持には、しばしば起こる干ばつへの対処という側面がある。豊かな恵みを与えてくれる自然は、苛酷で気まぐれな条件をあわせもつ。そのような自然とたたかい、あるいは順応しつつ人びとは生存の方策をねりあげてきたのである。

しかし一方で研究者は、人口の増加や集住化、商品経済の浸透、国家レベルでの強引な近代化政策の推進などの状況のもとで、このような共生的な自然との諸関係がゆらぎ、ひずみを抱えこみつつある地域の実態を読みとることになる。そしてそれが、森林破壊や土壌の荒廃、砂漠化、あるいは住民不在の自然保護につながりうることを実感するのである。

それぞれの民族文化は、長い歴史をへて形成されてきたのであり、内部的な条件や外部社会との交流に対応して変化をとりこんできた。それは、安定化への強い指向性を基調としつつ、変化をとりこむ社会的過程を内蔵している。人間の営みと自然とのバランスは、ゆるやかに変化をくりこみながら安定化していくダイナミズムによっても支えられてきたのである。しかし近年の変化は、経済の低迷や政治的秩序の混乱をまねきながらも、先進国追随型の経済発展・開発をめざす国家レベルの動きや、大きく組みかえが進む世界レベルの経済・政治の動向と深くむすびついている。それは、地域の生態・社会・文化の基盤から乖離した急激な変容を誘導し、地域内・地域間の経済格差を拡大させ、自然に依存して暮らす人びとを貧困化の過程へ追いやっていく。このような趨勢が民族社会や地域の自律的な調整機能を弱め、地域の環境破壊を助長し、ついには地球的規模の環境問題へとつながっていく。

多彩な民族文化がはぐくんできた自然との共生の諸相を探り、その存続を困難にする条件を読み解くことは、すぐれて現代的な課題なのである。

2　生態系と文化

自然生態系は、その系内のすべての生物と非生物的な無機的環境から構成されており、太陽放射エネルギーを究極のエネルギー源とするシステムである。緑色植物は太陽放射エネルギーをとりこみ、光合成によって有機物を生産する。その有機物を植物食性の動物が摂取し、肉食動物は植物食性の動物を食べる。そして植物や動物の死体は微生物によって無機物に分解される。こうして食物連鎖・食物網が形成され、それぞれの生物は複雑な相互関係をたもち、自然生態系が維持される。

狩猟採集・農耕・牧畜は、このような自然生態系と強いむすびつきをもつ。狩猟採集は自然生態系の再生と循環に全面的に依存した生業であるといってよい。農耕は、自然生態系を改変・撹乱し、そこで栽培植物を育て、人間に利用しやすい形で太陽エネルギーを有機物や化学エネルギーに変換する生業である。牧畜は、人間が直接的には摂取できない草本類を、家畜によって人間が利用できる物質・エネルギーに変換する生業である。こうして人びとは生存に必要な物質やエネルギーを確保する。同時に、イマジネーションや思考を通じて自然の特性・要素・属性を社会の中にとりこみ、彼らの文化システムを維持・強化する。それは、自然生態系の改変を含む過程であるが、過剰な改変は生存の根拠をおびやかす。それゆえ、自然からの過剰な収奪や、その改変を制御する機構が生活過程の中に埋めこまれているとみてよいであろう。いわば、人びとは自然環境の社会化を基礎として多彩な民族文化をきずきあげ、自然と社会の再生産を維持してきたと考えることができる。

こうした多彩な民族文化の中には、自然生態系の原理そのものをとりこみ、それを世界観の中核にすえた稀有な例もある。たとえば、中南米の考古学・民族学の泰斗であるライヘル＝ドルマトフが描きだしたトゥカノ族の事例である（ライヘル＝ドルマトフ　一九七三、Reichel-Dolmatof 1976; 吉田　一九八四）。ここではトゥカノ族における自然と文化の関係を概観し、自然とともに生きる人間の知恵の可能性を探ってみたい。同時に、この論集はアフリカ・オセアニア・日本での事例を中心としているが、トゥカノ族の事例を加えることによって、より多様性に富んだ地域性を視野にいれることができるであろう。

トゥカノ族は、南米（コロンビア）の北西アマゾン河流域に広がる熱帯多雨林に住む。彼らは熱帯多雨林を切りひらいて焼畑を造成し、そこでキャッサバやヤム、サツマイモなどのイモ類を中心に耕作する。種類・数ともにけっして多いとはいえないが、森の動物や川の魚は大切な食糧源であり、狩猟・漁撈も重要な生業である。野生の食用植物も採集する。彼らの社会は二十を越す父系の集団からなり、それらの集団は婚姻関係によって緊密に結びつけられている。

トゥカノの世界観の中心は、宇宙を創造した父なる太陽への信仰である。太陽神は、天界と大地、地下の楽園を創造し、大地に人間・動物・植物をつくった。しかし父なる太陽は、かぎられた数の動物と植物しかつくらず、しかも円形に広がる、限定された範囲の土地しか与えなかった。動物や植物は特定の精霊の守護と管理のもとにおかれ、乱獲から守られる。その創造は絶えることなく続く過程であり、光りと熱を発して輝く太陽のエネルギーこそが、植物を育て、果実をみのらせ、人間や動物を繁殖させる。生命を生み育てる太陽エネルギーは全宇宙をまきこんだ大きな循環系を構成し、人間と動物、自然と社会の間をたえまなく流れているが、その量は限られている。それゆえ、人間は特定の条件のもとでのみ必要なものを手にいれることができるだけである。

トゥカノの世界観は、世界がエネルギーのインプットとアウトプットの均衡によって支えられているという、生態的な思考につらぬかれている。世界の構成員である人間は、たとえば性的なエネルギーを抑制することで、生物界でのエネルギーのバランスをたもたなければならない。つまり「男女の性行為によってエネルギーを浪費すると狩りの獲物が少なくなる」（寺田　一九七三：三六一頁）と、トゥカノは考えるのである。あるいは、節度のある食物摂取によって健康に生きることが、宇宙のエネルギー流に影響を与え、星の運行や気象現象を左右すると考えるのである。こうして、個人の努力によってエネルギー流のバランスをたもつことが、彼らの宗教的な主題となり、集団の社会的あるいは経済的な構成と密接なかかわりをもつことになる。

彼らは、より効率的に環境を開発するような知識にはほとんど興味をもたず、実際に必要な量を越えて、一時に大量の食物を獲得することには関心がない。しかし、動物や植物の分布や季節的な変異、昆虫や鳥の社会的行動、魚の群れの構成など、野生の動植物について彼らは強い知的関心をよせる。このような知的探求を通じて自然界の秩序を発見し、そこに人間がしたがうべき行動の規範や秩序の源泉をみいだすのである。

トゥカノは、薬草による避妊や性的な禁欲によって人口を調整し、神話やタブーによって狩猟や採集を規制し、婚姻や食物などの交換によって父系の集団間を緊密にむすびつけて争いを抑止する。生態的なバランスの維持を根源的な課題とするトゥカノ社会は、人口増大、自然の開発、人間間の争いなどを制御するメカニズムを制度化して、人びとの行動を調整し、あるいは規制しているのである。

このようなメカニズムは、彼らの病気の概念に支えられて強力に機能する。狩りの獲物の復讐、他人の悪意、動物を支配する精霊の悪意などが病の根本的な原因であると考えられているのだが、それは、人びとがタブーや文化的な規範を破り、あるいは無視したことの当然の報いなのである。たとえば、狩りの成功を願う狩人は、性的な禁欲や食物の規制を守り、水浴や嘔吐によって身を清め、動物を支配する精霊の許しを得なければならない。狩りの対象となる動物は特定の星座とむすびついており、その星座が現れたときにのみ狩猟することができる。このようなタブーや規範の侵犯が病をもたらすのである。

病の原因を診断し、その治療に当たるのはシャーマンである。たとえば、同じ種類の動物を殺しすぎると狩人は病にみまわれるのだが、そんな場合、シャーマンは夢や憑依状態の中で、その動物に姿を変えた狩人を見るという。過剰な狩猟や作物のとりすぎは、精霊や動物の怒りをさそい、病が罰として与えられるのだと、多くのシャーマンは語る。シャーマンは、川魚漁でもちいる魚毒の量を決めたり、イノシシの群れをみつけたという報告を受ければ、殺すことのできる数を決定する。特定の森で、ある種の動物の狩りを禁止することもある。共同家屋の建設やカヌー造り、小道を切りひらくさいにもシャーマンが関与する。こうしてシャーマンは、生態的なバランスを維持し、あるいは回復する役割をはたすことになる。

ライヘル＝ドルマトフは、トゥカノの神話的な宇宙論や伝統の基本的な考え方をつぎのように総括している。「人間は個人を越えた一連の諸体系《システム》―生物的なものであれ、文化的なものであれ―の一部と考えられており、その体系は、個々人の生活を超越し、その体系の中で、特定の生活体の生存と維持は、あらゆる他の生活体が個々の欲求に従って発展することができて初めて可能なのである」（Reichel-Dolmatof 1976: 318; 吉田　一九八四：一二九頁）。トゥカノ族は、現代の生態系に通ずる世界観をもち、その生態系の一員でありつづけることが日々の生活を律する規範であるような文化を生きる人びとであった。一方の極に、人間と自然とを切り離し、征服し改造する対象として自然を認識する産業社会の思考法や行動様式をおき、他方の極に、トゥカノ族の世界観や文化をおけば、人間と自然のかかわりについて考察する一つの軸をイメージすることができるであろう。

3　文化の構造と環境

トゥカノ族の事例は、文化の諸側面が相互に関係しつつ自然と共存する構造を示してもいる。そのような構造について論ずるとき、川喜田の提唱する「文化生態系」のモデルが、考えを整理する一つの枠組みを与えてくれる（川喜田　一九八九など）。川喜田は、［主体―環境］系として世界を把握する視点を基本にすえ、考察の水準に応じた社会単位を主体とし、「文化生態系」の構造を図14-1のように設定する。ここで主体性というのは、主体から環境へと働く力を意味しており、環境性は、環境から主体へと働く力を意味している。主体性と環境性は、どこまでも相互浸透的であり、四つに分けられた文化のいずれの側面にも、この二つの力がおよんでいる。文化の四側面について、ハードウェアとソフトウェアとしての性格に着目して類別している点も、このモデルの特徴の一つである。もっとも有形的で環境に密着している技術としての文化は、ハードウェアの性格が濃く、それゆえハード・ハードということになる。価値観・世界観は社会を構成する個人の内面にくいこんだ文化であり、もっとも目に見えず、ソフトウェアとしての性格が強い。つまり、ソフト・ソフトとして類別するのが適切である。これらの間に、ソフト・ハードとしての社会組織と、ハード・ソフトとしての経済・厚生の側面が位置づけられる。経済・厚生は、物質やエネルギーの代謝を基盤とした生物的生存に根をおろしており、それゆえハード・ソフトと類別されるのである。

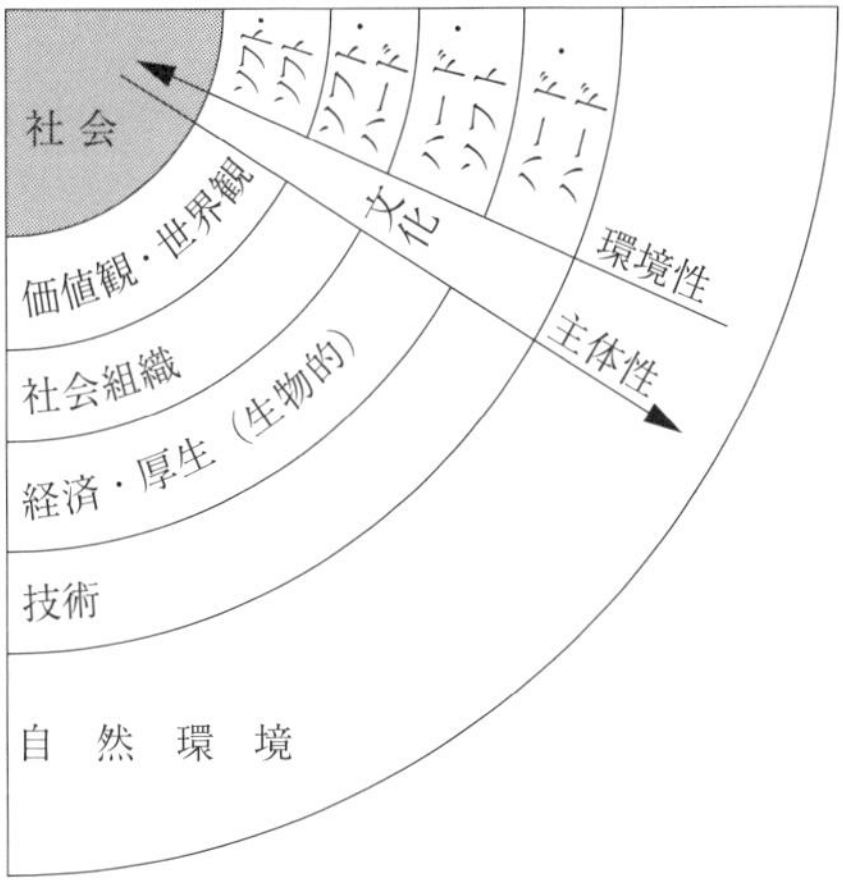

図14-1　文化生態系モデル
（川喜田　1989：7）より引用。

このモデルに即していうなら、「環境の社会化」を問うことは、文化の諸側面に浸透した主体性と環境性の相互関係を問うことである。あるいは、環境の主体化を問う視点であるということもできる。トゥカノ族の場合には、自然環境にそなわった生態的原理を深く主体化した世界観によって、社会組織や経済、技術を制御する文化統合体の事例であると表現することができる。

本巻を構成する個別の論文は、生活環境や生業を異にする民族を対象としているが、焦点となる文化の側面のとりあげかたもバラエティーに富んでいる。以下で、「環境の社会化」の多様な表現を構造的に理解するために、三つの基本的な視点をサブテーマとした本巻の構成にそって、文化生態系モデルと関連づけつつ各論文の内容を概観しておきたい。

生存を支える時間認識

このセクションでは、季節や自然のリズムを主体化する民族文化の諸相を示す論文をとりあげ、自然のもつ時間性と文化との相互関係に焦点をあてている。同時に、体系的な知識による自然現象の分節化と実際面とのズレ、近代化と自然認識との関係などについても貴重な情報が提示されている。

赤澤論文〔注「縄文社会における季節性の克服」〕は縄文人の食生活を最先端の方法を駆使して復原し、食糧資源の季節性に対する適応戦略を緻密に分析している。それは縄文文化を支えたハード・ソフト、つまり経済生活に焦点を定めた研究であり、縄文人は秋に多量の堅果類を集めて貯蔵し、冬以降の食糧源としていたことが豊富な科学的資料にもとづいて論証されている。

秋道論文〔注「漁撈活動と時間認識」〕は、漁撈活動のさかんなオセアニアの民族誌的事例をとりあげ、太陽や星、月、風などにもとづく時間区分や暦、潮汐などの海のリズム、回遊や産卵などの魚の生態・行動にかんする知識を分析し、その時間認識と漁撈活動との関係を論じている。それらは漁撈技術を支える民俗知識としてハード・ハードの文化に属するとともに、世界観の一部を構成するソフト・ソフトの文化でもある。

現代ムスリム社会をとりあげた大塚論文〔注「太陽・月・クォーツとムスリムの時間分節化」〕は、イスラーム教の教義や礼拝・祭りなどにみられる時間認識を分析し、太陽と月の運行にもとづくイスラーム的時間分節化の特徴を指摘するとともに、近代的な機械時計による計時法がもたらした生活の変容に言及している。生活の根拠をイスラームの教義体系におくムスリムの時間認識は、世界観・価値観と自然認識や他の文化の側面との相互関係についてユニークな視点を提示してくれる。

自然と社会の永続性

ここでは狩猟採集民、半農半牧民、ラクダ遊牧民の三事例がとりあげられている。初めの二つの論文は、現代の環境問題をめぐるキーワードの一つである「自然の持続的利用」に関連したテーマをあつかっており、三つめの論文は、過酷な自然環境のもとで社会が存続していく要件を探っている。

市川論文は、すでに冒頭部で引用したが、アフリカのイトゥリの森に住む狩猟採集民ムブティ・ピグミーの自然利用について検討し、森の多様な植物や動物が、彼らの生活や文化、物質的・精神的な価値の源泉であることを明らかにしている。そして、ムブティの文化は自然と共存するソフトウェアそのものであり、自然保護を考えることは文化の保全を考えることでもあると論じている。

福井論文〔注「自然の永続性―焼畑と牧畜における遷移と野火の文化化」〕は、主としてエチオピア西南部に住む半農半牧民メラの事例に依拠しながら、火入れをともなう焼畑農耕の基本原理は休閑にあることを指摘し、また、野火はウシの放牧・遊動と緊密な結びつきをもつ牧草地の管理技術であり、いずれも自然の遷移に適合した生産技術であることを論証している。ハード・ハードとしての焼畑農耕や野火による牧草地の管理技術は、メラ自身の生態的思考の産物であり、自然のリズムを主体化し、永続化する生存戦略なのである。

北ケニアのラクダ遊牧民・レンディーレを対象とした佐藤論文〔注「物乞いの諸相―家畜とともに生きる社会」〕

は、氏族体制と年齢体系によって厳格に構造化された社会の中で、社会的弱者による「物乞い」の行動が、秩序を逸脱した者にかけられる呪詛への恐れと、神からの祝福を願う心意によって支えられ、正当化されていることを論証している。それは半砂漠という厳しい自然環境に生きる遊牧民のソフト・ハードな文化であり、社会の存続にかかわる文化である。

以上の三つの論文で対象となった民族文化のうち、とくにムブティ・ピグミーとレンディーレの事例は、その自然環境や生業のみならず、制度化や文化規範によって「自然と社会の永続性」を保持する方策が対照的であり、ここでとくに解説を加えておきたい。

狩猟採集民のムブティは、数十人程度の小集団を形成して森の中の狩猟キャンプに住み、そのキャンプを変えながら移動し、平等主義と相互扶助を原則とする生活をおくっている。ムブティは、「自然（周囲の条件）が彼らに要求するまさにそれだけの対応をし」「そこに制度を導入することによって自らを自然から切り離すことはしない」（市川　一九八六：三〇六頁）。それは、最小限の制度化によって自然と共存する社会であるといってよい。

レンディーレの文化は、乾燥に適応したラクダとの共生に強く条件づけられている。数家族が共同管理するラクダの飼養群は、平均四十頭たらずの個体を含むが、それらの個体は約十四年でいれかわり、一世代後には一・五倍程度の増加がみこまれる。レンディーレの社会は、十四年ごとに編成される年齢組の動態を軸にした年齢体系に支えられており、その間の人口増加率はラクダの増加率にほぼ一致する。氏族体制と年齢体系によって構成されている彼らの社会は、ラクダの増殖サイクルに同調して組織化されており、私生児の抹殺や長子相続、晩婚制などをも組みこんだ厳格な社会制度と文化規範によって維持されているのである（Sato 1980）。それは、徹底した制度化に依拠しつつ、自然の中で生きる社会である。このように「環境の社会化」は、制度化の質と程度によって多様な適応形態をとるのである。

自然認識の政治性

このセクションでは、人間集団が自らの文化システムの維持・強化のために、あるいは政治的統合のために、自然の特性や属性・要素を操作する知の様式に主たる焦点をあてている。それは、社会関係のもつれに関与する手段を提供し、権力の合理化の基盤となり、階層社会や文明社会では特定のイデオロギーを合理化する手だてとして機能することがある。

アフリカの焼畑農耕民がもちいる多彩な植物性・動物性の呪薬をとりあげた掛谷論文〔注「自然と社会をつなぐ呪薬」本シリーズ第二巻所収〕は、人びとが呪薬によって精霊や祖霊の加護・助力をひきだし、悪意をもつ他者の呪いを払いのけ、病を治療する論理を明らかにしている。それはハード・ソフトとしての医療・厚生の文化の一例であるが、自然認識や世界観と結びつきながら、人間関係や社会組織にも影響をおよぼす。

栗本論文〔注「降雨をめぐる政治と紛争」〕は、アフリカ・スーダン南部のサバンナに住むパリ社会を例にとり、雨の不順という自然現象が、「降雨の因果論」と呼びうる独特の認識を媒介にして政治的操作の道具となり、紛争に転換されることを明らかにしている。それは、社会の中に潜む権力への意思が自然環境の特性を主体化する過程であるということができる。

嘉田論文〔注「水汚染をめぐる科学知と生活知」〕は、琵琶湖における水汚染の問題を取り上げ、その汚染認識の構造を科学・生活・文化が関与する文脈にそって分析している。そして、マスコミ情報などの伝聞情報によって共同主観的に作られる汚染イメージの存在を明らかにし、観念として語られる「メタファー的汚染」が、その背後に政治的・情報操作的な力を潜ませている可能性を指摘している。

自然に強く依存して生きる諸民族は、自然の循環と再生、季節性やリズムを主体化し、さまざまな質と程度の制度化・文化規模によって自然との関係を保持し、ときに自然の特性・要素・属性を操作的にとりこむことによって社会や文化のシステムを維持・強化してきたのである。

4　文明史の現在

巨視的な人類史の流れについて、梅棹は次のような考えかたを提示している。「原始的な旧石器時代の狩猟民が、しだいに道具、社会制度などの人工的装置群を開発し、蓄積することによって、自然につよく制約されていた生態系的人間から、装置群にふかくくみこまれた文明系的人間へと推移してきた」（梅棹　一九八一：一三頁）。つまり、人類史は人間・自然系としての生態系から、人間・装置系としての文明系へ推移してきたというのである。それは、人間と自然の相互関係を主軸とする生態史と、人間と装置系との相互関係を主軸とする文明史との交錯として人類史を読み解く視点をも提示していると考えられるのである。

四〇〇万年におよぶ人類史の大半の期間を、人びとは狩猟採集民として、あるいは自然生態系の一員として生存してきた。ほぼ一万年前に農耕と牧畜がはじまり、人類はあらたな生態史を生み出していく。そして、世界のいくつかの地域では文明史的過程へと推移していくのであるが、この間の人類史は、自然環境と人間社会がともに再生産しうる生活様式の保持を基盤とする歴史であった。文明系も生態史的過程に支えられることによって存続することができた歴史である。しかし、産業革命期以降にいたって、人工的な装置・制度が飛躍的な展開を示し、自然条件をねじふせ、近代文明社会が成立するにいたる。このような文明史の展開が、一方で地球的規模の環境問題を生み出す過程でもあったことは明瞭であろう。

地球的規模の環境問題への対処は、いまや人類が直面する最大の課題の一つである。それは、化石燃料の大量消費や科学技術の発展が生み出した現代の産業構造・経済体制・生活様式・価値観などの変革を不可避なものとし、あらためて人間と自然との関係に視点をおき、民族や地域、文化や文明、あるいは人間存在そのものについて問い直すことの重要性を提起している。この意味で、民族文化がねりあげてきた自然との共生の諸相について学ぶことは、きわめて現代的な意義をもつといってよいであろう。

第15章　焼畑農耕民の生き方

1　多様な焼畑農耕

これまでの私のアフリカ研究は、西部タンザニアや北東ザンビアのウッドランド（乾燥疎開林）に住むトングウェやベンバ、あるいはザイール（現コンゴ民主共和国）のイトゥリの森に住むレッセなどの焼畑農耕民を主対象としてきた。その調査体験を最大限に拡張して理解がとどく範囲は、『コンゴ盆地の農業』という著書の中で、M・P・ミラクルが分析対象としている地域内におさまる（Miracle 1967）。ミラクルがコンゴ盆地と定義している地域は、かつてはコンゴ河と呼ばれていたザイール河流域に発達した熱帯降雨林帯を核心域とするが、縁辺部

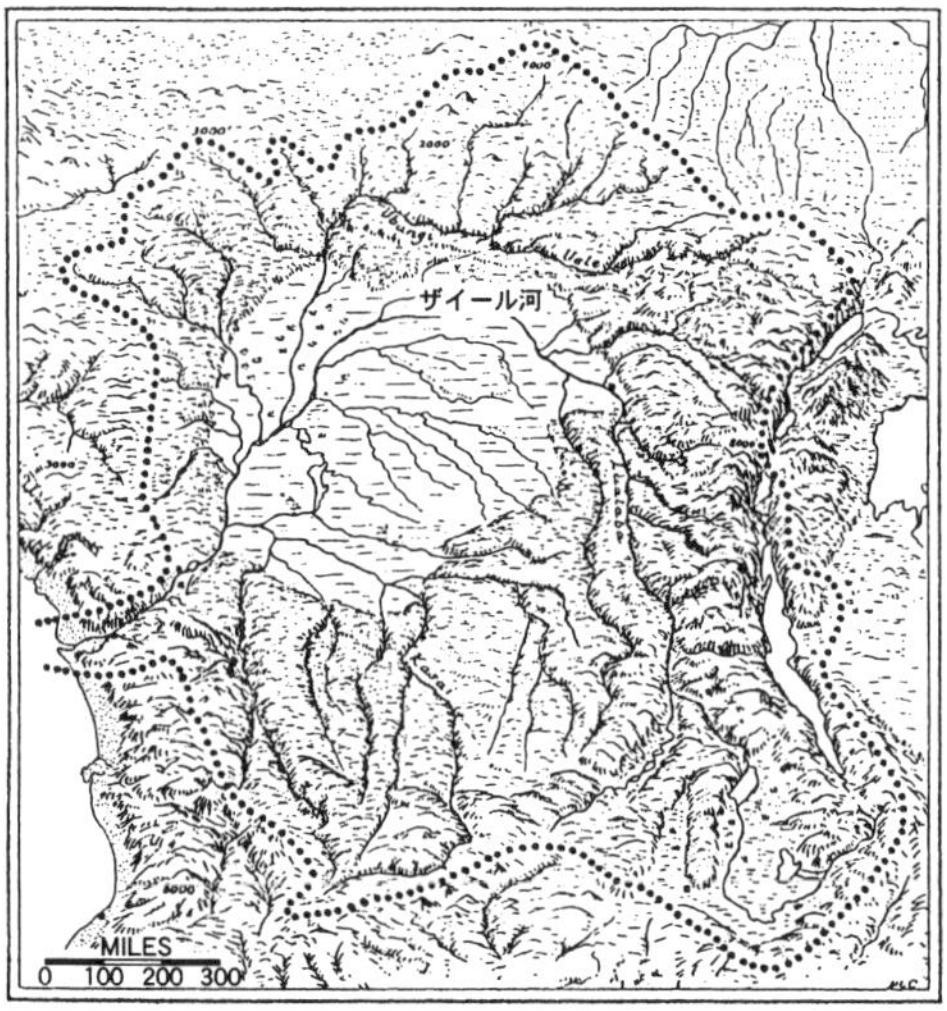

図 15-1　コンゴ盆地（Miracle 1967: 5）

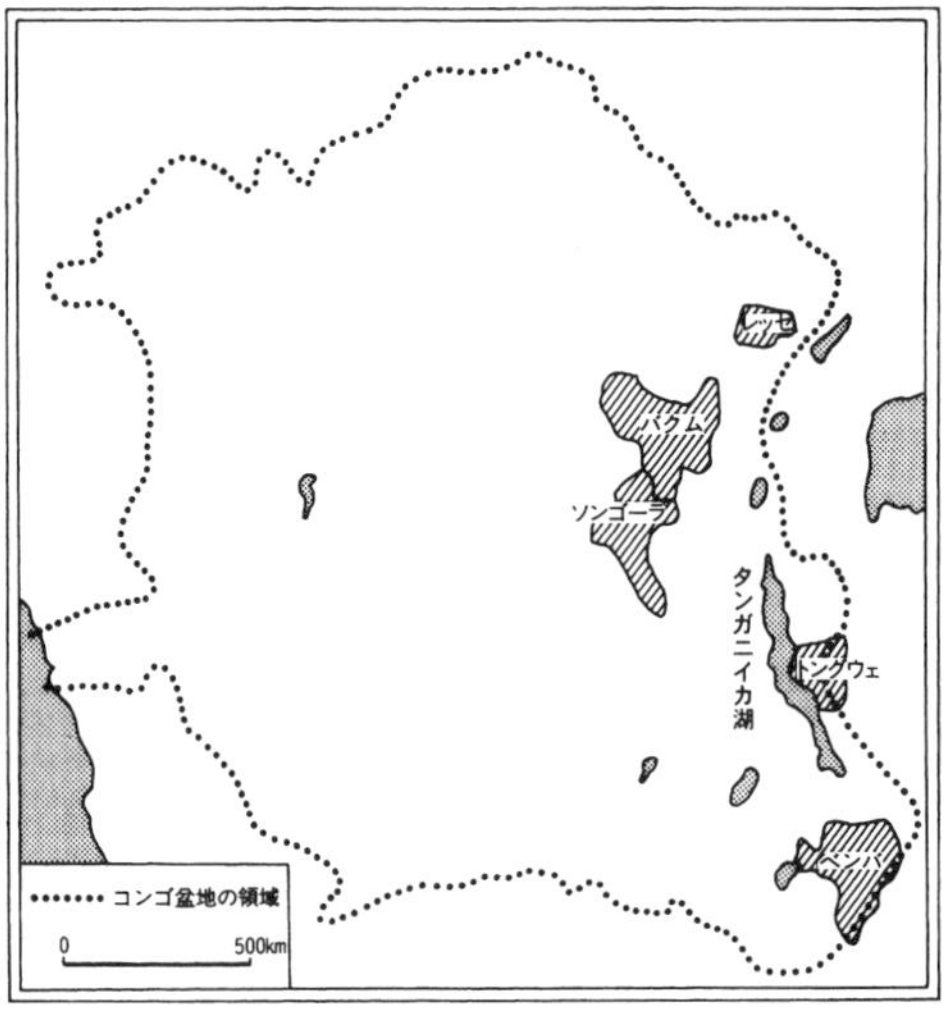

図 15-2　本文中で言及される民族の居住域

にはウッドランドをも含んでおり（図15-1）、そこには多くの民族が居住している（図15-2）。

この報告では、私自身の調査体験とミラクルの広域を対象とした分析とを重ね合わせつつ、アフリカにおける焼畑農耕の特性について、生態・社会・文化の相互関係に留意して考察を試みたい。その際、私のフィールド・ワークの視点が焼畑農耕民の研究にあり、焼畑農耕そのものの研究という視点が稀薄であった点を自覚し、ここではその二つの視点が交錯する地平で見えてくる問題点を中心にして論じてゆきたい。

アフリカでは全耕地面積の約二二パーセントが焼畑による耕地であると推定されている（El Moursi 1984）。しか

表15-1　ミラクルによる焼畑耕作の分類

I型	古典的（典型的）な熱帯型長期休閑システム	
	亜型1	伐採—植付け—火入れ［森林］
	亜型2	伐採—火入れ—プランテインバナナの植付け—シーズン後に他作物の植付け［森林］
	亜型3	伐採—火入れ—植付け［森林］
	亜型4	伐採—火入れ—耕起—植付け［森林］
	亜型5	伐採—火入れ—耕起—植付け［サバンナ］
	亜型6	伐採—火入れ—植付け—耕起（中耕）
	亜型7	火入れ—耕起—伐採—植付け
	亜型8	耕起と伐採—後に火入れ、もしくは、火入れ—後に耕起と伐採
	亜型9	耕起と伐採—火入れ—清掃—植付け
	亜型10	耕起と伐採—清掃—火入れ—植付け
	亜型11	伐採—火入れ—清掃あるいは整地—耕起—植付け—その後もくり返し耕起
	亜型12	伐採—樹木作物の植付け
II型	木灰依存型長期休閑システム（コンゴ盆地の南西部縁辺で見られるのみ）	
III型	堆肥依存型長期休閑システム（サバンナで見られるのみ）	
IV型	短期休閑システム（厩肥や灌漑に強く依存したシステムであり、コンゴ盆地の東縁部でのみ見られる）	

（註）Miracle（1967）〔廣瀬（1989）を参照して翻訳〕

しひとくちに焼畑といっても耕作形態は多様であり、その定義や分類も一意的に定まっているわけではない。日本語の焼畑という用語は木の伐採と火入れに着目したものであり、slash-and-burnという英語の用語と共通している。しかし、たとえば移動耕作（shifting cultivation）という命名法が示すように、一～二年の耕作の後に農地を放棄し、つぎつぎに農地（あるいは集落そのもの）を移動させる点に着目したものや、休閑耕作（fallow cultivation）という命名法のように、短期間の耕地としての利用と自然植生の更新にゆだねる休閑期とをセットとして捉えるものもある。休閑期間を含めた土地利用の全年数に対して、耕地としての利用年数の比率を百分比で示した値をR係数と呼び、そのR係数が六六以上であれば常畑農耕、三三～六六のものを休閑耕作、三三以下のものを移動耕作として分類したうえで、さらに開墾地や休閑地の植生に

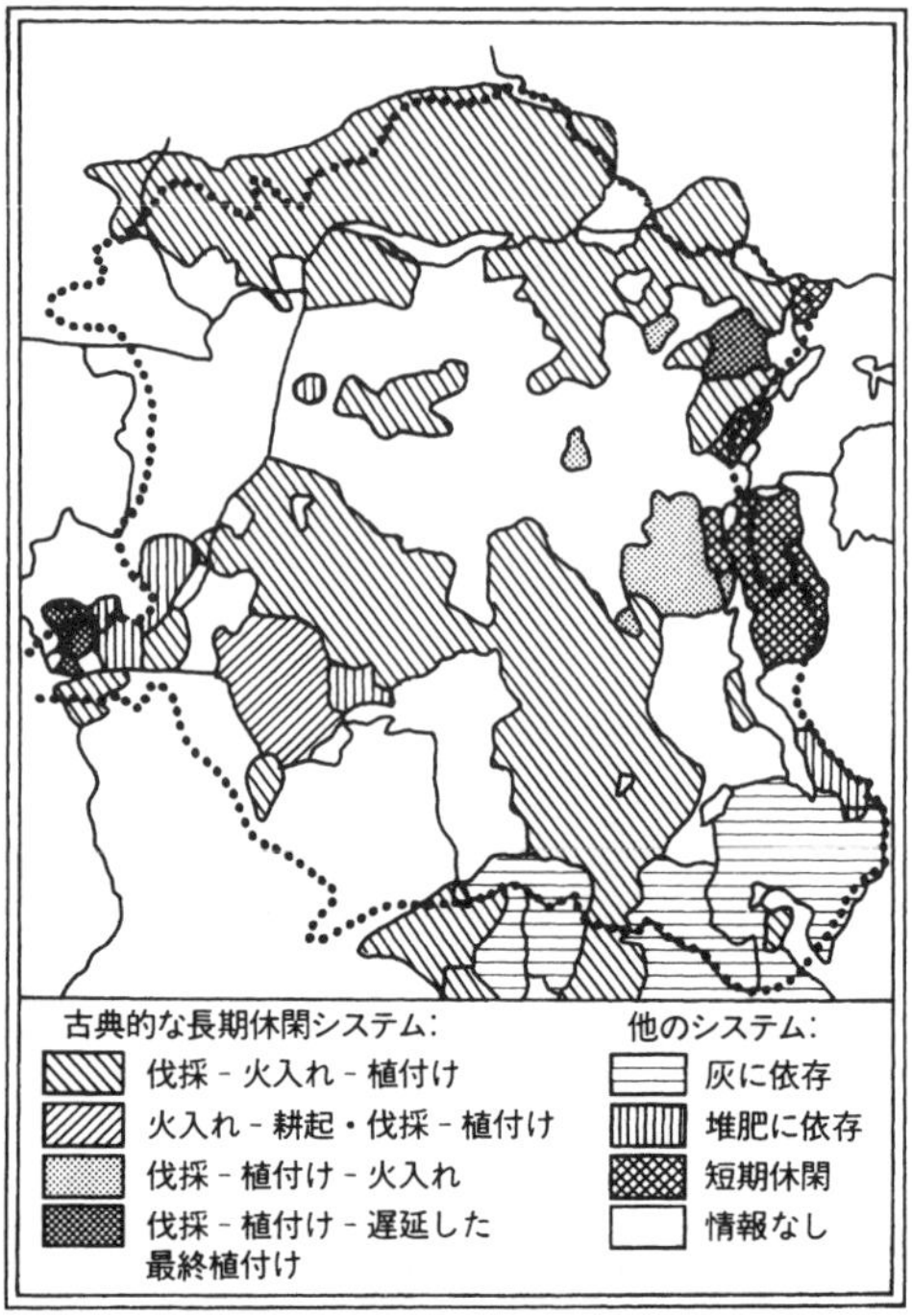

図 15-3　移動耕作の諸システム
（Miracle 1967: p. 39）

よって森林型・叢林型・サバンナ型・草原型に分け、より細かく類型化する試みもある（Ruthenberg 1980; 末原　一九八七）。

ミラクルの場合には、表15-1のように大きく四類型に分け、古典的な熱帯長期休閑システムの類型の場合には、たとえば伐採―火入れ―植付け型や、伐採―植付け―火入れ型など、一二種ものタイプを認めている。その主なタイプのコンゴ盆地域における分布は図15-3のようになる。それに、主要作物（図15-4）などの要素も加えれば、その変異の多さにいまさらながら驚くのである。

焼畑農耕は、「土壌肥沃度の回復を自然の過程に依存することを共通の特徴」（久馬　一九八九：九一頁）としつつ、多様な変異をもつ農耕システムなのである。

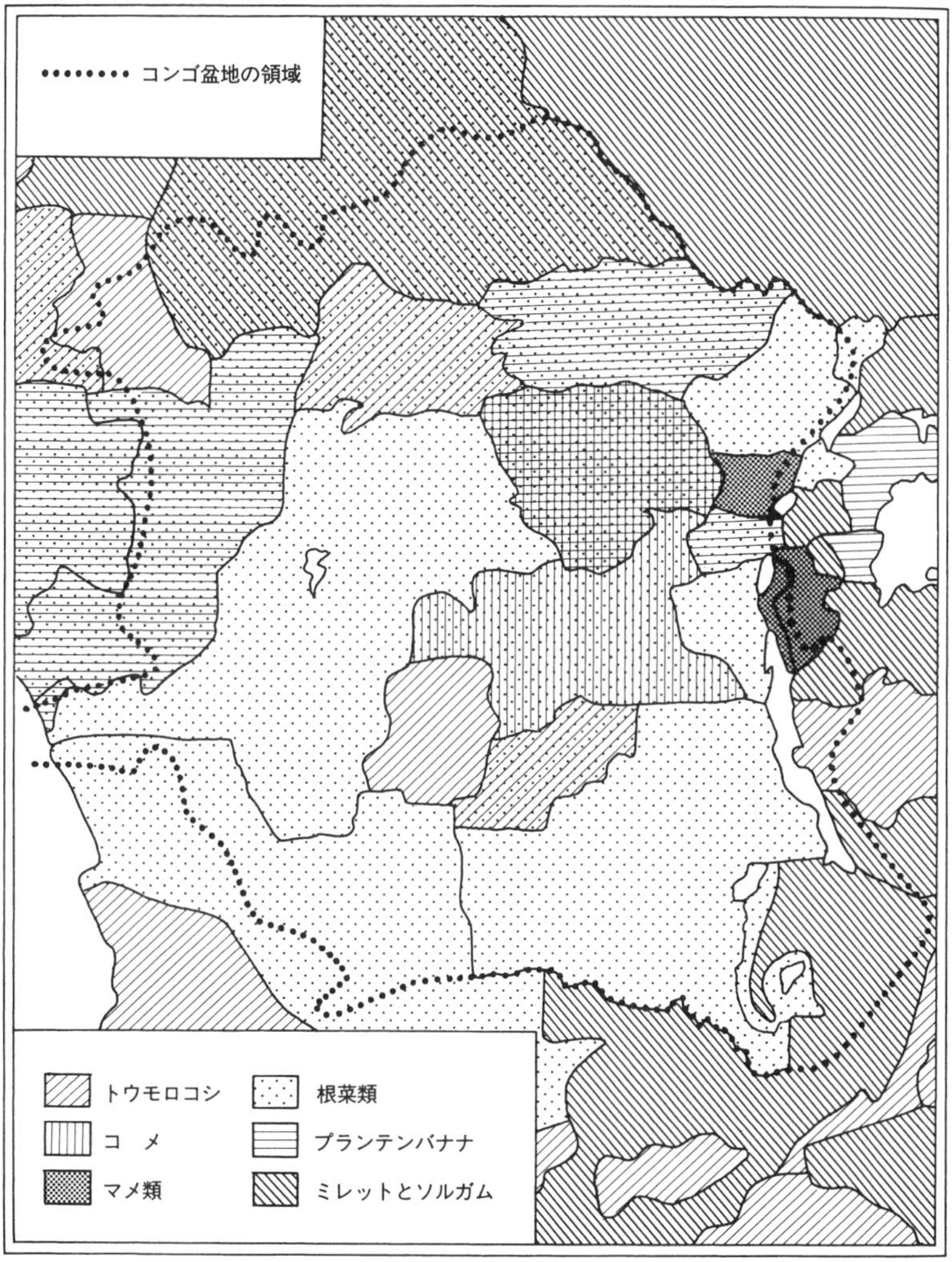

図 15-4　1950 年頃の主要作物（Miracle 1967: 11）

2　森林とウッドランドの焼畑農耕

この節では、私自身が調査した事例をとりあげ、多様な焼畑農耕のもつ意味を探ってみたい。私のアフリカ原体験は、一九七一年から一九七二年にかけてタンザニア国のウッドランドに住むトングウェとともに暮らした日々にある。それゆえ焼畑農耕についてもトングウェの事例を素描することから始め、その後で熱帯降雨林帯での焼畑農耕を概観し、また最近の調査結果にもとづいて、ザンビア国のウッドランドに住むベンバの特異な焼畑農耕について述べてみたい。

トングウェの焼畑農耕

トングウェ・ランドは、タンガニーカ湖東部のウッドランドに広がっているが、その内部には標高二〇〇〇メートルを越す山々が連なるマハレ山塊をかかえもつ。それゆえ変化に富んだ地形や水系が展開しており、疎開林を基調としつつも河辺林や山地林などの森林も発達してモザイク状の植生分布を示す。

男たちは山地林や川辺林を焼畑の対象地として選び、五月から一〇月まで続く乾期の間に、その森に通って山刀で蔓を刈り払い、斧で木を切り倒す。降雨の直前まで放置して木々を乾燥させた後に、火を放って焼畑耕地を造成する。雨期が始まると、女は斜面を登り降りしながら鍬を軽くうちおろして穴を掘り、トウモロコシやインゲンマメ、それにカボチャの種子などを混作する。集落から離れて遠隔地で開墾する場合には、焼畑耕地に出作り小屋を設け、一時期そこに移り住んで畑作業を営む。収穫は、雨期も終わりに近づいた四月初旬になる。焼畑は一年で放棄され、翌年には新たな焼畑耕地が開墾されるのが一般的であるが、ときには二年目の焼畑にも作付けされることがある。トングウェ・ランドで確認しえた農作物は四二種にのぼるが、その大半はごく少量が栽培されるのみであり、山地帯ではトウモロコシ、湖岸部ではキャッサバ（cassava）を主要作物としていると言ってよい。湖岸部に住む人びとは、主として二次性草原を開墾してキャッサバ畑を造成している（掛谷　一九七四）。

トングウェはウッドランドの住人なのだが、その伝統的な焼畑はウッドランドを対象とせず、比較的良く発達した山地林や川辺林などの森林を開墾する点に大きな特徴を見出だすことができる。後にその生計経済の特質を検討する際に述べるが、一平方キロメートル当たり一人以下の稀薄な人口密度、分散した小規模な集落、それに自給的農耕などの諸条件のゆえに、川辺林や山地林を開墾対象とした焼畑農耕が存続することができたと言ってよいであろう。

熱帯降雨林での焼畑農耕

私は一九七八年に東北ザイールのイトゥリの森を訪れ、そこで狩猟民ムブティ（ピグミー）と共生関係を保ちながら生活する焼畑農耕民レッセの暮らしを垣間見た。樹高が四〇メートルを越す大木が林立し、樹冠を形成して空を覆う熱帯降雨林の印象は強烈だった。その原生的な森林を切り拓いて、レッセはスースーと呼ばれる焼畑を造成する。大きな板根を残した木の切り株の間に太い倒木が散在し、プランテンバナナ（plantain banana）、キャッサバ、トウモロコシ、陸稲などが混作されていた。その光景は、まことに「収穫できる森（harvestable forest）」（Geertz 1963）と呼ぶにふさわしい。熱帯降雨林での焼畑農耕は、「自然の森」を「収穫できる森」に変える営みなのである。

「収穫の森」は、多種類の農作物の混作に支えられていると言ってよい。同じザイール（キサンガニ周辺）の熱帯降雨林に住むバクムを調査した杉村和彦は、この「混作」をめぐって、すぐれた論稿を発表している（杉村一九八七）。彼はまず、P・リチャーズ（Richards 1985）が論じた「混作」技術の利点を以下のように整理する。①より安定した生産を確保することができる。②一年間を通じて均等な作業を行うことができる。③害虫・雑草・病害虫などに強い。④多様な食料・栄養をとることができる。これらのリチャーズの指摘を踏まえつつ、杉村は農民の価値意識に切り込んでゆく。「混作」は、「多様性」「安定性」を主軸とした、農民の生活様式とその生活合理性を支える中心的な価値規範が具現化したものである、というのが彼の主張である。

木を伐採した直後に、鍬で軽く土を掘り起こし、プランテンバナナの側芽やキャッサバの茎を植付け、それから火を入れる農法も、イトゥリの森で初めて観察することができた。このスースーは二年後には放棄され、休閑地となるのである。

プランテンバナナは耕作に手間がかからず、調理法が簡単で、しかも味の良い優秀な主食用作物であることを実感することもできた。レッセがプランテンバナナの多くの品種を認知して名前を与え、実際にそれらの品種を一筆の焼畑で栽培していることを発見したのも大きな驚きであった。試みにその実態を調べてみたのだが、二〇アールの耕地に二四六株のプランテンバナナがあり、その品種は二七を数えた。

私もその予察に同行したのだが、同じコンゴ盆地の熱帯降雨林に住むソンゴーラは、安渓遊地によると、多作物の混作とともに、各作物について多くの品種を認知し栽培していると言う。たとえば三五品種のプランテンバナナ、四〇品種のキャッサバ、二八品種のイネ、九品種のサツマイモなどである（安溪　一九八一）。

多品種栽培については、エンセーテ（ensete、アフリカ起源のバショウ科栽培植物）を耕作するエチオピアの農耕民アリについての詳細な調査にもとづき、重田眞義（一九八八、一九九五）が洞察に富む議論を展開している。アリは七八品種のエンセーテを認知しており、それらの品種は、宗教的な聖地に自生する野生集団との交雑などに支えられ、積極的に維持・保存されているという。重田は、このような「多様化選択」が働く機構について考察を進め、ヒトと植物の相互的共生関係という視点からその実相をときほぐしていくことの重要性を指摘している。「混作」や「多品種栽培」は、アフリカにおける生態と文化の共生について、より深い意味を私たちに投げかけているといえるのかも知れない。

太い倒木が散在し、一見したところ雑然とした印象を与える「収穫できる森」としての焼畑、プランテンバナナやキャッサバなどの栄養繁殖型の作物を核とした混作、多品種栽培、軽く土を起こして作物を植付ける最小耕起法、それに短期栽培・長期休閑などのセットが熱帯降雨林における焼畑農耕の特徴であると考えてよいようだ。これらの諸特徴は、一方で農耕民の生活様式や価値観などの文化と結びついているのであるが、他方で熱帯降雨林の生態そのものと深くリンクしているのである。

近年になって進展しつつある熱帯降雨林の生態研究によれば（吉良竜夫　一九八三など）、熱帯降雨林の外見上の旺盛な生産力は、高温・多湿という条件のもとでの、きわめて早い有機物の分解に負うところが大きいという。熱帯降雨林は、いわば自転車操業型の物質循環に支えられており、土壌中に栄養素はあまり蓄積されず、むしろ木に栄養素が蓄積されるのだと言ってよい。それゆえ植物被覆が大規模かつ全面的に除去されてしまうと、急速に土壌流失・土壌荒廃が進行することになる。

熱帯降雨林における伝統的な焼畑農耕は、木に蓄積された栄養素を土中に還元し、多種類の作物の混作によって「収穫できる森」を作りだす農法である。大木の根や太い倒木は土壌の流出を押さえ、最小耕起法によって土壌の物理的構造の改変を最小限に保つ。成育過程を異にする作物が常に地表を覆い、強烈な陽光や激しい降雨による土壌の浸食を防ぐ。小規模な耕地で短期栽培した後は自然の回復力にゆだね、十分に森林が更新してから再び焼畑の対象地として利用される。森林の民の自給的生活を前提とすれば、焼畑農耕は森林の生態に適合した合理的な農耕システムであると言えるのである。

ウッドランドの焼畑農耕――チテメネ・システム

トングウェ調査を始めて以来、私の基本的なテーマは「ウッドランドにおける自然と文化の諸関係」を探求することであった。比較の観点を繰り込み、より広い視野からこのテーマを追求するために、私は一九八二年から、北東ザンビアのウッドランドに住むベンバの調査を開始した。

山がちなトングウェ・ランドとは異なって、ベンバ・ランドは標高一〇〇〇メートル前後のなだらかな高原地帯にある。いくつかの大河とその支流がこの高原地帯を貫流してバングウェウル・スワンプに流れ込む。川辺林はほとんど発達せず、雨期に湿地帯となる草原（ダンボーと呼ばれる）が河川に沿って展開する。そして、川と川との間には延々と疎開林が広がっている。

ベンバは、トングウェが焼畑耕地の対象とはしなかった疎開林そのものを焼畑耕地化する、チテメネ・システ

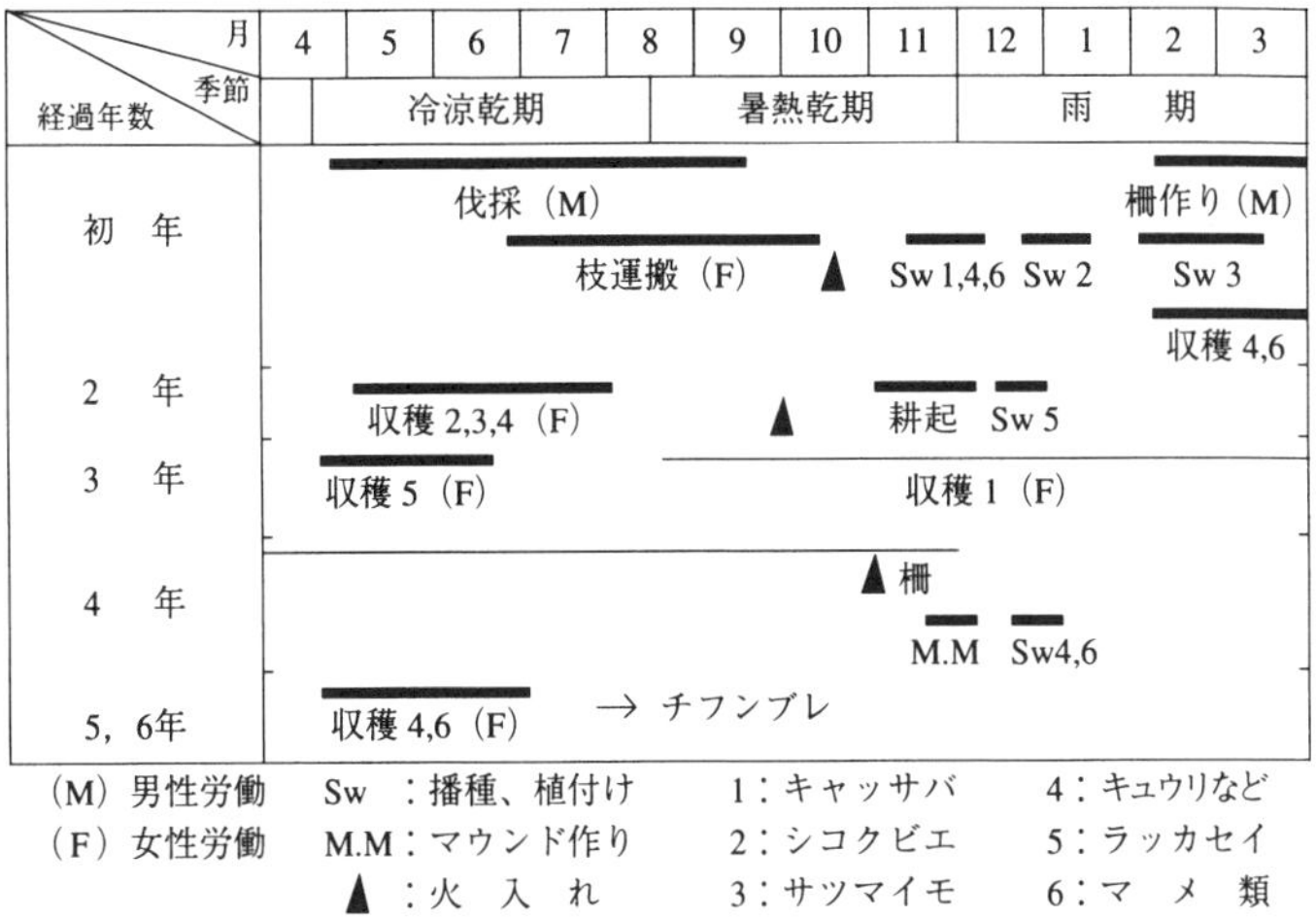

図15-5　チテメネの耕作暦

ム（citemene system）と呼ばれる独特の焼畑耕作を発達させてきた。男は、原則として木を根元から切り倒さず、疎開林の木によじ登って、斧一本ですべての木の枝を伐採する。この枝の伐採のことをベンバ語でテマと呼ぶ。チテメネという呼称は、このテマに由来している。伐り落とした枝はそのまま放置して乾燥し、二〜三週間後に女がその枯れ枝を伐採域の中心部に運ぶ。耕地の六倍以上に達する伐採域から枯れ枝を集め、そこに火を放って、チテメネと呼ばれる焼畑を造成するのである。

このチテメネには、混作と輪作を組み合わせて、四〜五年程度は作付けする（図15-5）。その主要作物は、アフリカ起源の雑穀であるシコクビエなのだが、初年度にはキャッサバやインゲンマメ・カボチャ・キュウリ・トマトなどを混作する。チテメネの周囲には畝を立ててサツマイモ・トウモロコシ・モロコシなども栽培し、その外周部に野獣よけの柵を造る。二年目にはシコクビエを収穫し、その稈を焼いた跡にラッカセイを播種する。三年目にはラッカセイを収穫し、腕の太さぐらいに成長したキャッサバを必要に応じて掘りだし食用にあてる。四～五年目には畑の内部に畝を立ててインゲンマメを播き、焼畑のまわりを取り囲む柵を焼いて、そこにカボチャやキュウリを栽培する。こうして一連の輪作過程を終えた畑はチフンブレ（放棄畑）と呼ばれ、一五～二〇年と推定できる休閑期に入る（掛谷・杉山　一九八七）。

チテメネ・システムの大きな特徴は、原則として大木を根元から切り倒さず、男が木に登ってすべての枝を伐採し、女が耕地の六倍以上の伐採域から枯れ枝を集める作業である。広い伐採域から枯れ枝を集積することによって、熱帯降雨林に比して樹木の生息密度の低い疎開林という条件を補い、一方で樹幹を切り倒さずに残すことによって、疎開林の自然更新を促進していると言ってよい。大量の枯れ枝を燃やすことによって木に蓄積された栄養素を土に還元することになるのであるが、同時に、火入れによる焼土効果によって土壌中の窒素が活性化される。長期にわたる乾期の最後に高温による火入れを行い、土壌の乾燥化を高め、その後の降雨によって有機物の分解を昂進させもする。いわゆる乾土効果である。この火入れは、土壌中の雑草の種子を取り除く効用をもってもいる。チテメネ・システムは、年間がはっきりと乾期と雨期に分かれるウッドランドの特性を引き出す農法なのである。

チテメネ・システムのもう一つの特徴として、ほぼ五年間にわたる輪作体系をもつ農法であることをあげることができる。それは、アフリカ起源の雑穀であるシコクビエの栽培と強く結びついているのであるが、もう一つの主要作物であるキャッサバと、油用作物・換金作物ともなるラッカセイとの組み合わせを基軸とし、他の蔬菜類をも含めた混作を併用することによって、時間的・空間的に焼畑を有効利用するシステムを作りあげているのである。このシステムは作物が常に地表を覆う状態を作りだし、それによって土壌の浸食を押さえる側面をもっているのは、熱帯降雨林の場合と同様である。

焼畑農耕は遅れた粗放農業であり、その「生産性」の低さのゆえに、あるいは森林破壊の元凶として批判にさらされている。しかし、ここでいくつかの例をあげて検討してきたように、伝統的な焼畑農耕は、それぞれの自然環境に見事に適合した側面をもつ。アフリカの農民たちが長い時間をかけて育んできた多様な焼畑農法は、それぞれの地域の生態に深く根差しているのである。

3　自然利用のジェネラリスト

副食源の分析から

この論稿の初めに、私の調査の視点が焼畑農耕民の研究にあり、焼畑農耕の研究という視点が稀薄であったと述べた。それは、彼らとともに暮らしていると、焼畑農耕以外に狩猟や漁撈、採集などの生業がきわめて重要であることに気づき、必然的にそれらの調査にも多くの時間を割くことになったということである。彼らは農耕に著しく特化せず、多面的に自然を利用する人々であった。彼らは自然利用のジェネラリストなのである。生業活動を直接的に反映する日々の副食源をとりあげ、トングウェとベンバについてその内容を概観しておこう。

トングウェの集落はタンガニイカ湖の湖岸域（海抜七七〇メートル）から、海抜二〇〇〇メートルに達する亜高山域にまで分布している。湖岸地域では圧倒的に湖魚に依存しており、海抜一六〇〇メートルまでの中高度地帯では、川の中流域でとれるコイ科の魚が占める率が高い。山地帯では、マスキット銃や多種類の罠を駆使して

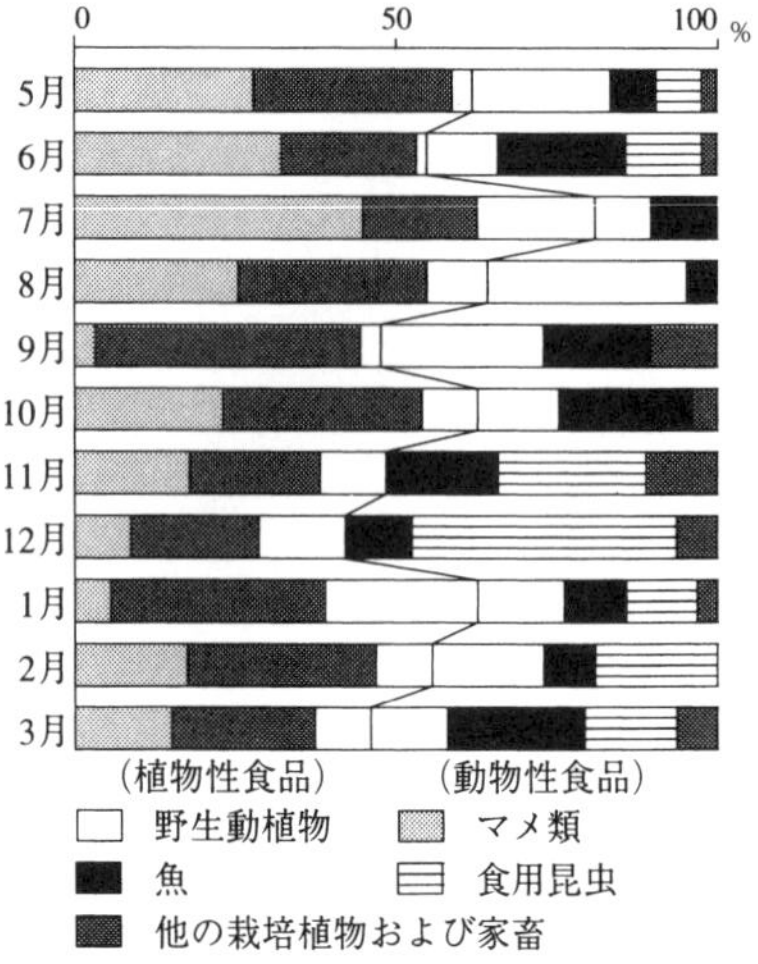

図 15-6　ベンバの村における月別の副食内容
（杉山 1988: 35）

ブッシュバックやピグミーアンテロープなどの中・小型のレイヨウ類、アフリカオニネズミ、アカコロブスなどを捕獲する。これらの主要副食源を補うものとして、湖岸地域や中高度地帯では、キャッサバの葉を煮てヤシ油を加えた副食が、山地帯ではインゲンマメを煮た副食が重要である。集落を訪れる親族の者が土産に持参する干し魚などが副食に供せられることもあり、また、湖岸部の大きな集落にある店で調味料用の塩を購入しなければならないが、奥地では、集落の周辺部で入手できる副食源に圧倒的に依存していると言ってよい。

ベンバについては、共同研究者の杉山祐子（一九八八）が月別の副食内容を記録している（図15-6）。彼らは、インゲンマメやラッカセイ、それにキャッサバの葉などチテメネの作物に依存する率が高く、また、西方のスワンプ域に住む漁撈民との小規模な交易によってもたらされる乾燥魚を購入して副食にあてることが多い。しかし、大河での魚毒やバスケット・トラップを用いた漁や釣り漁によって魚を得ることもある。樹皮の繊維を編んで作った網による共同猟や、犬を引き連れての槍猟、あるいは独特のモールラット猟で得る野獣の肉も重要である。また雨期の期間に集中する、イモムシを主体とした昆虫食に注目しておきたい。雨期の初めにこのイモムシが大発生するのだが、村人はほぼ総出で遠くの疎開林に出かけ、一週間近くも野宿してイモムシ採集に専念する。多くのベンバは、親指大に太ったイモムシが大好物であり、なかには肉よりもイモムシが好きだと言う人もいる。イモムシは良質な動物性タンパクを含む貴重な副食源なのである。イモムシの大発生期には、都市部から商人が買付けにやってくる。都市に住むベンバにとってイモムシは、いわば故郷の味であり、マーケットでも販売される。

自然利用のジェネラリストという性格は、アフリカの焼畑農耕民に共通する特徴であると考えられるが、主要な動物タンパク源を指標としてコンゴ盆地域での分布をみておこう（図15-7）。一部に家畜を主要な動物タンパク源とする地域があるが、その大部分では狩猟・漁撈および昆虫食に依存していることがわかる。

労働日数の分析から

自然利用のジェネラリストという特性は、当然のことながら日々の労働配分にも明瞭な形となって現れる。ベンバについては大まかにではあるが、ほぼ年間の労働配分（日数単位）について杉山が記録・分析している（表15-2）（杉山　一九八八）。

男性（夫）の労働配分で際立っているのは、農耕従事日数が少なく、全日数の五分の一を占めるにすぎない点であろう。彼はチテメネ耕作に関するかぎり、木の枝の伐採と柵造りに従事するのみである。一方で、ほぼ農耕に匹敵する日数が、狩猟や採集に費されていることも重要な特徴として指摘できる。村外活動という項目には、親族や友人の村の訪問とともに、自転車で西方のスワンプ域まで遠征し、チテメネで収穫したシコクビエと交換で乾燥魚を入手する小規模な行商をも含んでいる。また、飲酒や儀礼への参加を考慮にいれると、村を越えた広

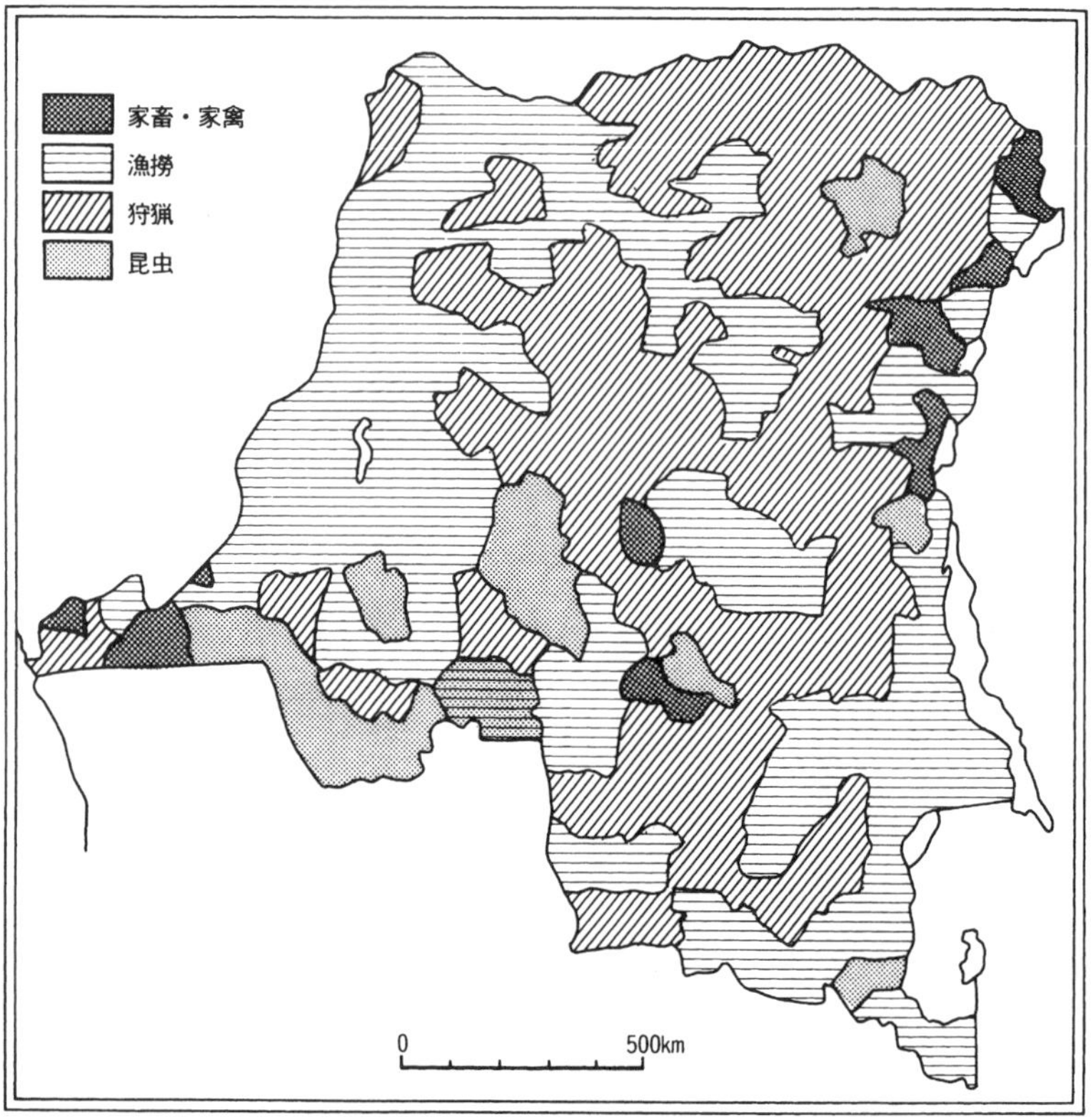

図 15-7　旧ベルギー領コンゴ（現ザイール）における主要な動物タンパク源
（Miracle 1967: 13）

域での活動と社会的・政治的行動に男性は多くの日数をあてていることがわかる。他方、女性は労働日数の大部分を農耕作業にあてているのである。

食料確保のための生計活動に焦点をしぼれば、チテメネ・システムを維持・管理する労働は女性にゆだねられ、その基盤の上で男性は狩猟・採集あるいは小規模な行商活動に多くの日数を費すことができるのである。あるいは、植物性の食料・エネルギー源の確保が主として女性の仕事であり、動物性タンパク源の確保を主として男性が担うと表現することもできる。トングウェについても、ほぼ同様であると言ってよい。

このような傾向性は広くコンゴ盆地域でも認めることができる（図15-8）。この図では、ベンバ・ランドは焼畑の開墾（木の伐採と火入れなど）以外にも男が農作業に参与する地域となっているが、これまでに述べてきたように、男の農作業への関与の程度は浅い。

総体的にみれば、焼畑農耕民は農耕に著しく特化せず、男・女による性的分業を背景としつつ、多面的に自然を利用する複合的な生業構造によって自給的な生活を維持しているのである。その根底には、自然利用のジェネ

表15-2　ベンバの一世帯における夫と妻の労働内容と日数

	夫	妻
記録日数*	267	274
農耕	58	173
狩猟・採集	48	20
村外活動	66	12
酒宴および儀礼	45	21
その他**	50	48
計	267	274

（註）　杉山（1988: 36）。1984年4月20日〜1985年2月17日。
*　1日に2つの活動が行われた場合には、それぞれを0.5日と換算した。
**　食物加工、家作り、屋根ふき用の草刈りなど。

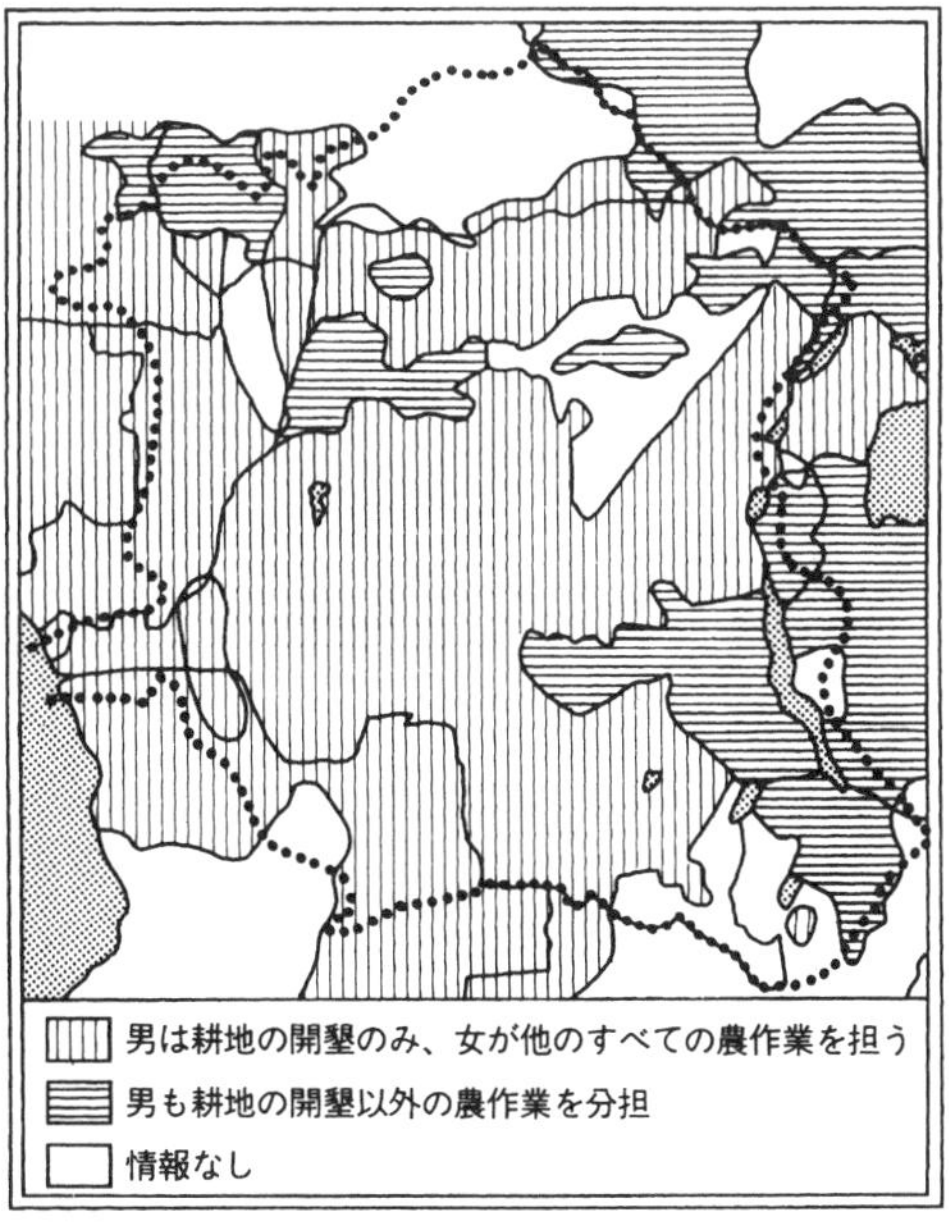

図15-8　男女の性的分業（Miracle 1967: 37）

ラリストとして生きる姿勢が潜んでいると考えてよいであろう。

4 生計経済・社会・文化

アフリカにおける焼畑農耕は、一方で地域の生態条件に深く根をおろし、他方で人々の価値観や世界観に支えられてもいる。この節では、トングウェとベンバの生計経済についての研究（掛谷 一九七四、一九七七a、掛谷・杉山 一九八七）を要約しつつ、その特性を考察してみたい。

伝統的な山住みのトングウェは、戸数にして二〜一〇戸で構成される小規模な集落に住み、それらの集落が広大なウッドランドの中に散在している。それぞれの集落では、住民が一年間に消費するであろう量にほぼ見合った程度の作物を耕作し、身近な生活環境内で入手の容易な副食を確保して暮らしを立てている。このような自給的生産指向を、私は「最小生計努力」の傾向性と呼んだ。こうして生産された食物は、その集落を訪れる客人にも提供され、また住民も他の集落を訪れて供応をうけることによって微妙なバランスを保つ。ときに食物が欠乏すれば、近隣の集落や親族を頼って食物を分けてもらう。食物の分配・消費については、集落内は言うにおよばず、集落間でも相互に強い依存関係が保持されており、結果的に食物は世帯間・集落間を移動して「平均化」する傾向性をもつ。

ベンバの集落は、トングウェのそれよりも規模は大きいが、それでも戸数にすれば一〇〜五〇戸程度が一般的である。私たちが集中的な調査の対象としたのは、一二戸五〇人からなるムレンガ＝カプリ村であるが、その村人が一九八三年に開墾したチテメネの平均耕作面積は四三アールであった。翌年に収穫されたシコクビエは、これも平均値で言えば一五〇〇キログラム前後であった。この年は近年にない豊作であったと言うのだが、それでも平均的な所帯の年間の主食はまかないきれない。それにシコクビエは、折りにふれて醸造されるシコクビエ酒の原料でもあり、また貴重な副食源である乾燥魚や調味料の塩もシコクビエとの交換で入手することもある。前節で検討した年間の労働配分をみれば、チテメネ耕作に投入される労働量が限界に達しているとは考えにくい。枝の伐採（男）や枯れ枝の運搬（女）が厳しい労働であるのは確かだが、それでも一日の労働時間は二～四時間程度である。つまり、チテメネの根幹作物であるシコクビエの生産量に関して言えば、その必要量、あるいは想定しうる潜在生産量を前提にすれば、「過少生産」（サーリンズ　一九八四）の傾向性をもつと言ってよい。もっともこれらの前提は、私たちの側の常識にすぎないのだけれど。

ベンバの村社会における分配と消費については、「分け与えないこと」を意味する「クタナ」というベンバ語がその様相を適確に示している。クタナは動詞の不定詞であり、日常の会話では、「ワンタナ！」つまり「おまえは私に分け与えてくれないのか！」といった用法で、物が関与する場面で頻繁に発せられる。たとえば、一〇粒程度のラッカセイをもっている幼い子供に、その兄が「ワンタナ！」と叫ぶと、幼い子供が兄に数粒を分け与えるといった光景が象徴的であろう。

シコクビエ酒をめぐる村人のやり取りは、クタナの社会的含意を見事に映し出してくれる。現金を得るためにシコクビエからどぶろく（カタータ）を醸造する母子世帯の母親は、ほぼその原料の半分をチプムと呼ばれる共同飲酒用の酒造りに割り当て、無料で村人に供する。その理由を村人に問うと、「販売用のカタータだけを造れば醸造者が儲けるだけで、人びとに酒をクタナすることになるからだ」という答えが返ってくる。週末にカタータを飲むのが村人の楽しみであり、カタータを売る家の前には朝から人びとが寄り集まって酒宴となる。そんなとき、小規模な行商でお金をためこんだ男は、お酒を買って皆にふるまうように要求される。それを拒否すれば、ムタニ（クタナする人）として非難を受ける（Sugiyama 1987）。

クタナを忌み嫌い、もてる者は気前良く分け与えることが重要な社会倫理であり、それを大きく踏みはずす者には社会的な非難が集中することになる。ここにも物が「平均化」し、あるいは「平準化」することが常態であるとする社会がある。それを私は、レベリング・メカニズム（leveling mechanism 平準化機構）を内在化した社会と呼ぶ。

「最小生計努力」と「平均化の傾向性」、あるいは「過少生産」と「レベリング・メカニズム」は、相互に他方の原理を前提としており、この二つの原理がセットになってトングウェやベンバの生計経済の特質を形作っているのである。そして、これらの原理に反する行動は、人びとの妬みや恨みの感情を刺激し、病や死などの不幸につながる呪い（邪術）をもたらすことになる。彼らは、強い親族関係のきずなと濃厚な対面関係のもとで、互酬性と共存の論理を基礎とする社会に生きている。しかし一方で、邪術者への恐れが、その生計経済や社会関係の特質を裏面から支えているのである。

焼畑農耕の特性の一つである「移動性」は、このような社会生態と連動して、彼らの社会の基本的性格に大きな影響を与えている。短期耕作と長期休耕を原則とする焼畑農耕は、ほぼ毎年のように耕地を移動させなければならない。遠隔地に出作り小屋を建て、そこで焼畑を耕作することもある。ベンバがその一例だが、一〇～三〇年を単位として集落そのものが移動する場合もある。狩猟・漁撈・採集のために森や原野を泊まりがけで移動することもある。この移動性の高さと、自然利用のジェネラリストという特性を重ね合わせれば、焼畑農耕民は土地に縛りつけられることは少なく、より自由に畑地や居住地を選択しうる人びとであることが了解できるであろう。そして、それらは土地の共有制（より正確には総有制）と深く結びついている。この自由度の高さゆえに、社会的な葛藤や軋轢、あるいは邪術を回避して村を離れることもできる。逆に、生計活動に由来する移動性の高さが、これらの社会的テンションを緩和する機能を果たしているのである。焼畑農耕民は、移動と分散を繰り込んだ遠心的な社会に生きる人びとであり、より規模の小さな集団を基礎とした分節的な社会を構成する傾向性をもつのである。

焼畑農耕は、広大な森林や疎開林の存在と低人口密度の環境下で健全に維持されてきた生産様式である。しかし、これらの社会・文化的なメカニズムと、熱帯アフリカの生態に深く根差した農法とがリンクすることによって、自給を越える「過剰な」生産を抑制し、余剰の過大な蓄積を排除し、自然の改変を最小限に押し止め、焼畑農耕民は長期にわたって持続可能な生産を保持してきたことも強調しておかなければならない。

5　「生産性」の諸相

焼畑農耕を遅れた粗放農業ときめつける根拠の一つは、その「生産性」の低さにある。しかし、この「生産性」は、単位面積当たりの収穫量にもとづく「土地生産性」を基礎としており、「先進国」における単作型の農業を基準とした見解であることを指摘しておかなければならない。観点を変えて、人間労働の投入エネルギー量に対する作物の産出エネルギー量の比率を基礎とする「労働生産性」でみれば、焼畑農業はむしろ「生産性」の高さ

表15-3　異なった農耕システムにおける生産性

	地域	作物（ha当たりの年間生産量）	A	B	Er
a	ニューギニア高地	ヤム、サツマイモ、キャッサバ	41.0	2.5	16.5
	コンゴ	キャッサバ、プランテインバナナ、イネ（合計2600kg）	15.7	0.24	65.4
	メキシコ	トウモロコシ（1900kg）	29.4	0.96	30.6
b	メキシコ	トウモロコシ（931kg）	14.2	2.9	4.9
	フィリピン	トウモロコシ（931kg）	14.2	2.8	5.0
	ウッタールプラデシュ（インド）	コムギ（756kg）	11.2	6.6	1.7
	フィリピン	天水田でのイネ（1500kg）	22.9	4.2	5.4
c	スリナム	灌漑田でのイネ（3400kg）	51.5	41.1	1.3
	USA	灌漑田でのイネ（5700kg）	84.1	65.5	1.3
	USA	トウモロコシ（5100kg）	76.9	29.9	2.6
	UK	コムギ（3900kg）	56.2	17.8	3.3
	UK	トウモロコシ（5000kg）	61.7	26.4	2.3
	UK	ジャガイモ（26300kg）	56.9	36.2	1.6

（註）Okigbo（1984: 56）。a：移動農耕システム。b：化学肥料投入と部分的機械化による農耕システム。c：機械化の完備した農耕システム。A：エネルギー産出量（GJ／ha・年）。B：エネルギー投入量（GJ／ha・年）。Er：エネルギー効率（A／B）。

を特徴とすると言ってよい。

実際の投入エネルギー量や作物の産出エネルギー量を算出した比較研究の試みがいくつかあるが、ここではＦＡＯの報告書に掲載されたオキグボ（Okigbo 1984）の資料にもとづいて検討しておこう（表15-3）。この資料では、投入エネルギー量の中に、人間の直接的な労働エネルギー量のほかに機械や化学肥料として投入されるエネルギー量も含まれていることに留意しておく必要がある。アフリカの焼畑農耕についてはコンゴの事例が取り上げられているが、投入エネルギー量が少なく、産出エネルギー量と投入エネルギー量の比率（Er）がきわめて高い点が印象的である。ニューギニア耕地やメキシコでの資料も、その値には相当のバラツキがあるが、同じような傾向性をもつことは明らかである。それに対して、いわゆる先進国における農業では単位面積当たりの生産量の高さは際立っているが、投入エネルギー量が多く、Erの値が極端に低い。そして、投入エネルギー量の大半が、機械や化学肥料の形で用いられる石油に依存しているのである。先進国型の農業は、エネルギー効率はきわめて低いが、多量の石抽エネルギーを投入して高い「土地生産性」を指向する生産様式であり、焼畑農業は高いエネルギー効率、あるいは「労働生産性」を基本とする生産様式であると言ってよいであろう。トングウェにおける最小生計努力や、ベンバにおける過少生産の傾向性は、このような「労働生産性」と深く結びついていると考えることができる。

6　二つの生活様式

一般に、焼畑農耕に代表される農業形態は、いわゆるextensive agricultureとして概括される。それは、欧米や日本で特異的な展開を見せたintensive agricultureつまり集約農業と対比されつつ、「粗放」農業として規定されてきた。しかし、これまでの論述の中で示唆してきたように、「粗放」という訳語は不適切であると言わなければならない。ここでは、とりあえず「エキステンシブ」とカタカナ表示にするか、「非集約」とでも呼ぶことによって、集約農業と対等な価値評価を与えることの重要性を主張しておきたい。

焼畑農耕民の研究から言えることは、エキステンシブネス（extensiveness）あるいは非集約性は、単に農耕形態にのみ限定されるのではなく、価値観や世界観をも含めた生活様式（mode of life）の全体に関わるのだということである。問題点をより明確にするために、これまでの記述・分析を踏まえ、エキステンシブ（extensive）とイン

表 15-4　二つの生活様式

非集約的生活様式（エキステンシブな生活様式）	集約的生活様式（インテンシブな生活様式）
非集約的農耕（エキステンシブな農耕）	集約農耕（インテンシブな農耕）
低人口密度型農耕	高人口密度型農耕
「労働生産性」型農耕	「土地生産性」型農耕
多作物型	単作型
移動的	定着的
共有的（総有的）	私有的
自然利用のジェネラリスト（農耕への特化が弱い）	自然利用のスペシャリスト（農耕への特化が強い）
安定性	拡大性
最小生計努力（過少生産）	最大生計努力（過剰生産）
平均化・レベリング	差異化
遠心的	求心的
分節的	集権的

テンシブ（intensive）な生活様式を理念型として設定し、その属性を示したのが表15-4である。このように対比してみれば、アフリカの焼畑農耕民は明らかにエキステンシブな生活様式を生きる人びとであり、そのトータルな生き方によって熱帯アフリカの生態と共存してきたのである。

インテンシブな生活様式は、中緯度温帯の森林域で特異的な「発展」を示したのであり、そこで育まれた技術・知識・価値を含む「偏見の体系」の単純な外挿によっては、熱帯アフリカの生態や「農」、あるいはエキステンシブな生活様式は捉ええないことを思い知るべきではないだろうか。

7　変容する焼畑農耕民の社会

これまで、ミラクル（Miracle 1967）のコンゴ盆地を対象とした研究と、私自身の調査結果を重ね合わせながら、焼畑農耕民の伝統的な生き方について検討し、一つの理念型の提示を試みた。この理念型は、エスニック・グループとしての自律性が高く、自給的な生産を基本とした焼畑農耕社会の諸特性を抽出したモデルであり、自然と社会の安定した再生産を支えてきた諸条件を明らかにする試みであった。しかし一方で、多くの焼畑農耕社会が、植民地時代やアフリカ諸国家の独立期を経て現在に至る過程で、大きく変容しつつあることも強調しておかなければならない。

たとえば、この論稿で取り上げたベンバ社会は、二〇世紀の初頭に植民地化されて以来、大きな歴史のうねりに巻き込まれ、チテメネ・システムも変容の圧力を受けつづけてきた。地方の村々にも貨幣経済が浸透し、一九六四年のザンビア国独立以後は、病院や学校の普及にともなって集落が主要道路沿いに集まり、人口増加の傾向性もあいまって、集落の周辺域では焼畑適地が減少しつつある。こうして、休閑期間の短縮などの歪みを潜在させつつも、国家レベルでの強力な開発政策が及ばなかった地域ゆえに、地方の村々ではチテメネ・システムが営々と存続してきたのである。この間、一九三〇年代の後半以降に、バッタの大発生による災害を契機として、輪作体系にキャッサバを組み込むなどの変革がみられはしたが、基本的には伝統的なチテメネ・システムが維持されてきたと言ってよい。しかし、近年にいたって状況は大きく変わりつつある。ザンビア国は圧倒的に銅生産に依存した経済に支えられてきたのであるが、一九七〇年代の後半期に入って、銅の生産性の低下や国際価格の低迷のあおりを受け、慢性的な経済危機におちいった。ほぼこの時期に、先進国の援助を受けて、地方の農業総合開発政策が推進されるに至る。そして、焼畑農耕が「森林破壊型の農業」であり、「生産性の低い自給農業」であるとして放棄を迫る政府の圧力が強まり、地方の村々にも、ファームと彼らが呼ぶ「近代的な農業」が広がり始めた。ファームは、農場を意味する英語の借用であるが、樹木の根も取り除いて整地した畑に化学肥料を投入し、換金作物のハイブリッド種トウモロコシを単作栽培する農業である。
しかし、ファーム耕作は、乾燥疎開林帯における持続可能な生産の保持という観点からみれば、重大な問題点をはらんでいる。

樹木の根を取り除いて整地した畑や、トウモロコシの単作などのファーム耕作の特徴は、乾期の強烈な陽光と雨期の激しい降雨のもとでは、土壌の流失や浸蝕を助長することになる。疎開林の土は、風化が進み、有機質の含有量の乏しい赤土（フェラルソル）が主体である。そこに化学肥料を投入しトウモロコシを連作すれば、畑地は過剰耕作にさらされ、土壌劣化をともなった急激な生産性の低下を招きかねない。実際、数年もたたないうちに地力が衰え、放棄された畑地も多い。

社会・経済的な環境においても、ファーム耕作はきわめて脆弱な条件のもとにある。ザンビア国は、他のアフリカ諸国と同様に、慢性的な経済危機の状況にさらされており、トウモロコシの代金支払いが遅れたり、播種用のトウモロコシの種子や化学肥料が遅配することも多い。あるいは、政府のトウモロコシ買取り価格の相対的低下や、化学肥料の価格の高騰などにみまわれる可能性も高い。また、換金作物用のトウモロコシ生産の全面的な導入によって、自給的な生活基盤がゆらぎ、急激に商品経済に巻き込まれてゆくことによって、伝統的な価値観や行動様式との間に深刻な葛藤が生じかねない。

これまでに述べてきた文脈にそってみれば、チテメネによる自給的なシコクビエ生産に基礎を置いたエキステンシブな生活様式は、大きな試練にさらされていると言わなければならない。

8　終りに

一九六〇年代に、植民地の桎梏をはねのけて独立を果たしたアフリカ諸国は、新興の意気に燃えて近代国家建設の道を歩み始めた。しかし、一九七〇年代には深刻な経済危機におちいり、一九八〇年代に入って、飢餓に象徴されるような生存の危機に直面する人びとを生み出してしまった。もちろん、地方に生きる多くの農民は、国家レベルでの困窮化のプロセスにもかかわらず、したたかに生活を維持しつづけてきた。しかし、ベンバ社会の変容過程に示されているように、そこにも、飢餓の構造に通底する環境危機・農業危機の可能性が潜んでいる。

この小論で述べてきた視点に立てば、現代アフリカが抱える環境危機・農業危機をもたらした原因の一つは、中緯度温帯の森林域で特異的に「発展」してきたインテンシブな生活様式が、急激に、かつ暴力的とでも呼びうる形でエキステンシブな生活様式の中に侵入してきたことにある、と言うことができる。このような理念型に依拠した分析を踏まえつつ、一方で、歪みを抱えこんだ伝統農業と、大きな問題点をはらむ近代的な農業の浸透が示す現実を見据え、新たな展望を切り拓くことが今後のアフリカ農業研究の一つの課題である。

アフリカにおける伝統的な農業生産は、ここで検討してきた焼畑農耕のほかに、畝立て耕作、テラス耕作、堆厩肥をともなった常畑耕作や灌漑農業など多様な形態をもつ。それゆえ、焼畑農耕に焦点を絞ったアフリカ農耕論は、その一部の特性を描き出しているにすぎないということになろう。しかし、焼畑農耕の伝統の歴史的深度や地理的な広がりを前提とすれば、ここで論じた「エキステンシブネス」という特性は、表層的な農業の諸形態を越えて、言わばアフリカ農耕社会の基層部で息づいている生き方であると考えることもできる。その変容の動態を解明しつつ、多様な農業形態のもとに営まれる生活様式を視野にいれて、アフリカの「農」の世界がもつ動的なポテンシャルを探り出し、地域の生態と文化に深く根差したアフリカ的な「インテンシブネス」への道を模索する努力が必要なのであろう。

第16章　アフリカ農耕民研究と生態人類学

1　はじめに

本書〔注　掛谷誠編　二〇〇二『講座　生態人類学3　アフリカ農耕民の世界』京都大学学術出版会〕は、アフリカ農耕民を対象とした生態人類学の最近の成果を集めた論集である。日本の生態人類学は、これまでアフリカの焼畑農耕民について多くの研究を積み上げてきた。しかし本書は、市場経済化のもとでの焼畑農耕社会について検討した一つの論考と、集約的な在来農業に従事している人びとを対象とした四つの論考から構成されている。本書は、激動する現代アフリカにおける農耕民の生活を、その動態と多様性を踏まえて提示する論集であるとともに、集約的な在来農業をめぐる新たな生態人類学的研究の展開を示す論集である。

編者である私自身は一九七一年以来、西部タンザニアに住むトングウェや北部ザンビアに住むベンバなど、主として乾燥疎開林帯で「粗放」な焼畑農耕を営む人びとの比較研究を続けてきたのだが、本書では焼畑農耕社会の変容とともに、在来農業の集約性に強い関心を向け、それを大きな特徴とする編集方針をとった。この序論では、そのような編集方針の背景と意図を、私自身の研究の流れを軸として、以下の二つのポイントに整理して解説したうえで、本書の内容を概観しておきたい。

一つ目のポイントは、一九七〇年代に展開した生態人類学を緩やかに支えていた「人類社会の進化」への関心とのつながりである。それは、農業の「粗放性」と集約性をめぐる人類史的な意味を再検討する視点であるといってもよい。二つ目は、一九八三年から始めたベンバ研究を進める過程で直面した問題群と関連している。ユニークな焼畑農耕を保持してきたベンバの村に、ファームと呼ばれる近代的な農業が普及し始めたのであるが、それは社会変容と、化学肥料などを投入する近代的な集約農業の普及が持つ問題について考える大きな契機となった。

こうして、焼畑農耕民の研究を進める過程で、私は次第に集約的な在来農業に強い関心を持つようになった。そして一九九〇年代に入って、具体的な在来の集約農業に出会うことになった。その初めは、一九九二年の、タンザニアの南西部に住むマテンゴとの出会いである。マテンゴは乾燥疎開林帯でも集約的な在来農業を展開していた。これまで乾燥疎開林帯で「粗放」な焼畑耕作を見続けてきた私には、きわめて刺激的な経験であった（掛谷　二〇〇二）。そして一九九六年には、集約的な在来農業の概況把握を目的としてエチオピアとタンザニアでの調査行を実施した。特にエチオピアの調査では、コンソの徹底した在来の集約農業や（第Ⅳ部扉写真）、エンセーテという特異な作物を栽培するアリの世界にも触れ、アフリカ的な集約性について考える重要な経験となった。エチオピアでの調査の後にタンザニアへ飛び、バナナ栽培民のハヤの予察を行った。バナナはエンセーテと同じバショウ科の作物であるが、根栽型の多年生作物を基盤とした集約農業の実態を知る得がたい経験となった。こうして、本書で取り上げた諸民族については、私自身の目でその実態を確認することができ、その経験が編集方針の基礎となった。

2 「人類社会の進化」とのつながり

自然埋没者と開拓者

アフリカをフィールドとした日本の生態人類学は、田中二郎が一九六六年にカラハリ砂漠で始めたサン（ブッシュマン）の調査を契機とし、一九七〇年代に焼畑農耕民トングウェ、森の狩猟採集民ピグミー、牧畜民トゥルカナなどを対象として本格的な研究が展開したといってよい。後進を育てつつ、これらの研究を指導してきたのは伊谷純一郎であった。伊谷は、「人類社会の進化の解明」を大目的として、西部タンザニアでチンパンジー調査に打ち込んできたのだが、一九七一年のトングウェ調査以降、つよく自然に依存して生活している人びとを対象とした生態人類学の研究に力を注ぎ始めた。それは、霊長類学と生態人類学は進化によってつながるという直観（伊谷　一九八六）に支えられ、熱帯多雨林の狩猟採集民、乾燥疎開林帯（ミオンボ林帯）の焼畑農耕民、サバンナ・半砂漠の牧畜民と、アフリカの主要な植生帯と三大生業をカバーした研究であった。その七〇年代の研究のエッセンスを、伊谷（一九八〇）は「赤道アフリカの自然主義者たち」という論考にまとめ、ピグミー、トングウェ、トゥルカナを自然埋没者と位置づけて記述している。

自然埋没者は、自然のなかに埋もれるようにして生き、生態系のなかにすっぽりとはまりこんで生きている人びとである。人口密度は低く、その自然環境を大きく改変することなしに生活してゆける人びとである。一方で伊谷は、自然埋没者と対比して「開拓者」という類型を設定している。「開拓者」は、自然に対抗し、自分たちの都合のよいように自然を改変して彼らの生活を構築してゆく人びとである。彼らの住む地域は一般に人口密度が高い。アフリカの人びとの生活は、都市生活者を除くと、大きくこの二つの類型にわけることができるという。この二つの類型は、後に検討するように、平等性をめぐる人類社会の進化の大きな枠組みとも関連している。また、アフリカの人びとの生活の現況と将来を考える際の、大づかみな生活類型論として明快な視点を提供したといってよい。

生態人類学の当面の研究対象が自然埋没者であることと、その将来について、伊谷は以下のように述べている。「いずれ、開拓者を問題にするときがくるであろう。その前に、自然埋没型の人たちをじっくりと見据えておく必要がある。どのフィールドをとってみても、かれらの伝統的でかたくなな生活形態も、あと一〇年とはもつまいと思うからである」（伊谷　一九八〇：八頁）。こうして、農耕民研究についていえば自然埋没型の焼畑農耕民の研究が大きな課題となったのだが（掛谷　一九七四、安渓　一九八一、佐藤　一九八四、武田　一九八七）、「伝統」社会の変容とともに、開拓者あるいは自然開発型の社会の研究も、将来の課題として視野に含まれていたといってよい。この課題が、集約的な在来農業を営む人びとの研究につながっていったのである。

トングウェ社会

ここで自然埋没型の焼畑農耕民の事例として、一九七一～七二年に調査したトングウェの生活を取り上げ、簡潔にまとめておきたい。

トングウェは、西部タンザニアの乾燥疎開林帯に住む。乾燥疎開林は、その主要な構成樹種の現地での名称に応じてミオンボ林とも呼ばれている。トングウェ・ランドは、タンガニイカ湖の東岸域に広がる山がちの地域であるが、ミオンボ林と、そこを縫うように流れる河川に沿った川辺林や山地林などの森林とのモザイク状の植生を示す。山住みのトングウェは川辺林や山地林を伐採して焼畑を造成し、トウモロコシやインゲンマメ、カボチャなどを栽培していた。湖岸部では二次性草原を開墾し、キャッサバを栽培することが多い。彼らは焼畑農耕とともに、マスキット銃（先込め銃）や罠による狩猟、タンガニイカ湖や河川での漁労、蜂蜜採集などを生業としていた。彼らは自然利用のジェネラリストなのである。トングウェの集落は、数戸から一〇戸程度、人口にして五～三〇人から構成されており、それらの小さな集落は距離を隔てて散在していた。トングウェ・ランドの人口密度は、一平方キロメートル当たり一人に満たない。

トングウェの生計維持機構は、食料の生産―分配―消費をめぐる二つの基本的な傾向性に支えられていた。「最小生計努力」と「食物の平均化」の傾向性である。山地帯の集落では、成員が年間に消費するであろう推定量ぎりぎりか、それを少し上回る程度の作物を生産していた。日々の標準的な食事は、トウモロコシやキャッサバの粉を熱湯で練り上げた主食のウガリと、肉・魚・野菜・マメなどを煮た一品の副食から成る。それらの副食として、たとえば湖岸地帯では湖魚、河川の中流域にあたる中高度地帯では川魚、そして山地帯では中・小型のレイヨウなどの野生動物の肉が特に重要である。それは、集落周辺の環境に対応して、手近で入手が容易な副食に強く依存する状況を示していた。彼らは身近な環境の範囲内で、できるだけ少ない生計努力によって安定した食物を確保しようとする、つつましい自給生産の指向性、つまり「最小生計努力」の傾向性を持つ。こうして生産された食料は、頻繁に訪れる客にも供される。その集落の住民も、他の集落でしばしば食事の供応を受ける。また食物が欠乏した他集落に分与する。こうして、ホスピタリティーや互酬性・相互扶助などを通して、食物は集落内・集落間を流動して平均化する傾向性を示すのである。食物の分配・消費をめぐって、トングウェ社会には「食物の平均化」の傾向性がみられたのである。そして精霊や祖霊への畏れや、人びとの妬みや恨みに起因する呪いへの恐れが、背後からこれらの生計経済の基本的な傾向性を支えているのである（掛谷　一九七四、一九八六）。

この調査を終えた頃から、トングウェ社会は、初代大統領のニエレレが主導するウジャマー社会主義のもとで大きな変容を経験することになった。ウジャマーは、家族や同朋を意味するスワヒリ語である。ウジャマー政策は、同朋の村とでもいうべき集村のウジャマー村を作り、そこでの農業集団化を基本構想とした農村開発を目指していた。一九七四年には、湖岸部にウジャマー村が作られ、山住みのトングウェたちも移住を強制された。こうしてトングウェの生活は根源的に変化してしまった。しかし、一九七一〜七二年の調査で明らかになったトングウェの世界は、自然埋没型の焼畑農耕民の自給的な生活を支える生態・社会・文化の諸関係について、一つの原像を提示しているといってよいであろう。

平等性と不平等性

伊谷は、人類社会の進化を解明するために、「より原初的な、より文明の浸透を受けていない社会から手がけてゆきたい」（伊谷　一九八〇：八頁）と考え、ピグミー、トングウェ、トゥルカナなどの自然埋没者を研究の対象としてきた。家族の起源を含めたホミニゼーションを問う視点に立てば、サン（ブッシュマン）やピグミーなどの狩猟採集民が直接的な考察の対象になるが、焼畑農耕民のトングウェや牧畜民のトゥルカナについては、農耕や家畜飼養が果たした根源的な役割を考察しつつ論じなければならないだろう。しかし伊谷（一九八六）は、「人間平等起源」を問うという新たな視点から、人類社会の進化を解明する理論を提示したのである。それは、大きく自然埋没者を包み込んだ理論であった。

広く霊長類社会の特性を検討し、伊谷は、単位集団内における個体間の平等・不平等の原則を軸にして社会性の進化を論ずる立場を明確にする。多くの霊長類の単位集団を律する基本原則は順位などの優劣に基礎をおく先験的不平等であり、チンパンジーやピグミー・チンパンジーなどのパン属にいたって条件的平等原則の擡頭を明確に見出すことができると、伊谷は指摘している。条件的平等原則は、「先験的不平等をないものにしようという約束」（伊谷　一九八六：三六九頁）を基盤としており、例えばチンパンジー社会などでみられる食物の分与は、この原則を明確に示す行動である。そして「狩猟採集民や、今日なお自然に強く依存して生活する人びとの社会にみられる平等主義が、パン属の社会の行きつくところである」（伊谷　一九八六：三七三頁）という。起源論的にいえば、条件的平等原則を基本とすることこそ、人間社会の成立の要件であったということになる。

現存する狩猟採集民の社会にみられる徹底した平等主義も、伊谷の「人間平等起源論」の重要な根拠の一つであった。特に伊谷自身が調査したピグミー社会での経験が、その理論の形成に強く影響していることは明らかである。同時に、「今日なお自然に強く依存して生活する人びと」というのは自然埋没者を指し示しており、トングウェやトゥルカナも含まれていることが、ここでの私の論の整理にとって大きな意味がある。伊谷は、トングウェ社会も「平等主義の社会であり、社会的不平等の世界に足を踏み入れることを畏懼している社会」（伊谷　一九八六：三八〇頁）であるという。また、トゥルカナは「社会的不平等の社会への敷居を跨ごうとして跨げない人びと」（伊谷　一九八六：三八三頁）であると指摘している。

しかしトングウェ社会は経済的には平等性を基調としているが、政治的な統合力は弱く、規模も小さいけれど、首長を擁する親族集団の連合体であり、社会的・政治的な不平等の要素を内包している。トングウェ社会は、平等性と不平等性のはざまを生きる社会であり、その特徴は焼畑農耕という生業に起因している、というのが私の見解である（掛谷　一九九一）。

こうして、自然埋没型の焼畑農耕民であるトングウェの研究は、人間社会の基底となる平等性をめぐって、狩猟採集民の研究の進展に対応しながら展開してきた。この平等性をめぐる課題は、近年のサン（ブッシュマン）社会などの大きな変貌や（田中　二〇〇一）、それらの社会の歴史に関する論争（大崎　二〇〇一）などもあって、再検討の過程にある。しかし、平等性の進化に関する大きな枠組みについての伊谷の理論は、それへの批判的検討（北村　一九九六）も含めて、今もなお人類史的な視野で考究されるべき重要な課題を提起し続けているといってよい。それは自然埋没者と対比して伊谷が提起した「開拓者」―この序論では自然開発型の社会という表現も用いたが―や、社会的不平等をめぐって、新たな視角から検討すべきことも意味している。集約的な在来農業を取り上げた本書〔注『講座 生態人類学3 アフリカ農耕民の世界』京都大学学術出版会〕の編集方針は、このような問題意識に一つの根を持つ。第四章の篠原論文は、エチオピアのコンソ社会を対象にして、この問題に取り組んでいる。

3　ベンバ社会の研究から

チテメネの村

私は、一九八三年からトングウェとの比較を意図して、ザンビア北部のミオンボ林帯（乾燥疎開林帯）に住むベンバの研究に着手した。ベンバは、ミオンボ林そのものを対象としたチテメネ耕作と呼ばれる独自の焼畑耕作を発達させ、かつて強大な王国を形成していたことで知られている。

チテメネは、木々を「切る」ことを意味する動詞に由来するベンバ語である。乾期に入った五月ごろから男たちはミオンボ林に通い、木に登って斧一本で枝葉を切り落とす。それらの枝葉は三週間あまり放置して天日乾燥させる。そして女たちが枯れた枝葉を頭上に乗せて、伐採域の中央部まで運搬する。こうして、耕地の広さの六倍以上の伐採域から枯れた枝葉を運び、腰の高さに積み上げて円形の堆積物を作る。雨期直前の一〇月中ごろ以降に、その堆積物に火を入れ、厚い灰に覆われた焼畑を造成する。チテメネ耕作は、アフリカ起源のシコクビエの栽培を中心としているが、その他にキャッサバ・ササゲ・ウリ・カボチャ・トマトなどを混作する。またピーナッツやインゲンマメなどを組み合わせ、四年程度の輪作を行う。その後に畑を放棄し、休閑地にする。チテメネ耕地は毎年、造成する。村周辺にチテメネ適地が少なくなれば、遠隔地に出作り小屋を設け、そこでチテメネを耕作する。

チテメネ耕作では、大木の樹幹を残して枝葉のみを切り落とし、広い伐採域から枝葉を集めることによって、樹木の生息密度の低さを補い、ミオンボ林の自然更新を促す。大量の枯れた枝葉を燃やし、土に木灰を添加するとともに、高温で土を焼き、乾燥させることによって土中の栄養分の活性を高め、雑草の種子を取り除く。混作と輪作によって耕地を多面的に利用し、自給用の多様な作物を供給する。木々の根は土中に残り、作物が常に地表を覆い、強い陽光や激しい降雨による土壌の劣化や浸食を防いでもいる。チテメネ耕作はミオンボ林で練り上げられた農法なのである。

調査は、一三世帯五三人の構成員からなる村を主対象とし、隣村の約三〇世帯の村も視野に入れて進めたのだが、村レベルでの生業や生計経済はトングウェ社会のそれと共通する特徴を持っていた。日々の食生活を支えるのはチテメネ耕作で得られる農作物とともにミオンボ林の恵みであり、野生の動物や昆虫、魚、木の実や野草、きのこ類も重要である。特に乾期と雨期の端境期に発生するイモムシは人びとの大好物であり、貴重な動物性の蛋白源となる。ベンバもまた自然利用のジェネラリストである。生計経済については、チテメネの基幹作物であるシコクビエ生産は自給を大きく越えることはなく、むしろ潜在生産量を前提にすれば「過小生産」（サーリンズ　一九八四）の傾向性を持つ。また、チテメネでの生産物が村人の間で平準化する分配や消費の機構が保持されてもいる（掛谷・杉山　一九八七、掛谷　一九九四）。

「変容」の生態人類学――ファーム耕作の普及

調査村の近辺の地域では、一九八〇年ごろから、ファームと呼ばれる近代的な農業が普及し始めた。ファームは英語からの借用語であるが、木々の根も除去して耕起した畑地に化学肥料を投入し、換金作物としてハイブリッド種のトウモロコシを栽培する農業である。

一九七〇年代の後半から、銅生産に強く依存した経済から脱却するため、ザンビア政府は農業立国の方針をとり、化学肥料やトウモロコシの種子などの農業投入財に補助金を出し、トウモロコシの生産者価格を全国一律とし、その価格を上げるなどの政策を実施した。また先進国の援助を得て地方の農業総合開発を推進し始めていたのだが、それらの影響が調査地の周辺にも及び始めていたのである。

調査を始めた頃には、隣村も合わせて三人ほどの村びとが細々とファームを試みている状況であった。しかし一九八六年、化学肥料とトウモロコシの種子を前借りするローンの制度が調査村の地域にも導入され、それを契機にファーム耕作が一気に普及していった。それは、人びとの突出した経済的な行動を抑制しがちな平準化の機構を突き破る過程であったといってよい。

少数の「変わり者」が先駆的にファーム耕作を試みる。他の村びとたちは、日常的に「変わり者」の行動の経過と結果について見聞し、ファーム耕作の意味を了解するに至る。こうして、いわば内因の熟成と、農業政策などの外因の変化とが同調したとき、平準化の機構は変容を急激に推し進める機能を持つ。「伝統」を支えてきた平準化の機構は、条件が整えば、変容を推し進めもするのである。こうして多くの村びとは、チテメネ耕作も続けながら、ファーム耕作を積極的に導入していった（掛谷　一九九四、一九九六）。

九〇年代の初頭には、ほとんどの世帯が自給用のチテメネと換金作物用のファームを持つ安定した農業システムを形成していった。しかし、この時期から、東西冷戦の終焉を背景としてザンビアの政治・経済も大きく変わり、構造調整政策のもとで市場経済化が本格的に進められ、ファーム耕作の継続が困難となり、ついには多くの村びとはファームを放棄してチテメネに回帰することになった。この間の変容過程については、本書の第一章〔「市場経済化と焼畑農耕社会の変容―ザンビア北部ベンバ社会の事例」〕で大山が詳しく述べている。激動する現代アフリカの理解には、「変容の生態人類学」の視点がきわめて重要である。

二つの生活様式

これまでのトングウェやベンバの研究と、ミラクル（Miracle 1967）のコンゴ盆地を対象とした研究を基礎とし、私は、「焼畑農耕民の生き方」について考察したことがある（掛谷　一九九八）。そこで、「粗放」農業としての焼畑という表現に対し異議を唱え、「粗放」の代わりに「エキステンシブ」とカタカナ表示にするか、「非集約」とでも呼び、集約農業と対等な価値評価を与えることの重要性を主張した。それは、非集約性が価値観や世界観を含めた生活様式の全体に関わることを指摘することでもあった。そして問題点を明確にするため、非集約的（エキステンシブ）な生活様式と集約的（インテンシブ）な生活様式を二つの理念型として設定し、比較を試みた（表四―一参照）。ここでの集約的な生活様式は中緯度温帯の先進国をモデルとしている（第四章の篠原論文〔「エチオピア・コンソ社会における農耕の集約性」〕は、この「二つの生活様式」を参照しつつ論を進めている）。

非集約的な焼畑農耕は、低人口密度型で労働生産性を基本とする農耕であり、耕地を移動させる農耕形態をとる。この移動とも関連して、土地の耕地としての利用年数によって農耕形態を分類する試みがある。休閑年数と耕地の期間を合わせた土地利用の全年数に対して、耕地としての利用年数の比率を百分比で示した値をR係数と呼び、その値が六六以上なら常畑耕作、三三〜六六を休閑耕作、三三以下を移動耕作として分類する（Ruthenberg 1980）。このような試みは、本書の第五章（「アフリカにおける持続的な集約農業の可能性―エンセーテを基盤とするエチオピア西南部の在来農業を事例として」）で重田が集約性の定義を検討する中で、時間生産性について論じているが、その議論に通ずる分類である。ここでの関心につなげて言えば、休閑耕作と移動耕作が非集約的な焼畑に属し、常畑耕作は集約農業の一つの属性となる。常畑耕作のもとで土地生産性を保持し、あるいは高めることが集約農業の条件となる。

前に述べたベンバに即して言えば、チテメネ耕作が非集約的農耕の、ファーム耕作が集約農業の事例ということになる。非集約的な生活様式を基本としてきたベンバ社会に、集約的なファーム耕作が導入されたのだが、それは生態的にも、また社会経済的にも多くの問題を抱えていた。アフリカ農業の未来にとって生産性の増強は大きな課題であり、その一つの道が農業の集約化であるというのが一般的な見解であろう。しかしファーム耕作の例に示されたように、近代的な農業の直接的な導入は再考されるべきであろう。むしろこれまでにアフリカの大地が育ててきた集約的な在来農業に目を向け、そこから多くを学ぶ必要があるのではないか。

このような検討を通じて、アフリカの「農」の過去・現在・未来を考えるとき、集約的な在来農業の研究が重要な課題であることを改めて認識することになった。

4　変容と集約性の諸相

これまで、「粗放」な焼畑農耕を営む人びとについての研究成果に足場をおき、在来農業の変容や集約性が重要な研究課題となりつつあることを述べてきた。ここでは、その内実を支える五論文について、簡潔に要約を試み、本書の具体的な概要について述べておきたい。

激動する現代アフリカの実相を、具体的な変容過程を追跡することを通して解明するために、一つの村の定点観測を継続することは有力な方法論でありうるだろう。大山論文は、その方法論を基礎とし、掛谷・杉山による一九八三年以来の研究成果を踏まえ、九〇年代に入って構造調整政策のもとで急速に進む市場経済化の流れの中で、焼畑農耕民のベンバがとった生計戦略を克明に追っている。

ベンバの村々では八〇年代にファーム耕作が普及したが、九〇年代には市場経済化が本格化し、化学肥料などへの補助金の撤廃やトウモロコシ価格の自由化が進み、遠隔地でのファーム耕作の基盤が大きく揺らぎ始めた。大山は、定点のムレンガ・カプリ村を根拠地としつつ、新たに二村を調査対象に加え、町からの距離や周辺域のミオンボ林の状況などの条件の違いを背景として、村々での市場経済化に対処する生計戦略が多様であることを明らかにしている。一つの村はファーム耕作を放棄して河川沿いに移住し、豊かなミオンボ林のもとでのチテメネ耕作に回帰しつつ、その生産物を販売する道を選び、安定した生計を維持している。町に近いもう一つの村は、八〇年代にファーム耕作と木炭製造に力を注ぎ、うまく商品経済に対応したのだが、一方でミオンボ林の劣化が進み、九〇年代に入って化学肥料の確保が困難な状況のもとでチテメネに依存することができず、不安定な農業基盤と木炭製造によって生計の維持を余儀なくされているという。ムレンガ・カプリ村では、軸足をチテメネにおきつつ、ブタ飼育の試みなどを経験しながら、新しい換金作物の可能性を模索している。市場とミオンボ林のはざまで生き方を模索するベンバの姿は、現代アフリカにおける焼畑農耕民の可能性と困難を同時に示している。

丸尾論文は、ビクトリア湖の西岸域に住むバナナ栽培民のハヤを対象にして、その農耕生活と変化について論じている。ハヤは、バンツー系農耕民とナイロート系牧畜民の融合・混血による民族形成の歴史を持っており、バナナ栽培とウシとが強く結びついている。ハヤの生活域は、バナナの森とも見える屋敷地（キバンジャ）と草原で構成されている。草原で放牧されたウシの糞尿をキバンジャに投入し、また草原で刈り取られた草本を、家の土間に敷きつめる草わらとして使用した後に堆肥としてキバンジャに投与するなど、草原の草はキバンジャの肥沃度を支えてきた。バナナ・ウシ・草原の結びつきと、人びとのバナナや草に関する深い知識に裏打ちされた技術、そして手間をかけた栽培管理によって集約的なバナナ栽培が維持され、高い人口密度を支えてきた。それは、かつての王国の基盤でもあったことを、丸尾は指摘している。こうした農耕システムも、ここ四〇年の間に大きく変化しつつある。人口の増加がキバンジャの細分化をもたらし、口蹄疫などの疫病のためにウシが減少し、バナナの商品化が進み、草地でのキャッサバ栽培への依存傾向が強まってきている。しかしバナナとキバンジャを核とする農耕文化は根強く保持されており、それが変容のダイナミックスの中心となりつつ時代への適応が模索されている。

加藤論文は、タンザニアのマテンゴ農業を対象とし、掘り穴耕作（ンゴロ耕作）での土造りとコーヒーの木造りに焦点を当て、旧村と新村での営農状況を比較しつつ、集約的な在来農業の特性について論じている。山地斜面に格子状の畝を造成するンゴロ耕作では、畝返しを基本としながら、二年に一度の耕起を繰り返す。その耕起によって、様々な状態の土や有機物が混ざり、時間の経過と共に熟成して、有機物に富んだ黒土が増してくる。女性による耕起は重労働だが、それは「土造り」の過程を内包した集約的な在来農業の基底を支えていると加藤は指摘している。ミオンボ林帯にある新村では、開墾焼畑―横畝耕作―ンゴロ耕作という一連の農法の系列が認められるが、それもンゴロへと収斂してゆく「土造り」の一環と捉えることができるという。植民地期に導入されたコーヒー栽培はンゴロ耕作とセットとなり、マテンゴ農業の根幹部をなす。コーヒー栽培は、資本集約的な多肥栽培の傾向性を持つが、コーヒーの木の剪定や除草に手間と労力をかけるなど、「木造り」を基本にすえた営農方針をとる。

一九世紀の中ごろに好戦的なンゴニが南部アフリカから北上してきたが、その侵攻から逃れ、マテンゴは急峻な山地に退避した。そして限定された山域に集住を余儀なくされ、そのような生活条件のもとで集約的なンゴロを生み出し、発展させてきた。このような歴史を背景としつつ、マテンゴは農業の集約性を自らの文化として内在化させ、新しい土地に移住した際にも、「土造り」と「木造り」による集約的な農業の確立を目指すことが明らかにされた。

篠原論文は、エチオピア南部のアカシア・ウッドランド帯に分布する小山塊に住むコンソを対象にして、その在来農業の集約性について論じている。コンソの生活域の周辺部は、遊牧民ボラーナなどの他の民族のテリトリーと接しており、その領域は限られている。数百の家屋が密集して山上にコンソの集落を造り、そこから石垣造りの段々畑が延々と標高差一〇〇〇メートルの低地の川辺にまで至る。

コンソ社会には長男優先相続に由来する経済的な階層性があり、また農業者と、土器作り・鍛冶を生業とするものの間には明瞭な階層性が認められるという。領有面積の限られた地での高人口密度型の農耕社会は、社会の階層化という内部的生活適応をはかり、他方で農耕の精緻化に向かったと、篠原は指摘している。農耕の精緻化は、不毛な環境を徹底的に開発して土地生産性を確保することを目指す。その一つは農業工学的技術であり、優れた石工の技術によって石垣の段々畑や灌漑施設などの精巧な装置として結晶化している。もう一つは生態学的技術であり、多種多様な作物を混作して安定した総生産量を確保し、標高差による地形多様性に対応して作物の種類と量を変える。有畜農業の威力も十分に発揮され、家畜の糞は無駄なく肥料として使われる。飼料の残渣や屋敷内から出た塵挨もすべて堆肥化して畑に投入する。除草も徹底しており、有用な雑草は畑に埋め込む。こうして、コンソは労働集約的な農耕を営み、自然利用のスペシャリストとして農耕に極度に特化した文化を持つ人々であることが明らかにされる。それは、掛谷が先進国の農業をモデルに考えた集約的な生活様式のアフリカ的な姿であると篠原は指摘する。そして、このようなコンソ的な集約化は、「条件的平等」から「社会的不平等」への敷居を跨いだことと深く結びついているという。

エンセーテは、エチオピアにおいてのみ栽培されるアフリカ起源の根栽型作物である。エンセーテは長期にわたって低投入の農業システムを持続させ、アフリカ有数の高人口密度地域における安定的な食糧生産をになってきたという。重田論文は、このエンセーテ農業の事例を扱いながら、本書の中心的な命題である集約性について、定義に立ち返りつつ、アフリカにおける在来農業の集約性の質と、それが内包する多様な意味づけを捉えなおそうとしている。その上で、従来の農業の持続性に関する論議において、空間と時間の範囲が恣意的に設定されてきたことを指摘している。

重田は、生産の絶対量の増大を前提とする集約化が、時間生産性と土地生産性の積として表現される「生産集積」を増大させるような営みであると定義されてきたことを紹介する。エンセーテを基盤とする在来農業が、これまで低投入のシステムを維持できたのは、根栽型作物のエンセーテが供える優れた性質の故であることは間違いない。そしてエンセーテ農業は労働投入を増すことによって集約化を目指す方向には進まなかった。重田の展開する集約農業をめぐる議論は、農業の右肩上がりの発展への根源的な疑問から出発している。土地と資本と労働をいかに効率的に使って高い生産性を得るかに腐心する近代農業に対して、エンセーテ農業などの在来農業システムの多くは、土地と時間の生産性を按配して一定の集約度のもとで安定した持続性を確保する対処法をとったと指摘している。そして、このような対処法を、アフリカ的な集約農業の一類型として捉えうることを示唆している。

従来、農業の集約化については、重田が検討を加えているように、ボズラップの人口増加と農業の技術革新についての説が議論の中心となってきた。ここで報告されたハヤ、マテンゴ、コンソ、エンセーテ栽培民のいずれも高人口密度地帯に住む人々であり、大枠ではボズラップの説に適合するように見える。それはまた、伊谷のいう開拓者の社会、あるいは自然開発型の社会の属性でもあった。しかし、各論文は集約的な在来農業をめぐって、実に多彩な実態を提示しており、人口密度との関係は重要であるとしても、それにのみ還元して理解することの浅薄さは明瞭であろう。また人類史的な視点からみて、例えば社会的不平等に関して、社会の階層化を示すコンソの事例はきわめて興味深いが、一般化して議論するには検討すべき問題も多い。ハヤ、マテンゴ、エンセーテ栽培民のいずれも、かつては王国を形成した歴史を持っているが、コンソは政治体制でいえば自律的な村落の連合体である。また、焼畑農耕民のベンバもかつては強大な王国を形成していた。つまり農業の集約性と政治体制とは、単純な因果関係で説明することはできない。

集約性の類型についても、問題発見という意味では、たとえばコンソの事例はアフリカ的な集約化の極致を示しており、エンセーテ農業はもう一つのアフリカ的な集約農業を示していると総括することもできる。この類型でいえば、マテンゴはコンソの系列に属し、重田の生産集積と集約度による類型では、集約度が大きい穀類農業に類別できそうにみえる。マテンゴとコンソは他民族との関係で生活領域を限定され、それに由来して集約性を発達させてきた点でも共通性がある。そして、ハヤのバナナ栽培は、エンセーテ農業の系列に属すると考えることもできる。しかし推論はここまでである。理論的に言えば、それぞれの事例を深く読み解き、新たな視角からの問題提起こそが重要なのである。

ベンバの事例で示されたように、「変容の生態人類学」は激動する現代アフリカを生きる人びとの実態とその未来について多くの思索を誘うであろうし、集約的な在来農業についての諸論考は、アフリカ農業の多様性と開発も含め、アフリカの未来の農業が抱える問題の所在と行方について多くを教えてくれる。農業システムは、それぞれの文化を深く刻印しており、その豊かな個性から学ぶことこそ、生態人類学の真骨頂なのである。

解題——掛谷誠の生態人類学、そのまぶしくもやさしい肖像

寺嶋　秀明

生態人類学が誕生したのはたかだか半世紀前のことであるが、今ではわが国の人類学の特色ある一領域としてしっかりと定着し、多くの有能ではつらつとした研究者を輩出している。一九七〇年代のはじめ、日本ではじめてフィールドの学問としての生態人類学を構想し、自ら実現せんとしたのは日本霊長類学のパイオニア伊谷純一郎さんであったが、掛谷誠さんはその当初からあらゆる点で伊谷さんを助け、生態人類学の立ち上げに奮闘した。強い情熱とたゆまぬ学究心をもって研究の先端を切り開き、また教育者としてはいくつもの大学で精力的に多くの後進を育てた。二〇〇九年春、京都大学を定年退職されたあと、自らの学の熟成に努められるかたわら、厳しくもやさしい長老として後進に接し、学界の一層の発展にご尽力されていたが、二〇一三年の暮れ、無念にも享年六八歳という若さでこの世を旅立たれてしまった。この『掛谷誠著作集』全三巻は、掛谷さんの輝かしい業績を讃えるとともに、生態人類学がいつまでもパイオニアスピリットに溢れた若々しい学問として存続するための

豊潤で刺激的な知恵の源泉として、力強い光芒を放ち続けるものとなるだろう。

掛谷さんは、一九四五年の二月、終戦直前の大阪の地にて生を受け、波乱に富んだ日本の戦後史のど真ん中で育ち、激動の大学闘争（大学紛争）の渦中で学問に志を立て、二〇世紀末から新世紀へという混迷の時代を、生態人類学の幟を高々と掲げ、颯爽かつ堂々と駆け抜けた。理知的で勉強家、視野の広さは群を抜いていた。弁舌の才にあふれ、論戦では熱弁をふるい、あるいはウイットに富んだレトリックで論敵をやんわりとしりぞけた。しかし、多少の意見の違いはあっても、話をしたいという人はだれでも暖かく迎え入れ、とことん語り合う。楽しく、やさしい。また、情に深く、すこぶるたのもしい人だった。学に志してからは、恩師の伊谷さんとともに「生きざまの探求としての生態人類学」を根づかせるために、日本とアフリカを頻繁に往来しながら研究と執筆に打ち込んだ。生涯を通じてひたすらに人間存在の根本を直視し、沈着冷静にその人間性を理解しようとすると同時に、いかなる状況においても精一杯与えられた生を生き抜こうとする人々への深い共感と慈しみがその研究を貫き通している。

掛谷さんの研究歴は三つの時期に分けられるだろう。第一期は、一九六八年、修士課程の大学院生としておこなったトカラ列島での離島研究から始まる。一九七一年には新妻の英子さんとともにアフリカのトングウェ族の調査へと進んだ。タンザニアのミオンボ・ウッドランドと呼ばれる原野の中で、自然と密着しながら暮らす焼畑農耕民を対象にして、丸一年間の現地調査に取り組んだ。生業面ではトングウェたちの生産活動における「最小努力の傾向性」と「食物の平均化の傾向性」という卓越した発見があり、一方、そのような傾向性を生み出す妬みや呪術、呪薬でそれに対抗する呪医の役割といった裏の世界も探索し、生態人類学の豊かな可能性を示す大きな成果をあげた。一九七四年に福井大学に奉職してからは、国内では学生とともに福井の山村で緻密なフィールドワークを遂行し、アフリカでは旧ザイール共和国の諸民族など、トングウェ以外のアフリカも精力的に歩き、私をはじめ、生態人類学を志す後輩たちのフィールド探しを手伝った。誕生したばかりの生態人類学の足場がための時代であった。

第二期は、一九八三年から手がけたザンビアのベンバ族の農村調査の時代である。一九七九年、職場は筑波大学に変わり、また一九八七年には弘前大学へ移った。人類学者の卵であった掛谷さんを暖かく迎え入れて大きく育てたトングウェ族にはまだまだ多くの研究課題が残されていたのだが、その第一回目の調査の直後からトングウェは非情な運命に翻弄されることになる。一九七三年、当時のタンザニア政府の政策により、トングウェたちはミオンボ・ウッドランドに点在する先祖伝来の村落から、タンガニイカ湖岸に作られた人工的な集村に強制移住させられることになった。トングウェの生活が根本的に変化してしまったのである。そこで掛谷さんは、トングウェと同じミオンボ・ウッドランドに暮らすザンビアの農耕民ベンバ族の研究へと方向を変える。トングウェのデータと併せて、ミオンボにおける自然と人間、自然と文化との関わりを解明するのが目的であった。ベンバではミオンボ林の生態を巧みに活用したチテメネという特異な農耕が発達していた。しかし、環境と生業の見事な共生を築いてきたベンバ族においても、近代化やグローバリゼーションの影響などにより、その伝統的文化が大きく左右されていく現実が明らかになり、掛谷さんが探求する生態人類学の方向性に大きな変化がもたらされた。それまでの人と自然との伝統的共生関係に着目した「適応の生態学」から、激動する現代アフリカを生きる農民の実態とその未来像にフォーカスを当てた「変容の生態学」への転換であった（「アフリカ農耕民研究と生態人類学」本書第16章）。

第三期では、一九九〇年の春、掛谷さんはそれまで京都大学アフリカ地域研究センターのセンター長をされていた伊谷さんの定年退職の穴を埋める形で、ふたたび京都大学に戻る。「アフリカ地域研究センター」という新しい職場環境もあり、ベンバでの調査を通じてアフリカ農耕民が直面している先の見えない困難を実感していた掛谷さんは、「世界の中のアフリカ」「同時代を生きるアフリカ」という視点に立ち、観察・分析・理解だけの人類学ではなく、参加・実践・貢献の人類学を意図的に目指すことにする。そして国際協力という枠組みの中で、地域発展への実践的な関与を通して地域理解を試みるという研究方向へ舵を切ったのである。トングウェでの研究テーマであった悠久の時の流れの中で自然に埋もれてゆったりと暮らす人々の研究から、積極的に自然と関わり、ある程度環境の改変をおこないながらも精一杯時代の変化をとり込んで生きようとする人々の研究である。もっとも、そこで掛谷さんが意を決して取り組もうとした生業スタイルは、西欧的な近代農法をそっくり借用した集約農耕ではなく、むしろその対極にあるような「アフリカの在来性のポテンシャル」を最大限生かしたさまざまな独創的工夫による集約農耕の姿であった。その後、二〇〇九年春の定年退職まで、多くの同僚・学生たちと実践を強く意識した研究に取り組まれた。その研究成果は掛谷誠・伊谷樹一編著『アフリカ地域研究と農村開発』、京都大学学術出版会、二〇一一年としてまとめられ、その内の二本、「アフリカ的発展とアフリカ型農村開発への視点とアプローチ」、「アフリカ型農村開発の諸相─地域研究と開発実践の架橋」は、本著作集の第三巻に収められている。ただし、このテーマでの研究はようやく軌道に乗り出した段階と見るのが妥当だろう。目的の達成までにはまだ長く困難な道のりがある。はたして近代化、グローバル化と称する経済優位の世の流れに、アフリカ在来の知識と伝統技能がどれだけ対抗し、その存在価値を主張できるのか、そのためには研究者はどのような実践研究をとおして何をなすべきか。課題は山積している。掛谷さんはきっと定年退職後も後進の育成に手を貸しながら、さらにアグレッシブに「前向きの姿勢でアフリカとつきあっていく」ことを自らの責務と承知して、決意のほぞを固めていたに相違ない。やはり、早すぎる他界であった。

掛谷さんの学究生活においてもっとも強い影響を与え、もっとも豊かな成果を引き出したのは伊谷純一郎といううたぐいまれな指導者であった。掛谷さんの輝かしい研究歴は伊谷さんがいたからこそのものであることは疑いない。しかし同時に、掛谷さんがいなければ、伊谷さんの構想した生態人類学もまったく別物になっていただろう。両者の出会いは偶然の積み重ねであったが、今日の視点から回顧すると、なにか必然のドラマであったようにも見える。この後、掛谷さんと伊谷さんがどのように出会い、掛谷さんがどのように人類学やアフリカ研究に目覚め、手を携えて生態人類学という新しい学の確立に邁進していったのか、その軌跡を辿ると同時に、お二人が抱いていた生態人類学の究極の夢を追いかけてみたい。

大学闘争の中で生まれた生態人類学

時間を少し戻そう。まず掛谷さんが多感な学生時代を送った一九六〇年代について俯瞰してみる。それは世界の若者にとって怒りと行動の時代であった。米ソの冷戦をバックにアメリカがずるずると深みにはまったベトナム戦争の悲惨、それに抗してアメリカ国内をはじめ世界各地における若者を中心としたベトナム反戦運動の激化があった。パリのカルチェ・ラタンでは一九六八年「五月革命」と呼ばれる学生蜂起と労働者のゼネストが発生した。そうした政治的事件の一方、新しい価値観を求めるヒッピーと呼ばれる若者たちの運動も全世界に広がっていた。日本でも一九六〇年の日米安全保障条約締結の大混乱を皮切りに、一九六四年には「ベトナムに平和を！市民連合」（べ平連）が生まれ、一九七〇年の日米安全保障条約の自動延長を睨んだ政治活動が活発化し、政治的に先鋭な学生や市民と警察機動隊との衝突がしだいに激化していたのである。

そのような時代の空気の中、一九六〇年代終盤からは、日本中の大学で大学闘争（大学紛争）の嵐が吹き荒れた。そのクライマックスは一九六九年一月の東京大学本郷キャンパスの安田講堂攻防戦であった。半年以上にわたって東大のシンボルたる安田講堂を封鎖占拠していた全共闘および過激派セクト集団に対して、大学当局の要請を受けた機動隊が封鎖解除・占拠者排除の実力行使に入り、二日間にわたる激烈な攻防の末に封鎖は解除された。その様子はテレビで一部始終、全国中継され、日本中の耳目を釘付けにした。一方、やはり一九六八年から民主化要求などを掲げた学生による大学改革運動がヒートアップしていた京都大学では、安田講堂における機動隊による封鎖解除がかえって全学でのストライキやバリケード封鎖などを誘発し、大学闘争のいっそうの激化をもたらすことになった（西山伸「京都大学における大学紛争」『京都大学大学文書館研究紀要』、二〇一二年）。新学期を迎えたあとも、ストや封鎖が日常化した「大学非常事態」が続いた。その夏、国立大学当局の管理能力の欠如に業を煮やした政府は、大学当局に大きな圧力をかけるべく、「大学の運営に関する臨時措置法」なるものを国会で成立させた。それは、学長をはじめとする大学当局に大学管理の大きな権限を与える一方、大学が手を拱いているならば、国が大学当局にかわって直接大学を管理しようという法案である。それを受けて京大でも各学部・部署で相次いで機動隊の出動が要請され、封鎖解除、大学業務の再開へと向かった。この大学闘争は、結果的には大学当局による力づくでの秩序の回復をみて終熄したのであるが、多くの学生や教員の心に深い傷を与え、苦い思いが長らく澱として残ったのである。

さて、掛谷さんは一九六三年春、大阪の名門府立天王寺高校を卒業し、京都大学工学部の電子工学科に入学した。今から考えると、電気と相性がよいとはとても思えない掛谷さんがどうして電子工学へ進んだのかひどく不思議に思われる。その一方で、掛谷さんにはアフリカへの思いが早くから芽生えていた。アフリカの年と呼ばれる一九六〇年およびその前後、アフリカではヨーロッパの宗主国による植民地支配から多くの国が独立を成し遂げ、大きな喜びに沸いていた。掛谷さんは大学に入学した時にはすでにそういったアフリカの若々しいエネルギーに共感を覚え、また野生とともに生きる世界にあこがれをもっていたという（「アフリカ研究会のころ」『今西錦司全集　第四巻』、月報第七号、講談社、一九九三年）。そして入学後のある日、たまたまポスターで知った京都大学アフリカ研究会に紛れ込み、伊谷さんがピグミーの物質文化の話をされているのを聞いたのである。掛谷さんはその時、「あたかもピグミーの心が乗り移ったかのように、生き生きと語られる伊谷先生の姿」に深い感銘を受けた。アフリカ研究会では掛谷さんは、伊谷さんの師である今西錦司さんとも出会うことになった。

いずれにしても、入学後は電子工学の勉強はともかく、ワンダーフォーゲル部に所属して山歩きや気の向くままの広範な読書に没頭したが、将来の進路については次第に迷いが生じていたのである。一九六四年二回生の秋、当時京大探検部が企画していた〈大サハラ〉計画への参加を誘われたことを契機に、ワンゲルの先輩に紹介された渡邉毅さん（当時大学院修士課程一回生）にその悩みを相談した。「〈大サハラ〉計画に参加して学部学生の間にアフリカ行きを実現するか、それとも……」という掛谷さんの悩みを聞いた毅さんは、ただちに、アフリカへの夢と将来は、〈大サハラ計画〉ではなく、伊谷さんに託すように勧めたのである。そしてアフリカ調査から帰国した伊谷さんに掛谷さんを紹介した。伊谷さんも「〈大サハラ〉はやめておけ、そして大学院を目指せ」とはっきりおっしゃったという（渡邉毅「掛谷誠君を惜しむ」『生態人類学ニュースレター No.二〇 別冊 特集 掛谷誠追悼』二〇一四年）。

掛谷さん自身の回想によると、今西錦司さんが一九六五年春、京都大学理学部退官時の最終講義で語った人類学やアフリカ研究の展望が、自分のアフリカへの思いを一段と募らせたという。そして、思い切って、今西さんの後を継いだ伊谷さんの研究室を訪ねた。伊谷さんは親身になって相談に乗ってくれたのだが、最後におだやかに微笑んで「これからは電子や電気の時代だから、工学部をやめるのはもったいない」といわれたという（「アフリカ研究会のころ」）。このあたり毅さんの情報とは少し食い違っているかもしれないが、なにはともあれ掛谷さんにはすでに電子工学への未練はなく、一九六六年春、理学部の植物学科へ移る。植物学というのも奇異に聞こえるが、たまたま伊谷先生のおられる動物学科の定員がいっぱいだったからとのことである。大学院で移ればよいという判断だった。しかしここにも天の配剤があった。生涯の良き伴侶となる英子さんとの出会いが用意されていたのである。

一九六〇年代は、終戦直後に野生ニホンザルの調査から誕生した日本の霊長類学がアフリカを起点に世界に羽ばたいた時代である。伊谷さんと今西さんはニホンザルでの研究が一段落ついたのを汐に、アフリカの類人猿研究へと矛先を転じた。そして何度も挫折を繰り返した末、一九六六年春、タンザニア西部に派遣されていた大学院生の西田利貞さんが、タンガニイカ湖畔のトングウェ族の村でとうとう野生チンパンジーの餌付けに成功したのである。それ以降、日本のチンパンジー調査隊では次々と新発見が生まれることになった。チームのリーダーであった伊谷さんはその進展にもちろん大喜びであったが、その後、どういうわけか霊長類の現地調査はきっぱりと後進に譲り、ご自身はもっぱら霊長類の社会進化についての理論的研究に打ち込むようになったのである。伊谷さんのこの謎めいた転身については、少々長くなるが『伊谷純一郎著作集　第四巻』に掛谷さんが書かれた「解題」を引用しよう。

［西田利貞さんは］「なぜ伊谷さんは一九六九年を最後に霊長類の研究を事実上やめてしまわれたのか」、あるいは「一九六九年のマハレ訪問を最後に、伊谷さんは霊長類のフィールドワークはなさらなくなった」理由をめぐって詳しく論じておられる。私は西田説に加え、それが六〇年代末の時代の精神に、伊谷という卓越した個性が真摯に呼応した結果であることを強調しておきたい。それは「大学紛争」であり、大学院生の私にとっては「大学闘争」「全共闘運動」との関わりであった。京都大学大学院・動物学専攻のレベルでも団交が積み重ねられ、「学問とは何か」が根源的に問い直された。学生部の委員でもあった伊谷さんは、双眼鏡を手にデモ隊の後を追いながら、ミオンボ林での調査のことも考えておられたに違いない。

後に大学院に入学した黒田末寿さんに、伊谷さんは次のように語ったという。「六九年の大学紛争のおり、大学院生たちと研究方向について徹底的に討論した。おかげで私たちの研究が小さくまとまりかけていたことに気づかされ、研究方向の見直し、新規まき直しができた。二年の研究ブランクはあったがそれ以上の収穫だったと思っている」（黒田末寿「探求の欲望と敬愛の力」『アフリカ研究』、二〇〇六年）。こうして伊谷さんは人間社会や人間性について、より深く、より広く研究するために、生態人類学へと大きく舵をとられたのである。

（掛谷誠「原野と森の人へのアプローチ」『伊谷純一郎著作集　第四巻』平凡社、二〇〇八年）

一方、伊谷さん自身は、自分が生態人類学を意図した理由について次のように述べている。

私は、霊長類の生態学はやらなかったが、人間の生態学には没頭した。伝統的な人類学は古人骨の学問であるが、骨は生活も社会も語らない。自然に強く依存して生きる人びとの生活が、人類社会形成史の復原にいかに重要かは自明であろう。ルソーが『人間不平等起原論』（一七五五年）で自然人を描こうとしたとき、当時は拠るべきまともな資料もなかった。人間を対象とする生態学というのは、人と自然との交わり、つまり生きざまの研究であった。

（伊谷純一郎『サル・ヒト・アフリカ―私の履歴書』日本経済新聞社、一九九一年）。

一九六〇年～七〇年代、世間ではフランスの文化人類学者レヴィ＝ストロースが提唱する構造主義人類学がさかんに取り上げられ、広く思想界においてブームになっていた。レヴィ＝ストロースは、西欧的科学知識が未だに滲透していない世界各地の住民のあいだに独自の深い自然理解があることを高く評価し、そこから新しい人類学の世界を構築しようとした最初の人であった（『今日のトーテミズム』一九七〇年、『野生の思考』一九七六年、みすず書房）。しかし、レヴィ＝ストロースの世界では、自然界の森羅万象はそのもの自体の存在価値よりも、まず、その自然をもとに人間がなにかを「考えるための素材」として認識され、人間の普遍的思考の構造を明らかにする手段として重要視される。いわば上空から地上を俯瞰するような研究である。一方、伊谷さんは、タンザニアの乾燥疎開林の焼畑農耕民トングウェ族のように、自らの環境を色どるさまざまな動物や植物とじかに切り結びつつ、独自の人生を形作っていく生き方、すなわち「生きざま」そのものに密着しながら、人と自然との関わり合いの一部始終を記述し、彼らの心性を深く理解しようとする研究を志向した。等身大で自然と関わって生きる人間の研究は、大型類人猿などの社会と人間社会との関係の解明という大問題に取り組むための重要な鍵になるとの直観が伊谷さんにはあったのである。そしてアフリカの地でもそのような自然密着型の社会が消えようとしている状況を察知し、そうした研究を早急に推し進める必要を強く感じていたのだった。

一九六八年春、掛谷さんは植物学科を卒業し、大学院の動物学専攻自然人類学研究室に進学した。一見大きな回り道にみえるここまでの五年間こそ、今から思えば、掛谷さんにとってその後の人生を決定づける最も重要な時期であったことは明らかである。生涯の恩師伊谷純一郎先生との出会いがあり、豊かな自然と人間性の故郷であるアフリカへの関心がいやが上にも高まり、やがて生まれるべき新しい学問への思いが体の中でふつふつとたぎりだしていたのである。人生をともに歩む伴侶との出会いもあった。掛谷さんが人類学の道、アフリカへの道を選択したのは伊谷さんの卓越した構想に強く共鳴したからだが、一方、伊谷さんは、自分と同様、自然のただ中に生きる人びとの傍らにわが身を置き、理知的ではあるがたんなる科学主義に陥らず、研ぎ澄まされた感性と直観をもって人間性の根源に迫ることのできる気鋭の若者の出現を待っていたのである。両者の軌跡はここでしっかりと交わった。

渡邉毅さんは次のように述懐しておられる。

［掛谷という］若き学生の相談を受け止め、その将来の責を負い、みごとに学生の夢をかなえた伊谷さんというリーダーは、良い学生に恵まれたともいえる。もちろん、生態人類学の成立には先達としての西田利貞さん、田中二郎さん、原子令三さんたちの貢献は大きいが、正真正銘直弟子といえるのは、掛谷誠であり、掛谷

と共に伊谷さんは展望を切り開いたのだ。（渡邉、前掲書：二四頁）

伊谷さんと掛谷さんにとって「生きざま」の研究は、目指すべき新しい人類学のキーワードであった。伊谷さんの弟子の一人黒田末寿さんは、大学院に入学した一九七三年春、掛谷さんの自宅にお邪魔し、掛谷さん自身から次のような言葉を聞く。

「俺が人類学で何をしたいかて？ 人間の生きざまや、人間の生きざまを〈見る〉、それだけや。」

〈見る〉のところは、じつはよく覚えていず、〈見たい〉だったかも知れない。が、知りたいとか、描きたいとか、書きたいではなかったと思う。というのも、掛谷さんの言葉がつまるところ「人間の現状をそのまま受け入れる」という意味だったのにひどく驚いた記憶があるからだ。「生きざま」のざらついた語感、人間の現実に向き合うニュアンスにもひっかかった。もとは現実主義といわれる大阪人の言葉かも知れないが、掛谷さんが「生きざま」と言うと、人間に向きあう「覚悟」と「誠意」のようなニュアンスが漂うのだった。

（『生態人類学ニュースレター No.二〇 別冊　特集 掛谷誠追悼』二〇一四年）

当時黒田さんは、社会の福祉に資するべき学問というものが、たんに「人の生きざまを見るだけでよいのか」と疑問も感じたそうだが、掛谷さんのいう「生きざま」にはそうした表面的葛藤を越えたものが含まれていたことを認める。他人の「生きざま」を見ることは、たんなる知識としての理解を得るばかりではなく、研究する本人自身の生きざまや人間観のあり方を問うものだったからである（黒田　上掲書）。人の生きざまに正対するときの「覚悟」と「誠意」は掛谷さんの研究の核心そのものであった。そしてことばとしての「生きざまの探求」は、伊谷、掛谷のみならず、両者の系譜を引く多くの生態人類学徒に共通するキーワードになったようである。

「生きざま」の光と影

掛谷さんの研究人生の第一歩は、九州南端の鹿児島から沖縄・台湾へ飛び石のごとく連なる南西諸島の一角、トカラ列島の平島と悪石島の調査から始まった。どちらもわずか一〇〇名足らずの人々が暮らす孤立性の高い小離島である。折しも京大における大学闘争の炎が急速に募り始めた一九六八年夏であった。騒然としてきた大学を離れ、掛谷さんは伊谷さんと育みはじめた生態人類学への強い思いを秘めて、南海の小島で一人もくもくと人類学の現地調査に没頭したのである。一九七〇年四月まで延べ六ヵ月間の現地調査の成果が「小離島住民の生活の比較研究—トカラ列島、平島・悪石島」（本書第1章）である。その中で掛谷さんは「近年、所与の環境における人間の生活の適応構造を探る視点として、環境に対する人間の営みの直接観察と、その量的把握を方法論的な特色とする生態人類学的なアプローチが注目されつつある」として自然科学的方法を強調した後、「このような視点を意識しつつも、調査地自体のもつ性格のゆえに、社会・文化的側面への傾斜が強くなった」といい、「島の生活のトータルな理解という点からいえば、このような現状を中心とした分析とともに、通時的な分析も重要なものであろうが、これは今後の課題としたい」と結んでいる。すなわち、自然、社会、文化に加えて、歴史的存在としての島人の理解までも含めた総合的研究としての生態人類学の位置づけである。あくまで人間全体を見ようというこの姿勢は、生涯変わることがなかった。

ところで学友をびっくりさせた第二期から第三期にかけての掛谷さんの研究スタイルの大きな転身、すなわち、観察・分析・理解主体の人類学から、参加・実践・貢献を全面に打ち出した人類学への転身の原因がすでにこの処女論文の中に見て取れる。それは自然に密着して生きる人々の生きざまの研究を目指したとき、やがて明らかになる自然と社会との齟齬の問題といってよいだろう。人間と自然との関わりという点では、人々には先祖から受け継いできた自然を大切にし、真摯にそれを利用して生きる生活がある。しかし、同じ自然に向きあいながらも、外部世界における政治や経済に左右され、理想と現実のジレンマに悩みながらあえて不本意な生き方を選択していかなければならない人々の姿もある。悠久の時の中で循環する自然と年々歳々不可逆的に変化する社会との乖離といってもよいだろう。二〇世紀から二一世紀という時代の流れにおいては、近代化やグローバリゼーションの名の下に急速に後者が力を増し、前者を飲み込んでいく。日本でもアフリカでも同じように、先代から命の糧としての自然を受け継ぎ、自らの生計を立て、そして何一つ毀損することなく次代に渡すことを第一の目標とする生きざまから、時代に呼応して自然を改変し、不可逆的に費消しながら今を生きるという生きざまへの転身であり、本心からではないとしてもそうせざるを得ない現実のやるせなさである。そういった人々の葛藤や苦悩をどうしたらよいのか。たんなる観察・理解だけで終わってよいのか。黒田さんが掛谷さんに感じた生きざまに正対する覚悟とは、そのジレンマを直視する覚悟であり、誠意とはそのジレンマをともに背負ってみようとする気概ではないだろうか。

トカラでの調査が一段落する否や、伊谷さんは結婚式を挙げたばかりの掛谷さんと英子さんにさっそくトングウェでの長期調査を命じた。ウェンナーグレン財団の資金を得て一年間、トングウェの村での住み込み調査である。掛谷さんたちはまずはトングウェたちが依拠するミオンボ・ウッドランドの自然とそこにおける食物の生産と消費について、客観的データを徹底的に収集し、詳細な分析を試みた。そこで導き出されたのが生産活動におけるトングウェたちの「最小努力の傾向性」と「食物の平均化の傾向性」である。人々は決して怠け者ではないが、必要以上に生産しようとは考えない。むしろ、家族がかつかつ食べていける分しか植え付けないのである。一方、トングウェ社会の流儀では、頻繁に村から村へ旅人が往来し、あちこちで客人として寝食のもてなしを受ける。長逗留もめずらしくない。その分だけもてなし方の食料は不足となるので、自分たちもどこかで居候を決め込み、もてなしを受けて暮らすことになる。年間を通してみるとそれぞれの家庭の食物消費の収支はトントンになっている。おまけにそのような相互訪問によって、頻繁な人々の動きによって、さまざまな情報の伝達も滞りなく達成されるという社会的効果もある。

これはよくできた生活システムのようであるが、疑問も生ずる。耕作のための土地がふんだんにあるならば、多少は多めに作物を作り、余裕のある食生活を確保することがベターではないか。なぜ人々はかつかつにしか食物を生産しないのか。この謎の答えは、トングウェの明るい日常生活の裏側にある心の闇というべき世界にあった。それは人々の妬みや葛藤が胚胎した悪霊や邪術の跋扈する世界である。人は他人の妬みによって引き起こされる呪いなどを強く恐れるため、他人よりもたくさん生産することを避ける。平等意識が強い社会では、他人よりも好成績を上げることは必ずしもよいことではない。それが最小生計努力であり、互助的行動による食物消費の平均化をもたらす原因となっているのである。

さらに、トングウェの人々は、日常生活の中でしばしば遭遇する病気や怪我、あるいは肉親の死などの大きな不幸の原因を、超自然的力をもった祖霊や悪霊、精霊の仕業とする考えをもつことが明らかになる。そういった不幸に対処するためのスペシャリストがムフモ（治療者／呪医）と呼ばれる異能の人である。ムフモはダワ（秘薬）を用いてさまざまな不幸の原因を明らかにし、それを除去して病気を治療する。「トングウェ族とのつきあいが深まるにつれて、筆者［掛谷］の関心は徐々に彼らの精神生活へと向かっていった。広大な自然の中で明るく大らかに営まれる日々の生活が、彼らの社会の表面であるとするならば、その裏面には、人を呪う呪われるという呪詛の念が渦巻いていた」と掛谷さんは語る（「トングウェ族の呪医の世界」本著作集第二巻所収）。

秘薬や秘儀といった道具立てを通して、豊かで隠微な象徴的思考に彩られたトングウェの精神世界をあらわにするムフモこそ、表の世界と裏の世界をつなぐキーパーソンと考えた掛谷さんは、調査の半ばを過ぎた段階で意を決して一人の呪医に弟子入りすることになった。そして、正式な儀礼を経てトングウェ公認のムフモとなったのであった。掛谷さんを「呪医になった人類学者」として一躍有名にした決断であった。ムフモやダワの世界についてはこの第一巻収録の論文でもあちこちで言及されているが、本著作集第二巻における主たるテーマとなっている。

洞察の学としての生態人類学へ

伊谷さんと掛谷さんは自然界に密着しながら凜として暮らす原野の民トングウェという二つとない調査対象を得て、「生きざまの学」としての生態人類学の基盤を築き上げていった。掛谷さんは最初の調査ではトングウェの表の世界、すなわち、自然の中で巧みに生きる姿とその生活基盤を緻密なデータ解析によって明らかにした。

さらに、呪医の資格も得て、妬みや呪いの渦巻く裏の世界への手がかりもしっかりとつかんでいた。それをフルに活用してトングウェの世界観を徹底的に探り、トングウェ的生きざまの真髄に迫ろうという掛谷さんの意気込みは相当なものであったはずだ。しかし、なんとも非情な出来事が待っていた。冒頭でも触れたトングウェの伝統文化そのものの消滅である。一九七三年、タンザニア政府は原野に散在する村々の集村化計画を実行に移し、トングウェの孤立村をすべて湖岸に移住させ、集団農業によって生きるように仕向けた。一〇〇〇年～二〇〇〇年の歴史と伝統を紡いできた孤高の村々が忽然と姿を消してしまったのである。トングウェに強く惚れ込んでいた伊谷さんや掛谷さんの無念さはいかばかりであっただろう。

その後、伊谷さんは、一九七二年にはコンゴ民主共和国（当時のザイール共和国）の森の狩猟採集民ピグミーの調査、一九七六年からは北ケニアの遊牧民トゥルカナの調査へと転じられた。そのどちらにも伊谷さんはとことん惚れ込み、研究の新境地を開いた。一方、掛谷さんは、一九八二年からザンビアのミオンボ・ウッドランドの焼畑農耕民ベンバ族において、変容を含んだ生態人類学的研究に着手した。一九九二年からは、再びタンザニアを中心に、地域発展への実践的な関与を通して新しい地域研究の地平を切り開く方向に転じた。アフリカ独自の伝統的な集約農耕を中心に据えた研究である。環境に応じてさまざまな姿を見せるアフリカ農耕民の生き方を横断的に論じて、「農業システムはそれぞれの文化を深く刻印しておりその豊かな個性から学ぶことこそ生態人類学の真骨頂である」と断言する（掛谷　二〇〇二）。

ともにトングウェ族の生きざまに惹かれ、そこに見られる人と自然との関わりの解明に情熱を燃やして生態人類学立ち上げてきた両者の軌跡は、トングウェ以降はまったく異なる二つの方向に分かれてしまったように見える。しかし、そういった表面的な相違をこえて、生態人類学に関する両者の思いが、今一度、強く呼応しあう時を迎える。

伊谷さんは調査の旅の途中、タンザニアの首都ダルエスサラームのとあるホテルに勤めているトングウェの青年と知り合いになり、毎回スワヒリ語で二言三言の会話を楽しみながら、彼の顔かたち、表情、物腰、語り口にトングウェに固有の個性を見、首都から遠く離れた土地に住んでいるなつかしいトングウェたちのことを思う。そして、トングウェの個性について次のように述べる。

（前略）トングウェの個性とはと問われても、知る人のみぞ知るという以外にない。私は「トングウェ動物誌」のなかでやっとつぎのような描写を試みている。

「彼らの体軀は、北方のハ族のように華奢ではなく、湖の対岸ザイールのベンベ族やタブワ族のように低身長ではない。一般に痩せているが長身で、均整のとれた筋肉質の体を持っている者が多い。文明に対して同化的でなく、むしろ原野のなかで孤独な生活をおくることを好む。慇懃で、ときには尊大であり、ハ族やベンベ族のように勤勉であるとは言えず、内省的で重厚な性格と風貌をもっている者が多い。」

しかし、いまとなってみると、やはりまだ言いたりないという感じが残る。それはおそらく、野放図なあかるさと深い影という、アンビヴァレントなものの同居だろう。ミオンボ林と森林、乾燥帯と湿潤帯とが複雑に入り組んだ自然が造形した独特な個性こそ書き加えるべきだったのであろう。おそらくトングウェ自身も自覚はしていても、「トングウェ・カビサ（正真正銘のトングウェ）」と、力を込めて言うことくらいしかできないだろう。

（伊谷純一郎『森林彷徨』東京大学出版会、二一九頁、一九九六年）

この作品も『伊谷純一郎著作集　第四巻』に収録されており、掛谷さんはその巻の「解題」において、それにふれて次のように語る。

私はこの洞察に富んだ指摘に深く感動した。トングウェと長くつきあってきた私も、心から納得できる彼らの個性の描写である。生態人類学は、自然と人との関係について、このような洞察力をみがきあげる「学」として成熟しなければならない。私は本気でそう思った。そして、大きく変貌し、多くの困難な問題を抱える現代アフリカの自然・経済・社会・政治について考え、ともに悩みつつ問題解決の道を探るときにも、この洞察力が必要だと思った。

（「原野と森の人へのアプローチ」上掲書、二〇〇八年）

私は掛谷さんのこの深い感慨に打たれた。伊谷さんの上記の文章の意味するところをただちに了解し、最大の賛辞を送っている掛谷さんの慧眼に感服する。私自身、何回か目を通している文章のはずなのに、記憶に留められていなかったのは、恥ずかしい限りである。生態人類学は正真正銘「野の学問」であり、各研究者それぞれ自らの個性をみがき世間一般の型にはまらぬことをその身上とする。ただ一点、是が非でも皆の共有すべきところをあげるとしたら、つまるところ、そういうことなのだ。上記の伊谷さんと掛谷さんのどちらの文章も、奇しくも、それぞれ亡くなられる五年ほど前に書かれたものである。「生きざまの学」である生態人類学を、自然と人に関する深い洞察力をみがきあげる学へと育てること、それは伊谷さんと掛谷さんが生涯をかけてともに練り上げた大切な夢であり、後に続く者たちに託された、ありがたくも身の引き締まる課題である。

＊最後になりましたが、本著作集の刊行にあたっては、掛谷さんのご遺族である掛谷英子様にご援助いただきました。心より感謝申し上げます。

初出一覧

「小離島住民の生活の比較研究——トカラ列島、平島・悪石島」
『民族学研究』第三七巻第一号 日本民族学会　一九七二年六月刊

「雪国の山村における戦後三〇年——福井県瀬戸部落—現代日本の農村における生活様式の変化の実態調査研究」
総合研究開発機構助成研究『現代日本の農村における生活様式の変化の実態調査研究』総合研究開発機構　株式会社ＣＤＩ　一九七六年九月刊

「『白神山地ブナ帯域における基層文化の生態史的研究』の目的と構成」
掛谷誠編『白神山地ブナ帯域における基層文化の生態史的研究』平成元年度科学研究費補助金（総合）研究成果報告書　一九九〇年三月刊

「生態史と文明史の交錯——白神山地における自然と生活の生態史をめぐる諸問題」
掛谷誠編『白神山地ブナ帯域における基層文化の生態史的研究』平成元年度科学研究費補助金（総合）研究成果報告書　一九九〇年三月刊

「トングウェ族の生計維持機構」
『季刊人類学』第五巻第三号　京都大学人類学研究会　一九七四年八月刊

「アフリカのトングウェ族とともに」
『福井新聞　朝刊』一九七七年六月九日、一六日、二三日、三〇日、七月七日、一四日、二一日、二八日、八月四日、一一日、一八日、二五日刊

「サブシステンス・社会・超自然的世界――トングウェ族の場合」
渡辺仁編『人類学講座　生態』雄山閣出版　一九七七年六月

「伝統的農耕民の生活構造――トングウェを中心として」
伊谷純一郎・田中二郎編『自然社会の人類学――アフリカに生きる』アカデミア出版　一九八六年二月

「ザンビアにおける生態人類学研究上の諸問題――予備調査報告」掛谷誠・市川光雄（共著）
『アフリカ研究』第二三号　日本アフリカ学会　一九八三年五月刊

「ザンビアの伝統農耕とその現在――ベンバ族のチテメネ・システムの現況」
『国際農林業協力』第八巻第四号　国際農林業協会　一九八六年三月刊

「中南部アフリカ・疎開林におけるベンバ族の焼畑農耕――チテメネ・システムの諸相」掛谷誠・杉山祐子（共著）
牛島巌編『象徴と社会の民族学』雄山閣出版　一九八七年一月

「ベンバ族」
綾部恒雄監修　信濃毎日新聞社編『世界の民、光と影（下）』明石書店　一九九三年七月刊

「焼畑農耕社会の現在――ベンバ村の一〇年」
田中二郎・掛谷誠・市川光雄・太田至編『続 自然社会の人類学―変貌するアフリカ』一九九六年六月刊

「環境の社会化の諸相」
掛谷誠編『講座 地球に生きる2 環境の社会化―生存の自然認識』雄山閣出版 一九九四年九月刊

「焼畑農耕民の生き方」
高村泰雄・重田眞義編『アフリカ農業の諸問題』京都大学学術出版会 一九九八年二月刊

「アフリカ農耕民研究と生態人類学」
掛谷誠編『講座 生態人類学3 アフリカ農耕民の世界―その在来性と変容』京都大学学術出版会 二〇〇二年一〇月刊

Sydney Press, Bedford.

Wolf EW 1955: Types of Latin American peasantry: A preliminary discussion. American Anthropologist 57(3): 452-471.

Wood AP 1990: Agricultural policy since independence. In Wood AP, Kean SA, Milimo JT, Warren DM (eds): The Dynamics of Agricultural Policy and Reform in Zambia. Iowa State University Press, Ames and Iowa, pp. 21-58.

八木浩二，吉川契子 1988: 西津軽沿岸の完新世海成段丘と地殻変動．東北地理 40: 247-257.

矢内原勝 1980:「アフリカの経済とその発展」文真堂，東京.

吉田禎吾 1984:「宗教人類学」東京大学出版会，東京.

湯川洋司 1983: 山と海の生産．福田アジオ・宮田登 編「日本民俗学概論」吉川弘文館，東京，pp. 58-68.

武田淳 1987: 熱帯森林部族ンガンドゥの食生態――コンゴ・ベーズンにおける焼畑農耕民の食生をめぐる諸活動と食物摂取傾向. 和田正平 編「アフリカ――民族学的研究」同朋舎, 京都, 1071-1137.

田中二郎 2001: ブッシュマンの歴史と現在. 田中二郎 編「カラハリ狩猟採集民一過去と現在」京都大学学術出版会, 京都, pp. 15-70.

Tanzania, National Bureau of Statistics 1971: 1967 Population Census Vol. 3. Demographic Statistics, Dar es Salaam.

丹野正 1977: ムブティ族ネット・ハンターの狩猟活動とバンドの構成. 伊谷純一郎, 原子令三 編「人類の自然誌」雄山閣出版, 東京, pp. 97-134.

寺田和夫 1973: 訳者あとがき. 寺田和夫, 友枝啓泰 訳「デサナ」岩波書店, 東京, pp. 357-373.

Terashima H 1980: Hunting life of the Bambote: An anthropological study of hunter-gatherers in a wooded savanna. Senri Ethnological Studies 6: 223-268.

Tobias PV 1966: The peoples of Africa south of the Sahara. In Baker PT, Weiner JS (eds): The Biology of Human Adaptability. Clarendon Press, Oxford, pp.111-200.

Trapnell CG 1943: The Soils, Vegetation and Agricultural Systems of North-Eastern Rhodesia. Government Printer, Lusaka.

Trapnell CG 1953: The Soils, Vegetation and Agriculture Systems of North-Eastern Rhodesia. Government Printer, Lusaka.

土屋巌, 青木宣治, 落合盛夫, 河村武, 倉嶋厚 1972:「アフリカの気候(世界気候誌第2巻)」古今書院, 東京.

Turner VW 1952: The Lozi Peoples of North-Western Rhodesia. Hazell Watson & Viney Ltd, London and Aylesburg.

Turner VW 1957: Schism and Continuity in an African Society: A Study of Ndembu Village Life. Manchester University Press, Manchester.

Turner VW 1967: The Forest of Symbols. Cornell University Press, Ithaca and London.

上山春平, 佐々木高明, 中尾佐助 1976:「続・照葉樹林文化――東アジア文化の源流」中央公論社, 東京.

上山春平 編 1969:「照葉樹林文化――日本文化の深層」中央公論社, 東京.

梅原猛, 安田喜憲, 南木睦彦, 岡本素治, 渡辺誠, 市川健夫, 太田威, 石川純一郎, 中川重年, 斎藤功, 大場達之, 西口親雄, 泉祐一, 四手井綱英 1985:「ブナ帯文化」思索社, 東京.

梅棹忠夫 1965:「サバンナの記録」朝日新聞社, 東京.

梅棹忠夫 1981: 生態系から文明系へ. 梅棹忠夫 編「文明学の構築のために」中央公論社, 東京, pp. 3-19.

Whiteley W 1950: Bemba and Related People's of Northern Rhodesia. International African Institute, London.

Willis RG 1966: The Fipa and Related Peoples of South-West Tanzania and North-East Zambia.

Schneider HK 1981: The Africans. Prentice-Hall Inc, Englewood Cliffs and New Jersey.

Scudder T 1962: Kariba Studies Vol. 2: The Ecology of the Gwembe Tonga. Manchester University Press, Manchester.

重森三玲，重森完途 1972:「日本庭園大系　江戸・中末期の庭（2）」社会思想社，東京.

重田眞義 1988: ヒト—植物関係の実相：エチオピア西南部オモ系農耕民アリのエンセーテ栽培と利用. 季刊人類学 19(1): 191-281.

重田眞義 1995: 品種の創出と多様性の維持をめぐるヒト—植物関係. 福井勝義 編「地球に生きる 第 4 巻 自然と人間の共生」雄山閣出版，京都，pp. 143-164.

下野敏見 1966:「吐咖喇列島民俗誌第 1 巻（悪石島・平島篇）」下野敏見，鹿児島.

「白神山地と地域を語る会」実行委員会 編 1988:「資料集　新聞記事で綴る白神山地のブナ原生林と青秋林道」西津軽郡教職員組合，青森.

白野夏雲 1884:「七島問答」（昭和 40 年、十島村役場刊行本に所収）.

Simkin P 1959: The Waholoholo Tribe (Tanganyika), Oxford University Tanganyika Expedition 1958, Anthropogeographical Report.

総理府統計局 1972:「昭和 45 年国勢調査解説シリーズ No. 2——都道府県の人口その 18（福井県の人口）」総理府統計局，東京.

Stanley HM 1878: Through the Dark Continent: or, the Sources of the Nile around the Great Lakes of Equatorial Africa and Down the Livingstone River to the Atlantic Ocean. Sampson Low, Marston, Searle & Rivington, London.

Stromgaard P 1984: The immediate effect of burning and ash-fertilization. Plant and Soil 80: 307-320.

末原達郎 1987: アフリカの農業. アフリカ研究 31: 61-90.

杉村和彦 1987:「混作」をめぐる熱帯焼畑農耕民の価値体系——ザイール・バクム人を事例として. アフリカ研究 31: 1-24.

Sugiyama Y 1987: Maintaining a life of subsistence in the Bemba village of northeastern Zambia. African Study Monographs, Supplementary Issue 6: 15-32.

杉山祐子 1988: 生計維持機構としての社会関係——ベンバ女性の生活ストラテジー. 民族学研究 53(1): 31-57.

Sugiyama Y 1992: The development of maize cultivation and changes in the village life of the Bemba of northern Zambia. Senri Ethnological Studies 31: 173-201.

杉山祐子 1993: ベンバの食用イモムシ採集. アフリカレポート 17: 37-40.

Suzuki A 1969: An ecological study of chimpanzees in a savanna woodland. Primates 10(2): 103-148.

Suzuki T 1972: The houses and the life of the Tongwe tribe in Tanzania, East Africa. Kyoto University African Studies 7: 269-310.

社団法人日本林業技術協会 1986:「白神山地森林施業総合調査報告書」林野庁，東京.

Takeda J 1976: An ecological study of the honey-collecting activities of the Tongwe, western Tanzania, East Africa. Kyoto University African Studies 10: 213-248.

(eds): The Future of Shifting Cultivation in Africa and the Task of University. FAO, Rome, pp. 55-63.

大崎雅一 2001: セントラル・カラハリ年代記. 田中二郎 編「カラハリ狩猟採集民——過去と現在」京都大学学術出版会, 京都, pp. 71-114.

Poll M 1956: "Poisson Cichlidae" resultats scientifique de l'exploration hydrobiologique du lac Tanganyika (1946-1947). Institut Royal des Sciences Naturelles de Belgique 3(5B): 1-619.

Reichel DG 1968: Desana. Universidad de los Andes, Bogota.（ライヘル ドルマトフ 1973:「デサナ」寺田和夫, 友枝啓泰 訳, 岩波書店, 東京）

Reichel DG 1976: Cosmology as ecological analysis: A view from the rain forest. Man (N. S.) 11(3): 307-318.

Richards AI & Widdowson E 1937: A dietary study in northern Rhodesia. Africa 9: 166-196.

Richards AI 1939: Land, Labour and Diet in Northern Rhodesia. Oxford University Press, New York and Toronto.

Richards P 1985: Indigenous Agricultural Revolution: Ecology and Food Production in West Africa. Hutchinson & CO. Ltd., London.

Roberts A 1976: A History of Zambia. Richard Clay (The Chaucer Press) Ltd., Bungay and Suffolk.

Ruthenberg H 1980: Farming Systems in the Tropics. Clarendon Press, Oxford.

サーリンズ M 1984:「石器時代の経済学」山内昶 訳, 法政大学出版局, 東京.

Sahlins MD 1965: On the sociology of primitive exchange. In Banton M (ed): The Relevance of Models for Social Anthropology. Tavistock Publications, London, pp. 139-227.

斎藤功 1985: ブナ材利用の変遷. 梅原猛, 安田喜憲, 南木睦彦, 岡本素治, 渡辺誠, 市川健夫, 太田威, 石川純一郎, 中川重年, 斎藤功, 大場達之, 西口親雄, 泉祐一, 四手井綱英「ブナ帯文化」思索社, 東京, pp. 185-200.

榊寿子 1990:「津軽の水田単作地帯における農業の伝統と現在」弘前大学人文学部人間行動コース平成元年度卒業論文.

佐久高士 編 1972:「越前国宗門人別御改帳　第 6 巻」吉川弘文館, 東京.

佐々木寛司 1989:「地租改正——近代日本への土地改革」中央公論社, 東京.

佐々木高明 1970:「熱帯の焼畑——その文化地理学的比較研究」古今書院, 東京.

佐々木高明 1984: ナラ林文化. 月刊みんぱく 8(9): 15-17.

佐々木高明 1986:「縄文文化と日本人——日本基層文化の形成と継承」小学館, 東京.

笹森儀助 1895:「拾島状況録」(昭和 43 年日本庶民生活史料集成第 1 巻に収録, 三一書房, 東京)

佐藤弘明 1984: ボイェラ族の生計活動——キャッサバの利用と耕作. 伊谷純一郎, 米山俊直 編「アフリカ文化の研究」アカデミア出版会, 京都, pp. 671-691.

Sato S 1980: Pastoral movements and the subsistence unit of the Rendille of northern Kenya: With special reference to camel ecology. Senri Ethnological Studies 6: 1-78.

沢田信一 1989: 来年はブナ年.「東奥日報」1989 年 12 月 28 日付.

松山利夫 1975: 野生食用植物の加工方法に関する事例研究——白山麓の場合．石川県白山自然保護センター研究報告 2: 103-114.

松山利夫 1986:「山村の文化地理学的研究——日本における山村文化の生態と地域の構造」古今書院，東京.

Meteorological Department 1971: Climatological Summaries for Zambia. Government Printer, Lusaka.

Ministry of Agriculture and Water Development 1985: Agricultural Statistics Bulletin.（出版社不明）

Miracle MP 1967: Agriculture in the Congo Basin. The University of Wisconsin Press, Madison.

Miracle MP 1967: Agriculture in the Congo Basin. The University of Wisconsin Press, Madison.

Moffett JP (ed) 1958: Hand Book of Tanganyika. The Government of Tanganyika, Dar es Salaam.

Moore HL & Vaughan M 1994: Cutting Down Trees: Gender, Nutrition and Change in the Northern Province of Zambia, 1890-1990. James Currey, London.

森山泰太郎 1968:「砂子瀬物語」津軽書房，青森.

Murdock GP 1959: Africa: Its Peoples and Their Culture History. McGraw-Hill Book Co., New York.

Naidoo MR & Mumbwe M 1969: A Secondary Geography of Zambia. Monetary Printing and Packaging Ltd., Ndola.

中村徹 1988: 白神山地における青秋林道開発．土地改良測量設計 28: 1-3.

中尾佐助 1983: ナラ林文化の提唱．佐々木高明 編「日本農耕文化の源流」日本放送出版協会，東京，pp. 474-478.

南条郡教育委員会 1934:「福井県南条郡誌」南条郡教育会，福井.

西田正規 1985: 縄文時代の環境．近藤義郎，甘粕健，佐原真，戸沢充則，横山浩一，田中塚，戸沢充則 編「岩波講座日本考古学 2　人間と環境」岩波書店，東京，pp. 111-164.

西田正規 1989:「縄文の生態史」東京大学出版会，東京.

Nishida T 1968: The social group of wild chimpanzees in the Mahali mountains. Primates 9(3): 47-87.

Nishida T 1972: A note on the ecology of the red-colobus monkeys (*Colobus badius tephroscels*) living in the Mahali mountains. Primates 13(1): 57-64.

西田利貞 1973:「精霊の子供たち——チンパンジーの社会構造を探る」筑摩書房，東京.

西田利貞 1974: 野生チンパンジーの生態．大塚柳太郎，田中二郎，西田利貞 編「人類の生態（生態学講座 第 14 巻）」共立出版，東京，pp. 15-60.

野口武徳 1967: 小離島社会の村落生活と変化——トカラ列島臥蛇島．民族学研究 32(2): 126-143.

Okigbo BN 1984: Problems and prospects of shifting cultivation. Bunting AH & Bunting E

the Land-Locked Zambia. Institute of Developing Economies, Tokyo.
Kawabata M & Doi T 1972: Non-Cichlidae fish community in Mukuyu and Karago areas, the east coast of Lake Tanganyika. Kyoto University African Studies 7: 171-179.
川喜田二郎 1987:「素朴と文明」講談社，東京.
川喜田二郎 1989: 環境と文化．河村武，高原榮重 編「環境科学II 人間社会系」朝倉書店，東京，pp. 1-33.
Kingdon J 1971: East African Mammals: An Atlas of Evolution in Africa, Vol. 1. Academic Press, London.
吉良竜夫 1983:「熱帯林の生態」人文書院，京都.
北村光二 1996:「平等主義」というノスタルジアーブッシュマンは平等主義者ではない．アフリカ研究 48: 19-34.
小林茂 1988: ほん（書評）: 山村の文化地理学的研究——日本における山村文化の生態と地域の構造．民博通信 40: 9-12.
児玉谷史朗 1995: ザンビアの構造調整とメイズの流通革命．原口武彦 編「構造調整とアフリカ農業」アジア経済研究所，東京，pp. 57-94.
国際連合環境特別委員会 編 1987:「地球の未来を守るために——国連環境特別委員会レポート」大来佐武郎 監訳，福武書店，岡山.
Koyama S & Thomas DH (eds) 1981: Affluent Foragers: Pacific Coasts East and West, Senri Ethnological Studies No. 9. The National Museum of Ethnology, Osaka.
久馬一剛 1984: 焼畑農業の生態学．サイエンス 14(4): 20-31.
久馬一剛 1989: 焼畑．海外学術調査に関する総合調査研究班 編「東南アジアとアフリカ——地域間研究へ向けて（海外学術調査コロキアム記録）」海外学術調査に関する総合調査研究班，東京，pp. 87-106.
Lamprey HF 1962: East African wild life as a natural resource. In Russel EW (ed): The Natural Resources of East Africa, D. A. Hawkins, Ltd., Nairobi, pp. 132-138.
Langworthy HW 1971: Language and tribes. Davies DH (ed): Zambia in Maps. University of London Press Ltd, London, pp. 34-35.
Lehmann D 1977: The Twa: People of the Kafue flats. In Williams GJ, Howard GW (eds): Development & Ecology in the Lower Kafue Basin in the Nineteen Seventies, Papers from the Kafue Basin. Research Committee of the University of Zambia, Lusaka, pp. 41-46.
Majerus von P 1911: Brautwebung und Hochzeit bei den Wabende (Deutsch-Ostafrica). Anthropos 6: 893-900.
Majerus von P 1915-1916: Das Eherecht der Wabende. Anthropos 10-11: 781-788.
牧田肇，齋藤宗勝，斎藤信夫，八木浩司，高橋晃 1989: 青森県白神山地追良瀬川流域の地形・植物相および植物群落．弘前大学理科報告 36(1): 102-134.
松井健 1977: トゥンブウェ族の民族動物学——エコロジーとエピステモロジーの間で．伊谷純一郎，原子令三 編「人類の自然誌」雄山閣出版，東京，pp. 539-623.
松山利夫 1969: 焼畑経営山村における林野利用と村落構造．人文地理 21(6): 29-54.

掛谷誠 1974: トングウェ族の生計維持機構――生活環境・生業・食生活. 季刊人類学 5(3) : 3-90.

Kakeya M 1976: Subsistence ecology of the Tongwe, Tanzania. Kyoto University African Studies 10: 143-212.

掛谷誠 1977a: サブシステンス・社会・超自然的存在――トングウェ族の場合. 渡辺仁 編「人類学講座 12 生態」雄山閣出版, 東京, pp. 369-385.

掛谷誠 1977b: トングウェ族の呪医の世界. 伊谷純一郎, 原子令三 編「人類の自然誌」雄山閣出版, 東京, pp. 377-439.

掛谷誠 1978: シコメロの素材と論理――トングウェ族の動物性呪薬. アフリカ研究 17: 1-33.

掛谷誠 1984: トングウェ族呪医の治療儀礼. 伊谷純一郎, 米山俊直 編著「アフリカ文化の研究」アカデミア出版会, 京都, pp. 729-776.

掛谷誠 1986: 伝統的農耕民の生活構造――トングウェを中心として. 伊谷純一郎, 田中二郎 編「自然社会の人類学――アフリカに生きる」アカデミア出版会, 京都, pp. 217-248.

掛谷誠 1990: 可能性としての焼畑農耕. 季刊民族学 52: 100-115.

掛谷誠 1991: 平等性と不平等性のはざま――トングウェ社会のムワミ制度. 田中二郎, 掛谷誠 編「ヒトの自然誌」平凡社, 東京, pp. 59-88.

掛谷誠 1994: 焼畑農耕と平準化. 大塚柳太郎 編「講座 地球に生きる 3 資源への文化適応」雄山閣出版, 東京, pp. 121-145.

掛谷誠 1996: 焼畑農耕社会の現在――ベンバの村の 10 年. 田中二郎, 掛谷誠, 市川光雄, 太田至 編「続自然社会の人類学――変貌するアフリカ」アカデミア出版会, 京都, pp. 243-269.

掛谷誠 1998: 焼畑農耕民の生き方. 高村泰雄, 重田眞義 編「アフリカ農業の諸問題」京都大学学術出版会, 京都, pp. 59-86.

掛谷誠 2001: アフリカ地域研究と国際協力――在来農業と地域発展. アジア・アフリカ地域研究 1: 68-80.

掛谷誠, 市川光雄 1983: ザンビアにおける生態人類学研究上の諸問題――予備調査報告 . アフリカ研究 23: 38-49.

掛谷誠, 杉山祐子 1987: 中南部アフリカ・疎林帯におけるベンバ族の焼畑農耕――チテメネ・システムの諸相. 牛島巌 編「象徴と社会の民族学」雄山閣出版, 東京, pp. 111-140.

Kakeya M & Sugiyama Y 1987: Agricultural change and its mechanism in the Bemba villages of northeastern Zambia. African Study Monographs, Supplementary Issue 6: 1-13.

鎌田孝一 1987:「白神山地に生きる」白水社, 東京.

Kano T 1972: Distribution and adaptation of the chimpanzee on the east shore of Lake Tanganyika. Kyoto University African Studies 7: 37-129.

Kaunga EC, Kalyalya DH, Mwali M & Hayashi K 1983: Towards the Economic Self-Reliance of

学術調査に関する総合調査研究班 編「東南アジアとアフリカ――地域間研究へ向けて（海外学術調査コロキアム記録）」海外学術調査に関する総合調査研究班，東京，pp.33-50.

市川光雄 1978: ムブティ・ピグミーの居住集団．季刊人類学 9(1): 3-79.

Ichikawa M 1980: The utilization of wild food plants by the Suiei Dorobo in northern Kenya. Journal of the Anthropological Society of Nippon 88(1): 25-48.

市川光雄 1980: 東アフリカ Suiei Dorobo の養蜂．季刊人類学 11(2): 117-152.

市川光雄 1982:「森の狩猟民」人文書院，京都.

市川光雄 1986: アフリカ狩猟採集社会の可塑性．伊谷純一郎，田中二郎 編「自然社会の人類学―アフリカに生きる」アカデミア出版会，京都，pp. 279-311.

市川健夫，山本正三，斎藤功 編 1984:「日本のブナ帯文化」朝倉書店，東京.

飯田義基 編 1974:「宅良の里――私たちの郷土」今庄町宅良小学校，福井.

井上孝夫 1987: 地域開発と環境保全――白神山地・青秋林道建設問題調査報告．法政大学大学院紀要 20: 157-192.

石川純一郎 1985: マタギの世界．梅原猛，安田喜憲，南木睦彦，岡本素治，渡辺誠，市川健夫，太田威，石川純一郎，中川重年，斎藤功，大場達之，西口親雄，泉祐一，四手井綱英「ブナ帯文化」思索社，東京，pp. 147-164.

伊谷純一郎 1961:「ゴリラとピグミーの森」岩波書店，東京.

伊谷純一郎 1970:「チンパンジーを追って」筑摩書房，東京.

伊谷純一郎 1971a: 素描、タンガニイカ湖畔の人々．展望 145: 119-129.

伊谷純一郎 1971b: “原野の人”へのアプローチ――京大アフリカ調査隊の報告．科学朝日 31(11): 132-136.

伊谷純一郎 1980: 赤道アフリカの自然主義者たち．季刊民族学 13: 6-19.

伊谷純一郎 1986: 人間平等起源論．伊谷純一郎，田中二郎 編「自然社会の人類学――アフリカに生きる」アカデミア出版会，京都，pp. 349-389.

伊谷純一郎，西田利貞，掛谷誠 1973:「タンガニイカ湖畔――自然と人」筑摩書房，東京.

岩崎駿介 編 1989:「地球人として生きる――市民による海外協力」岩波書店，東京.

Izawa K & Itani J 1966: Chimpanzees in Kasakati basin, Tanganyika (1) ecological study in rainy season 1963-1964. Kyoto University African Studies 1: 73-156.

Jaspan MA 1953: The Ila-Tonga Peoples of North-Western Rhodesia. Hazell Watson & Viney Ltd, London and Aylesburg.

Jeffreys MDN 1953: The Batwa: Who are they? Africa 23: 45-54.

Johnston BF 1958: The Staple Food Economies of Western Tropical Africa. Stanford University Press, California.

鹿児島県 1960:「三島・十島農林漁業の実態（離島営農指導調査報告書）」鹿児島県，鹿児島.

鹿児島県理科教育協会 1964:「鹿児島の自然」鹿児島県理科教育協会，鹿児島.

東京，pp. 171-183.
Davies DH 1971: Zambia in Maps. University of London Press Ltd., London.
Dunbar AR 1969: The Annual Crops of Uganda. East African Literature Bureau, Nairobi.
El Moursi AWA 1984: The role of highter agricultural education in the improvement of shifting cultivation farming systems in Africa. Bunting AH & Bunting E (eds): The Future of Shifting Cultivation in Africa and the Task of University. FAO, Rome, pp. 8-14.
Epstein S 1967: Productive efficiency and customary system of rewards in rural south India. In Firth R (ed): Themes in Economic Anthropology, Tavistock Publications, London, pp. 229-252.
Evans-Pritchared EE 1937: Witchcraft, Oracles and Magic among the Azande. Clarendon Press, Oxford.
Fansawe DB 1971: The Vegetation of Zambia, Ministry of Rural Development Forest Research Bulletin No. 7. Government Printer, Lusaka.
Fanshawe DB 1969: The Vegetation of Zambia, Forest Bulletin No.7. Ministry of Rural Development, Lusaka.
FAO 1968: Food Composition Table for Use in Africa. FAO, Rome.
福井県 1964:「第 10 回福井県統計年鑑、昭和 37 年」福井県総務部統計文書課，福井.
福井県 1975:「第 21 回福井県統計年鑑、昭和 48 年」福井県企画開発部統計課，福井.
福井県農林水産部 1974:「昭和 49 年度・福井県林業統計書」福井県農林水産部，福井.
福井市 1963:「白い災害の記録――38.1 豪雪」福井市，福井.
Geertz C 1963: Agricultural Involution. University of California Press, Berkeley.
Gluckman M 1941: Economy of the Central Barotse Plain (Rhodes-Livingstone Papers: 7). Manchester University Press, Manchester.
Goldman I & Holdsworth IB 1990: Agricultural policies and the small-scale producer. Wood AP, Kean SA, Milimo JT & Warren DM (eds): The Dynamics of Agricultural Policy and Reform in Zambia. Iowa State University Press, Ames and Iowa, pp. 555-581.
原子令三 1977: ムブティ・ピグミーの生態人類学的研究．伊谷純一郎，原子令三 編「人類の自然誌」雄山閣出版，東京，pp. 29-95.
Harris-Jones P & Chiwale JC 1963: Kasaka: A case study in succession and dynamics of a Bemba village. Rhodes-Livingstone Journal 33: 1-67.
橋本道夫 1988: 途上国の環境問題で果たすべき日本の役割を考えるために．国際協力研究 4(2): 3-11.
端信行 1968: トングェ地方における湖岸集落の形成とダガー漁業．今西錦司，梅棹忠夫 編「アフリカ社会の研究 京都大学学術調査隊報告　下巻」西村書店，兵庫，pp. 327-338.
早川孝太郎 1936: 悪石島見聞記．民族学研究 2(3): 675-726.
平山輝雄 1969:「薩南諸島の総合的研究」明治書院，東京.
廣瀬昌平 1989: 赤道アフリカの伝統的農業と作物栽培――東南アジアとの対比．海外

第一巻 参考文献

Acland JD 1971: East African Crops: An Introduction to the Production of Field and Plantation Crops in Kenya, Tanzania and Uganda. Longman, London.

赤堀廉蔵 1885:「島輿見聞録」.

赤阪晋 1975: 通勤兼業化と集落の存続. 山口平四郎先生定年記念事業会 編「地域と交通」大明堂, 東京, pp. 231-251.

Aldridge S 1978: The Peoples of Zambia. National Educational Company of Zambia Ltd., Lusaka.

Allan W 1965: The African Husbandman. Oliver & Boyd, Edinburgh.

安溪遊地 1981: ソンゴーラ族の農耕生活と経済活動――中央アフリカ熱帯降雨林下の焼畑農耕. 季刊人類学 12(1): 96-178.

青森県 1987:「白神山地自然環境調査報告書(赤石川流域)」青森県, 青森.

青森県 1989:「白神山地自然環境調査報告書(大川・暗門川流域)」青森県, 青森.

青森県自然保護課 1985:「青森県のマタギ」青森県, 青森.

青森県自然保護課 1987:「青森県におけるマタギ社会――マタギ社会の成因と衰退の歴史」青森県, 青森.

青野寿郎, 尾留川正平 編 1970:「日本地誌 10 福井県・石川県・富山県」二宮書店, 東京.

朝日新聞社 編 1954:「アサヒ写真ブック 2 トカラの島々」朝日新聞社, 東京.

Avon RP 1915-1916: Vie sociale des Wabende au Tanganyika. Anthropos 10-11: 98-113.

東滋, 豊嶋顕達 1965: カボゴ岬のチンパンジー――京都大学アフリカ類人猿学術調査・1961-62 年報告. 川村俊蔵, 伊谷純一郎 編「サル、社会学的研究」中央公論社, 東京, pp. 127-163.

Azuma S & Toyoshima A 1961-1962: Progress report of the survey of chimpanzees, in their natural habitat, Kabogo point area, Tanganyika. Primates 3(2): 61-70.

Brelsford MV 1946: Fisherman of the Bangweulu Swamps. Rhodes-Livingstone Institute, Occasional Papers, Vol. 12.

Cameron VL 1877: Across Africa. Daldy, Isbister & Co., London.

千葉徳爾 1950: 原始山村の変遷過程. 地理学評論 23(11): 7-14.

千葉徳爾 1970: 津軽マタギの現状と系譜. 和歌森太郎 編「津軽の民俗」吉川弘文館,

［や行］

［ら行］

［わ行］

［ん行］

［な行］

［は行］

［ま行］

[た行]

［さ行］

■事　項

■ 民　族

［さ行］

［た行］

［な行］

［ら行］

［ん行］

■ 動・植物

［あ行］

［か行］

［た行］

［な行］

［は行］

［ま行］

索　引

固有名詞

掛谷誠著作集編集委員
伊谷樹一（いたに　じゅいち）
京都大学アフリカ地域研究資料センター教授。博士（農学）。
伊藤詞子（いとう　のりこ）
京都大学野生動物研究センター研究員。博士（理学）。
大山修一（おおやま　しゅういち）
京都大学アフリカ地域研究資料センター准教授。博士（人間・環境学）。
黒崎龍悟（くろさき　りゅうご）
高崎経済大学経済学部国際学科准教授。博士（地域研究）。
近藤　史（こんどう　ふみ）
弘前大学人文学部准教授。博士（地域研究）。
杉山祐子（すぎやま　ゆうこ）
弘前大学人文学部教授。博士（地域研究）。
寺嶋秀明（てらしま　ひであき）
神戸学院大学人文学部教授。理学博士。
山本佳奈（やまもと　かな）
日本学術振興会特別研究員（RPD）/ 北海道大学大学院文学研究科。博士（地域研究）。

掛谷誠著作集 1
人と自然の生態学

2017 年 12 月 22 日　初版第一刷発行

著　者　掛　谷　　誠
発行者　末　原　達　郎
発行所　京都大学学術出版会
京都市左京区吉田近衛町 69 番地
京都大学吉田南構内（〒606-8315）
電　話　075-761-6182
ＦＡＸ　075-761-6190
振　替　01000-8-64677
http://www.kyoto-up.or.jp/

印刷・製本　㈱クイックス

ISBN978-4-8140-0127-9
Printed in Japan
定価はカバーに表示してあります

著者

掛谷　誠（かけや　まこと）

京都大学名誉教授。1945年生まれ．理学博士．

1968年京都大学理学部を卒業し，同大学大学院理学研究科に入学して生態人類学を学ぶ．1974年に福井大学教育学部助教授，1979年に筑波大学歴史・人類学系助教授，1987年に弘前大学人文学部教授を歴任し，1990年には京都大学アフリカ地域研究センター教授，1998年からは同大学大学院アジア・アフリカ地域研究研究科教授を兼任した．2008年には定年により退職し，2013年12月22日に逝去した．享年68歳であった．

日本における生態人類学の創始者のひとりであり，東アフリカ乾燥疎開林帯の農耕民社会に関する研究によって優れた業績を残した．そのなかで提唱された「最小生計努力」や「平準化機構」はアフリカ社会を理解するための基本的な概念として幅広い分野の研究者に援用されている．また，アフリカ地域研究の進展を牽引するとともに，研究成果をアフリカの農村開発に還元する応用的・実践的研究にも従事し，在来性に根ざした地域の内発的な発展という新たな視座を提示した．

生態人類学会の会長や日本アフリカ学会の理事などを歴任すると同時に，京都大学アフリカ地域研究資料センター長や同大学評議員の要職を務めるなど，学界の組織化や体制の確立に尽力し，1998年には大同生命地域研究奨励賞を受賞した．主な著書に，『ヒトの自然誌』（平凡社），『講座　地球に生きる２　環境の社会化』（雄山閣），『続・自然社会の人類学』（アカデミア出版会），『生態人類学講座第３巻 アフリカ農耕民の世界』（京都大学学術出版会），『アフリカ地域研究と農村開発』（京都大学学術出版会）など多数の共著編著がある．